JURISDIÇÃO, DIREITO MATERIAL E PROCESSO

Os pilares da obra ovidiana e seus
reflexos na aplicação do Direito

Conselho Editorial
André Luís Callegari
Carlos Alberto Molinaro
Daniel Francisco Mitidiero
Darci Guimarães Ribeiro
Draiton Gonzaga de Souza
Elaine Harzheim Macedo
Eugênio Facchini Neto
Giovani Agostini Saavedra
Ingo Wolfgang Sarlet
Jose Luis Bolzan de Morais
José Maria Rosa Tesheiner
Leandro Paulsen
Lenio Luiz Streck
Paulo Antônio Caliendo Velloso da Silveira

J95   Jurisdição, direito material e processo: os pilares da obra ovidiana e seus reflexos na aplicação do direito / Elaine Harzheim Macedo, Daniela Boito Maurmann Hidalgo (organizadoras); A. Castanheira Neves ... [et al.]. – Porto Alegre: Livraria do Advogado Editora, 2015.

290 p.; 25 cm.

ISBN 978-85-7348-947-7

1. Direito processual civil - Brasil. 2. Processo civil. 3. Jurisdição. 4. Direito - Filosofia. I. Macedo, Elaine Harzheim. II. Hidalgo, Daniela Boito Maurmann. III. Neves, A. Castanheira.

CDU 347.91/.95(81)

CDD 347.8105

Índice para catálogo sistemático:
1. Direito processual civil : Brasil   347.91/.95(81)

(Bibliotecária responsável: Sabrina Leal Araujo – CRB 10/1507)

Elaine Harzheim Macedo
Daniela Boito Maurmann Hidalgo
(organizadoras)

JURISDIÇÃO, DIREITO MATERIAL E PROCESSO

Os pilares da obra ovidiana e seus reflexos na aplicação do Direito

A. CASTANHEIRA NEVES
ARAKEN DE ASSIS
DANIELA BOITO MAURMANN HIDALGO
ELAINE HARZHEIM MACEDO
FÁBIO CARDOSO MACHADO
JÂNIA MARIA LOPES SALDANHA
JAQUELINE MIELKE SILVA
JEFERSON DYTZ MARIN
JEFERSON LUIZ DELLAVALLE DUTRA
LENIO LUIZ STRECK
LUIZ GUILHERME MARINONI
MAURICIO MARTINS REIS
RAFAEL CORTE MELLO
SÉRGIO GILBERTO PORTO

livraria
DO ADVOGADO
editora

Porto Alegre, 2015

©

A. Castanheira Neves
Araken de Assis
Daniela Boito Maurmann Hidalgo
Elaine Harzheim Macedo
Fábio Cardoso Machado
Jânia Maria Lopes Saldanha
Jaqueline Mielke Silva
Jeferson Dytz Marin
Jeferson Luiz Dellavalle Dutra
Lenio Luiz Streck
Luiz Guilherme Marinoni
Mauricio Martins Reis
Rafael Corte Mello
Sérgio Gilberto Porto
2015

Edição finalizada em setembro/2014

Capa projeto gráfico e diagramação
Livraria do Advogado Editora

Revisão
Rosane Marques Borba

Imagem da capa
Montagem com colunas
www.freeimages.com

Direitos desta edição reservados por
Livraria do Advogado Editora Ltda.
Rua Riachuelo, 1300
90010-273 Porto Alegre RS
Fone/fax: 0800-51-7522
editora@livrariadoadvogado.com.br
www.doadvogado.com.br

Impresso no Brasil / Printed in Brazil

A Ovídio Araújo Baptista da Silva,
o nosso carinho, para sempre...

Sobre Ovídio Araújo Baptista da Silva

Quando recebi o convite das Professoras Jânia Maria Lopes Saldanha, Elaine Harzem Macedo e Daniela Boito Maurmann Hidalgo para escrever algumas palavras sobre o Professor Ovídio Araújo Baptista da Silva, entendi, desde logo, que se tratava de um gesto fidalgo das amigas, sabedoras do longo e profícuo convívio que partilhei por anos com o Mestre. Um privilégio e uma honra incomensuráveis.

Por certo não há de existir no Brasil de hoje operador do direito que não conheça algum magistério do Prof. Ovídio. Por isso, quando me foi solicitado fazer uma apresentação, entendi que não teria sentido apresentar alguém da estatura do Prof. Ovídio. Para que apresentar quem é de todos conhecido?

Insere-se o Mestre na categoria dos imortais; homem de letras raras, legou-nos obras que não só foram decisivas para a remodelação da ciência processual civil no Brasil, como muito ainda influenciarão futuras gerações, porque assentadas em pensamentos amadurecidos ao longo de décadas de um labor diuturno, que vieram encontrar eco em uma rara inteligência, daquelas que a história registra de tempos em tempos.

Em obra anterior, tive a oportunidade de fazer os indispensáveis louvores ao Prof. Ovídio e anotei o destaque a uma das tantas e fundamentais contribuições que o Mestre deixou às letras jurídicas nacionais; foi ele o precursor da tese que viria, depois, a trazer profunda alteração no processo civil brasileiro, viabilizando a construção teórica do que resultou na regra da possibilidade de antecipação de tutela no processo de conhecimento.

Muito mais certamente haveria para falar das tantas lições que o Prof. Ovídio, com ineditismo, saber inigualável e talento raro, deixou para a ciência jurídica em geral e para a ciência processual em particular. Mas estou convencido de que há muitos outros juristas e estudiosos com maior capacitação intelectual e conhecimento aprofundado que a tanto podem se debruçar, a começar pelas ilustres professoras acima nominadas.

De outro lado, tampouco se faz necessário apresentar quaisquer dos grandes jurisconsultos e estudiosos do direito que, com altruísmo e nobreza, acederam ao convite para escrever artigos em homenagem ao Mestre Ovídio. O talhe da obra em apreço se mede pela presença de autores da grandeza dos escritores, a começar com o merecido destaque ao jurista de renome internacional, Prof. A. Castanheira Neves, ombreando lições com Araken de Assis, Luiz Guilherme Marinoni, Lenio Luiz Streck, Sergio Gilberto Porto, Elaine Harzheim Macedo, Jânia Maria Lopes Saldanha, Jaqueline Mielke da Silva, Daniela

Boito Maurmann Hidalgo, Jeferson Dytz Marin, Mauricio Martins Reis, Jeferson Luiz Dellavalle Dutra, Fabio Cardoso Machado e Rafael Corte Mello.

Então, percebi finalmente que não seria de minha alçada resenhas sobre o consagrado professor, jurista de escol, pensador para além do seu tempo: isso deixo para os mais cultos e preparados. Ao meu alcance, a apresentação do homem Ovídio Araújo Baptista da Silva, esposo, pai, avô, irmão, amigo, parceiro de todas as horas.

Conheci-o por estes detalhes que a vida nos oferta. Recém-formado e sedento por conhecimento, deparei-me com um pequeno anúncio em jornal sobre um curso de aperfeiçoamento e especialização em Processo Civil, que se iniciaria nos idos de 1980 a ser ministrado, na Pontifícia Universidade Católica do Rio Grande do Sul, pelo Prof. Ovídio Araújo Baptista da Silva.

Desde a primeira aula, foi possível perceber que estava diante de alguém grandioso, de um professor na dimensão maior da palavra. Seus conhecimentos fluíam com naturalidade; falava da ação material, do direito substancial de cautela e de inúmeros outros temas com a naturalidade e clarividência de quem tem o domínio do saber e, por isso, desenhava, com palavras e com seu inconfundível sotaque de homem da fronteira do Rio Grande, quadros que ao final revelavam verdades incontestáveis.

Daí o convívio evoluiu e mais tarde tive o privilégio de partilhar escritório com o ser humano e advogado Ovídio, dele sorvendo cada palavra, cada frase, cada ideia, pois ali estava um verdadeiro mestre.

O homem Ovídio era de uma singeleza própria dos grandes sábios. Desde cedo, lá na seu querido torrão natal, na longínqua São Borja-RS, habituara-se ao estudo diário. E pude testemunhar, depois que veio a residir em Porto Alegre, que o estudo diário não era força de expressão.

Era rigoroso consigo, virtude daqueles que pela honestidade e retidão de caráter não poupam sacrifícios para buscar a verdade e a justiça nas suas atitudes. Nesse rigor, a prioridade era o estudo dedicado, incansável, interminável. O Prof. Ovídio costumava dizer: "sinto pena daqueles que se contentam com o que sabem e acham que sabem tudo...a vida é um eterno aprendizado...")!

Era avesso a pompas e honrarias. A todos tratava com fidalguia; do mais humilde ao mais poderoso. Praticou a igualdade como um valor ético e moral incorporado a sua pessoa. Jamais se negou a atender seus colegas, alunos, amigos.

Estabeleceu para si uma rotina diária: acordava ainda madrugada, e nem os rigores dos invernos do Rio Grande e mesmo ainda em sua querência são-borjense, eram empecilhos para que levantasse por volta de cinco da manhã; punha água na chaleira para preparar o seu inseparável chimarrão, como quem acalenta um filho querido. De pronto, lá estava com vários livros abertos e assim seguia, horas a fio, na solidão de sua biblioteca. Mas era falsa solidão: quantos habitavam aquelas estantes? Juristas, filósofos, sociólogos; havia, ali, um diálogo de iguais: poderia ser uma conversa com Calamandrei ou Chiovenda, quem sabe Savigny ou Windscheid, outra com Kelsen ou Larenz, Cappelletti ou Taruffo; e o que dizer dos praxistas lusitanos como Manuel de

Almeida e Souza, conhecido como Lobão, Pereira de Castro, Pereira e Souza, Mendes de Castro e tantos outros a quem o Prof. Ovídio dedicava um especial carinho. Todos tornaram-se íntimos do Mestre, como se fossem companheiros de infância, tal a familiaridade. Tarefa de todo impossível relacionar a quantidade de pensadores com os quais o Prof. Ovídio convivia, dia a dia, tanto os clássicos quanto os modernos e pós-modernos. Hannah Arendt, Zygmunt Bauman, Thomas Kuhn, Agnes Heller, Jürgen Habermas, Karl Popper, Chaim Perelman e tantos outros, eram assíduos.

Deliciava-se com os escritos notáveis do Prof. Castanheira Neves. Lá estavam, dentre tantas outras do mestre lusitano, obras inigualáveis como "A crise atual da filosofia do direito no contexto da crise global da filosofia", "O actual problema metodológico da interpretação jurídica", "Questão de Fato – Questão de direito ou problema metodológico de juridicidade", etc.

E quem tivesse a ventura de frequentar sua impecável biblioteca, onde sua inteligência alçava sobranceira, haveria de testemunhar livro por livro, fosse qual fosse, as marcas do mestre. Em estilo próprio, anotava, sublinhava, fazia glosas até mesmo em notas de rodapé.

O homem Ovídio migrava da cátedra para o escritório, deste para aquela, de ambas para a família, para o convívio com seus amigos e parceiros, com a naturalidade de quem é bem querido em tudo o que faz.

Quantas vezes em meio a reuniões no escritório, o advogado Ovídio interrompia o colóquio para transformar-se no Professor Ovídio e dar, graciosa e prazerosamente, orientações a seus alunos? E o que dizer dos complexos temas jurídicos que lhe chegavam às mãos? Era rotineiro o Dr. Ovídio deixar o escritório ao final do dia levando consigo uma questão de alta complexidade e, não raro, no dia seguinte, brindar-nos com um parecer ou um recurso ou outra peça jurídica de altíssima qualificação.

Certa feita, em conversas informais – e como eram boas tais conversas, pois não havia hipótese de não aprendermos algo – indagado como surgiu, para ele, esse sistema de estudo diário, constante, ininterrupto, a resposta veio de imediato: – Desde sempre, disse o mestre. Por honestidade, haveria de resolver o caso que me chegava às mãos, estudando-o profundamente. E quanto mais estudava, mais queria aprender! Obrigado, Prof. Ovídio, por mais esta lição!

Em tom de certa forma jocoso, costumava brincar – revelando sua relação lúdica com a vida – ao dizer que no fim as coisas terminariam bem, pois do contrário não se estaria no fim, e descortinando sua face pragmática dizendo que se um problema não tinha solução, eliminava-se o problema.

Não era homem de queixas ou rancores. Apenas lamentava que no país havia uma carência de crítica científica. Sentiu-se gratificado quando pôde debater, em altíssimo nível, com o emérito Prof. José Carlos Barbosa Moreira sobre a coisa julgada, em escritos publicados pelo catedrático carioca (Temas de Direito Processual Civil e na Revista Brasileira de Direito Processual – Eficácia da Sentença e autoridade da coisa julgada), e por parte do Mestre gaúcho mais notadamente em Sentença e Coisa Julgada, célebre e consagrada coletânea de estudos e pareceres.

Já nos seus últimos anos de vida, Ovídio juntou-se aos filhos, Marta e Luis Fernando, ambos então já advogados, unindo seu saber, seu amor pelo Direito, com o amor que sempre dedicou aos familiares. Foi nessa época que pude presenciar uma das tantas generosidades do mestre: procurado por um cliente que por força de um infortúnio tudo havia perdido, o Dr. Ovídio, porque acreditava na Justiça e no Direito, não só patrocinou graciosamente a causa como concedeu ao cliente espaço para, em seu escritório, exercer um labor remunerado e poder, assim, passar por aqueles momentos de graves dificuldades pessoais e familiares. Ali, na singeleza de um gesto natural, sem qualquer outra paga que não fosse a alegria de ver um ser humano se reerguer, estava a mão de um homem de rara grandeza e além do seu tempo.

Permito-me a ousadia de parafrasear a célebre homenagem que fez Calamandrei em seu discurso de encerramento do Congresso de Direito Processual realizado em Florença, no ano de 1950, à Chiovenda, tributando as mesmas palavras do mestre fiorentino, a quem as merece, também, pela obra, pela postura, pela integridade, pela decência e pela vida: "no mundo, conhecemos Ovídio Araújo Baptista da Silva; e isso é o quanto basta"!

De um modo ou de outro, todos somos e seremos alunos do Professor Ovídio pois seu pensamento permeia o que há de mais avançado e até revolucionário nas letras jurídicas atuais. De um modo ou de outro, por seus ensinamentos e por sua vida, tomos somos e seremos melhores seres humanos pelas lições que nos legou de valores humanos, éticos, e de amor à vida, ao estudo e ao saber.

Porto Alegre, setembro de 2014.

Gerson Fischmann

Advogado

Sumário

Apresentação – Elaine Harzheim Macedo e Daniela Boito Maurmann Hidalgo 13

1 – A autonomia do direito hoje e o contributo do jurisprudencialismo
A. Castanheira Neves 17

2 – Em busca das "coordenadas filogenéticas" para a construção de uma teoria da decisão
Lenio Luiz Streck 43

3 – Jurisdição e processo: soberania popular e processo democrático como espaço de construção do direito do caso concreto
Elaine Harzheim Macedo 61

4 – A influência do racionalismo e do direito romano cristão na ineficácia da jurisdição: a herança crítica de Ovídio Baptista da Silva
Jeferson Dytz Marin 89

5 – A decisão judicial e a necessidade de superação do paradigma racionalista no âmbito do Direito Processual Civil
Jaqueline Mielke Silva 113

6 – Hermenêutica, retórica, verossimilhança, discricionariedade: a opção ovidiana pelo significado
Daniela Boito Maurmann Hidalgo 125

7 – A interpretação jurídica e a discricionariedade no pensamento tardio de Ovídio Baptista da Silva: reflexões críticas
Mauricio Martins Reis 145

8 – Processo modular: o resgate da verossimilhança como instrumento de reforma processual
Jeferson Luiz Dellavalle Dutra 167

9 – Processo como analogia e aceleração processual como risco de alienação
Jânia Maria Lopes Saldanha 187

10 – Cortes de vértice: o sentido unívoco e a (ins)estabilidade
Rafael Corte Mello 213

11 – Por que realmente os precedentes importam?
Fábio Cardoso Machado 229

12 – Do controle da insuficiência de tutela normativa aos direitos fundamentais processuais
Luiz Guilherme Marinoni 253

13 – Espécies de medidas de urgência
Araken de Assis 267

14 – A plenitude de defesa na cognição sumária (limites na fase de cumprimento de sentença)
Sérgio Gilberto Porto 283

Apresentação

O coração no passado, o pensamento no futuro. Uma responsabilidade: permanecer em constante busca pela construção do sentido do Direito. Nosso homenageado recriminou, como ele próprio deixou dito, veementemente, e com insistência, o distanciamento entre o Direito e a vida social.[1] Todos aqueles que foram tocados pelos ensinamentos de Ovídio Araújo Baptista da Silva carregam a responsabilidade de disseminar as sementes da busca pela reintrodução do Direito – especialmente o processo – no mundo da vida. Cada um de nós, de um modo muito próprio, é verdade, guarda em si a grata satisfação de saber que a abertura crítica do Direito é o caminho para a superação das impossibilidades que se tornaram a marca do Direito científico da modernidade. Trabalhar pela reintrodução dos sentidos no Direito, por uma sua problematização como ciência compreensiva[2] que é, esse é o compromisso. Conhecemos a importância de semear os seus ensinamentos. A presente obra nasce dessa consciência e dessa responsabilidade.

O móvel desta coletânea é, em um primeiro momento, prestar nossas homenagens ao nosso querido e saudoso professor. Nasceu da vontade de congregar aqueles que em torno dele foram transformados. Transformados pelo homem genial e à frente de seu tempo, que enxergou muito além das amarras da ciência moderna e do fechamento do sistema, que soube trazer a lume a ideologia que permeou a história do Direito e que o mantém amarrado aos conceitos abstratos. Um homem que, como Jhering, não se deixou seduzir pelos confortos do céu dos conceitos jurídicos[3] e que, ao seu modo, soube reintroduzir a filosofia no processo e no Direito, com seriedade e de forma a viabilizar o desvelamento do racionalismo que está à base da tradição. Desvelou o paradigma e o comprometimento com a obrigacionalização do Direito, com a ordinarização do processo, com o cientificismo lógico-matemático, com o abandono do fato em nome do conceito, dentre tantas outras contribuições que, no Brasil, resultaram em muitos avanços, especialmente, mas não somente, no campo do Processo. Suas obras e lições resultaram em significativas mudanças no processo civil, que são conquistas não apenas do Direito, ou da jurisdição, são conquistas do povo brasileiro, porque promoveram efetivo exercício de cida-

---

[1] SILVA, Ovídio Araújo Baptista da. *Processo e ideologia:* o paradigma racionalista. Rio de Janeiro: Forense, 2004.

[2] A expressão *ciência compreensiva* é extraída da obra do autor. SILVA, Ovídio Araújo Baptista da. *Epistemologia das Ciências Culturais.* Porto Alegre: Verbo Jurídico, 2009.

[3] JHERING, Rudolf Von. En el cielo de los conceptos jurídicos. In: ——. *Bromas y veras en la jurisprudencia.* Buenos Aires: EJEA, 1974, p. 281-355.

dania. Suas lições resultaram em propostas como a da introdução, ao Código de Processo Civil Brasileiro, do mecanismo da antecipação dos efeitos da tutela de mérito,[4] apresentada, por ele, em Congresso, ocorrido no ano de 1983 na Cidade de Porto Alegre/RS. O artigo 273 do Código de Processo Civil, que disciplina tal mecanismo é, pode-se, com segurança, dizer, resultado de seu trabalho árduo em prol da retomada da relação entre o Direito Material e o Processo. Muitas mudanças qualitativas do processo civil, como a admissão de eficácias sentenciais diferenciadas, hoje reconhecidas, como exemplo, pelos artigos 461 e 461-A do Código de Processo Civil (revitalizados no Projeto do novo CPC), ou a hibridização do processo de conhecimento, levada a efeito pelos arts. 475-I e 475-J do mesmo Estatuto (igualmente absorvidos pela proposta do novo Código), são, em grande medida, fruto de suas batalhas, na busca da superação, tanto da ordinariedade, como da dogmatização do processo civil. Costumava dizer que o esqueleto de um elefante não poderia resultar em uma formiga, mas que o processo produzia tal absurdo, o enfraquecimento dos direitos (pretensões) materiais que aportam ao processo para buscar concretização. Sua obra, que já nos proporcionou tanto, tem, no entanto, muitas riquezas que podem levar à evolução e eficientização do processo civil como concretizador de direitos, matéria tão cara em tempos de complexidade da sociedade e, por isso, também, da cada vez maior complexidade do Direito.

Num segundo momento, é fruto da necessidade que nasce da responsabilidade que grava aqueles que tiveram o privilégio de, com ele, aprender. Por isso, tentamos reunir algumas dessas pessoas, especialmente seus alunos, mas também representantes da academia, que tiveram o privilégio de conviver com o jurista, o professor e o homem Ovídio, prestando-lhe agora justo e merecido tributo. E fazendo-o, não deixam, também, de prosseguir, ainda que modestamente, com a tarefa a que ele sempre se impôs: estimular a reflexão, desdobrar o horizonte da inquietude, perguntar antes e depois da resposta, ensejando o processo circular do conhecimento, irresignar-se contra a zona de conforto dos argumentos de autoridade.

Concordar ou discordar das ideias e convicções defendidas por Ovídio ao longo de sua significativa, profunda e original obra faz parte do processo intelectivo e da liberdade do pensamento, mas um ou outro coloca o intérprete numa situação de êxtase cognitivo, exigindo um labor reflexivo criativo. E era exatamente isso que o Mestre pretendia de seus alunos, não uma mera anuência ou concordância vazia de sentido e de comprometimento. Estar a seu lado era estar em constante ebulição. O aluno aproximava-se com uma indagação e se afastava com mais duas ou três, verdadeiro caminho para a ampliação do conhecimento. A dívida que seus alunos, orientandos e colaboradores adquiriram é impagável, porque o legado por ele deixado não se mede pelas dimensões conhecidas. O mínimo do mínimo, reunir seus seguidores e produzir uma coletânea de artigos, foi a que nos propusemos.

Nesta obra, que ora vem a público, reúnem-se alguns dos membros do Grupo dos Onze, por ele criado como grupo de resistência ao sistema proces-

---

[4] A qual, para ele, se trata de efetiva antecipação, não apenas dos efeitos, mas do mérito propriamente dito.

sual concebido à sombra da racionalidade. Alunos que com ele construíram seus caminhos. Doutrinadores que acompanharam ou participaram de sua trajetória em diferentes momentos.

Os ensaios que compõem a presente obra têm esse fio condutor: Ovídio Araújo Baptista da Silva. O homem, o mestre, o advogado, o nosso tão querido Professor Ovídio, que queremos, continue por suas obras e por aqueles que continuarão espalhando os frutos de seu trabalho, ensinando as futuras gerações e nos ensinando, a todos, porque, sempre, e a cada dia, o que disse, o que escreveu continuam nos transformando, mais e melhor e, por tudo, a ele agradecemos, prestando essa homenagem.

Elaine Harzheim Macedo
Daniela Boito Maurmann Hidalgo

(organizadoras)

— 1 —

A autonomia do direito hoje e o contributo do jurisprudencialismo

A. CASTANHEIRA NEVES[1]

*Em homenagem e grata memória do
Professor Ovídio Baptista da Silva*

SUMÁRIO: I; 1. Da experiência jurídica jurisprudencial ao problema da autonomia do direito; 2. O problema da autonomia do direito e o seu relevo no actual contexto prático; II; O sentido do direito; III; A fenomenologia estrutural da juridicidade; IV; O universo jurídico; V; Duas observações conclusivas.

I

1. Da experiência jurídica jurisprudencial ao problema da autonomia do direito

Num ensaio sobre as *"Fontes do Direito"* e ao reflectir sobre "os tipos fundamentais da experiência constituinte do direito" – a experiência consuetudinária, a experiência legislativa e a experiência jurisdicional – pelas características capitais e o espírito específico que respectivamente a essas experiências as diferenciam, reconhecemos que apenas pela experiência jurisdicional, se autenticamente o for – ou seja, em fidelidade à sua índole e vocação essenciais, que em intencionalidade *problemática* e *dialéctico-prudencial* convocam o *juízo* normativo concreto e se cumprem mediante *decisões judicativas* –, a autonomia do direito se assume e encontra o *locus* privilegiado da sua manifestação. Nesse sentido, e para o corroborar, pudemos também então considerar: "Pelo sentido de normatividade que leva referido – e que nela é (…) simultaneamente pressuposto e resultado –, pela natureza dos elementos normativos que constitui e com que opera, pelo tipo de racionalidade e de metodologia com que pensa os seus problemas e os resolve, por tudo isso decerto que vai dando lugar a um mundo intencional próprio, nos seus fundamentos-sentidos, na sua objectividade normativa e no seu modo de pensar – e que tanto se distingue da imediata socialidade (própria da experiência consuetudinária) como é susceptível

---

[1] Professor Catedrático da Faculdade de Direito da Universidade de Coimbra

de resistir a uma imediata funcionalidade política (tendência da experiência legislativa). O que nos permite dizer que é na experiência jurídica jurisdicional que o jurídico sobretudo se manifesta na sua especificidade, a diferenciar-se tanto do social como do político." (*Digesta*, vol. 2º, 34). Nem por outra razão, acrescentávamos, o direito se autonomizou em Roma das intenções ético-sociais e políticas através justamente de uma experiência jurisdicional-jurisprudencial – numa clara diferença de possibilidade, problemática e intencional, relativamente ao holismo ético-político dos gregos. Assim como, convocando também na mesma linha o testemunho dos autores, dos clássicos aos contemporâneos, aí tinhamos o fundamento último porque tanto Aristóteles afirmava o juiz "a encarnação do justo" (*Ética a Nicómaco*, Liv.IV,7)[2] como R.Marcic pôde enunciar *ubi ius ibi judex, ubi judex ibi ius* (*Rechtsphilosophie*, 225, ss.), igualmente Kantorowicz via o critério geral do direito na "justiciabilidade" (*Der Begriff des Rechts*, 65, ss.) e do mesmo modo A. Kojeve sustentou que "a especificidade do direito", perante os interesses puramente sociais e políticos, implicaria a "aplicação de uma certa ideia de justiça às inter-acções sociais" por intermédio de um "terceiro", que seria o juiz (*Esquisse d'une Phenomenologie du droit*, 188,ss.), etc. Caberia ainda aqui a referência igualmente à "tercialidade" invocada por Lévinas, como uma constante também do seu pensamento de uma ética de alteridade e mesmo de a ética como *prima filosofia* ("A ética não é um ramo da filosofia, mas a filosofia primeira", *Totalité et Infini*, 340) e *inclusive*, embora decerto num sentido de todo diferente, que já é só sociológico-sistémico, à "centralidade" da função judicial no "sistema do direito", segundo Luhmann (v. *Das Recht der Gesellschaft*, Cap. 7).

Foi isto pensado em geral, e se continua a ser importante a referência à autonomia do direito nestes termos intencionalmente institucionais, o certo é que as circunstâncias actuais, na grave problematicidade do fim de um ciclo histórico que estamos a viver, exigem que se ponha directa e expressamente o problema da autonomia do direito, problema esse em que o direito em si e também como momento-dimensão do sistema político-jurídico se repense, reconstitutivamente hoje se pense. O que implica uma perspectiva global, pensada ela embora de um modo particular, de consideração da juridicidade, e esta em todos os seus momentos diferenciadores, de validade normativa em *a priori* constitutivo e fundamentante, também institucionais e não menos metodológicos, já que a autonomia do direito unicamente por essa perspectiva pode ser compreendida no seu verdadeiro sentido e nela encontrará o seu último e decisivo fundamento. Perspectiva global essa que temos pensado e tentado constituir sob a designação de "*jurisprudencialismo*". E se aí convocamos o juízo – distinto da mera "aplicação" normativista e da "decisão" funcionalista –

---

[2] O que todavia não deverá omitir, num contraponto em que Aristóteles põe mesmo a acentuação na coerência agora do holismo ético-político dos gregos e que teria uma eloquente expressão nas *Nomoi* de Platão, que as *leis* são afinal convocadas ao primeiro plano da afirmação do direito e da justiça – "porque a justiça não existe senão quando os homens são vinculados pela lei", *Ética a Nicómaco*, VI,4) – , em termos de, na *Retórica* 1354b, ter Aristóteles manifestado a sua suspeição relativamente aos juízes e claramente afirmado que "é sumamente importante que as leis bem feitas determinem tudo com o maior rigor e exactidão e deixem o menos possível à decisão dos juízes". Compare-se esta posição, com base naquele holismo ético-político, com a bem diferente e clara distinção romana entre *jus* e *lex*, a traduzir por sua vez uma primeira e fundamental autonomização do direito, desde logo perante o político.

e no juízo, enquanto tal e na sua especificidade problemático-normativa, reconhecemos um relevo nuclear, pela problemática referência à intencional validade normativa e a praxística e reconstituinte realização concreta que vão na sua vocação, não significa isso que o jurisprudencialismo se traduza num estrito judicialismo ("todo o poder aos juízes") ou que sequer que com ele se possa sustentar a radical evolução *"Vom Gesetzesstaat zum Richterstaat"*, para usarmos um título e referirmos o pensamento de René Marcic.[3] Para além do juízo, a possibilitá-lo intencionalmente mas também a exigi-lo institucionalmente numa integração normativa global, há que referir a normativa validade do direito na sua autonomia. A autonomia do direito que a nossa circunstância prática efectivamente exige que reconstitutivamente se pense na sua importância capital – já que está em profunda crise de superação a perspectiva com que a modernidade, de que somos imediatos herdeiros, de todo o modo a levava referida e pensada. Compreendamo-lo em duas palavras, tanto essa situação como essa exigência.

2. O problema da autonomia do direito e o seu relevo no actual contexto prático

A modernidade, especificamente o moderno-iluminismo, numa evolução conhecida e em que concorreu uma multiplicidade de factores que igualmente se não ignoram – religiosos, com o protestantismo e a secularização; filosófico-antropológicos, com a liberdade e a autonomia humana; culturais, com o racionalismo sistemático-axiomático tanto científico como prático; económicos, com a emergência do capitalismo; o próprio "direito natural" moderno-iluminista, com seu normativístico jusracionalismo; políticos, com o Estado absoluto primeiro e o Estado democrático-liberal e a separação dos poderes depois –, propôs-se resolver juridicamente o seu problema político através da *lei*. A lei seria a solução jurídica do problema político, como então este se punha e de modo particular o postulara Hobbes: o problema da preservação da liberdade e da afirmação dos interesses individuais numa forma vinculante de vida em comum e bem assim o problema político-social da legitimação e dos limites do poder referido por essa vinculação. E traduzia-se essa solução na identificação do *ius* com a *lex*, da juridicidade com a legalidade. O direito seria a lei e esta, com as características com que era pensada e ela deveria manifestar – a universalidade, na intencionalidade e nos destinatários, o carácter abstracto e formal, a validade racional e de autofundamentação, o *a priori* normativo – assumia-se como o *nomos* da modernidade. Só que, não menos que tudo isto, reconhecer-se-á já também a subversão evolutiva, ao nível institucional, e a erosão cultural, ao nível intencional, desta compreensão do direito e do seu modelo de juridicidade, consequência uma coisa e outra igualmente de uma complexidade de factores, já antrpológico-culturais, já político-economico-sociais, já reflexivos inclusivamente (*v.* o nosso *O Direito interrogado pelo tempo presente*

---

[3] Que prognostica, no que entende ser a necessária superação da "decadência" do Estado-de-Legalidade e do legalismo, a evolução desse Estado para o Estado-de-Jurisdição (*Rictherstaat*), posto que estivéssemos hoje a viver num "estádio intermédio" ("Wir leben in einem Zwischenreich) – ob. cit., págs.232, ss. 241.

na perspectiva do futuro, in Boletim da Faculdade de Direito, Vol.LXXXIII,15,ss.) em termos de a lei como *nomos,* e na última autonomia do direito que ainda assim se postulava, se ter convertido num mero *facto político,* simplesmente disponível e aleatório instrumento prescritivo da teleologia política e das estratégias que desta funcionalmente passou a assimilar e a servir. Acabando-se assim por aceitar que o direito, o direito-lei, fosse também política, nada mais do que política racional e eficientemente normalizada. Pelo que e deste modo, a ainda pensável autonomia do direito na *lex-nomos* deixou de ter sentido e reflexivamente, e comprazivamente, isso mesmo se proclama – o direito volveu--se *la quantité négligeable* no imperialista universo do político e de todo ao seu serviço, não obstante, não deixe de dizer-se, o *wishfull thinking* de invocação dos "direitos do homem".

Com uma segunda consequência, porventura menos evidente, em que a conclusão é a mesma. O Estado-de-Direito, se em referência à legalidade autónoma começou por se pensar como Estado-de-Legalidade, igualmente sofreria, e por isso mesmo, uma subversão análoga à subversão da lei convertida em facto político, já que desse modo deixava de ser possível e perdia sentido a invocação do "direito", da autónoma normatividade jurídica, como fundamento de normativa validade ou sequer como referência legitimante na distância crítica do direito ao político que é da essência, como quer que seja, do Estado--de-Direito – o fundamento e o fundamentado confundiam-se e entre o legitimante e o legitimado anulava-se a possibilidade crítica. O Estado-de-Direito converteu-se num espaço institucional em que o político tem a última palavra e o direito, simples dele instrumento, deixou de ser a sua medida. E se se considerar que hoje, menos que o Estado-de-Direito, importa sobretudo referir o Estado-de-Constituição e numa evolução também daquele para este, com ter-se volvido a constituição o último horizonte e o fundamento decisivo do sistema político-jurídico, só ilusoriamente as coisas se alteram, antes se confirmam e mesmo se agravam, já que com ser a constituição simplesmente o "estatuto jurídico do político", como recorrentemente temos sustentado e reflectido (v, por último, *O Direito interrogado...,* cit. 42, ss.), irrecusavelmente por isso mesmo o político se afirma como o decisivo, como o *constituens* material da global *praxis* social, e o jurídico constitucional não mais do que o normalizador, a "norma" em sentido focaultiano, do político – do político afinal e mais uma vez como a última e determinante referência regulativa.

Pelo que duas exigências capitais, e irrenunciáveis, que acabam por convergir numa só, teremos de reconhecer, se ao direito o intencionarmos mais e para além de mero instrumento prescritivo do político e o Estado-de-Direito, não obstante a actual preponderância das constituições, não tiver perdido relevo institucionalmente categorial no universo humano-prático. Por um lado, repensar o direito na recuperação da sua autonomia, axiológica, normativa e de validade, perante a *lex*-facto político; por outro lado, reconstituir o Estado-de--Direito de modo a que nele o direito se afirme, e regulativo-normativamente se imponha, como uma sua dimensão também autónoma e materialmente específica. Nos dois casos é o direito em si e na sua autonomia que está em causa – no primeiro caso, directa e evidentemente; no segundo caso, como condição de o Estado-de-Direito verdadeiramente o ser.

Não deixámos já de propor, no pressuposto de tudo o que vai dito, essa reconstituição institucional (v. O nosso *O instituto dos "assentos e a função jurídica dos supremos tribunais*, 596,ss.). Mas o decisivo e que agora apenas queremos considerar – até, como foi dito, como fundamental condição de possibilidade de tudo o mais – é o problema da autonomia do direito *qua tale*. E todavia, dadas as circunstâncias deste texto, temos aqui de renunciar a assumi-lo ainda a ele na sua global problematicidade – a tanto visa a perspectiva também global do *jurisprudencialismo* e neste momento ficar-nos-emos pela referência a três tópicos, decerto fundamentais, que ele implica e lhe são próprios: II) o sentido do direito, na sua axiológico-normativa autonomia, III) a fenomenologia estrutural da diferenciada experiência jurídica; IV) a tectónica do universo jurídico na dinâmica da sua manifestação; V) a que apenas acrescentaremos duas particulares observações conclusivas

II

O sentido do direito

O sentido do direito que se nos fez necessário pensar é o sentido prático--comunitário da liberdade. O que só não é um pleonasmo, se não mesmo uma tautologia, porque ao dizê-lo "sentido prático" o diferenciamos de um seu sentido religioso, estético, etc., e o vemos mais amplo que no estritamente ético e mesmo político ou qualquer outro eventualmente possível que não apenas de uma específica intencionalidade socialmente prática, no significado aristotélico desta categoria. Sentido do direito, com esse significado e relevância, que procuraremos atingir através da mediação de duas estações principais: 1) a compreensão das condições constitutivas da sua possibilidade; 2) a determinação das dimensões constitutivas da sua específica normatividade. Para tanto permito-me utilizar parcialmente algumas páginas que começaram por ter outra origem.

1) Sabemos que os sentidos são as referências espiritualmente culturais que convocam o transcender da realização humana. E podemos acrescentar agora que a sua determinação resultará da resposta à pergunta pelo constitutivo da sua emergência. Pelo que, quanto ao sentido do direito, do que se trata para o compreender é do especificamente constitutivo da sua emergência como direito, do que ao direito com o sentido de direito o constitui. Desse tema me tenho recorrentemente ocupado – se é que não se tornou ele, por um estreitamento reflexivo, o meu tema. E por analogia, a pergunta que o enuncia não será também outra senão esta: "porquê o direito e não antes o não-direito?" Não se visa nessa pergunta – e utilizaremos uma distinção que não é minha, mas que adaptarei ao nosso caso – nem a causa (factualidade genética ou evolutivamente explicativa), nem a origem (cronológico começo histórico), nem simplesmente o fundamento (que será apenas um elemento constitutivo, não o único), não se visa qualquer desses pontos, mas o conjunto das condições humano-culturais, básicas condições de possibilidade, por um lado, e das dimensões axiológico-normativas constitutivas, por outro lado, conjunto

de condições e dimensões que, na sua globalidade, também constitutivamente fazem surgir o direito como uma específica e diferenciada, e nesses termos também autónoma, dimensão humanamente cultural e prática. Pelo que aí, ou na resposta a essa pergunta, igualmente teremos, por um lado, o que importa para atingirmos o seu sentido autêntico e nesse sentido reconhecermos, por outro lado, o que lhe é constitutivo na e para a sua emergência na realidade humana.

Começando, para tanto, por afastar modos de o perspectivar que apenas obstruem o acesso a esse seu sentido. Referimos a consideração do direito como *objecto*, como *discurso* e como *função*, desde logo – pois que havemos de o reconhecer como *validade*, uma problemática e regulativo-normativamente constituenda e realizanda *validade*.

A consideração do direito como objecto traduz uma particular intenção epistemológica do pensamento jurídico consequente, conjugadamente, ao positivismo e ao cientismo do séc.XIX, proposto a converter o problema prático do direito num problema teórico desse pensamento, conversão essa só acalentável ao intencionar-se o direito numa postulada subsistência objectiva na sua exterioridade que punha entre parêntesis a imanência problemático-normativamente constitutiva da sua juridicidade. O direito antes de se oferecer numa manifestação objectivável, constitui-se ao resolver o seu problema de uma regulativa validade prática numa intencional normatividade para uma realização concreta – problema sempre aberto e normatividade sempre constituenda e realizanda. Pelo que assim e verdadeiramente o direito não é objecto, mas problema e o seu sentido, que em referência à sua problemática normativa se haverá de pensar, é o que a sua objectivação *ex post* simplesmente oculta. E daí que não se trate também de "definir"o direito ou de determiná-lo pelo seu conceito. O conceito pressupõe decerto uma referência objectiva, uma objectivante presença subsistente, numa estrutural relação sujeito/objecto em que o "objecto", enquanto tal, se postula nessa sua objectiva subsistência – como algo que é, que aí está na ordem dos entes-objectos, e qualquer que seja a índole ou o nível ontológico desse seu estar já como ente-objecto –, enquanto que, diferentemente, o que intencionamos é o que faz constitutivamente emergir, antes de ser e para ser, e assim num antes ontológico que não refere um objecto, mas a possibilidade constitutiva de o vir porventura a ser.

Como discurso, em que analogamente repercute agora o *Linguistic Turn*, não menos o constitutivo problema normativo em que se assume o seu sentido – o seu sentido convoca esse problema e visa resolvê-lo – o temos de dizer também omitido, seja considerado o discurso em perspectiva semiótico-estrutural (como uma gramática do jurídico, uma *deep structur* enquanto um *"destinateur épistémologique"*, na expressão de Landowski) ou em perspectiva semiótico--narrativa (como "relato", num plano que acaba por não ultrapassa o literário, o filológico-literário, como, p. ex. e por todos, em *Justicia como relato* de José Calvo), seja mesmo ele chamado a manifestar-se constitutivamente através de uma comunicativa argumentação, expressamente segundo um "princípio do discurso" (assim Habermas), visando o consenso num certo espaço político, já que a validade normativa ou de todo o modo a normatividade que seria o próprio objectivo discursivo vai afinal fundamentantemente pressuposta e a possibilitar o próprio discurso com esse objectivo.

Como função, mais gravemente ainda o sentido do direito será sacrificado. Se a funcionalidade for de índole material (neomaterialização funcional do direito), o que nela e através dela se imporá é a teleologia heterónoma, juridicamente heterónoma, para a qual o direito será tão-só um secundarizado e dependente instrumento, em que afinal verdadeiramente como direito na sua validade normativa se apaga – não ele, mas o político, o social-tecnológico, o económico, etc., ocuparão decisivamente o campo. Se a funcionalidade for de índole formalmente sistémica, é a titularidade pessoal, a normatividade regulativa e a validade mesma do direito que, sem mais, numa perspectivação apenas evolutivamente sociológica, se neutraliza numa sua funda incompreensão a tirar mesmo sentido ao seu "porquê" – já que, como para a rosa, segundo o poeta, não haveria lugar a um porquê a que houvesse de responder na ordem do sentido e apenas se reconheceria na sua existência consequentemente evolutiva Em todas estas perspectivações e outras análogas suscitadas embora pelo jurídico, mas de uma intencionalidade e de uma problemática alheias às juridicidade na sua irredutível especificidade, é afinal em algo diferente, que não no direito, que verdadeiramente se pensa – o direito convoca-se para que outra coisa para além dele avulte e se imponha.

Afastados, pois, esses obstáculos – que não diremos "obstáculos epistemológicos", como Bachelard os diria, mas obstáculos culturais de compreensão de sentido –, há que convocar as condições possibilitantes da emergência do direito e as dimensões directamente constitutivas do sentido da sua validade normativa. E isso, refira-se também, como um primeiro momento da nossa procura, o da compreensiva determinação da validade do direito enquanto o axiológico-normativamente regulativo fundamentante, já que ainda um segundo momento se revela exigível, e só o objectivante normativismo positivista pôde inconsiderar, o momento da problemático-concreta realização dessa regulativa validade, continuamente a reconstituir na sua normatividade por essa mesma problemática realização. Um momento de validade, momento intencional e estritamente normativo, e um momento de realização, momento judicativo de uma também específica problemática e racionalidade. – a validade normativa e o juízo são os momentos polares a considerar.

Quanto às condições possibilitantes, quero invocar neste momento antes de mais a que tenho considerado a essencial para a emergência, e a diferenciação, do direito como direito, e que digo a *condição ética* – a convocar a *pessoa* enquanto o referente e o titular da humana prática jurídica. Outra duas condições são também relevantes, uma primeira, que se dirá a condição mundanal, a referir a social mediação do mundo, na sua fruição e repartição, e que, se de uma aparente banalidade, não o será tanto, já que é ela que define o campo possível, não ainda o sentido normativo mas o campo, da juridicidade, sendo que fora desse campo não teremos problemas jurídicos. Uma segunda condição, bem menos evidente e que mesmo hoje ainda em geral se recusa – recusa-a decerto todo o individualismo, de ontem e de hoje, mas já não as posições mais esclarecidas e menos ideologicamente cegas (cfr. desde logo, Gunther Jakobs,

Norm, Person, Gesellschaft, 2ª.ed., 117, e *passim*; Adela Cortina, *Política, Ética y Religión, passim*) –, será a comunidade, a condição comunitária, na sua irredutibilidade existencial, empírica e ontológica, e com a importância decisiva de se haver de reconhecer aí o fundamento último da responsabilidade. Mas voltando à condição ética e nela apenas insistindo, somos por ela postos perante duas exigências capitais, a compreensão justificante da pessoa naquela sua referência e titularidade práticas e a determinação das suas imediatas implicações normativas.

A pessoa não é o *indivíduo*, nem o *sujeito* – o indivíduo, apenas como termo biológico ou como o reivindicante solipsista dos interesses, o sujeito como *causa sui* das determinações e *auto-nomos* de uma racionalidade universal –, o primeiro não conhece nenhuma ordem normativa em que se vincule (é relevante, quanto a esta ponto, a reflexão com essa mesma conclusão de Gunther Jakobs, ob. cit., 29, ss., e *passim*), o segundo pode ser condição de um vínculo normativo, em imperatividade universal que transcenda a vontade individual, mas essa apenas universal racionalidade não o pode fundar, enquanto pela pessoa, traduzindo o transcender do antropológico e do estritamente racional ao axiológico em transindividual reconhecimento ético, com a sua dignificação e numa relacional convocação ética, é a própria eticidade da normatividade que com ela também se institui. Assim o tenho pensado e encontro reconfortante confirmação e refundamentação, posto que de perspectiva entre si não coincidentes, certamente em Lévinas, mas também em Axel Honneth e em Adela Cortina, inclusivamente em G, Jakobs (ao considerar a correlatividade necessária entre normatividade pressuposta e pessoa), e em outros decerto. E então podemos sem mais dizer – já o justifiquei e agora repito – que a pessoa, enquanto sujeito ético, é ela em si mesma *sujeito de direito*, *sujeito de direitos* e *sujeito do próprio direito*, com ser desse modo que a sua eticidade a investe na comunidade prática assim como é nessa eticidade, que não simplesmente na socialidade, que o direito sustenta a sua normatividade – pelo que o direito é-o de pessoas e para as pessoas.

Com isto não se diz que o direito seja uma ética – excluem-no as duas primeiras condições referidas –, mas sustenta-se que tem, indefectível e constitutivamente, uma dimensão ética. Depois, e é o outro aludido aspecto a considerar, do axiológico sentido da pessoa na comunidade das pessoas inferem-se duas imediatas consequências normativas, as inferências de um *princípio de igualdade* (no exacto, mas específico significado de não discriminação de estatuto, em referência à raça, à classe, ao sexo, ao grupo social, etc.) e de um *princípio de responsabilidade* (é o que implica a participação comunitária e a que de novo só o acomunitário individualismo, mesmo com o invocar dos "direitos do homem", poderá tentar subtrair-se) e desse modo simultaneamente se reconhecerá que a pessoa, pela sua axiológica dignidade de sujeito ético, não só é natural titular de direitos como correlativamente natural imputável de responsabilidade – pelo que também para ela os deveres são tão originários como os direitos. E se os direitos lhe conferem um titulado espaço de autonomia (autonomia de realização, por fruição e participação), igualmente a autonomia se vê na realidade comunitária em irredutível dialéctica com a responsabilidade. Dialéctica entre autonomia e responsabilidade que é assim, reconheça-se, a matriz estrutural do direito e uma outra expressão da *justiça*, posto que esta mais não é do que a exigência, normativamente integrante, do reconhecimento de cada um pelos outros e da responsabilidade de cada um perante os outros na coexistência em um mesmo todo comunitário constituído por todos – e nesses termos a justiça coincide com o direito, verdadeiramente mais não é do que o próprio direito.[4]

2) E com isto passámos já da última condição de emergência do direito à primeira das suas dimensões normativamente constitutivas. E esta primeira exige uma segunda dessas dimensões, se é que simplesmente a não implica. Refiro-me à exigência ou implicação, naquela matriz e dialéctica, do direito como *validade*, como validade normativa. Não simplesmente como *lex*, imperativo prescritivo ou norma hipoteticamente abstracta, regra convencionalmente aleatória ou esquema sistémico-social, mas referência regulativa de intencionalidade e expressão axiológico-normativa a invocar como fundamento também normativo da prática humano-social e de todos os juízos decisórios exigidos por essa prática. Nestes termos a validade do direito, e que o direito é, traduz um sentido normativo (nos valores e princípios que a substantivem) que transcende as posições e as pretensões individuais de uma qualquer relação intersubjectiva e os transcende pela referência e a assunção de uma fundamentante normatividade de sentido integrante e assim vinculante para todos os membros de uma comunidade prática, e em que, por um lado e por isso mesmo, os membros aí em relação se reconhecem nela de igual dignidade e em que, por outro lado, obtêm uma imputável determinação correlativa que não é o resultado de mera vontade, poder ou posição de preponderância de qualquer dos membros da relação, mas expressão concreta das suas posições relativas nessa unidade de sentido fundamentantemente integrante. E uma tal validade, de sentido axiológico-normativamente material, como já a seguir compreenderemos – que terá o seu contrário já no *sic volo, sic jubeo*, já no *pro ratione voluntas* – é decerto uma exigência implicada no sujeito ético que no mundo prático é a pessoa, com a sua autonomia-liberdade e a sua integração-responsabilidade, posto que ele só pode propor-se uma qualquer reivindicação ou admitir uma qualquer pretensão dos outros por referência a um fundamento normativo que não pretira e antes reconheça as respectivas dignidades e justifique as suas responsablidades. É deste modo que a ordem de direito, como *ordem de validade*, não será simplesmente uma ordem social de institucionalização e organização de poderes ou critério apenas de uma estratégia de objectivos sociais e de conflitos de interesses, e que na sua intencionalidade e estrutura manifesta uma normatividade que assimila regulativa e constitutivamente valores e princípios e não simplesmente fins, e em que o *a priori* do fundamento não cede ao *posterius* dos efeitos.

Validade neste sentido que não dispensa decerto uma sua determinação, a determinação da sua normatividade referível e invocável. Considerámos

---

[4] Prescindindo neste momento de considerar mais atentamente o problema capital da relação entre o direito e a justiça – o problema desse dualismo, de origem pré-moderna cristã e secularizado na modernidade, que já directamente nos preocupou noutra circunstância e que cada vez mais tendemos a pensar insubsistente, se ao direito o compreendermos no seu autêntico sentido axiológico-normativo.

essa determinação também já por mais do que uma vez. Pelo que, remetendo--me para aí, prescindirei agora dos desenvolvimentos explicitantes que seriam exigidos. Apenas direi que através de uma particular analítica lhe diferenci-ámos três planos de determinação normativa. Um, de referência sociologica-mente cultural e de uma maior histórica contingência positivo-social, em que a ordem de validade sofre as vicissitudes e a variação da positividade; outro, de uma específica intencionalidade principiológica que se vai de algum modo subtraindo à imediata dialéctica histórica e em que o direito encontra a ime-diata expressão do seu subsistente sentido de direito, e um terceiro, último e capital, de uma substantiva ou material axiologia humano-comunitária, a refe-rir na sua manifestação o *suum* e o *commune* e a dialéctica entre eles enquanto a expressão axiológico-normativa da autonomia pessoal e da responsabilidade comunitária, e que já vimos ser afinal o critério da justiça que o direito como validade é chamado a traduzir e a ser.

O que não significa, evidentemente, que toda a normatividade jurídica se esgote na determinação de validade, a que acaba de aludir-se, e não haja de atender-se àquela outra positiva que promane das "fontes do direito", prescri-tivas ou judicativas. Apenas se pretendeu considerar a pressuposta axiológica normatividade fundamentante em que encontra decisiva determinação a vali-dade de direito. Mas já significa que a normatividade jurídica positiva haverá de manifestar-se em consonância com essa normatividade jurídica fundamen-tante, que haverá de determinar-se e realizar-se sem a violar e assimilando-a – assim se cumprirá o sentido do direito e respeitará o seu regulativo de vali-dade. Foi deste modo, e para que se não recusasse a afirmação irrecusável do direito mesmo num momento em que a ruptura com ele parecia ir no movi-mento da história, que sustentámos a sua axiológico-normativa validade ainda perante a revolução, em termos de aquela não ter de ceder ao poder desta (v. *A Revolução e o Direito*, in Digesta, vol.1º, 51,ss.). Toca-se aqui um outro ponto de grave importância – o a relação da validade do direito com o poder político, a que dedicaremos algumas palavras no termo desta reflexão.

3) Entretanto reconheça-se que a eventual compreensão do sentido do di-reito como validade e as linhas da sua determinação a que se aludiu deixaram em aberto a questão do *fundamento* que sustentará essa validade. Nesse funda-mento teremos uma terceira dimensão constitutiva desse sentido, pelo que não podemos omiti-lo.

Assim, recordaremos que o pensamento jurídico procurou esse fundamen-to ou no *ser* ou na *razão* ou no *contrato* ou prescindiu mesmo dele, substituindo-o pela imputação do direito à legitimidade política. No ser, pela metafísico-onto-lógica e essencialista solução jusnaturalista, referindo já a ordem constitutiva dos seres e da sua teleologia, já o pontualizado e concreto *nomos* revelado na "natureza das coisas", já os objectivos realizandos que iriam na "natureza do homem". Só que, por um lado, o ser em qualquer dessas suas manifestações não era um em si de imediata transparência à consciência, mas uma onto-teleo-lógica ou normativo-antropológica interpretação dele de que o homem, na sua irredutível cultural mediação constitutiva, e no caso praticamente orientada, era responsável, e, por outro lado, pensava-o no essencial para a prática impossivelmente fora do tempo e na ahistoricidade da inteligibilidade fundamental, mesmo na referência conciliadora ao "direito natural histórico" ou ao "direito natural concreto" – e só por isso a necessidade ontológica invocada mais não era, no fundo, do que a hipostasiada necessidade lógica.

Na razão, pela solução da modernidade e a culminar em Kant – só que, se essa razão em referência prática não era uma razão tautológica, que só se pensava a si própria na sua universalidade, não deixava de pensar também alheia ao tempo e à história, e se nenhum pensamento concretamente transitivo pode ignorar a história menos ainda uma razão prática pode abstrair da historicidade. No contrato, pelo "contrato social" particularmente invocado pelo individual-liberalismo do séc XVIII – só que o contrato, se acordo apenas em si ou como vontades unicamente acordadas, não é susceptível de constituir uma qualquer validade pela simples razão de que a vontade expressa, como simplesmente vontade, não poderá impor-se a uma vontade contrária que se lhe oponha, é um mero *factum* que como tal não vincula, apenas vincula se pressupuser um fundamento normativo que a esse seu facto confira relevo normativamente vinculante. É esta uma conclusão que outros igualmente invocam (Cfr.G. Jakobs, ob. cit., 40; Adela Cortina, ob. cit., 47, ss.) e nos permite compreender que nos grandes teóricos do contrato social (Hobbes, Locke, Rousseau, Kant) não faltasse afinal, com já noutra oportunidade mostrámos, uma criptonormatividade justificante. Fracassos de fundamentação estes que não legitimam – é fundamental acentuá-lo – o contraponto do positivismo jurídico, a postular que o direito será tão-só o resultado normativo de uma *voluntas* política orientada por um finalismo de oportunidade e sob soberanos compromissos estratégico-sociais. Seria isso verdadeiramente renunciar a um fundamento de validade, com a sua intencionalidade normativa e crítica, convertendo o direito num mero *facto político*, como já atrás referimos – o que, expressão do actual cepticismo quanto ao direito, que se reconhecerá uma das consequências do positivismo jurídico, não deixa de ser uma tendência a considerar e que justificaria uma reflexão aprofundada se a circunstância fosse outra.

Só que a prática humano-cultural e de comunicativa coexistência, com a sua tão específica intencionalidade à validade em resposta ao problema vital do sentido – assim sobretudo, vimo-lo já, nas épocas de inumanidade e de colapso, e numa dialéctica que é a da própria humanidade no homem, estruturalmente constituída pela distinção entre o humano e o inumano, o válido e o inválido, justo e injusto –, refere sempre nessa sua intencionalidade e convoca constitutivamente na sua normatividade certos valores e certos princípios que pertencem tanto ao *ethos* fundamental como ao *epistéme* prático de uma certa cultura numa certa época – e que são como que o resultado ético-prático da histórica aprendizagem que o homem faz da sua humanidade. E que assim, sem se lhes ignorar a historicidade e sem deixarem de ser da responsabilidade da autonomia cultural humana, se revelam em pressuposição intencional-problematicamente fundamentante e constitutiva perante as positividades normativas que se exprimam nessa cultura e nessa época – são valores e princípios pressupostos e metapositivos a essa mesma positividade, e assim numa *autotranscendência* de sentido, que é verdadeiramente uma *trancendentabilidade prático-cultural*, de histórica criação ou imputação humana decerto, mas de que o homem no momento da invocação não pode dispor sem a si mesmo se negar, que deixaram nesse momento de estarem na sua opção ou no seu arbítrio. E a que não pode decisivamente opor-se a sempre pronta invocação do actual pluralismo – pois, se este é nomadológico, suprime a comunicação e com esta a possibilidade mesma do mundo humano; se não é nomadológico, a comunicação pressupõe e só é possível num comum de sentido na intersubjectividade e que a sustente, não obstante as diferenças mas transcendendo-as (cfr. de novo *A Revolução e o Direito*, loc.cit., 129, ss.; v. agora também Adela Cortina, ob. cit., 115,ss.). Autotranscendência de sentido e transcendentabilidade prático-cultural em que antes a prática reconhece os seus fundamentos de validade e os seus regulativo-normativos de determinação e relativamente aos quais, pelo que acaba de dizer-se, poderemos falar, sem contradição nem paradoxo, de um fundamentante e regulativo *absoluto histórico*. É este o fundamento e o sentido dele que havemos de pensar relativamente à normativa validade jurídica: fundamento histórico-culturalmente de constituição humana, mas que não obstante ao homem indisponivelmente vincula. Impõe-no-lo a história, com o sentido de cultural experiência humana que dela vem.

III

A fenomenologia estrutural da juridicidade

O direito não se oferece, todavia, apenas como um sentido específico na cultural realidade prática humana, manifesta-se ainda na fenomenologia estrutural de uma particular experiência com que nessa humana realidade se diferencia. – digamo-la a fenomenológica estrutura da juridicidade. Se no sentido do direito, tal como o tentámos compreender, temos o referente intencional postulado pelo direito interrogado ou a intencionalidade que dá resposta à interrogação pelo direito enquanto tal, na estrutura da juridicidade deparamos com a fenomenologia da manifestação do direito no contexto da realidade humana, e assim com a sua fenomenológico-estrutural diferenciação no todo dessa realidade. No todo dessa realidade e perante outras também estruturais fenomenológicas experiências que aí com ela concorrem.

São três as dimensões fundamentalmente invocáveis na global complexidade do universo prático humano. Abstraímos aqui da dimensão religiosa, posto que a primeira na decisiva pressuposição do seu relevo de sentido capital e último, não simplesmente porque estejamos num mundo secularizado e mesmo de uma larga extensão de secularismo, mas porque ultrapassa ela aquele estrito universo prático, e embora se projecte necessariamente nele – também ela está no mundo, mas não é do mundo, exclusivamente do mundo, e antes intencionalmente o transcende. Assim, temos a dimensão socialmente instrumental do útil e do interesse, que se realiza no *económico*; a dimensão socialmente ideológica do domínio e do poder, que se realiza no *político*; a dimensão socialmente axiológica do valor e da validade, que se realiza no *direito*.

No económico, ou no modo económico da existência, o homem estabelece uma relação directa com o mundo, ainda que pela mediação de uns pelos outros, que se reconhecerá homóloga à relação cognitiva. É certo que nesta última se verifica um transcender o mundo para o objectivar, enquanto na relação económica há um assimilar do mundo para o explorar (como "matéria-prima"). Mas não só essa relação-exploração pressupõe o mundo no que ele é ou tal como se oferece ser, como a actividade económica implica em si mesma uma exigência de estrita racionalidade. Motivado pelos *interesses* (nesse *inter-esse* em que a subjectividade projecta a sua apetência), postulados como *fins*, e em último termos sempre referidos à realização e à reprodução vitais (cfr, quanto a este último ponto, Hannah Arendt e Habermas), o princípio antropológico do modo económico é, por isso mesmo, o da *utilidade* e o seu modelo, implicado pelo êxito que a utilidade procura – a optimização dos meios alternativos, adequados à prossecução dos fins – define-se por um princípio de eficiente *instrumentalização*. A sua racionalidade é a *Zweckrationalitat,* e que culmina na matematização do *cálculo*. E se é esta também a racionalidade da técnica, da técnica moderna cujo triunfo a ciência também moderna possibilitou, então o económico é, na verdade, homólogo do científico.técnico no modelo de pura racionalidade instrumental sobre o mundo. Nem por outra razão ambos convergem no *tecnológico*, enquanto modo actualmente característico da nossa existência histórica. Como é assim também que a economia convoca a ciência e a técnica, e a ciência e a técnica se vêem potenciadas num mundo de perspectivação económica – não se espera o progresso humano-social em geral do conúbio universidade/empresa e não se quer mesmo pensar a universidade como uma empresa? Depois, não fica deste modo claro porque o *homo oeconomicus* é um homem frio e implacável, sem sentimentos nem caridade, pois não é ele aquele homem que converte a utilidade dos seus interesses na medida exclusiva e numa perspectiva de pura racionalidade? Será que o homem moderno e contemporâneo, na sua liberdade individualista e apesar dos actuais apelos criticamente éticos, tem o seu redutor no *homo oeconomicus* porque não tem sentimentos (de referência ao outro, seu próximo) – como no fundo se pode inferir das teses de M. Weber sobre a origem do capitalismo – ou não tem ele tais sentimentos porque tende a ser só esse *homo oeconomicus* – como propende a pensar Marx?

Simplesmente a nossa pluralidade humana na unicidade do mesmo mundo determina decerto outro novo tipo de relações. Não já a relação homem/mundo (relação sujeito/objecto) pela mediação dos outros, mas a relação dos homens entre si (relação sujeito/sujeito) embora pela mediação do mundo. E se os homens se relacionam assim naturalmente como são – na abertura ou indeterminação intencional, na transfinitude de objectivos e na variação temporal, ou, se quisermos, na novidade, na diferença e na variação dos respectivos fins a realizar no mundo comum –, surge aqui um problema diverso e específico, de cuja solução se espera, se não a superação, pelo menos um critério final de compossibilidade de toda essa divergência, sem o qual apenas será a impossibidade humana de *bellum omnium contra omnes*. É o problema político. Problema que não obriga a abandonar, antes continua a solicitar a *Zweckrationalitat* – simplesmente, se no problema económico a acentuação se fazia nos meios, a favor embora de certos fins, agora a acentuação faz-se nos fins, posto que em consequencional mobilização dos meios. E justamente por isso a solução naqueles termos do problema pressupõe uma certa estrutura e terá de oferecer-se com uma certa índole. Em primeiro lugar, exige uma opção entre esses visados e diversos fins, e, portanto, implica a substituição da pluralidade divergente dos sujeitos por uma instância (ainda que utopicamente participada por todos) que dessa opção decida; instância que, nessa substituição e no *poder* (poder decisório) que reivindica, sempre convocará uma ideologia justificante e suscitará também a questão continuamente renovada da sua legitimidade – com que, por ambos estes dois momentos, o plano passa a ser já normativo, abandonando-se o plano apenas científico-técnico, que vimos ser o do económico. Em segundo lugar, não pode também prescindir de uma *partidarização* (a pluralidade dos sujeitos divergentes divide-se, perante a opção quanto aos fins e a correlativa estratégia, não necessariamente em termos schmitteanos entre "amigos " e "inimigos", mas pelo menos entre os concordantes que as apoiam e os discordantes que se lhe opõem). E em terceiro lugar, a opção sobre os fins e sua teleologia postula uma *estratégia* (uma teleológica selectividade dos objectivos imediatos que, em função também dos efeitos verificáveis, cumpram os fins), a actuar, por último, segundo uma intenção de *eficácia* (os fins e a sua estratégia convocam decerto as acções aptas a realizá-los). E porque em todo este processo o que em último termo está em causa e é determinante são os fins/efeitos (os fins a optar e a estratégia para os lograr), não poderá ele deixar de culminar numa *decisão* ou de actuar sempre por decisões com o poder que também sempre estas implicam. Quer isto dizer que o mundo do político é o mundo do poder e da decisão, e sendo-o é ele afinal um mundo polarizado no irracional: remete à *voluntas* e à sua essencial irracionalidade de *causa sui*. Não decerto que na referência ideológica não procure uma justificação e tanto no quadro estratégico como na conduta eficaz a actuação não manifeste uma racionalidade, só que no fundamental a que tudo remete e de que tudo depende, a decidida opção entre possíveis fins alternativos, o que irredutivelmente se impõe é decerto a decisão e o seu poder, com a sua específica irracionalidade – é *voluntas*, não *ratio*. O sistema político tem uma racionalidade imanente que se estabiliza numa institucionalização, mas é de uma irracionalidade no momento instituinte e na força dinamizadora. Deste modo, o que no económico era estrita racionalidade é no político decisiva irracionalidade. Assim como o *homo politicus* é o homem da decisão, de *voluntas pro ratio* – o homem da decisão e capaz dela.

E se a economia se vê sempre inserida, prático-historicamente, num contexto político (em que se lhe definem as prioridades e se lhe institucionalizam os meios), tornando-se *economia política*, ainda num tempo como o nosso em que o económico adquiriu uma hipertrofiada preponderância e tende mesmo a impor-se ao político, terá de concluir-se que, apesar de tudo, a política é a última instância prática? Se o fosse, o decisionismo seria a essência do universo prático, já que o racionalismo económico só adviria a esse universo através da político e segundo as condições que este lhe impusesse – não é assim em último termo que se compreendem os "sistemas económicos" ? Só que o universo prático conhece outra capital dimensão. Para além da relação directa entre o homem e o mundo, pela inter-relacional mediação dos homens, com que deparamos na economia e da relação de sujeito/sujeito ou da relação entre os homens pela mediação do mundo em que se estrutura a política, há que atender ainda – continuamos no plano apenas fenomenológico – à relação de sujeito/sujeito ou dos homens com os homens, no mundo decerto e em referência a ele, mas agora pela mediação do *sentido* – pela mediação de uma referência transindividual ou uma comum tramscendência fundamentante. Nesse caso abandona-se a *Zweckrationalitat* e convoca-se a *Wertrationalitat*. A transcendência comum, isto é, comunitária, assume-se então como fundamento em que se compreende o sentido e se reconhece o valor. E como transcendência na intersubjectividade comunitária, que manifesta o sentido e refere o valor, constitui para a mesma intersubjectividade um vínculo, vínculo-fundamento, que se objectiva numa *validade* – a implicar esta, por sua vez, a polaridade normativa do válido e do inválido, do justo e do injusto, do lícito e do ilícito. Entrámos deste modo na fenomenológica experiência do direito.[5] A significar também que no universo prático ingressa a *validade* (axiológica) *versus* a estratégia (finalística) e com ela a *universalidade*[6] (comunitária) *versus* a partidarização (associativa), o *fundamento* (normativo) *versus* a eficácia (consequencial). Submissão assim a uma exigência de validade que em concreto se cumpre num *juízo*, num julgamento-ponderação como solução prática dos problemas-controvérsias também práticos que se suscitem, segundo uma racionalidade prudencial que, como tal, refere a validade no seu sentido e como fundamento normativo. Juízo – não deixe de observar-se e nos termos já antes aludidos – que o normativismo, na sua tentada substituição da validade normativo-axiológica por um platonismo de normas pretende anular na lógica dedutividade de uma mera "aplicação" (v. o nosso *O Direito hoje e com que sentido, O problema actual da autonomia do direito*, in Digesta vol. 3º, 48,ss.) e que o funcionalismo teleológico-consequencial converte numa decisão, também entre fins-efeitos concretamente alternativos e que seja assim a táctica da sua estratégia, remetendo, acriticamente e com boa consciência, ainda neste ponto e desse modo o direito também ele para a política (v. o nosso *O funcionalismo jurídico. Caracterização e consideração crítica no contexto actual do sentido da juridicidade*, in Digesta vol. 3º, 224,ss).

Neste universo prático-normativo, com a fenomenológica estrutura enunciada, também o homem que lhe corresponde e nele actua é, pois, diferentemente do *homo oeconomicus* e do *homo politicus*, o que se dirá antes o *homo juridicus*, o homem referido ao sentido de uma comunitária validade axiológico-normativa e que procede segundo juízos normativos.

Posto isto, e num profundo cepticismo que os tempos bem justificam, podemos perguntar: o homem hoje que homem fundamentalmente ou predominantemente é? O homem apenas relacionado objectivamente com o mundo para dele tirar benefícios e que desconhece o outro ou para quem o outro será apenas meio ou obstáculo de acesso a esses benefícios? O homem relacionado

---

[5] E a ética, não pertence também ela a esse mundo prática de validades? Certamente que sim, só que com uma diferença a não omitir: a ética postula a relação puramente de sujeito a sujeito ou de pessoa a pessoa com abstracção do mundo e assim é que o casuísmo pode ser exigido pela prudência de uma "ética de respnsablidade", mas a essência ética implica o absoluto intencional (confirma-no-lo Lévinas) – enquanto que o direito, de modo diferente, refere a relação de sujeito a sujeito ou de pessoa a pessoa pela mediação (fruidora, repartidora ou funcional) do mundo.

[6] Cfr., quanto a este ponto e numa confirmação, Sérgio Cotta, *Perché il Diritto*, 2ª ed., 55, ss. e *passim*.

com os outros homens, mas mediante um poder decisório em que participa ou contra que luta e que acaba por traduzir-se tão-só ou no triunfo ou na derrota da vontade sobre eles (*Der Wille zur Macht*)? O homem relacionado com os outros pela mediação de uma axiológica transcendência que normativamente os vincula e que, vinculando-os assim, lhe impõe direitos e deveres, faculdades e responsabilidades? Ou seja, no actual mundo humano prático o que decisivamente conta, a economia com a sua materialidade do mundo-objecto a explorar e com a sua tecnologia dos interesses, como propenderia a dizer-nos Marx e as sociedades contemporâneas tendem a confirmar; a política com as suas teleologia estratégicas e as suas decisões de poder discriminatório, como nos adverte Carl Schmitt; ou nesse mundo, e para que ele seja verdadeiramente humano, participa também o direito e como última instância, impondo-se condicionante e criticamente tanto à primeira, a economia, como à segunda, a política, numa exigência normativa de validade?

O que sabemos, como pressuposto de uma resposta positiva ao que acaba de ser perguntado, é que essa resposta só será possível, ainda aqui, no reconhecimento da autonomia do direito. Autonomia do direito que se fundamenta no sentido que lhe referimos, assim como é também esse sentido que substantiva a dimensão humano-social que o direito, com aquele relevo interrogado, especificamente diferencia no todo da nossa realidade humana.

E isto nos leva ao último passo dos agora apenas queremos dar: à mais precisa determinação do próprio universo jurídico em si mesmo, na sua composição constitutiva e na sua dinâmica realizanda.

IV

O universo jurídico

Tentámos compreender o sentido do direito, sem deixar de invocar as suas condições de emergência e as suas dimensões constitutivas, mas com isso, na sua importância embora, não ficou ainda compreendido todo o universo jurídico, que havemos igualmente de considerar. O que nos obriga a passar a outra órbita – da relação dialéctica entre a liberdade e o sentido, passamos à relação constitutiva, circularmente constitutiva, do problema ao sistema, na ordem da racionalidade, e do sistema ao problema, na ordem da realização. Posto que de novo com não mais do que uma brevíssima síntese do que temos aqui por relevante.

O universo jurídico tem uma tectónica complexa que se organiza pela racionalização de um sistema particular e se dinamiza por uma problemática de realização, a convocar uma muito específica intencionalidade metodológica. Em termos de se haver de concluir que se estrutura por duas coordenadas fundamentais, a remeterem-se dialecticamente uma à outra, uma coordenada de normatividade, em que se exprime o seu regulativo de validade, e uma coordenada problemática, que a sua realização irredutivelmente sempre suscita. Trata-se assim de um universo normativo problematicamente aberto que na sua realização continuamente se reconstitui. E se a coordenada de normatividade nunca deixou de ser reconhecida na sua evidência, o certo é que por muito tempo se considerou ela a única, a única coordenada juridicamente relevante e a atender – não só a única como reduzida a uma sua dimensão dogmática, tal como a tarefa do pensamento jurídico estaria unicamente na explicitação e determinação hermenêutico-dogmática dessa normatividade que o direito objectivasse –, com ignorância e incompreensão assim da coordenada problemática, e com isso sacrificando afinal também uma correcta compreensão da juridicidade, não só em todos os seus momentos, mas sobretudo no sentido último da sua própria normatividade, que é sempre uma normatividade problematicamente constituenda. É para o que neste momento pretendo chamar a atenção.

1) Sobre a tectónica composição do universo jurídico reitero pensar (v. o nosso *A unidade do sistema jurídico: o seu problema e o seu sentido*, in Digesta, Vol.2º, 134, ss.) que a esse universo o estruturam quatro linhas. A mais da *dimensão axiológico-normativa*, em que encontra directa projecção normativa a validade do direito, há que convocar outras três dimensões, uma também *dimensão dogmática*, uma *dimensão problemático-dialéctica* e uma *dimensão praxística* – dimensões entre si correlativas e de uma sucessiva implicação. À primeira já nos referimos, ao considerar justamente a validade, enquanto a dimensão dogmática, se compartilha a exigência de uma dogmática em todos os domínios práticos, traduz-se no domínio jurídico pela conversão da normatividade de validade numa abstracta objectivação das soluções, pré-soluções, normativo--jurídicas de problemas hipoteticamente previstos pelo pressuposto postulado dos esquemas (em sentido kantiano, se quisermos) e critérios dessas soluções, e sejam esses esquemas e critérios prescritos autoritariamente, induzidos judicialmente ou elaborados doutrinalmente. A dogmática jurídica, a manifestar-se decerto *versus* o crítico-empírico e o zetético, procura a determinação concreta da indeterminação do regulativo da normativa validade, da indeterminação que ao imediatamente regulativo sempre é própria – a validade normativa admite sempre várias determinações com ela compatíveis e que nela de fundam –, satisfazendo assim a exigência de prudencial objectividade que é inerente à prática jurídica e mostrando-se desse modo também que a relação da validade à dogmática não é uma estrita relação de necessidade, mas antes de possibilidade – posto que possibilidade crítica. Só que a normatividade jurídica que deste modo se vai manifestando, no regulativo da validade seguida da objectivação dogmática, constitui-se e assume-se em referência à prática histórico-social e para nela se realizar normativamente, é evidente, a validade jurídica. Com o que no universo jurídico concorre também uma dimensão praxística, a traduzir-se juridicamente na realização judicativo-decisória, em que ele culmina e é afinal a sua razão de ser, enquanto contínua reafirmação da validade. Mas não assim imediatamente, e antes pela mediação dos problemas jurídicos concretamente particulares que nessa *praxis* jurídica se suscitam e com a problematicidade específica, concretamente específica, que as históricas circunstâncias da sua emergência lhes definem – e desse modo com o *novum* problemático, irredutível à previsibilidade dos esquemas dogmáticos, que é consequência da história, da dinâmica histórico-social. Acresce, pois e com este sentido, mais uma dimensão, agora uma dimensão problemática – em que reflui, numa

mediação problemático-normativa de cumprimento, a dimensão praxística e que, portanto, está logicamente antes desta. Eis, pois, o universo jurídico nas suas quatro dimensões, e pela ordem lógico-normativa por que elas se sucedem: uma dimensão axiológico-normativa de validade, uma dimensão normativamente dogmática, um dimensão concretamente problemática e uma dimensão judicativamente praxística.

2) Só que este universo não se manifesta apenas na sua estrutura, organiza-se pela racionalidade de um sistema, e sistema também juridicamente específico. Ainda quanto a este ponto podemos reverter aos nossos próprios passos – posto que através de tentativas que se foram sucessivamente corrigindo (*A unidade do sistema jurídico: o seu problema e o seu sentido*, in *Digesta*,vol.2º, 155, ss.; *Metodologia Jurídica*, 155,ss.). Em discussão com diversas outras compreensões do sistema jurídico e da determinação do seu *principium unitatis*, chegámos à conclusão de que estamos perante a totalização dialéctica de uma complexidade estratificada de manifestação normativa que se dinamiza, numa contínua reconstituição, pela problemática da sua realização, que o mesmo é dizer pela problemática da própria realização do direito e num esforço de integração regressivamente *a posteriori* daquela complexidade. A estruturada complexidade vemo-la também constituída pelos quatro elementos estratificados que lhe reconhecemos 1) *os princípios*, em todas as suas modalidades (*positivos, transpositivos* e *suprapositivos*), enquanto o elemento em que se exprime normativamente e se assume a validade axiológico-normativa na sua intenção regulativa e fundamentante – os *fundamentos*, portanto; 2) *as normas*, enquanto a categoria geral da objectivação dogmática, na determinante positivação das pré-soluções normativas em *critérios* jurídicos, fundados na validade normativa e relativamente a ela possíveis, como vimos já, mas imediatamente sustentados, seja pela legitimidade-autoridade prescritiva (desde logo legislativa), seja pela *auctoritas* quer jurisprudencial quer doutrinal; 3) *a jurisprudência*, a objectivação e estabilização de uma como que experimentada, casuisticamente, problemático-concreta realização do direito e com o valor normativo que lhe advém não só da particular *auctoritas* institucional como da presunção de justeza dessa sua realização; 4) *a dogmática*, estritamente agora a dogmática doutrinal ou a doutrina jurídica, entendida – abstenho-me neste momento da ampla discussão de que ela é objecto – como o resultado de uma elaboração"livre" de uma normatividade que apenas se fundamenta na sua própria prudencial racionalidade – não pode invocar a directa vinculação da validade normativa, como os princípios, nem a legitimidade-autoridade das normas ou sequer a *auctoritas* jurídica da jurisprudência – posto seja esse momento doutrinal-dogmático aquele em que o sistema encontra a sua racionalmente decisiva objectivação: se a dogmática doutrinal se elabora em grande medida a partir das normas e das posições jurisprudenciais, só verdadeiramente por aquela primeira, ao assimilar ela autonomamente os princípios na determinação explicitante e reconstrutiva das normas e da jurisprudência, estas segundas se verão projectadas numa acabada e sistematicamente global objectivação *secundum ius*.

O esforço de integração dialéctica desta complexidade, enquanto dialéctica de uma complexidade constituída por elementos normativos que são entre si correlativos e uns aos outros se intencionam, vêmo-la como regressivamente *a posteriori,* já que a problematização, que a sua global normatividade vai continuamente sofrendo pela emergência de concretos problemas jurídico-normativos cujo *novum* jurídico-problemático a ultrapassa na sua imediata possibilidade *a priori* de absorção – o que, embora muito importante, também aqui prescindo de melhor justificar – , apenas pode ser assimilada, não já pelo sistema oferecido no ponto de partida, mas através de uma reconstituição enriquecedora do próprio sistema que será o seu resultante ponto de chegada, e portanto *a posteriori,* na coerência dessa mesma problemática.

Sistema que se constitui no esforço aludido, e de cuja unitária integração o pensamento jurídico é o principal agente e responsável, e não decerto para subsistir intelectualmente, mas para organizar, dissemo-lo, o universo jurídico em que se verifica a realização do direito e em ordem a ela. E acabamos de ver que no próprio sistema, e por isso mesmo, se manifesta capital um momento problemático: o problemático que vai pressuposto nas soluções dogmáticas, que evidentemente a ele se dirigem como resposta; o problemático que é imediatamente invocado na jurisprudência como seu directo objecto judicativo; o problemático afinal, e sobretudo, que dinamiza a intencionalidade e a reconstituição sistemáticas. Pelo que se confirma o que começámos por referir globalmente ao universo jurídico, que são duas as suas coordenadas fundamentais, uma coordenada de normatividade e uma coordenada problemática. E se a primeira é a expressão e o desenvolvimento da validade de direito, a segunda exige ser assumida pela metodologia jurídica com vista ao juízo – que retomará em concreto a dialéctica sistema/problema. A validade normativa e o juízo jurídico, com a decisiva e irredutível mediação do problemático, eis, repita-se, as duas grandes intencionalidades e dimensões da juridicidade e do pensamento jurídico.

3) O que, sem mais, justifica duas consequências críticas que sublinharei. Primeira consequência: temos perante nós evidente um dos erros caracterizadores do positivismo jurídico – mais correctamente, do normativismo jurídico positivista –, porque a juridicidade e o seu pensamento-*actus* não é dedutivo e sim problemático. Segunda consequência: é insustentável a distinção que, por não abandono parcial desse erro positivista em certos sectores do pensamento jurídico recorrentemente se faz entre casos fáceis (*easy cases*) e casos difíceis (*hard cases*) – já no modelo argumentativo de R.Alexy, em boa parte do pensamento jurídico anglo-saxónico e no generalizado mimetismo dele comentarista –, porque todo o decidendo judicativo implica um problema novo (de um *novum* problemático) a exigir uma concreta solução constituenda.

O normativismo positivista, no seu estrito cognitivismo conceitual e analítico, não só ignorava em geral a dimensão problemática, que temos posto em relevo, como, no pressuposto dessa ignorância, chegava inclusivamente a uma sua expressa recusa. Neste último sentido é exemplar a posição de um relevante teórico desse positivismo, Arthur Baumgarten (*Die Wissenschaft vom Recht und ihre Methode,* 1920, I, 202, s.), ao proclamar com toda a acrítica convicção que, uma vez conhecido o direito positivo nas suas normas abstractas, a sua aplicação ("aplicação", categoria metodológica também positivista) não constituía qualquer problema – *"kein Problem"*, era a sua expressão –, já que se traduziria, com se tornou comum aceitar, numa mera subsunção – podia porventura essa aplicação suscitar questões lógicas ou psicológicas, relativamente ao aplicador, mas juridicamente e dada essa sua própria índole lógico-dedutiva não haveria nenhum problema, o problema jurídico esgotava-se no conhecimento dogmático do direito positivo. Será já hoje ocioso insistir na crítica a este normativismo positivista – eu próprio já perdi tempo de mais com essa crítica – , nos seus dois momentos capitais, nas suas erradas concepções tanto do direito como do pensamento jurídico, o direito postulado simplesmente numa referência objectiva, como "objecto", para uma determinação apenas cognitivista (hermenêutico-cognitivista), o pensamento jurídico, mediante a tentada conversão, já atrás aludida, do prático-normativo ao teorétido-dedutivo em que traduziria o "método jurídico", compreendido este, por sua vez, numa intencionalidade epistemológica e lógica, conceitualmente sistemática e logicamente analítico-dedutiva. Pelo que se abstraía (uma vez mais de forma intencionalmente redutora) da dimensão prático-normativa do direito no seu diálogo, sempre problemático, com a dinâmica da realidade prático-social. Diálogo em que afinal se exprime a dimensão praxística e tem por consequência a abertura da dimensão problemática , já que desse modo se revelam os limites normativos dos critérios dogmáticos, das normas pressupostas se quisermos – *limites objectivos, limites intencionais, limites temporais* e possivelmente mesmo *limites de validade* – e com esses limites se oferece a emergência do *novum* problemático a assumir em termos judicativos metodologicamente específicos.

Quanto à distinção entre "casos fáceis" e "casos difíceis" – e sem ter de invocar outras distinções mais que aqui poderão concorrer –, do que verdadeiramente se trata é da só admissão parcial do dedutivismo normativista: a dimensão problemática não seria ainda coextensiva à prática jurídica, antes numa parte dela manter-se-ia a directa solução aplicativa (se não sem mais subsuntivamente deduzível dos invocáveis critérios dogmáticos, pelo menos admitindo uma directa solução, ou sem mediação judicativo-constitutiva, "when a settled rule dictates the decision", para o dizermos com Dworkin) e assim sem que aí concorresse o *novum* da mediação problemática, a exigir uma constitenda solução metodológico-juridicamente própria, mas já se deveria reconhecer essa exigência numa mais ou menos ampla extensão da prática jurídica. O ortodoxo normativismo positivista exclui sempre uma tal exigência, nos termos que vimos, e a distinção agora em causa admite-a também numa certa extensão de casos, mas continua a não a tem por necessária em todos – não a tem por necessária quando bastasse, nos termos aludidos, a referência directa ao critério dogmático para obter a solução, o que implica fazer afinal corresponder os *"hard cases"* não só às comuns "lacunas" como estritamente ao espaço delimitável da autónoma constituição problemático-judicativamente jurisdicional do direito em concreto. Enquanto que o que temos vindo de dizer, na compreensão tanto do sentido do direito como do universo jurídico, nas suas dimensões constitutivas e na sua intencionalidade normativa, impõe que a essa mesma exigência a tenhamos antes como universal. Baste-nos para o confirmar, tendo em conta o que vem de dizer-se e sem mais desenvolvimentos fundamentantes (em que logo concorreria o relevo dos limites normativos atrás referidos aos critérios dogmáticos), um exemplo muito simples, mesmo exemplo extremo. Pense-se num semáforo de trânsito. O seu significado convencional como regra de acção é inequívoco e a sua aplicação nesse sentido não menos aparentemente fácil: ao sinal vermelho pára-se, ao sinal verde avança-se. E todavia as coisas não podem ser vistas assim, com essa facilidade – a "aplicação" desse critério como critério jurídico (prático-jurídico) não será possível sem uma sua problematização, não só em geral como em concreto. Suponha-se, com efeito, uma situação que exija um juízo jurídico – só na exigência dum juízo dessa índole tem sentido pôr a hipótese de uma decisão jurídica fácil ou difícil – em que se invoque a sinalética do semáforo como critério, como *critério de juízo* e não já apenas como *regra de acção* (sobre esta distinção, v. o nosso *O actual problema metodológico da interpretação jurídica*, I, 321, ss.). Situação como a dum acidente de trânsito provocado pelo desrespeito pelo automobilista do sinal vermelho e que imponha um juízo sobre a sua responsabilidade quanto aos efeitos danosos que daí tenham resultado. Segundo o esquema dos casos fáceis seria também fácil a solução: se ao sinal verde se pode avançar e ao sinal vermelho se deve parar, o automobilista é pura e simplesmente responsável. E todavia não poderá nem deverá ser assim, com essa lógica evidência e como também é evidente: basta atender a que essa "facilidade" poderia significar na circunstância admitir simplesmente a responsabilidade objectiva, o que sem mais se terá de pôr em causa. Há, com efeito, que interrogar, para além do critério, pelos fundamentos normativos dele como eventual critério de responsabilidade e em referência às circunstâncias concretas do caso, e de cuja consideração conjunta e unitária dependerá o juízo de responsabilidade, com o sentido e os termos dela: por um lado, convocando os princípios normativo-jurídicos da responsabilidade que se considere relevante; por outro lado, ponderando se o sinal pode ser tido no caso como um critério formalmente absoluto ou se não deverá antes reconsiderar-se, também no seu relevo e sentido, em referência à situação – assim, se ele era claramente visível, no local e pela clareza ou não da sua iluminação, se o automobilista se viu numa situação de urgência ou de necessidade (transporte de um doente grave, p. ex.), se foi vítima de uma inesperada obnubilação desculpável, etc., etc. Pelo que a judicativa consideração concreta do caso a decidir problematiza tanto o critério como a sua "aplicação". Ou seja, o acontecimento, o momento praxístico da acção numa certa situação, suscita a problematização do sentido da decisão, que aparentemente seria fácil, ao ponto de o próprio critério se problematizar na sua inequívoca significação *prima facie*, já que terá de perguntar-se ainda se verdadeiramente o seu significado é tão inequívoco e peremptório como em abstracto se supunha e não implicará isso uma recompreensão, uma reconstituição, do próprio sentido normativo do critério em geral. Por outras palavras ainda, a "aplicação" decisória do critério que parecia fácil tornou-se problemática, volveu-se na situação num problema de responsabilidade e do seu exacto sentido, que a simples invocação do critério, não obstante a sua clareza e a sua suposta simplicidade, não resolve – apenas pela mediação dessa sua problemática específica não só o relevo normativo do critério se acaba por definir como o juízo decisório é possível. Pelo que o caso que se diria "fácil" é afinal "difícil". O que nos permite uma legítima e relevante generalização para uma conclusão capital: não há casos fáceis e casos difíceis, há simplesmente e sempre *casos jurídicos*. Em todos casos jurídicos concorrem o mesmo tipo de fundamentos e de argumentos normativos próprios do *juízo jurídico* e exigem-no, já que só pela sua específica problematicidade concreta, pela mediação do seu sempre *novum* normativo-problemático, poderão ser judicativamente decididos.[7] E isto por implicação afinal, volte a dizer-se, do sentido do direito e da estrutura e exigência do seu universo normativo.

Assim, se o normativismo positivista é errado, não é menos errada esta tentativa de uma sua superação apenas parcial. O momento problemático do universo jurídico e a sua assunção na judicativa experiência da axiológico-normativa realização do direito são estruturalmente constitutivos, e como tais inelimináveis e fundamentais nesse universo – o mesmo é dizer, fundamentais para a compreensão da juridicidade em si mesma.

V

Duas observações conclusivas

1) Uma primeira observação, que temos por indispensável para obviar a possíveis equívocos, será para acentuar o seguinte. Compreendido o direito tal como o compreendemos, não fica determinada qual a índole histórico-social, a estrutura e os conteúdos concretos da comunidade em que o direito, na sua autonomia, participa como uma dimensão diferenciada. Apenas se exige que não sejam recusadas as condições possíveis, no contexto das disponibilidades também histórico-sociais, para que o direito nesse seu sentido autónomo seja assumido e se realize. A sociedade histórica que negar ou impedir essas condições infringirá a exigência de validade postulada pelo direito, e será assim será verdadeiramente uma sociedade ilegítima perante o direito, sem que com isso fique todavia definido o modelo concreto da sociedade em que essa validade se deverá reconhecer. Esse modelo concreto será sobretudo da competência do político, ao qual caberá decidir das opções teleológicas e da correlativa estratégia consequencial, organizar a estrutura dos poderes e definir a índole e os objectivos em geral do sistema económico. Que tanto é dizer ainda que não compete ao direito determinar o programa, seja constitucional ou não, ou visar a transformação da sociedade de que seja também dimensão – o direito não é política, mas validade; não é estratégia e programa , mas normatividade; não é decisão de alternativas consequenciais, mas juízo de fundamentante validade normativa. Pelo que, na mesma coerência, o direito recusará sacrificar a sua autonomia, com o sentido que ficou compreendido, volte a dizer-se, num qualquer holismo prático-político-social, sobretudo orientado pelas aquelas outras componentes do mesmo universo prático-social, holismo que não lhe reconheça ou tenda a diluir essa sua autonomia.[8]

---

[7] Teremos uma reconfortante confirmação do fundamental que acaba de considerar-se *in* Klaus Gunther. *Der Sinn fur Angemessenheit, Anwendungsdiskurse in Moral und Recht*, 1988.

[8] O que vale mesmo para o holismo mais reflectidamente compreensivo, como é o pensado pelo nosso recordado Colega e Amigo Orlando de Carvalho com o seu "projecto social global" (*Para um novo paradigma interpretativo: o projecto social global*, Separata do Boletim da Faculdade de Direito, pág.8), já que, como resulta

2) Uma segunda observação pretende referir, por sua vez e numa correlatividade não menos significativa, os limites que ao direito se devem também reconhecer e justamente como corolário da sua própria autonomia É este um tema, o dos *limites do direito*, quase ausente das preocupações e mesmo da compreensão em geral do pensamento jurídico, e no entanto trata-se de um ponto de uma importância capital tanto no plano do exacto entendimento da juridicidade como das suas mais relevantes consequências. Basta dizer que nos põe ele perante o problema dos limites da juridicidade – e assim também da possibilidade de pedirmos ou não ao direito, na coerência do seu sentido e intencionalidade, solução para quaisquer problemas que humano-socialmente se ponham. Quase ausência de preocupação, porque esta terá de pressupor o que já referimos, uma compreensão axiológico-normativamente substantiva do sentido do direito, e no comum do pensamento jurídico o que domina é o nominalismo também jurídico, resultado do acrítico legalismo e com a consequência, por sua vez, no positivismo jurídico – o errado entendimento de que é direito qualquer autoritária prescrição sancionada e, portanto, de que basta remeter o quer que humano-socialmente seja a prescrições ou normas sancionadas para estarmos no domínio do direito ou termos uma solução de direito. O que, aliás, Kelsen, com a sua bem conhecida clareza, não deixa de expressamente nos confirmar, ao considerar simplesmente o direito, e segundo decerto a perspectiva desse nominalismo jurídico positivista, como uma "ordem de coacção" (*Zwangsordnung*) e para concluir que não só não há qualquer conduta humana que, como tal ou por força do seu conteúdo, esteja excluída de uma norma jurídica, como se tornará ela jurídica pela circunstância apenas de ser submetida a uma qualquer forma de sanção jurídica (*Reine Rechtslehre*, 2ª ed., 34; IV, 114,ss.). Ora, e para uma posição decisivamente contrária, há que considerar o que antes foi reflectido, que o sentido do direito *como direito*, ou autenticamente com o sentido de direito, resulta, e resulta só, da integrada conjugação das três condições então referidas, uma *condição mundano-social*, a manifestar a pluralidade humana na unicidade do mundo, uma *condição humano-existencial*, a explicitar a mediação social no fundo da dialéctica personalidade e comunidade, uma *condição ética*, a condição que implica o reconhecimento axiológico da pessoa e que, já por isso, é verdadeiramente a especificante condição constitutiva do sentido do direito como direito e que simultaneamente implica a *intentio* a uma normativa *validade* (a uma validade axiológico-normativa). E então, poderá dizer-se, numa imediata inferência, que não haverá juridicidade, que não estaremos no domínio do direito ou no espaço humano-social por ele ocupado e que o convoca, se não se verificarem essas condições: se não estivermos perante uma relação socialmente objectiva (constituída pela mediação do mundo e numa comungada repartição dele); se, embora num quadro de mediação social, não se suscitar a dialéctica, a exigir uma particular resolução, entre uma pretensão de autonomia e uma responsabilidade comunitária; se,

---

expressamente das suas próprias palavras, trata-se de um "modelo que não é fundamentalmente jurídico, mas político, económico, sociológico, etc., sendo o jurídico a instância coactivo-conformadora dessa realização" – com o que, na verdade, o direito não logra manifestar um intencional sentido normativo-materialmente específico e fatalmente se vê secundarizado no todo que materialmente e efectivamente constitui e determina o projecto global.

não obstante a pressuposição de uma concreta dialéctica desse tipo, não estiver em causa a eticidade da pessoa – a pessoa como sujeito ético do direito e assim tanto sujeito de autonomia e direitos como sujeito de deveres e responsabilidade, fundados aqueles e estes numa pressuposta validade. É, no fundo, pela referência à primeira condição que comummente se diz, depois de Wolf e Kant, que o domínio do jurídico é a exterioridade, o mundo das humanas relações exteriores e não o da pura interioridade; é em consideração da segunda condição que se afirmará também que o domínio da estrita e solitária ou mesmo solipsística liberdade pessoal, que não seja correlativa ou em que não esteja em causa a integração comunitárias com as exigências implicadas, não tem a ver com o direito; é finalmente com fundamento na terceira condição que certas relações de carácter social e de implicação comunitária, mas em que não se manifesta activa (na sua ética irredução a objeto ou na sua absoluta indisponibilidade) ou passiva (na sua ética responsabilidade) o reconhecimento impositivo da pessoa, se excluem do direito. O primeiro ponto é decerto o mais tratado e de aceitação comum; o segundo ponto logo se compreende, se pensarmos nos compromissos religiosos, nas convicções ideológicas, nas determinações artísticas, científicas, na mera sociabilidade, etc.; e claro é também o terceiro ponto, se considerarmos a posição das pessoas nas puras relações de amor e amizade e quaisquer outras análogas em que não tenha sentido a atribuição e a sua reivindicação, a imputação e a sua responsabilidade, etc. – recorde-se a parábola do filho pródigo, a afirmar o amor para além da justiça, tenha-se presente a autonomizante e distanciadora relação de igualdade que Aristóteles via como pressuposto das relações de justiça e de que, por isso, excluía (de acordo decerto com a realidade cultural-social grega) tanto as relações entre pais e filhos como as relações entre os cônjuges, refira-se as relações no seio das comunidades dos primeiros cristãos segundo os Actos dos Apóstolos, em que não havia "meu" nem "teu", e igualmente todas as filadélfias, todas as comunidades de amor, *inclusive* as associações informais de amigos, etc. Tudo o que considerado e como uma sua síntese nos permite enunciar esta conclusão: estaremos perante um problema de direito – ou seja, um problema a exigir uma solução de direito – se, e só se, relativamente a uma concreta situação social estiver em causa, e puder ser assim objecto e conteúdo de uma controvérsia ou de um problema práticos, uma inter-acção de humana de exigível correlatividade, uma relação de comunhão ou de repartição de um qualquer espaço objectivo-social em que seja explicitamente relevante a tensão entre a liberdade pessoal ou a autonomia e a vinculação ou integração comunitária e que convoque num distanciador confronto, já de reconhecimento (a exigir uma normativa garantia), já de responsabilidade (a impor uma normativa obrigação), a afirmação ética da pessoa (do homem como sujeito ético). No que temos afinal um determinado *objecto* (as relações mundano-sociais) num particular *contexto prático* (o contexto da convivência pessoal-comunitária) de que emergem *controvérsias ou problemas normativo-práticos* a convocarem para a sua solução judicativa um *fundamento de validade normativa* (a validade axiológico-normativa implicada na axiologia da pessoa, na axiologia do reconhecimento da sua autonomia e da sua responsabilidade numa comunidade ética de pessoas).

Limites estes do direito, na pressuposição do seu sentido e do seu problema, ambos específicos, que se nos revelam assim como o próprio corolário – há que repeti-lo – da sua mesma autonomia. Numa paráfrase, que não será sacrílega: ao político-económico-social o que é do político-económico-social, ao direito o que é do direito.

— 2 —

Em busca das "coordenadas filogenéticas" para a construção de uma teoria da decisão

LENIO LUIZ STRECK[1]

Os grandes pensadores da ciência processual, dentre os quais se destacam Adolf Wach e Chiovenda [...], foram grandes, primeiro, como romanistas e homens preocupados com a genealogia dos conceitos jurídicos, para, somente depois, tornarem-se grandes como processualistas. É natural, porque o processo civil é o setor do Direito mais comprometido com seu sentido hermenêutico.
(Ovídio Baptista da Silva, em *Processo e Ideologia*)

SUMÁRIO: 1. A "questão da decisão" como um problema de validade do discurso jurídico; 2. Pode-se falar de uma teoria da validade na hermenêutica filosófica e na teoria integrativa dworkiniana?; 3. Respostas a algumas críticas à hermenêutica. O problema da má compreensão do sentido de "pré-compreensão" (*Vorverständnis*); 4. A mesma crítica à hermenêutica, agora sob outra perspectiva; 5. Elementos conclusivos; Referências.

1. A "questão da decisão" como um problema de validade do discurso jurídico

A hermenêutica filosófica tem sido – impropriamente – criticada no campo do direito pelo fato de que, embora ela tenha oferecido o modo mais preciso de descrição do processo compreensivo, por outro lado ela não teria possibilitado a formação (normativa) de uma teoria da validade da compreensão assim obtida. Esse é um problema central que precisa ser enfrentado com muito cuidado. Trata-se de problematizar as condições para a existência de uma teoria da decisão, o que implica discutir o problema da validade daquilo que se compreende e explicita na resposta. Afinal, interpretar é explicitar o compreendido, segundo Gadamer.

Validade foi, sem dúvida nenhuma, a expressão de ordem das teorias do direito surgidas na primeira metade do século XX. Através deste termo

---

[1] Pós-Doutor em Direito (Faculdade de Direito da Universidade de Lisboa). Doutor em Direito (UFSC). Professor do Programa de Pós-Graduação em Direito da UNISINOS e da UNESA. Procurador de Justiça (RS) aposentado. Advogado.

queria-se apontar para as possibilidades de determinação da verdade de uma proposição produzida no âmbito do direito. Ou seja, no contexto das teorias do direito que emergiram nesta época, a preocupação estava em determinar as condições de possibilidade para a formação de uma ciência jurídica. Assim, penso que, para se pensar em uma ciência jurídica, primeiro é preciso estar de posse de um contexto de significados que nos permitam dizer a conexão interna que existe entre verdade e validade.

Para o positivismo de matriz kelseniana (positivismo semântico), o vínculo entre verdade e validade dava-se da seguinte maneira: a validade é atributo das normas jurídicas, como prescrições objetivas da conduta; ao passo que a verdade é uma qualidade própria das proposições jurídicas que, na sistemática da Teoria Pura do Direito, descrevem – a partir de um discurso lógico – as normas jurídicas. Ou seja, novamente estamos diante da principal operação epistemológica operada por Kelsen que é a cisão entre Direito e Ciência Jurídica. O Direito é um conjunto sistemático de normas jurídicas válidas; a Ciência Jurídica é um sistema de proposições verdadeiras (KELSEN, 1985, p. 78). Disso decorre o óbvio: normas jurídicas ou são válidas ou inválidas; proposições jurídicas são verdadeiras ou falsas.

A aferição da validade é feita a partir da estrutura supra-infra-ordenada (lembro aqui da metáfora da pirâmide, embora Kelsen nunca tenha se referido desta forma ao ordenamento jurídico) que dá suporte para o escalonamento das normas jurídicas. Desse modo, uma norma jurídica só será válida se puder ser subsumida a outra – de nível superior – que lhe ofereça um fundamento de validade. Assim, a sentença do juiz é válida quando pode ser subsumida a uma lei – em sentido lato – e a lei é válida porque pode ser subsumida à Constituição. Já a validade da Constituição advém da chamada norma hipotética fundamental, que, por sua vez, deve ter sua validade pressuposta. Isto porque, se continuasse a regredir em uma cadeia normativa autorizativa da validade da norma aplicada, a Teoria Pura nunca conseguiria chegar a um fundamento definitivo, pois sempre haveria a possibilidade da construção de outro fundamento e isso repetido ao infinito (lembremos aqui do Trilema de Münschausen). Assim, Kelsen oferece a tautologia como forma de rompimento com esta cadeia de fundamentação: a norma fundamental hipotética *é* porque *é*, por isso se diz que sua validade é pressuposta.

Ocorre que a relação de validade – que autoriza a aplicação da norma, fundamentando-a – não comporta uma análise lógica na qual a pergunta seria por sua *verdade* ou *falsidade*. Como afirma Kelsen (1985, p. 82): "as normas jurídicas como prescrições, isto é, enquanto comandos, permissões, atribuições de competência, não podem ser verdadeiras nem falsas" (porque elas são válidas ou inválidas – acrescentei). Desse modo, o jusfilósofo austríaco indaga: como é que princípios lógicos como a da não contradição e as regras de concludência do raciocínio, podem ser aplicados à relação entre normas?

A resposta de Kelsen (1985, p. 82) é a seguinte: "os princípios lógicos podem ser, se não direta, indiretamente aplicados às normas jurídicas, na medida em que podem ser aplicados às proposições jurídicas que descrevem estas normas e que, por sua vez, podem ser verdadeiras ou falsas". É dessa maneira que Kelsen liga verdade e validade, pois, no momento em que as proposições que descrevem as normas jurídicas se mostrarem contraditórias, também às normas descritas o serão e a determinação de qual proposição é a verdadeira, por consequência, determinará qual norma será igualmente válida.

Já no chamado "positivismo moderado" de Herbert Hart algumas diferenças são notadas. No que tange ao predomínio da determinação da *validade* com critério absoluto para determinação de fundamento do direito, não há grandes dessemelhanças. Porém, é na forma como Hart formula o fundamento do ordenamento jurídico que as divergências entre o seu modelo teórico e aquele fornecido por Kelsen aparecem com maior evidência. Com efeito, vimos que Kelsen resolve o problema do regresso ao infinito de seu procedimento dedutivista para determinação da validade com uma tautológica norma hipotética fundamental. Ou seja, ele se mantém no nível puramente abstrato da cadeia de validade de seu sistema e resolve o problema do fundamento neste mesmo nível, a partir de uma operação lógica.

Já Hart usará outro expediente para resolver o problema do fundamento. Na sua descrição do ordenamento jurídico, ele identificará a existência de dois tipos distintos de *regras* (normas): as primárias e as secundárias. As chamadas regras primárias são aquelas que determinam direitos e obrigações para uma determinada comunidade política. Tais regras seriam aquelas que estabelecem o direito de propriedade, de liberdade etc. Já as regras secundárias são aquelas que autorizam a criação de regras primárias. Neste caso, uma regra que estipule como deverão ser feitos os testamentos é um exemplo de uma regra secundária, assim como todas as regras que criem órgãos, estabeleçam competências ou fixem determinados conteúdos que deverão ser regulados concretamente pelas autoridades jurídicas. Portanto, o que determina a validade do direito em Hart (1996, p. 89) é a compatibilização – dedutivista, evidentemente – das regras que determinam obrigações (primárias) com as regras secundárias.

Hart afirma ainda que, em sociedades menos complexas – sendo que por sociedades menos complexas devem ser entendidas todas aquelas que antecedem a modernidade –, não existiam regras secundárias desenvolvidas com a sofisticação que encontramos em nosso contexto atual. Neste caso, estas sociedades primitivas baseavam suas regras de obrigação apenas em critérios de aceitação. Como afirma Dworkin (2002, p. 32), "uma prática contém a aceitação de uma regra somente quando os que seguem essa prática reconhecem a regra como sendo obrigatória e como uma razão para criticar o comportamento daqueles que não a obedecem". Nos modernos sistemas jurídicos, toda fundamentação do direito depende da articulação do conceito de validade. No entanto, há uma única regra – que Dworkin chama de "regra secundária fundamental" – que rompe com a necessidade de demonstração da validade e se baseia em critérios de aceitação para determinação de seu fundamento: trata-se da chamada regra de reconhecimento. Em síntese, a regra de reconhecimento está para Hart assim como a norma hipotética fundamental está para Kelsen: em ambos os casos funcionam como resposta para o problema do fundamento último do sistema jurídico. Todavia, a regra de reconhecimento tem um caráter mais "sociológico" do que a norma hipotética fundamental kelseniana. Como afirma Hart (1996, p. 121): "sua existência (da regra de reconhecimento – acrescentei) é uma questão de facto".

Mas o que há de errado com os projetos positivistas de ciência jurídica? Veja-se que a discussão aqui posta diz respeito às tentativas de superação do positivismo exegético ocorridas no século XX, isto é, quando a razão, colocada plenipotenciariamente no plano da lei, tinha a função de abranger, de forma antecipada, todas as hipóteses de aplicação. Isto é, as tentativas de superação do exegetismo (nas suas três vertentes – francesa alemã e inglesa) acabaram reféns da vontade (de poder), o que pode ser visto, por exemplo, desde a jurisprudência dos interesses até a jurisprudência dos valores, passando pelo pessimismo moral do Oitavo Capítulo da Teoria Pura do Direito, pelo positivismo fático de Alf Ross e Olivecrona (posturas realistas) e pelo positivismo discricionarista de Hart.

O que há em comum nas teses surgidas na aurora do século XX até as teses forjadas no final do século? A resposta não é difícil: o voluntarismo, mascarado na aposta discricionário-positivista e no decisionismo, formas mais ou menos acabadas de protagonismo judicial (que, como se sabe, não fizeram vítimas apenas no direito constitucional ou na teoria do direito, mas, especialmente, no processo civil, por intermédio do instrumentalismo, e no processo penal, via inquisitivismo).

Veja-se que muitos dos julgamentos que se pretendem rupturais ao "modelo juiz boca da lei do positivismo", concedendo liberdade aos juízes, estão fundamentados em "juízos de equidade", que traduziriam um "sentimento de justiça". Nesse ponto, a construção que Ovídio Baptista da Silva faz para demonstrar as influências que recebeu o processo civil do direito romano-canônico revela o papel da equidade. Ovídio nos lembra que, se no direito romano clássico, a *aequitas* representa um "critério intrínseco ao sistema jurídico"; a partir de Justiniano, a *aequitas* "tornou-se um referencial constante como critério de correção do direito positivo, especialmente do processo" (BAPTISTA DA SILVA, 2007, p. 82). Desse modo, fica claro o caráter extralegal, extrajurídico dos chamados "juízos de equidade", o que também revela a face antidemocrática desses julgamentos.

Nesse contexto também se inserem, mais proximamente, as teses do positivismo inclusivo de Robert Alexy, que, ao apostar na construção de regra da ponderação para a solução dos *hard cases*, não abre mão do protagonismo representado pelo solipsismo judicial, que se manifesta pelo poder discricionário. Nesse sentido, é possível dizer que há um sério problema com esse conceito de ciência, como diria Heidegger, porque esconde um modo mais originário do fenômeno da verdade. Isso porque a verdade deve ser percebida já em meio à lida com o mundo prático e não reduzida ao universo teórico das ciências. Afinal, a própria verdade "teórica" das ciências é produto da interpretação projetada pela compreensão.

Portanto, há algo anterior à verdade da ciência que, de certa forma, lhe é condição de possibilidade. No caso do direito, o equívoco dos projetos positivistas está no próprio recorte na totalidade do ente que tais teorias efetuam para caracterizar o estudo do fenômeno jurídico. Dito de outro modo, o modelo excessivamente teórico de abordagem gera uma espécie de *asfixia da realidade,* do mundo prático. Ou seja, o contexto prático das relações humanas concretas, de onde brota o direito, não aparece no campo de análise das teorias positivistas. Isso gera problema de diversos matizes. O fato de nenhuma das duas teorias conseguir resolver o problema da eficácia do sistema pode ser elencado com um destes problemas.

Não se pode deixar de reforçar que observar a decisão judicial sob uma perspectiva crítica demanda um esforço de reconstrução de paradigmas, que justamente reflete a necessidade de demonstrar o quanto os equívocos sobre a compreensão dos diversos positivismos influenciou negativamente a construção de um imaginário favorável a decisionismos e arbitrariedades. Nesse sentido, vale recordar o comprometimento e a responsabilidade acadêmica que Ovídio A. Baptista da Silva sempre possuiu ao escrever suas obras, afirmando a importância, para a adequada compreensão de temas controversos no direito (em especial, no processo civil), de se fazer uma "investigação histórica", traduzida na busca por "coordenadas filogenéticas", que determinam o universo conceitual existente na contemporaneidade (BAPTISTA DA SILVA, 2007, pp. 2-3). Nesse aspecto, Ovídio denuncia o atual contexto de estagnação dos juristas, que se mantêm presos aos velhos paradigmas epistemológicos, o que repercute no reconhecimento pelo autor de que "nossa formação cultural conserva-se solidamente dogmática, os juristas que trabalham com o processual civil não conseguem fazer um diagnóstico dos fatores que contribuem para a crise" (BAPTISTA DA SILVA, 2006, p. X). Assim, conclui o processualista gaúcho, na ausência de uma atitude crítica, voltada a "investigar as raízes históricas e culturais que condicionaram a formação de nosso sistema, frequentemente acontece que determinadas reformas processuais antes de oferecer vantagens na busca de maior efetividade na prestação jurisdicional, acabam agravando ainda mais a crise, a ponto de tornar, em determinados setores da atividade judiciária, praticamente inviável o exercício normal da jurisdição" (BAPTISTA DA SILVA, 2006, p. X). É inspirado nessa postura rigorosa de "justificação científica" de um ponto de vista doutrinário que ne vê a necessidade de retomar a abordagem sobre o positivismo jurídico, denunciando os problemas dos conceitos que são historicamente articulados no modo de compreender a ciência jurídica, refletindo diretamente no exercício da jurisdição.

Assim, o principal problema aparece quando se procura determinar como ocorre e dentro de quais limites deve ocorrer à decisão judicial. Ambas as teorias apostam na vontade do intérprete para resolver o problema gerando a discricionariedade judicial. Ora, evidente que tais teorias sofrem de um letal déficit democrático. É de se perguntar: como justificar, legitimamente, uma decisão tomada pelo poder judiciário? Isso tais teorias não respondem. E nem poderiam responder, uma vez que essa dimensão dos acontecimentos fica fora de seu campo de análises.

Dizendo de outro modo, essa problemática da "validade da explicitação da compreensão" (portanto, da validade da interpretação) deve ser analisada a partir da destruição do método que é proporcionada por Gadamer. Com efeito, não há nisso um déficit de metodologia ou de racionalidade. Essa ruptura não significou um ingresso na irracionalidade ou no relativismo filosófico. Muito pelo contrário. Assim como a integridade em Dworkin, a hermenêutica está fundada na autoridade da tradição, que pode ser autêntica e inautêntica, além da importância do texto (que, em Gadamer, é um evento, como demonstrado em *Verdade e Consenso*).

Gadamer deixa claro que a ausência do método não significa que se possa atribuir sentidos arbitrários aos textos. Na medida em que a interpretação sempre se dá em um caso concreto, não apenas fica nítida a impossibilidade de cisão entre *quaestio facti* e *quaestio juris*. A hermenêutica não trata apenas da faticidade; ela não apenas explica como se dá o sentido ou as condições pelas quais compreendemos. Na verdade, por ela estar calcada na circularidade hermenêutica, fato e direito se conjuminam em uma síntese, que somente ocorre concretamente, na *applicatio* (lembremos sempre que não se cinde conhecimento, interpretação e aplicação). Se interpretar é explicitar o que compreendemos, a pergunta que se faz é: essa explicitação seria o *locus* da validade? Se verdadeira essa assertiva, então estaríamos diante de outro problema: o que fazer com a *quaestio facti*?

Convém lembrar que, embora muitos considerem "ultrapassada" a discussão (e a crítica) sobre a separação entre direito e fato, Ovídio A. Baptista da Silva nos lembra o quanto essa distinção contribui para construir o universo conceitual que conforma a moderna doutrina processualista civil. Para o autor, a lição romanista[2] que ensinava a distinção existente entre direito e fatos influenciou sobremaneira a atribuição de sentido do jurista ao conteúdo da sentença (BAPTISTA DA SILVA, 2007, p. 25-32). Aliás, esta dualidade não é única dentre o legado romano, na medida em que a distinção entre teoria e prática, que tanto influencia o imaginário do ensino jurídico, também é herança romanista, especialmente decorrente da legislação justineanea, já que "a utilização do Digesto na experiência forense tornava-se certamente difícil, senão impossível". Desse modo, Ovídio que foi com essa legislação que "ocorre uma curiosa anomalia que marcará, para os séculos posteriores, o imenso divórcio que se verifica, ainda no direito contemporâneo, entre o direito ensinado nas universidades e o direito vivo na experiência judiciária" (BAPTISTA DA SILVA, 2007, p. 79).

2. Pode-se falar de uma teoria da validade na hermenêutica filosófica e na teoria integrativa dworkiniana?

Não é desarrazoado afirmar que a hermenêutica filosófica e a teoria integrativa dworkiniana tratam de uma teoria da decisão. A diferença é que ambas não admitem aquilo que está no cerne da expressiva maioria das teorias

---

[2] "A lição romanista deixa claro o seguinte: (a) a oposição entre jurisdição e poder, o que equivale a dizer entre julgar e ordenar; (b) a separação entre direito e fato, entre o *dictum* e o *factum*, que ainda perdura na doutrina moderna; (c) a redução da *jurisdictio* apenas ao procedimento da *actio*, com o indeclinável *dare oportere*, inerente às *actiones in personam*; (d) as decisões sobre o *factum* ou vis achavam-se fora da jurisdição, integrando o *imperium* do pretor. Não havia decisão sobre direito, apenas sobre fato. Quanto ao direito, havia julgamento, não decisão, enquanto ato de vontade". (BAPTISTA DA SILVA, 2007, p. 25)

jurídicas contemporâneas: a discricionariedade dos juízes. Claro que Dworkin é explícito nesse sentido, o que pode ser visto no seu debate com Hart. Já a hermenêutica filosófica tem esse caráter antidiscricionário a partir de seu antirrelativismo. Essa problemática passa pela discussão da relação entre semântica e hermenêutica.

Com efeito, em *Verdade e Método II*, Gadamer escreve um texto que aborda precisamente os fatores determinantes das principais diferenças entre essas duas correntes que, segundo ele, são as únicas que podem reivindicar para si a pretensão de universalidade própria da filosofia, uma vez que ambas se ocupam do problema da linguagem e ambas partem da constatação de que a configuração da expressão de nosso pensamento é linguística. Nos termos de Gadamer (1999, p. 205): "a semântica parece descrever o campo dos dados de linguagem (*Gegebenheitsfeld*), observando-os desde fora, de tal modo que é possível desenvolver uma classificação dos modos de comportamento no trato com os signos (...). Por outro lado, a hermenêutica ocupa-se com o aspecto interno no uso do universo semântico, ou melhor, com o processo interno de fala, que visto de fora, apresenta-se como a utilização de um universo de signos".

Isso significa, basicamente, duas coisas: primeiro a semântica se movimento em uma dimensão que concebe um uso instrumental da linguagem. Assim, o pluralismo de significados deve ser corrigido por um "treinamento" da mente que lida com os fenômenos linguísticos a partir da antecipação das diversas possibilidades de contextos de uso. Já a hermenêutica entende que esse uso instrumental da linguagem é impossível. Muito mais do que carregar a linguagem conosco é ela, a linguagem, que nos carrega. O ato de fala não é dominado pelo falante; ele envolve um fluxo contínuo no qual o falante encontra-se, desde sempre, imerso. Por outro lado, o problema central da semântica começa com o signo e sua projeção no campo de objetos (mundo). Para a hermenêutica, a questão é anterior aos signos ou enunciados. Não é apenas o dito que importa, mas, muito mais, o não dito. Vale dizer, essa "dimensão interna de fala" produz um campo de motivação para os enunciados que, simplesmente, não aparece na superfície do discurso. Esse campo de motivação se produz a partir da imersão num certo contexto de faticidade e historicidade do intérprete. Basicamente, essa dimensão do não dito é que pode gerar os maiores problemas hermenêuticos com relação a controvérsias interpretativas sobre os enunciados. A descoberta dessa dimensão fundante do enunciado se dá a partir de uma lógica de perguntas e respostas. A pergunta procura descobrir o sentido da motivação que impulsiona o texto. A resposta se confirma na medida em que ela se ajusta ao objeto interpretado.

De todo modo, atentando-se para a dimensão do não dito, a hermenêutica vai além da semântica, posicionando o foco do problema numa dimensão mais concreta de análise. Vale dizer, o discurso judicial apresenta a resposta para o caso. Juízos de prognose ou sobre as consequências advindas da decisão (o vulgo consequencialismo) não estão em jogo em uma análise à luz da hermenêutica. O direito deve dar uma resposta para "o" caso apresentado. Sua aplicação aos casos similares posteriores deverá ser discutida, de novo, segundo as especificidades de cada um e sobre o que poderia ser retirado como *holding* do julgamento anterior. A prognose é uma atividade própria do legislador. Na verdade, é possível dizer que a prognose é algo que atina, particularmente, à estrutura dos argumentos de política: procura apresentar projetos que se destinam a conquistar maior bem-estar coletivo ou uma melhora nas condições socioeconômicas.

Já a decisão judicial somente se sustenta por argumentos de princípios. Essa estrutura principiológica que se manifesta no momento decisório só pode ser explicitada através de um esforço reflexivo que é hermenêutico. Ora, os princípios não aparecem na superfície do discurso; não são da ordem do apofântico (mostrativo), mas, sim, do hermenêutico (condição de possibilidade, estruturante). Sendo mais claro, a dimensão do hermenêutico é aquela de onde emanam os motivos da enunciação.

Essa característica da hermenêutica deve sempre ser ressaltada quando se fala em Teoria da Decisão porque ela demonstra, de maneira privilegiada, o caráter não relativista desse paradigma filosófico. Nesse particular, a admoestação heideggeriana de que o enunciado não é o lugar da verdade; mas a verdade é que é o lugar do enunciado. Ou seja, o juízo veritativo é "motivado" por uma dimensão de profundidade da enunciação.

Evidentemente, esse tipo de verdade não é produzido nem por uma subjetividade assujeitadora, nem por uma sujeição do intelecto à essência dos objetos. Conforme bem diz Stein (2000, p. 58): "portanto, nem subjetivista, nem objetivista, mas sim, uma fundamentação de caráter diferente, é uma fundamentação de caráter prévio, de caráter *a priori*. É uma fundamentação em que já sempre existe um compreendemos a nós mesmos. Isso é uma antecipação prévia de sentido que se explica na compreensão do ser".

De tudo o que foi dito, fica claro que, se a hermenêutica e a teoria integrativa não se preocupassem com a decisão, estas seriam relativistas, admitindo várias respostas para cada problema jurídico. *Não há dúvida de que uma teoria jurídica democrática deve se preocupar com a validade normativo-jurídica do concreto juízo decisório. O que não se pode concordar é que, para alcançar esse juízo decisório são possíveis juízos discricionários, o que reforça(ria) novamente o solipsismo interpretativo.*

Uma das grandes preocupações de Ovídio Baptista da Silva era justamente defender a jurisdição, entretanto, esta defesa era feita no sentido de afirmar o Poder Judiciário como instituição autêntica de um regime democrático. Em outras palavras, para o autor, o exercício da jurisdição deveria ser reforçado (e defendido), na medida em que se traduzisse um exercício democracia. E, assim, ele coloca em questão como o sistema processual brasileiro, com todas as suas deficiências, pode resolver os problemas de uma sociedade cada vez mais complexa. (BAPTISTA DA SILVA, 2006, p.IX)

Numa palavra: a questão da validade reside na circunstância de que não podemos simplesmente confundir essa validade com uma espécie de imposição ontológica (no sentido clássico) nas questões com que se ocupam determinados campos do conhecimento científico. Também não podemos mais pensar a validade como uma cadeia causal sucessiva que tornaria verdadeiro um determinado conjunto de proposições jurídicas. *A validade é o resultado de determinados processos de argumentação em que se confrontam razões e se reconhece a autoridade de um argumento.*

E que fique bem claro que o reconhecimento da autoridade de um argumento não está ligado a uma imposição arbitrária. Pelo contrário, a hermenêutica é incompatível com qualquer tipo de arbitrariedade. Como afirma Gadamer (1999, p. 420) – ao proceder a reabilitação da *autoridade* da tradição: "o reconhecimento da autoridade está sempre ligado à idéia de que o que a autoridade diz não é uma arbitrariedade irracional, mas algo que pode ser *inspecionado principalmente*. É nisso que consiste a essência da autoridade que exige o educador, o superior, o especialista". Em consequência, devemos primeiro compreender o problema da validade como uma questão que pode ser amplamente desenvolvida pela ciência e pela lógica. Mas não há duvida de que aqui também reaparece um certo tipo de pressuposto que está sempre presente para produzir o campo comum de interação próprio para troca de argumentos.

Mas, penso que também poderíamos discutir o problema da validade em outro nível. Sob esse aspecto, a validade foi durante o neokantismo muitas vezes apresentada como o sentido que sustenta qualquer teoria dos enunciados. É desse conceito de validade que Heidegger extrai a necessidade de se fazer uma distinção entre a validade na ciência e a validade na filosofia, questão que ele, sob certos aspectos, utilizou para se inspirar na lenta determinação do que significa a diferença ontológica, na medida em que a validade que se coloca no nível dos entes é a validade para a qual nós temos instrumentos de argumentação/discussão, enquanto a outra validade termina já sempre operando nesses tipos de argumentação, que é o sentido. *E esse sentido dos neokantianos passou em Heidegger precipuamente no conceito de ser.* Por isso, para alguns autores, a diferença ontológica nasceu de uma leitura que Heidegger fez de certas discussões neokantianas.[3]

É preciso entender que a hermenêutica (filosófica) – e Dworkin segue essa mesma reflexão – (re)valoriza a dimensão prática da retórica oferecendo a possibilidade de instauração de um ambiente no qual os problemas da realidade são resolvidos concretamente, no interior desta mesma realidade, e não numa instância superior, de cunho ideal que, posteriormente, passa a ser aplicada por mimetismo à realidade. Note-se, por exemplo, que as críticas de que existe um excesso de abstração na teoria de Dworkin apresentam um equívoco de base: a orientação filosófica de Dworkin vai em direção a uma análise pragmática da realidade. Tal acusação poderia ser feita às teorias argumentativas e epistemo-procedurais, mas não a Dworkin ou à hermenêutica filosófica.

Em defesa de Dworkin – circunstância que pode ser estendida à hermenêutica filosófica –, é preciso lembrar que, enquanto um procedimentalista como Habermas desonera os juízes da elaboração dos discursos de fundamentação – porque desacredita na possibilidade de os juízes poderem se livrar da razão prática (eivada de solipsismo) –, ele (Dworkin) ataca esse problema a

---

[3] Também Stein aponta para este fato indicado no texto: "a diferença ontológica, cuja envergadura se desdobrou muito com o labor do filósofo, lhe foi ao menos possibilitada pelas análises de Emil Lask. O pensamento de Heidegger que se quer nos antípodas do problema gnosiológico, contudo, lhe deve algo de essencial" (STEIN, 2005).

partir da responsabilidade política de cada juiz/intérprete/aplicador, obrigando-o (*has a duty to*) a obedecer a integridade do direito, evitando que as decisões se baseiem em raciocínios *ad hoc* (teleológicos, morais ou de política).

Insista-se: quando Dworkin diz que o juiz deve decidir lançando mão de *argumentos de princípio,* e não de políticas, não é porque esses princípios sejam ou estejam elaborados previamente, à disposição da "comunidade jurídica" como enunciados assertóricos ou categorias (significantes primordiais-fundantes). Na verdade, quando sustenta essa necessidade, apenas aponta para os limites que devem haver no ato de aplicação judicial (por isso, ao direito não importam as convicções pessoais/morais do juiz acerca da política, sociedade, esportes etc.; ele deve decidir por princípios). É preciso compreender que essa "blindagem" contra discricionarismos é uma defesa candente da democracia, uma vez que Dworkin está firmemente convencido – e acertadamente – que não tem sentido, em um Estado Democrático, que os juízes tenham discricionariedade para decidir os "casos difíceis".

Mas isso é assim – filosoficamente – porque Dworkin compreendeu devidamente o problema do esquema sujeito-objeto, questão que, entretanto, não está devidamente esclarecida e compreendida pela teoria do direito. Exatamente por superar o esquema sujeito-objeto é que *Dworkin não transforma o seu "juiz Hércules" em um juiz solipsista* e tampouco em alguém preocupado apenas em elaborar discursos prévios, despreocupados com a aplicação (decisão). Hércules é uma metáfora, demonstrando as possibilidades de se controlar o sujeito da relação de objeto, isto é, com Hércules se quer dizer que não é necessário, para superar o sujeito solipsista da modernidade, substituí-lo por um sistema ou por uma estrutura (v.g., como fazem Luhmann e Habermas). Insista-se: a teoria dworkiniana, assim como a hermenêutica, por serem teorias preocupadas fundamentalmente com a *applicatio,* não desoneram o aplicador (juiz) dos *Begründungsdiskurs* (discursos de fundamentação). E isso faz a diferença.

3. Respostas a algumas críticas à hermenêutica. O problema da má compreensão do sentido de "pré-compreensão" (*Vorverständnis*)

A discussão sobre a decisão é atravessada, necessariamente, pelas condições de possibilidade da preservação da democracia a partir dos parâmetros do Estado Democrático de Direito. Com efeito, não teria sentido que, nesta quadra da história, depois da superação dos autoritarismos/totalitarismos surgidos no século XX e no momento em que alcançamos esse (elevado) patamar de discussão democrática do direito, viéssemos a "depender" da discricionariedade dos juízes na discussão dos assim denominados "casos difíceis" ou em face das (inexoráveis) incertezas da linguagem. Ora, pensar assim seria substituir a democracia pela "vontade do poder" (entendido como o último princípio epocal da modernidade) dos juízes ou de uma doutrina que, seguida pelos juízes, substituísse a produção democrática do direito. Essa produção democrática do direito – *plus* normativo/qualitativo que caracteriza o Estado Democrático de Direito – é um salto para além do paradigma subjetivista.

52 *Lenio Luiz Streck*

É nesse sentido que, ao ser antirrelativista, a hermenêutica funciona como uma blindagem contra interpretações arbitrárias e discricionariedades e/ou decisionismos por parte dos juízes. Nesse sentido, é importante esclarecer alguns pontos. Por vezes, a hermenêutica filosófica é acusada de ser irracionalista (SARMENTO, 2009, p. 311). Diz-se que, por estar assentada na pré-compreensão, em uma sociedade plural e fragmentada como a brasileira, coexistiriam múltiplas visões de mundo ocupando esse espaço (SARMENTO, 2009, p. 311).

Em defesa da hermenêutica, é preciso dizer, antes de tudo, que esta não pode ser "regionalizada", como, por exemplo, "hermenêutica constitucional" ou "hermenêutica a ser feita em países com 'múltiplas visões de mundo disputando espaço'" (*sic*). Hermenêutica é filosofia; consequentemente, *não há* modos diferentes de interpretar, por exemplo, o direito penal, o direito civil, o direito constitucional, o cotidiano, a mídia etc. Esse é o caráter de universalização da hermenêutica, e não de regionalização (se assim se quiser dizer).

Que fique bem claro: não se pode confundir pré-compreensão com visão de mundo, preconceitos ou qualquer outro termo que revele uma abertura para o relativismo. A pré-compreensão demonstra exatamente que não há espaço para este tipo de relativização subjetivista que acabaria, no fundo, caindo nas armadilhas de um ceticismo filosófico.

De todo modo, o que transparece das críticas é exatamente *a confusão entre pré-compreensão e preconceitos*. Ora, como se sabe, a pré-compreensão é do nível do *a priori*, antecipador de sentido. A pré-compreensão é uma espécie de totalidade que não pode ser fatiada (como se existisse uma pré-compreensão religiosa e outra leiga/laica). Não nos perguntamos por que compreendemos, pela simples razão de que já compreendemos – lembrando aquilo que ensina Heidegger: em todo *Discurso*, como um existencial do ser-aí, já há uma compreensibilidade sendo articulada. É por isso que Gadamer diz que o método chega tarde. A pré-compreensão não significa uma estrutura de caráter histórico e cultural que carateriza uma posição que se prende a um conteúdo determinado que possa ser apresentado como válido contra outro conteúdo. O que está em questão aqui é o problema do preconceito, que pode aparecer na ideologia, na visão de mundo e nos conflitos de caráter histórico.[4] Daí a lição de Heidegger (do qual – frise-se uma vez mais – se originou a hermenêutica filosófica de Gadamer) acerca da estrutura da compreensão: embora possa ser tolerado, o círculo hermenêutico não deve ser rebaixado/degradado a círculo vicioso. Ele esconde uma possibilidade positiva do conhecimento mais originário, que, evidentemente, somente será compreendida de modo adequado quando ficar claro que a tarefa primordial, constante e definitiva da interpretação continua sendo não permitir que a posição prévia (*Vorhabe*), a visão prévia (*Vorsicht*) e a

---

[4] Para evitar esse tipo de mal entendido, nada melhor do que lembrar o próprio Gadamer (1999), para quem os preconceitos e opiniões prévias (e fica claro que é disso que Sarmento está falando e não da *Vorvertändnis*) que ocupam a consciência do intérprete *não se encontram à sua livre disposição*. Por isso, o intérprete não está em condições de distinguir por si mesmo e de antemão os preconceitos produtivos que tornam possível a compreensão *daqueles outros* (aqui está o ponto fulcral da confusão entre pré-compreensão e preconceitos) *que a obstaculizam e que levam a equívocos.*

concepção prévia (*Vorbegriff*) *lhe sejam impostas por intuições ou noções populares* (do senso comum).[5]

É a esses preconceitos que, por certo, o crítico Daniel Sarmento se refere. Por isso seu alvo é equivocado. Atira nos preconceitos buscando atingir a pré-compreensão (reitero que sempre estou falando a partir da pré-compreensão hermenêutico-filosófica e que é o objetivo da crítica de Sarmento). Isso não quer dizer que qualquer tipo de pensamento possa se apresentar como depurado dos elementos ideológicos-valorativos. Para diminuí-los (controlá-los) podemos apresentar justamente, por exemplo, a ideia de uma crítica das ideologias, dos valores etc.[6] É por intermédio dessa crítica que se pretendem romper certas barreiras para o diálogo e discussões. Numa palavra: Sarmento talvez tenha sido traído pelos preconceitos, e não pela pré-compreensão.

Esse é o significado da pré-compreensão. Ela não é uma criação da hermenêutica filosófica de Gadamer. Ao contrário, o próprio Gadamer admite em *Verdade e Método* que a pré-compreensão – tese fundamental para construção de sua filosofia – é uma *descoberta heideggeriana*. E é em Heidegger que está o mais eficaz remédio contra o relativismo. Afinal, *Ser e Tempo* é um livro antirrelativista. Numa época de pessimismos (social, econômico e filosófico), em que não faltavam teses que interpretavam o mundo no sentido do juízo final e do recomeço radical – lembro aqui de *A Queda do Ocidente* de Oswald Spengler –, *Ser e Tempo* postula a verdade como dimensão em que o ser-aí (*Dasein*) desde sempre se movimenta. Nessa medida, a questão da significância, da estrutura prévia do enunciado e da constituição existencial (prévia) da compreensão são as questões nucleares para a correta introdução ao problema da pré-compreensão e sua relação com a verdade.

4. A mesma crítica à hermenêutica, agora sob outra perspectiva

É preciso insistir que a pré-compreensão é uma espécie de todo que sempre nos antecipa quando nos relacionamos com os entes no mundo. Em hipótese alguma isso representa uma ideia, mas, pelo contrário, isso é possibilitado por um ver fenomenológico que acessou o mundo prático em suas estruturas mais originárias. Isso implica a seguinte pergunta: por que a pré-compreensão de que fala Gadamer – que, insista-se, é estruturante, que antecipa o sentido (novamente a *razão hermenêutica* de que fala Schnädelbach) – seria irracional? Por que a hermenêutica não oferece nenhum critério "garantidor" da verdade?

---

[5] Como bem assinala Gadamer (1999), o que Heidegger diz aqui não é em primeiro lugar uma exigência à práxis da compreensão, mas descreve a forma de realização da própria interpretação compreensiva. A reflexão hermenêutica de Heidegger tem o seu ponto alto não no fato de demonstrar que aqui prejaz um círculo, mas que este círculo tem um sentido ontológico positivo. A descrição como tal será evidente para qualquer intérprete que saiba o que faz. Toda interpretação correta tem que proteger-se da arbitrariedade de intuições repentinas, enfim, dos preconceitos e voltar seu olhar para as "coisas elas mesmas" (veja-se que textos sempre tratam de coisas, sendo que, por isso, texto é sempre um evento). Por isso, diz Gadamer, a compreensão somente alcança sua verdadeira possibilidade quando as opiniões prévias com as quais inicia não forem arbitrárias.

[6] Sarmento não se dá conta de que, para Gadamer, a antecipação de sentido, que guia a nossa compreensão, *não é um ato da subjetividade,* já que se determina a partir da comunhão que nos une com a tradição. Esse equívoco decorre do lugar de onde fala o meu crítico: o esquema sujeito-objeto.

Novamente, o que está em jogo é uma ideia de que o racional só é alcançado quando se tem um método disponível para assegurar a organização e o processamento do processo de conhecimento do direito.

Gadamer, como tenho insistido, faz uma ruptura com o método a partir da superação do esquema sujeito-objeto, confrontando-se, abertamente, com o sujeito solipsista (*Selbstsüchtiger*) da modernidade. Mas, confundir essa ruptura com o método com a instauração de uma irracionalidade (ou um livre atribuir de sentidos) é confundir, também neste ponto, os níveis em que se dão a compreensão e a explicitação dessa compreensão.

Não esqueçamos – novamente – da *applicatio* gadameriana e sua incindibilidade para com a interpretação. Essa circunstância favorece em Dworkin a utilização da integridade e da coerência como modos de controlar/amarrar o intérprete, evitando discricionariedades e arbitrariedades. E, não esqueçamos, numa palavra, o que Gadamer dizia acerca da acusação de irracionalidade e/ou de relativismo à hermenêutica: *o relativismo não deve ser combatido; deve ser destruído*. Parece claro isso: o irracionalismo é, paradoxalmente, produto da "racionalidade instrumental" da modernidade.

Por tudo isso, discutir as condições de possibilidade da decisão jurídica é, antes de tudo, uma questão de democracia. Desse modo, deveria ser despiciendo acentuar ou lembrar que a crítica à discricionariedade judicial não é uma "proibição de interpretar". Ora, interpretar é dar sentido (*Sinngebung*). É fundir horizontes. E direito é um sistema de regras e princípios, "comandado" por uma Constituição. Assim, afirmar que as palavras da lei (*lato sensu*) contêm vaguezas e ambiguidades e que os princípios podem ser – e na maior parte das vezes são – mais "abertos" em termos de possibilidades de significado, *não constitui novidade*. O que deve ser entendido é que a realização/concretização desses textos (isto é, a sua transformação em normas) não depende de uma subjetividade assujeitadora (esquema sujeito-objeto), como se os sentidos a serem atribuídos fossem fruto da vontade do intérprete, dando assim razão a Kelsen, para quem *a interpretação a ser feita pelos juízos é um ato de vontade* (*sic*).

Ou seja, o problema da resposta correta não se resume à identificação da sentença judicial com o texto da lei ou da Constituição. Se pensássemos assim, estaríamos ainda presos aos dilemas das posturas semânticas. Quando se fala em resposta correta há uma série de acontecimentos que atravessam o direito que ultrapassam o mero problema da "literalidade do texto".

Na verdade, o "drama" da discricionariedade que venho criticando de há muito é que esta transforma os juízes em legisladores. Mais do que transformar os juízes em legisladores, o "poder discricionário" propicia a "criação" do próprio objeto de "conhecimento", típica problemática que remete a questão ao solipsismo característico da filosofia da consciência no seu mais exacerbado grau. Ou seja, concebe-se a razão humana como "fonte iluminadora" do significado de tudo o que pode ser enunciado sobre a realidade. Nesse paradigma, as coisas são reduzidas aos nossos conceitos e às nossas concepções de mundo, ficando à *dis*-posição de um protagonista (no caso, o juiz, enfim, o Poder Judiciário). E isso acarreta consequências graves no Estado Democrático de Direito.

Eis a complexidade: historicamente, os juízes eram acusados de ser a boca da lei. Essa crítica decorria da cisão entre questão de fato e questão de direito, isto é, a separação entre faticidade e validade (problemática que atravessa os séculos). As diversas teorias críticas sempre aponta(ra)m para a necessidade de rompimento com esse imaginário exegético. Ocorre que, ao mesmo tempo, a crítica do direito, em sua grande maioria, sempre admitiu – e cada vez admite mais – um alto grau de discricionariedade nos casos difíceis, nas incertezas designativas, enfim, na zona de "penumbra" das leis. Tudo isso tem consequências sérias para o direito.

5. Elementos conclusivos

Quando questiono os limites da interpretação – a ponto de alçar a necessidade desse controle à categoria de princípio basilar da hermenêutica jurídica –, está obviamente implícita a rejeição da negligência do positivismo "legalista" para com o papel do juiz, assim como também a "descoberta" das diversas correntes realistas e pragmatistas que se coloca(ram) como antítese ao exegetismo das primeiras. Ou seja, a questão que está em jogo ultrapassa de longe essa antiga contraposição de posturas, mormente porque, no entremeio destas, surgiram várias teses, as quais, sob pretexto da superação de um positivismo fundado no sistema de regras, construíram um modelo interpretativo calcado em procedimentos, cuja função é(ra) descobrir os valores presentes (implícita ou explicitamente) no novo direito, agora "eivado de princípios e com textura aberta".

Já as posturas subjetivistas, especialmente, redundaram em um fortalecimento do protagonismo judicial, fragilizando sobremodo o papel da doutrina. Em *terrae brasilis* essa problemática é facilmente notada no impressionante crescimento de uma cultura jurídica cuja função é reproduzir as decisões tribunalícias. É o império dos enunciados assertóricos que se sobrepõe à reflexão doutrinária. Assim, os reflexos de uma aposta no protagonismo judicial não demorariam a serem sentidos: a doutrina se contenta com "migalhas significativas" ou "restos dos sentidos previamente produzidos pelos tribunais". Com isso, a velha jurisprudência dos conceitos acaba chegando ao direito contemporâneo a partir do lugar que era o seu destinatário: as decisões judiciais, ou seja, são elas, agora, que produzem a conceitualização. Com uma agravante: o sacrifício da faticidade; o esquecimento do mundo prático.

De todo modo, o ponto fulcral não está nem no exegetismo, nem no positivismo fático (por todos, basta examinar as teses do realismo jurídico nas suas variadas perspectivas) e tampouco nas teorias que apostam na argumentação jurídica como um passo para além da retórica e como um modo de "corrigir as insuficiências do direito legislado". Na verdade, o problema, em qualquer das teses que procuram resolver a questão de como se interpreta e como se aplica, *localiza-se no sujeito da modernidade, isto é, no sujeito "da subjetividade assujeitadora"*, objeto da ruptura ocorrida no campo da filosofia pelo giro linguístico-ontológico e que não foi recepcionado pelo direito.

Isso significa poder afirmar que qualquer fórmula hermenêutico-interpretativa que continue a apostar no solipsismo estará fadada a depender de um sujeito individualista (ou egoísta, para usar a melhor tradução da palavra em alemão *Selbstsüchtiger*), como que a repristinar o nascedouro do positivismo através do nominalismo. Está-se lidando, pois, com rupturas paradigmáticas e princípios epocais que fundamentam o conhecimento em distintos períodos da história (do *eidos* platônico ao último princípio fundante da metafísica moderna: a *vontade do poder*, de Nietzsche).

Em síntese – e quero deixar isso bem claro –, para superar o positivismo é preciso superar também aquilo que o sustenta: o primado epistemológico do sujeito (da subjetividade assujeitadora) e o solipsismo teórico da filosofia da consciência (ou de sua vulgata).[7] Não há como escapar disso. E penso que apenas com a superação dessas teorias que ainda apostam no esquema sujeito-objeto é que poderemos sair dessa armadilha que é o solipsismo. A hermenêutica se apresenta nesse contexto como um espaço no qual se pode pensar adequadamente uma teoria da decisão judicial, livre que está tanto das amarras desse sujeito onde reside a razão prática como daquelas posturas que buscam substituir esse sujeito por estruturas ou sistemas. Nisso talvez resida a chave de toda a problemática relativa ao enfrentamento do positivismo e de suas condições de possibilidade.

É tarefa contínua, pois, que se continue a mostrar como persistem equívocos nas construções epistêmicas atuais e como tais equívocos se dão em virtude do uso aleatório das posições dos vários autores que compõe o chamado *pós-positivismo*. Com efeito, isso fica evidente no conceito de princípio. O caráter normativo dos princípios – que é reivindicado no horizonte das teorias pós-positivistas – não pode ser encarado como um álibi para a discricionariedade, pois, desse modo, estaríamos voltando para o grande problema não resolvido pelo positivismo.

Com isso quero dizer que a tese da abertura (semântica) dos princípios – com que trabalha a teoria da argumentação (e outras teorias sem filiação a matrizes teóricas definidas) – é incompatível com o modelo pós-positivista de teoria do direito. Na verdade, o positivismo (primitivo ou exegético) sempre nutriu uma espécie de aversão aos princípios. Na medida em que na discussão sobre os princípios sempre nos movemos no território precário da razão prática, o positivismo os trata(va) como uma espécie de reforço que possuía no máximo uma função de integração sistemática. Esse é o significado da doutrina dos princípios ocultos de que fala Esser (1961), ou seja, uma tentativa de sanar uma possível incompletude sistemática no todo do ordenamento jurídico.

Nessa medida, é preciso ressaltar que só pode ser chamada de pós-positivista uma teoria do direito que tenha, efetivamente, superado o positivismo

---

[7] Permito-me insistir na "questão da filosofia", embora setores importantes do direito desconsiderem o fato de a filosofia ser a condição de possibilidade do próprio direito. De todo modo, faço a seguinte observação: o que se tem visto no plano das práticas jurídicas nem de longe chega a poder ser caracterizada como "filosofia da consciência". Trata-se de uma vulgata disso. Em meus textos, tenho falado que o solipsismo judicial, o protagonismo e a prática de discricionariedades se enquadram paradigmaticamente no "paradigma epistemológico da filosofia da consciência". Advirto, porém, que é evidente que o *modus decidendi* não guarda estrita relação com o "sujeito da modernidade" ou até mesmo com o "solipsismo kantiano". Esses são muito mais complexos. Aponto essas "aproximações" para, exatamente, poder fazer uma anamnese dos discursos, até porque não há discurso que esteja "em paradigma nenhum", por mais sincrético que seja.

(nas suas diversas matrizes). Parece óbvio reforçar isso. A superação do positivismo implica enfrentamento do problema da discricionariedade judicial ou, também poderíamos falar, no enfrentamento do solipsismo da razão prática.[8] Implica, também, assumir uma tese de descontinuidade com relação ao conceito de princípio. Ou seja, no pós-positivismo, os princípios não podem mais serem tratados no sentido dos velhos princípios gerais do direito nem como cláusulas de abertura.

De efetivo, uma teoria pós-positivista necessita superar os três elementos fundantes dos diversos positivismos jurídicos:

A partir disso, a elaboração de uma teoria pós-positivista tem que levar em conta os seguintes elementos:

I. Há que se ter presente que o direito do Estado Democrático de Direito supera a noção de "fontes sociais", em face daquilo que podemos chamar de prospectividade, isto é, o direito não vem a reboque dos "fatos sociais" e, sim, aponta para a reconstrução da sociedade. Isso é facilmente detectável nos textos constitucionais, como em *terrae brasilis*, onde a Constituição estabelece que o Brasil é uma República que visa a erradicar a pobreza, além de uma gama de preceitos que estabelecem as possibilidades (e determinações) do resgate das promessas incumpridas da modernidade.

II. Essa problemática tem relação direta com a construção de uma nova teoria das fontes, uma vez que a Constituição será o locus da construção do direito dessa nova fase do Estado (Democrático de Direito); consequentemente, não mais há que se falar em qualquer possibilidade de normas jurídicas que contrariem a Constituição e que possam continuar válidas; mais do que isso, muda a noção de parametricidade, na medida em que a Constituição pode ser aplicada sem a *interpositio legislatoris*, fonte de serôdias teorias que relativizavam a validade/eficácia das normas.

III. Não pode restar dúvida de que tanto a separação como a dependência/vinculação entre direito e moral estão ultrapassadas, em face daquilo que se convencionou chamar de institucionalização da moral no direito (esta é uma fundamental contribuição de Habermas para o direito: a co-originariedade entre direito e moral), circunstância que reforça, sobremodo, a autonomia do direito. Isto porque a moral regula o comportamento interno das pessoas, só que esta "regulação" não tem força jurídico-normativa. O que tem força vinculativa, cogente, é o direito, que recebe conteúdos morais (apenas) quando de sua elaboração legislativa.[9] Observemos: é por isso que o Estado Democrático de

---

[8] Segundo Campbell (2002, p. 303-331), todos os positivistas defendem, em alguma medida, juízos discricionais, ao menos como soluções do tipo *o segundo melhor*, que podem ser a melhor prática quando o aplicador se depara com normas formalmente más. As regras bastante arbitrárias de interpretação do direito legislado podem ser vistas como mecanismos artificias para limitar tal discrição de uma forma em que se comprometem menos os ideais tais como a certeza e a conclusividade, em que o positivismo jurídico descansa.

[9] Aqui cabe um esclarecimento, para novamente evitar mal entendidos. A elaboração legislativa não esgota – nem de longe – o problema do conteúdo do direito. Quando concordamos que as questões morais, políticas etc., façam parte da "tarefa legislativa", isso não quer dizer que haja, de minha parte – e, por certo, dos adeptos das posições substancialistas – duma viravolta na questão "procedimentalismo-substancialismo". Se as posturas procedimentalistas pretendem esgotar essa discussão a partir da garantia do processo democrático de formação das leis, isso, no entanto, não esgota a discussão da concreta normatividade, locus do sentido

Direito não admite discricionariedade (nem) para o legislador, porque ele está vinculado à Constituição (lembremos sempre a ruptura paradigmática que representou o constitucionalismo compromissório e social). O "constituir" da Constituição é a obrigação suprema do direito. É, pois, a virtude soberana (parafraseando Dworkin). A partir da feitura da lei, a decisão judicial passa a ser racionalizada na lei, que quer dizer, "sob o comando da Constituição", e não "sob o comando das injunções pessoais-morais-políticas do juiz ou dos tribunais". Essa questão é de suma importância, na medida em que, ao não mais se admitir a tese da separação (e tampouco da vinculação), não mais se corre o risco de colocar a moral como corretiva do direito. E isso terá consequências enormes da discussão "regra-princípio".

IV. Na sequência e em complemento, tem-se que essa cisão entre direito e moral coloca(va) a teoria da norma à reboque de uma tese de continuidade entre os velhos princípios gerais e os (novos) princípios constitucionais. Sustentado no paradigma do Estado Democrático Constitucional, o direito, para não ser solapado pela economia, pela política e pela moral (para ficar apenas nessas três dimensões *predatórias* da autonomia do direito), adquire uma autonomia que, antes de tudo, funciona como uma blindagem contra as próprias dimensões que o engendra(ra)m.

V. Tudo isso significa assumir que os princípios constitucionais – e a Constituição *lato sensu* (afinal, qualquer prospecção hermenêutica que se faça – seja a partir de *Dworkin, Gadamer* ou *Habermas* – só tem sentido no contexto do paradigma do Estado Democrático de Direito) – ao contrário do que se possa pensar, não remete para uma limitação do direito (e de seu grau de autonomia), e, sim, para o fortalecimento de sua de autonomia.

---

hermenêutico do direito. De fato, mais do que apostar na formulação democrática do direito, há que se fazer uma aposta paradigmática, isto é, acreditar na perspectiva pós-positivista do novo constitucionalismo e sua materialidade principiológica. A virtude soberana não se dá simplesmente na formulação legislativa e na "vontade geral". Fundamentalmente, ela será encontrada na Constituição, que estabeleceu uma ruptura com a discricionariedade política que sempre sustentou o positivismo. E tudo isso está ancorado no contramajoritarismo, que vai além do mero controle da aferição da correção dos procedimentos democráticos utilizados na feitura das leis. Também é na Constituição que encontraremos os mecanismos de controle da aferição substancial dos textos legislados e da aplicação destes textos (nunca esqueçamos: o substancialismo não abre mão do procedimentalismo). A igualdade, o devido processo legal, o sentido do republicanismo, a perspectiva de Estado Social, a obrigação de concretização dos direitos fundamentais-sociais, para citar apenas estes componentes paradigmáticos, são obrigações principiológicas de raiz, que vinculam a *applicatio*. E os componentes a serem utilizados na discussão da aplicação do direito somente poderão exsurgir desse paradigma constitucional. Legislação democraticamente produzida – e válida – significa "sentido filtrado principiologicamente". O combate que aqui se trava – de cariz anti-discricionário – tem a objetivo de preservar esse grau acentuado de autonomia que o direito adquiriu com a fórmula das Constituições compromissórias (e dirigentes). Portanto, não será um posicionamento *ad hoc*, fruto de apreciações advindas de uma moral individual ou convicções políticas, etc (em síntese, argumentos de política), que "valerá" mais do que esse "produto democrático", o qual – e é desnecessário frisar isso – deverá sempre passar pelo controle paramétrico-constitucional. Como já referido: a hermenêutica não abre mão do sujeito da relação, enfim, do sujeito que lida com objetos. O que ela supera é o esquema sujeito-objeto, responsável pelo sujeito solipsista que sustenta as posturas subjetivistas-axiologistas da maioria das teorias do direito mesmo no século XXI. Na hermenêutica há um efetivo controle da interpretação a partir da tradição (da autoridade desta), da obrigação da integridade, da coerência, da igualdade, da isonomia, enfim, da incorporação dos princípios constitucionais que podemos chamar aqui de virtudes soberanas em homenagem à Dworkin. Por isso, os discursos "predadores" do direito são rechaçados por essa "blindagem hermenêutica" que protege o direito produzido democraticamente. E é exatamente por isso que é possível sustentar respostas adequadas a Constituição, portanto, apostar em uma teoria da decisão e não apenas em uma teoria da legislação. Múltiplas respostas dizem respeito ao relativismo, e, estas, estão umbilicalmente relacionadas com o positivismo.

VI. Consequentemente, nos casos assim denominados de "difíceis", não é mais possível "delegar" para o juiz a sua resolução. Isto porque não podemos mais aceitar que, em pleno Estado Democrático de Direito, ainda se postule que a luz para determinação do direito *in concreto* provenha do protagonista da sentença.[10] Isso significa que, para além da cisão estrutural entre casos simples e casos difíceis, não pode haver decisão judicial que não seja fundamentada e justificada em um todo coerente de princípios que repercutam a história institucional do direito. Desse modo, tem-se por superada a discricionariedade a partir do dever fundamental de resposta correta que recai sobre o juiz no contexto do paradigma do Estado Democrático de Direito.

Referências

ALEXY, Robert. *Teoria dos Direitos Fundamentais*. Trad. Luis Virgilio A. Silva. São Paulo: Malheiros, 2008.

BAPTISTA DA SILVA, Ovídio. *Jurisdição e execução na tradição romano-canônica*. 3. ed. Rio de Janeiro: Editora Forense, 2007.

———. *Processo e ideologia*: o paradigma racionalista. Rio de Janeiro: Editora Forense, 2006.

CAMPBELL, Tom. El sentido del positivismo jurídico. *Doxa. Cuadernos de Filosofía del Derecho*, alicante, n. 25, 2002.

CANOTILHO, J.J. Gomes. *Direito Constitucional e Teoria da Constituição*. 7 ed. Coimbra: Almedina, 2003.

DWORKIN, Ronald. *Direito de Liberdade*. Leitura Moral da Constituição Americana. São Paulo: Martins Fontes, 2006.

———. *Levando os Direitos a Sério*. Tradução de Nelson Boeira. São Paulo: Martins Fontes, 2002.

ESSER, Josef. *Principio y norma en la elaboración jurisprudencial del derecho privado*. Barcelona: Bosch, 1961

GADAMER, Hans-Georg. *Verdade e Método. Traços Fundamentais de Uma Hermenêutica Filosófica*. Tradução de Flávio Paulo Meurer. 3 ed. Petrópolis: Vozes, 1999.

HART, Herbert. *O Conceito de Direito*. Tradução de A. Ribeiro Mendes. 3 ed. Lisboa: Calouste Gulbenkian, 1996.

KAUFMANN, Arthur. *Introdução à filosofia do Direito e à Teoria do Direito Contemporâneas*. Lisboa, Calouste Gulbenkian, 2002.

KELSEN, Hans. *Teoria Pura do Direito*. Tradução de João Baptista Machado. São Paulo: Martins Fontes, 1985.

SARMENTO, Daniel. Interpretação Constitucional, Pré-Compreensão e Capacidades Institucionais do Intérprete. In: SOUZA NETO, Claudio Pereira de ; SARMENTO, Daniel; BINEMBOJN, Gustavo (orgs.). *Vinte Anos da Constituição Federal de 1988*. Rio de Janeiro: Lumen Juris, 2009.

STEIN, Ernildo. *Uma Breve Introdução à Filosofia*. 2 ed. Ijuí: Unijuí, 2005.

———. *Diferença e metafísica*: Ensaio sobre a desconstrução. Porto Alegre: Edipucrs, 2000.

STRECK, Lenio Luiz. *Verdade e Consenso*. 4 ed. São Paulo: Saraiva, 2011.

———. *Hermenêutica Jurídica e(m) Crise*. 10 ed. Porto Alegre: Livraria do Advogado, 2011.

———. *Jurisdição Constitucional e Hermenêutica*. 2 ed. Rio de Janeiro: Forense, 2004.

---

[10] Do mesmo modo, a ideia de imparcialidade pura do juiz ou o uso de estratégias argumentativas para isentar a responsabilidade do julgador no momento decisório podem levar à introdução de argumentos de política na decisão jurídica. Nesse sentido são precisas as afirmações de Dworkin (2006, p. 57): "A política constitucional tem sido atrapalhada e corrompida pela ideia falsa de que os juízes (se não fossem tão sedentos de poder) poderiam usar estratégias de interpretação constitucional politicamente neutras. Os juízes que fazem eco a essa ideia falsa procuram ocultar até de si próprios a inevitável influência de suas próprias convicções, e o que resulta daí é uma suntuosa mendacidade. Os motives reais das decisões ficam ocultos tanto de uma legítima inspeção pública quanto de um utilíssimo debate público. Já a leitura moral prega uma coisa diferente. Ela explica porque a fidelidade à Constituição e ao direito *exige* que os juízes façam juízos atuais de moralidade política e encoraja assim a franca demonstração das verdadeiras bases destes juízos, na esperança de que os juízes elaborem argumentos mais sinceros, fundados em princípios, que permitam ao público participar da discussão".

— 3 —

Jurisdição e processo: soberania popular e processo democrático como espaço de construção do direito do caso concreto

ELAINE HARZHEIM MACEDO[1]

SUMÁRIO: 1. Jurisdição no âmbito de um modelo de estado social democrático de direito; 2. Jurisdição como poder emanado do povo; 3. Jurisdição de normas? Jurisdição de valores? Jurisdição de fatos?; 4. Legitimação e responsabilidade dos juízes; 5. Jurisdição e federalismo; 5.1. Organização judiciária; 5.2. Interpretação e concretização das normas legais; 6. Jurisdição construtiva; Considerações finais; Referências bibliográficas.

1. Jurisdição no âmbito de um modelo de estado social democrático de direito

O terceiro milênio já está em curso, seguindo-se o seu segundo decêndio. Não é apenas uma passagem de calendário, uma troca de números que podem até se revestir de uma certa áurea cabalística, mas que nenhum significado obscuro representa. É o curso do tempo. O homem assiste, atua e sofre revoluções nas mais variadas searas da atividade e conhecimento humanos, trazendo como consequência a crise dos paradigmas concebidos, alguns com origens desbotadas na memória dos tempos. Também a temporariedade está em crise: o tempo desta nova era não mais se submete à mesma medida de outrora, pois a humanidade é vítima da azáfama, do imediatismo, da urgência, contando-se o curso do tempo para inúmeros efeitos – jurídicos e não jurídicos – em segundos ou até frações de segundo, como, por exemplo, no uso das redes de comunicação via internet. Os valores são revistos, discutidos, questionados, alguns destruídos, outros promovidos. Os fatos do cotidiano se tornam complexos, distintos, coletivos, difusos, indefinidos, transindividuais. O planeta muda de cara. O universo ganha outra dimensão. Não está dissociada desta realidade a jurisdição, produto da inteligência e da história do homem em sociedade, cujo perfil deve adequar-se às novas exigências, às novas necessidades, pena de se

---

[1] Doutora em Direito (UNISINOS-RS). Mestre em Direito e Especialista em Direito Processual Civil (PUC-RS). Professora da Graduação e do Programa de Pós-Graduação em Direito (PUC-RS). Desembargadora aposentada (TJ-RS). Ex-Desembargadora Vice-Presidente e Presidente TRE-RS. Advogada.

tornar um serviço anacrônico e descartável, pois necessidades desatendidas terão seu rumo desviado para encontrar solução em outros confins.

Por mais que se critique ou discorde do modelo de jurisdição que nos foi legado pelo Direito romano pós-clássico, transferindo a jurisdição para o poder do Príncipe, o que veio aperfeiçoado e consagrado pelo Estado liberal e pelo sistema de tripartição dos poderes, transformando-se a jurisdição em atividade pública estatal, não há mais, na sociedade contemporânea juridicamente organizada, como pensar jurisdição que não seja pelo viés público, isto é, em contraposição à ideia de jurisdição como atributo de um particular, de um grupo privado, de uma classe privilegiada.[2] Dizer o direito, compor conflitos, controlar os atos dos demais poderes de acordo com a Constituição, assegurar e efetivar os direitos e garantias individuais e sociais tutelados pela Lei Maior, sob cuja leitura deve ser vista e revista toda a legislação infraconstitucional (presente e pretérita), constituem uma gama de funções que não podem ser entregues ao setor privado ou a um grupo exclusivo de interesses, pena de o próprio Estado democrático de Direito não se concretizar.

Mas falar em Estado democrático de Direito é também falar em Estado social. Manifestando-se sobre a realidade brasileira, Streck ensina que, exatamente por não termos experimentado o Estado social, estamos em desvantagem relativamente a países do primeiro mundo no que diz com a realização dos direitos sociais, impondo-se a manutenção de políticas públicas que só podem ser pensadas a partir de um Estado interventor, a despeito e até em oposição ao processo de globalização, que inevitavelmente bate às nossas portas, concluindo:

> Tudo isso acontece na contramão do que estabelece o ordenamento constitucional brasileiro, que aponta para um Estado forte, intervencionista e regulador, na esteira daquilo que, contemporaneamente, se entende como Estado Democrático de Direito (art. 1º da Constituição). O Direito recupera, pois, sua especificidade. Desse modo, é razoável afirmar que o Direito, enquanto legado da modernidade – até porque temos uma Constituição democrática – deve ser visto, hoje, como um campo necessário de luta para implantação das promessas modernas (2002: 79-80).

Também Gisele Cittadino, explorando o movimento de retorno ao direito tanto pelos liberais, como pelos comunitários e crítico-deliberativos, frente à realidade brasileira conclui que o caminho para a reconstrução do Estado de Direito deve se dar através da Constituição e, também, da soberania popular, ressaltando:

> De qualquer forma, do ponto de vista jurídico, parece não haver outra forma de enfrentar as marcantes divisões sociais da sociedade brasileira, buscando superar a *cidadania de baixa intensidade*, senão, conferindo prioridade aos mecanismos participativos que buscam garantir o

---

[2] Por certo que não se está, aqui, discutindo ou mesmo contrapondo a jurisdição arbitral, nitidamente privada, mas que se volta a uma seleta e restrita área de atuação, não refutando a jurisdição como atividade estatal. De sorte que essa afirmativa não exclui que determinados conflitos de interesses, limitados estritamente ao patrimônio disponível de duas ou mais pessoas, mas onde os ideais de liberdade e de igualdade social que a Constituição contempla não se encontram em jogo, possam ser compostos por instrumentos distintos e através da intervenção de particulares, situações porém que não concorrem com a indispensável fatia de atuação que competirá exclusivamente à jurisdição promovida pelo Estado, moldada sob a ótica do art. 2º, da Carta Política. Não se pode olvidar que a autodeterminação em delegar o poder jurisdicional a representantes revestidos de caráter público é a mesma autodeterminação que o delega a particulares.

sistema de direitos fundamentais assegurados na Constituição Federal. Estão corretos, portanto, os constitucionalistas "comunitários" ao conferir prioridade aos temas da igualdade e da dignidade humanas. A participação cidadã pode certamente buscar, através dos vários institutos previstos no texto constitucional, a efetivação das normas constitucionais protetoras dos direitos fundamentais. Nesta perspectiva, o sistema de direitos assegurados pela Constituição Federal apenas terá efetividade mediante a força da vontade concorrente dos nossos cidadãos em processos políticos deliberativos. Esta cidadania juridicamente participativa, entretanto, dependerá, necessariamente, da atuação do Poder Judiciário – especialmente da jurisdição constitucional –, mas sobretudo do nível de pressão e mobilização política que, sobre ele, se fizer (2000: 231-232).

Advertência, no mesmo sentido, vem de André-Jean Arnaud, destacando que o processo de globalização se afasta de toda e qualquer ideia de direitos sociais e de pretensão de justiça social, enfraquecendo o Estado nacional, assim compreendido no sentido "moderno", que perde substância frente aos interesses globais voltados para a desregulação, o que se torna mais grave em países que não vivenciaram a experiência do Estado-de-bem-estar, referindo:

> O risco é ainda maior na medida em que os autores neoliberais não se privam de lembrar que a igualdade que eles preconizam é uma igualdade abstrata perante uma lei abstrata. E eles estão tão conscientes das desigualdades que a aplicação da lei do mercado acarreta, que eles próprios propõem atribuir uma renda mínima aos mais necessitados! (1999: 227).

Mas esta exigência de manutenção ou conservação de um Estado como fonte de poder e de regulamentação ao lado do crescimento dos interesses transnacionais, se é importante no plano da administração e da regulamentação, não o é menos na esfera da prestação jurisdicional, que também há de submeter ao mesmo princípio.

Nesse sentido e prosseguindo em sua análise, ensina o filósofo francês, mostrando que a preocupação não está apenas limitada à geografia sul-americana, estendendo-se para todas as áreas do planeta:

> Pós-modernismo e globalização são ainda confrontados às mesmas contradições quando se trata do retorno anunciado do *juiz*. Enquanto a sociedade procura vias alternativas, soluções pluralistas para os seus problemas jurídicos, em grande parte por desconfiança em relação a uma justiça considerada usualmente como lenta, custosa e pouco segura, observa-se em contrapartida um "retorno" do juiz. Nos países ditos "centrais", os magistrados da ordem judiciária, freqüentemente não podem mais se contentar em ser a voz da lei. Eles devem encontrar, juntamente com outros intervenientes e parceiros sociais, soluções pragmáticas – às vezes no limite do mandato que lhe é confiado por sua função, fazendo prova de sua coragem e de desinteresse – para os assuntos que lhe são submetidos. A intervenção do juiz por via da delegação (em geral inscrita na lei) se faz, no cotidiano, de forma cada vez mais freqüente. Pede-se a ele que além de se ater aos seus processos, assegure, em inúmeros casos, a responsabilidade da proteção e da educação dos indivíduos que lhe são deferidos. Além disso, em inúmeras hipóteses, o juiz passa agora a ser associado à execução das sentenças. Esta situação, é aliás, bastante paradoxal, já que ela surge no mesmo momento em que se fala de crise da justiça... A menos que a dita crise não se situe na impossibilidade na qual se encontram os juízes de fazer face, nos limites de sua formação e de suas forças, a estes múltiplos requerimentos. Que explicação encontrar para esses processos contraditórios? Como enfrentá-los? (ARNAUD, 1999: 227-228).

E é neste universo complexo que se pretendem alinhar alguns traços para melhor definir a jurisdição deste terceiro milênio, com o compromisso teórico de não se afastar do *topus* constitucional que a Carta de 1988 legou ao povo brasileiro.

JURISDIÇÃO, DIREITO MATERIAL E PROCESSO
Os pilares da obra ovidiana e seus reflexos na aplicação do Direito

2. Jurisdição como poder emanado do povo

Estabelecendo-se o consenso, nesta linha de pensamento, de que a jurisdição é responsável pela tutela e garantia dos direitos fundamentais do homem, tornando-se avalista da efetivação da própria democracia, a ser necessariamente compreendida como como atividade pública, não se estaria consagrando um paradoxo e retomando o velho dogma de que a jurisdição é a vontade do Estado (ou da lei), cumprindo a seus oráculos proclamar essa vontade nos conflitos de interesses que lhe são submetidos, nos moldes que o sistema liberal consagrou? A resposta é negativa, porque não há confundir a jurisdição como ato do Estado, do Príncipe, do Governante, cuja legitimação se funda na própria ordem jurídica, que o Estado (legislador) promulga, com a jurisdição como via de construção da democracia e realização dos direitos fundamentais e, por isso mesmo, como poder do povo, ao povo devendo render-se. Em sua nova concepção, seu senhor não é mais o *Leviatã* que Hobbes concebeu. Aliás, a jurisdição, democraticamente compreendida, não tem senhor. Emerge do cidadão e em seu nome deve ser exercida, caracterizando verdadeiro mandato. Isso não significa o fim do Estado, mas um Estado diferente daquele moldado pela modernidade, com a cisão, o distanciamento, a separação entre o Estado – ente público, dotado de personalidade jurídica, sujeito de direito e obrigações – e o cidadão – indivíduo, pessoa física ou natural, também sujeito de direitos e obrigações – cada um ocupando o seu próprio espaço, situação fértil em gerar conflitos, pois os limites destes espaços podem facilmente ser descumpridos. E dicotomia entre Estado e cidadão traz, como corolário, a dicotomia entre Estado e sociedade civil.

Não se trata, pois, de conceber a jurisdição como uma das funções do Estado de Direito centrado nos textos legais, que Dworkin definiu nos seguintes termos, distinguindo-o do Estado de Direito centrado nos direitos:

> O que é o Estado de Direito? Os juristas (e quase todas as outras pessoas) pensam que há um ideal político distinto e importante chamado o Estado de Direito. Mas discordam quanto ao que é esse ideal. Há, na verdade, duas concepções muito diferentes do Estado de Direito, cada qual com seus partidários. A primeira é que chamarei de concepção "centrada no texto legal". Ela insiste em que, tanto quanto possível, o poder do Estado nunca deve ser exercido contra os cidadãos individuais, a não ser em conformidade com regras explicitamente especificadas num conjunto de normas públicas à disposição de todos. O governo, assim com os cidadãos comuns, devem agir segundo essas regras públicas até que elas sejam mudadas, em conformidade com regras adicionais sobre como elas devem ser mudadas, que também são especificadas no conjunto de normas (2000: 6-7).

A jurisdição na tradicional concepção de Estado de Direito vê o cidadão como mero destinatário das normas e textos legais, o que facilmente se converte em transformar o homem – razão maior da regulação e da administração da justiça – em objeto de sua incidência, negando qualquer interação entre aquele que julga e o que é julgado, divorciados como sujeitos de uma relação posta em vértices distintos, bem definidos por barreiras e linhas intransponíveis, transitando a atuação por um espaço formal, onde os fatos e suas contingências desimportam, a substância dos direitos se perde e o homem, em sua soberania, é negligenciado.[3]

Na segunda versão do Estado de Direito, ainda segundo Dworkin, concepção que identifica como "centrada nos direitos", o foco é outro, isto é, o ideal de governo se realiza através de uma concepção pública onde os direitos individuais assegurados aos cidadãos, não apenas entre si, mas contra o próprio Estado, passam a ser um ideal do Direito que os textos legais devem retratar obrigatoriamente, bem como assegurar a sua efetiva aplicação, reconhecendo, a partir daí, natureza política nas decisões judiciais, que se traduzem através de dois valores, a democracia e o Estado do Direito, enraizados em um ideal mais fundamental, que é adoção do tratamento das pessoas como iguais. Nesta concepção, a democracia fica enriquecida com a criação do que o autor chama de fórum do princípio, pois, ainda que a justiça não seja feita, há a consciência de que "a justiça, no fim, é uma questão de direito individual, não, isoladamente, uma questão de bem público" (2000: 38-39).

Para romper com essas barreiras, recepcionando-se definitivamente o homem como sujeito de direitos, sem abdicar de sua natureza pública, carece a jurisdição de ser desenvolvida, nos termos da orientação que a própria Constituição imprimiu, preservando-se a sua condição de poder emanado do povo, mediante exercício através de representantes ou diretamente. Em outras palavras, é a efetiva participação do cidadão no exercício da jurisdição que lhe garantirá o caráter público. Concretizar esse *topus* constitucional passa por transformações que afetam todos os níveis e funções judiciais, ainda não bem exploradas na doutrina, que via de regra tem dirigido sua atenção maior para a interação entre o cidadão e os Poderes Executivo e Legislativo, naturalmente mais afeitos a realizar o ideal participativo, até porque é da tradição a eleição de seus membros bem como o exercício de mandatos temporários, submetendo-os periodicamente ao referendo popular.

O desafio, portanto, exige do cientista um esforço a mais, mas tal não significa tratar-se de um objetivo utópico. Ao contrário, até porque o ordenamento jurídico tradicionalmente já contempla alguns institutos que instrumentalizam a participação popular no exercício da jurisdição, do que é exemplo maior o

---

[3] Exemplo gritante desse afastamento e dessa abstração, que se operou no próprio plano legislativo e, consequentemente, mais ainda na administração da justiça, encontra-se no ordenamento jurídico brasileiro em dois estatutos distintos, que se sucederam no tempo: a Lei n° 6.697/79, que instituiu o Código de Menores, e o Estatuto da Criança e do Adolescente, Lei n° 8.069/90. Enquanto naquele diploma legal o 'menor' era visto como objeto de direito, neste, o legislador, inspirado pela Constituição Cidadã, procurou resgatar a condição de sujeito de direito da criança e do adolescente. Inúmeros são os artigos que acusam a dicotomia de tratamento. A exemplo: enquanto os artigos 1° e 2° do velho código estabeleciam como escopo a assistência, proteção e vigilância a menores, enquadrados em situação irregular para os efeitos da lei, os artigos preambulares do ECA estabelecem o escopo de proteção integral à criança e ao adolescente, definindo criança e adolescente como pessoa e, mais precisamente em seu art. 3°, assegurando à criança e ao adolescente o gozo de todos os direitos fundamentais inerentes à pessoa humana. Enquanto no código revogado o Juiz de Menores cumulava funções de autoridade judiciária (art. 6°), autoridade responsável pela instauração e investigação da situação irregular (art. 94) e executória das medidas aplicadas (art. 15), negligenciada a defesa e o contraditório, o novel estatuto não só assegura os direitos à vida e à saúde (arts. 7° a 14), à liberdade, ao respeito e à dignidade (arts. 15 a 18), à convivência familiar e comunitária (arts. 19 a 24), entre outros, como ainda prevê garantias processuais, como o devido processo legal, defesa técnica por advogado, direito de ser ouvido pessoalmente pela autoridade competente, etc. (art. 110).

Tribunal do Júri, cujas raízes históricas remontam à Carta Magna de João-Sem-Terra, e que sobreviveu aos séculos como modelo de exercício democrático e popular de poder de dizer o direito. As ações constitucionais do *habeas corpus* e do mandado de segurança permitem, igualmente, que o cidadão invista contra prisão ilegal ou ato ilegal ou abusivo de autoridade judicial que afete direito líquido e certo, a exemplo de qualquer outra autoridade pública, configurando importantes instrumentos de freios e contrapesos do exercício do poder. Ao lado desses instrumentos, cuja insuficiência se reconhece, até porque restritos a determinadas situações e cuja citação tem tão somente o objetivo de demonstrar a prática já antiga de intervenção do cidadão na jurisdição, há um outro aspecto que tem passado desapercebido, mas que pode, conforme for praticado, perfectibilizar a intervenção popular na atuação jurisdicional. Está se falando do óbvio, isto é, do processo que, a despeito de se encontrar velado por um formalismo sacramentado pela poeira dos séculos, ainda é capaz de colocar o cidadão frente a frente ao juiz, num colóquio direto e imediato, através de atos processuais tais como o interrogatório ou o depoimento pessoal, o que dificilmente ocorre com qualquer outro órgão de poder. Desvelar o véu que cobre o processo, permitindo maior interação entre a parte e o juiz, é tarefa que cabe ao jurista cumprir atuando à luz da Constituição.

Trata-se apenas de algumas possíveis linhas de atuação aqui aventadas, que o sistema vigente já coloca à disposição do pesquisador, mas que à evidência não esgotam a análise, a discussão, a proposta de outros institutos ou mecanismos, individuais ou coletivos, que possam se prestar à participação da cidadania na jurisdição, caminhando-se com passos firmes para um novo perfil, afeito ao terceiro milênio.

Apenas para não deixar *in albis*, a figura do *amicus curiae*, já prevista expressamente no CPC vigente (e mantida no Projeto do novo Código),[4] especialmente no caso dos recursos repetitivos, não é uma via alternativa para implementar esta interação entre o cidadão e o agente do Poder Judiciário, mais representando um caminho para permitir que interesses de um grupo ou de uma pessoa jurídica se façam presentes no debate de um processo judicial subjetivo e individual, numa tentativa de "coletivizar" o individual.

3. Jurisdição de normas? Jurisdição de valores? Jurisdição de fatos?

O paradigma de jurisdição de normas – jurisdição como mera declaração da vontade da lei – está superado.[5]

A transição, porém, do paradigma da exegese positivista, onde prevalece o direito expressado na lei e que a jurisdição declarativa tão bem soube sustentar, para um novo modelo, ainda que mais próximo do sistema da *common law*

---

[4] Projeto de Lei n. 8.046-B/2010, que tramita no Congresso Nacional, já na fase final de discussão, em vias de aprovação.

[5] Para aprofundamento do tema, remete-se o leitor para SILVA, Ovídio A. Baptista da. *Processo e Ideologia*: o paradigma racionalista. Rio de Janeiro: Forense, 2004.

com ele não se confundindo, pois vai além, passa a exigir um juiz atuando como representante do povo, verdadeiro e único detentor da soberania jurisdicional, que deve aplicar o direito (aqui usado em contraposição à lei, ao direito positivado, sem, porém, excluí-los), mas através de um processo construtivo, onde a Constituição e, também, os princípios a serem dogmaticamente resgatados, sem olvidar as especificidades e pluralismo dos fatos subjacentes, serão a fonte maior e sob cuja leitura a positivação do direito será considerada, presente o papel político do Judiciário, especialmente em razão da jurisdição constitucional. Tais os novos parâmetros que a comunidade jurídica deve desvelar, tarefa nada fácil e que não se realizará sem traumas. Processo enquanto composição de conflito está invariavelmente comprometido com os fatos, ganhando importante versão histórica, até porque os fatos são valorados distintamente segundo o tempo em que são vivenciados. Assim, quando nas décadas de cinquenta e sessenta do século passado se procurava construir uma regulação para as uniões de homem e mulher fora do casamento, a custa de uma verdadeira revolução social, nos dias de hoje a pauta familiar é tomada pelo casamento de pessoas do mesmo sexo.

Como obstáculos a essa transformação, em interessante artigo sobre o Poder Judiciário e suas reformas, Diogo Moreira Neto, ainda na década de noventa, parodiando Norberto Bobbio, indaga *"Qual Judiciário?"* para, desde logo, reconhecer o seu (novo) papel político, apresentando com propriedade três ordens de problemas que contribuem para a manutenção de sua atual insuficiência, traduzida como um aparelho "pesado, complexo, moroso, de processualística hermética, etc.", de modo a tornar-se "insuficiente para as demandas tradicionais e deficiente para as novas demandas" (1999: 81): estruturais, funcionais e individuais. No primeiro grupo, situam-se questões como a multiplicidade de instâncias, a deficiência dos controles e a insuficiência numérica dos juízes; nos problemas de ordem funcional estão as leis inadequadas, a processualística complicada e hermética e o deficiente sistema de provocação; no tocante aos problemas de ordem individual, a deficiente formação científica do bacharel nas universidades, a insuficiente ou quase nenhuma preparação à magistratura e a carência de um sistema de atualização permanente para os juízes, rol que mostra a magnitude das dificuldades, mas nem por isso intransponíveis. Passada uma década e meia, sem embargo de uma reforma do Judiciário introduzida na Constituição pela EC n. 45/2004, entre outras providências, o cenário permanece quase que inalterado.

Depois de transitar por inúmeras sugestões que podem contribuir para a revitalização e aperfeiçoamento do Judiciário, o articulista, lembrando Popper, para o qual "o homem evoluiu epistemologicamente da verdade à certeza, da certeza à probabilidade e da probabilidade à provisoriedade", conclui, com propriedade, que "a flexibilidade no Direito é a sua revitalização: trata-se do reconhecimento do papel do aleatório e da impossibilidade de conter todos os fatos no direito positivo, assim como os fractais da vida real não podem ser reduzidos à geometria euclidiana e refogem às racionalizações abstratas no Direito" (MOREIRA NETO, 1999: 88). É nesse contexto que sugere o autor a flexibilização do Judiciário, a partir da jurisdição como produto de reflexão sobre valores.

Efetivamente, concorda-se, no particular, que o papel dos valores na ordem jurídica ganha nova hierarquia, em especial os valores constitucionais, únicos capazes de não só garantir, mas também concretizar uma nova ordem social, onde as diferenças sociais e econômicas e as injustiças não sejam tão corriqueiras. O juiz não mais decretará a lei do caso concreto, mas, através da flexibilização do processo, mais participativo, sem prejuízo de sistemas de composição das lides através de vias alternativas, não excludentes da prestação jurisdicional convencional, a ela agregando-se, da flexibilização da interpretação, que adquire feição de interpretação valorativa, construirá o direito a partir de um comprometimento com a ordem constitucional, assumindo decisivamente a sua condição de órgão político e condutor da sociedade. Exemplo dessa exigência que se impõe vem da deterioração da vetusta dicotomia entre o público e o privado, cada vez mais pesando as novas classes de direitos e interesses, como o difuso e o coletivo, bem como a assimilação de certos espaços antes exclusivamente privados, que passaram a ser exercidos não necessariamente pelo Estado, mas por outros segmentos da sociedade, pois também essa, organizando-se juridicamente, conquistou novos espaços. Neste cenário, as decisões judiciais passam a se constituir, indiscutivelmente, um produto muito mais de reflexão sobre valores do que mero trabalho exegético do direito positivado, pena, inclusive, de se tornarem obsoletas, inapropriadas e inexequíveis, a exemplo da preocupação antes denunciada da multiplicação das fontes do Direito, perdendo o Estado, por seu Poder Legislativo, o monopólio da produção das normas legais.

Em André-Jean Arnaud encontramos luzes para esta nova faceta da produção do Direito, e que se reflete sobre a atividade jurisdicional, a exigir sua readaptação:

> O modelo antigo de produção da norma jurídica, fundado sobre o monolitismo da lei e dos comportamentos jurídicos, deu lugar a um modelo novo, baseado no pluralismo jurídico e na legitimidade das reivindicações extralegais. A produção do Direito, doravante, é função de práticas sociais, sistema que as codificações modernas haviam posto termo (1991: 231).

Se as fontes de Direito já não são as mesmas, também a atividade de aplicá-lo não pode mais se conformar dentro dos antigos limites. É ainda o mesmo doutrinador francês, atento ao que acontece no contemporâneo, onde as decisões, ao contrário do que acontecia no passado, perderam a previsibilidade de suas consequências, não mais podendo o magistrado, ao sentenciar, estar seguro das repercussões do seu ato, porque acaba por atingir sistemas interligados, refletindo-se nos mais variados âmbitos sociais e fugindo totalmente do controle, que aponta para a necessidade de abandonar a milenar técnica de que há um único caminho correto, traduzida pela declaração de certeza.

Isso significa, em outras palavras, em ter uma jurisdição voltada para os fatos e suas contingências históricas, o que também tem sido negligenciado nas práticas do modelo de jurisdição declarativa, comprometida com um processo de subsunção do fato à norma como se tudo se processasse na passagem do concreto ao abstrato, o que François Rigaux repudia veementemente ao tratar da qualificação ou passagem do particular ao geral:

> Qualificar é estabelecer uma relação de vínculo entre a situação fatual e certo tipo de situação (*Tatbestandmerkamale*) designado na hipótese de regra de direito. Mas seria errôneo crer que se trata de uma passagem do concreto ao abstrato. Se assim fosse, a operação seria logicamente impossível. Com efeito, a situação de vida, o pretenso concreto, só é qualificado após ser reduzido primeiro a um sistema de signos que não é menos conceptual, e portanto abstrato, do que a hipótese da regra. A qualificação que, segundo a tradição alemã, chama-se *Einordnung* ou subsunção, *Subsmtion*, é uma operação que beira a tautologia. Para que a sentença que enuncia a qualificação resista ao vício lógico de incongruidade, é preciso que estabeleça uma exata adequação entre os conceitos do sujeito – a situação de vida – e as do predicado – a hipótese de regra pertinente. Se a primeira parece sofrer de sua singularidade, a segunda arrisca-se a pecar por excesso de generalidade. Para que os dois conjuntos conceptuais possam fundir-se na sentença de subsunção ou de qualificação, é preciso, como quando se ajusta uma roupa ou uma tapeçaria, puxar ora de um lado, ora do outro (2000: 50).

Este ajuste a ser processado torna-se responsável pela atividade criadora da atividade judicial e que, por isso mesmo, não pode assegurar decisão certa, verdadeira, excludente de qualquer outra, como se fosse a única possível ou adequada.

Lembrando Gadamer, o jurista belga, ao destacar a resistência dos fatos ao direito, menciona:

> Uma coisa é interpretar um texto com referência aos preceitos de uma hermenêutica, à subjetividade do intérprete, a critérios estéticos, ao gosto, à sensibilidade de uma determinada época, seja ela a do autor da obra ou a de seu leitor; outra coisa aplicar o direito a uma situação existencial. Esta tem exigências, uma lógica própria, que vão além, que se mantêm aquém, mais exatamente, de uma interpretação extraída deste tipo de contingência. A diferença existencial é que a hermenêutica não-jurídica, a que não persegue a pronunciação de uma sentença sobre uma situação contingente, parte do texto a ser decifrado, ao passo que tal situação é o ponto inicial do raciocínio sobre a aplicação do direito. Para o jurista, a interpretação de um texto é inseparável de sua aplicação a uma situação particular (RIGAUX, 2000: 57).

À revelia dessa realidade, a jurisdição declarativa está comprometida com a abstração, a generalização, a normatização, o que contribui para sua situação anacrônica e consequente superação. Mais que isso, configura uma jurisdição que carece de legitimação. Como alternativa, a substituição do parâmetro dos preceitos generalizantes e abstratos para o parâmetro do fato e suas particularidades, suas circunstâncias, suas contingências. Isso significa, dizendo de outro modo, a substituição da verdade e certeza pela probabilidade, da ordinariedade pela particularidade, do definitivo pelo temporário, rompendo com a proibição que tem suas raízes no sistema romano-canônico, como denunciado Baptista da Silva, de que ao juiz não é dado julgar apoiado em juízos de verossimilhança, estabelecendo-se toda uma teoria geral do processo, secularmente adotada e vinculativa a esses princípios. Lembra, ainda, o mestre gaúcho:

> É interessante – e mais do que interessante, dramática e perversa – a ideologia que se oculta sob este princípio que, em última análise, é o motor teórico da concepção, tão profundamente arraigada no Direito Processual Civil, da *neutralidade* do Juiz, face ao conflito judiciário, que, por sua vez, nem seria necessário dizê-lo, é o fundamento da ordinariedade (2001: 218).

Em outra obra, enfrentando o princípio da verossimilhança, o mesmo autor ensina:

Calamandrei, em um de seus conhecidos ensaios, refere a seguinte sentença de Voltaire: "Les verités historiques ne sont que des probabilités" ("Verità e verossimiglianza nel processo civile", *Opere Giuridiche*, v.5, p.616). O relativismo das verdades históricas, comum a todos os ramos das ciências sociais, portanto também ao Direito, sabe-se hoje ser igualmente inerente às ciências ditas exatas. Como afirma Miguel Reale, "muitas asserções que andam por aí como *exatas*, não passam de conjeturas inevitáveis, que seria melhor recebê-las e aplicá-las como tais, mesmo porque são elas que, feitas as contas, compõem o horizonte englobante da maioria de nossas convicções e atitudes" (*Verdade e conjetura*, 1983, p.26), ou, como disse outro eminente filósofo contemporâneo, "o conhecimento científico é sempre a reforma de uma ilusão" (Gaston Bachelard, *A epistemologia*, trad. bras., 1971, p.17).

E prossegue, concluindo:

As verdades absolutas em direito, particularmente a busca da verdade, como o ideal supremo e objetivo principal do direito processual civil, são decorrência da herança racionalista e das concepções políticas dos séculos XVII e XVIII, fruto do *iluminismo*, sob cuja influência a doutrina e as instituições jurídicas ainda vivem (BAPTISTA DA SILVA e outro, 1997: 57).

Não há como deixar de concluir que uma jurisdição voltada para um compromisso com a situação do fato *sub judice* e valoração dos preceitos normativos a partir dos conteúdos constitucionais e princípios gerais que inspiram a vida em sociedade exigirá o repensar dos fundamentos teóricos do seu instrumento maior, o processo, alterando radicalmente a teoria geral do processo civil, cujas regras ainda vigoram e, mais que isso, predominam na formação dos operadores do Direito, refletindo-se na forma como se pratica o Direito nos tribunais, com evidentes reflexos nas relações jurídicas extrajudiciais. Mas, cediço, não se produzem transformações sem traumas. Conscientizar-se que o paradigma esgotou-se é o primeiro passo para a libertação dos velhos e superados dogmas, cuja data de validade, na linguagem consumerista, já se encontra vencida.

4. Legitimação e responsabilidade dos juízes

A jurisdição cunhada pelo Estado liberal criou juízes desprovidos de poder e irresponsáveis. A jurisdição do terceiro milênio está (ou deve ser) entregue em mãos de juízes dotados do poder de criar o Direito e que por isso mesmo devem ser responsabilizados pelo exercício deste poder. Este, talvez, o maior dilema a ser resolvido pela ciência jurídica e política da pós-modernidade: encontrar o justo equilíbrio entre poder e responsabilidade daqueles que, de forma delegada, por representação, exercem a atividade jurisdicional.

O primeiro pilar de sustentação há de ser que o exercício deste poder se dá por mandato popular. E mandato reclama legitimação, daquele que o delega ou mandante, e daquele que o recebe ou mandatário. Por esse prisma, cumpre tecer algumas considerações. À primeira vista somos galgados a confundir o *princípio democrático* com o *princípio majoritário*, quando aquele é mais amplo e abrangente, absorvendo o princípio majoritário, mas indo mais além. O princípio majoritário estabelece-se, na sua forma mais autêntica, pelo sufrágio popular. É o que acontece na maior parte do mundo ocidental, com os membros dos Parlamentos e com os titulares do Poder Executivo, eleitos que são pelo voto popular, seja de forma direta, seja indireta. A magistratura judicial (para diferenciar de outras magistraturas), porém, encontra diferentes formas de seleção e recrutamento. Os sistemas mais conhecidos vêm arrolados por Sálvio de Figueiredo Teixeira, em sua obra sobre o tema, já no preâmbulo do primeiro capítulo: voto popular, livre nomeação pelo Executivo, livre nomeação pelo Judiciário, nomeação pelo Executivo com propostas de outros Poderes, nomeação pelo Executivo dependendo da aprovação pelo Legislativo, escolha por órgão especial, e por concurso (1999: 19). A simples opção, pela Constituição, por um desses sistemas que não seja o sufrágio para a composição dos órgãos judiciais, utilizado de forma simples ou combinada, por si só, não retira a condição de legitimação democrática do exercício do poder e muito menos a natureza de mandato. É o conjunto de regulação da seleção, da assunção, do acompanhamento e movimentação da carreira, do devido exercício jurisdicional, dos controles sobre a atividade funcional, do cabimento e forma de cassação do cargo, entre outros, que poderá sinalizar para um sistema mais ou menos democrático. A legitimação, outrossim, deste poder assim constituído, que pode interferir no Poder Legislativo (investido da vontade popular por força do voto), reconhecendo a inconstitucionalidade das leis, conforme Clève, não configura agressão ao princípio democrático e encontra sua razão de ser nos limites impostos pela própria Constituição, onde encontramos a manifestação do princípio majoritário permanente, em contrapartida à vontade de uma maioria conjuntural (decorrente do sufrágio), assim se expressando o constitucionalista:

> A maioria conjuntural não carrega, necessariamente, as virtudes da democracia, podendo ser, exatamente, um instrumento de agressão aos direitos fundamentais e à própria Constituição. Então, a Constituição agasalha um princípio democrático mas, ao mesmo tempo, contempla um princípio antimajoritário. E a manifestação desse princípio antimajoritário – proteção das minorias – haverá de estar nas mãos de um tribunal constitucional. Uma corte constitucional exercente da jurisdição e da função da guarda da Constituição, capaz de não sucumbir às determinações conjunturais e, ao mesmo tempo, capaz de satisfazer as exigências principiológicas plasmadas na Constituição, porque a Constituição tem a vocação da permanência, não estando vocacionada para sofrer perversa mutação em nome de meras necessidades postas pela conjuntura ou reclamadas pela maioria conjuntural. A defesa da minoria, portanto, reside no Tribunal Constitucional (1999: 234-235).

Sob essa ótica, o Poder Judiciário, ainda que não tenha sua composição formada pelo voto popular, encontra sua legitimação na defesa dos direitos da minoria,[6] pois democracia não se resume a uma questão matemática ou numérica, como se tudo se resolvesse pela vontade da maioria, o que é um equívoco de há muito superado. Aliás, é bom que se registre que a jurisdição constitucional, hoje, está sacramentada na história mais recente do constitucionalismo ocidental, havendo um consenso sobre sua legitimação a partir da existência de Tribunais Constitucionais independentes e autônomos, cujo desiderato é exatamente confirmar e manter íntegro o texto constitucional, ainda que contrariando a vontade do legislador.

---

[6] O termo *minoria*, aqui utilizado, não está comprometido com a ideia de um grupo numericamente inferior em relação à coletividade geral, mas como aquele que, individual ou coletivamente, passa a exigir os direitos dos quais entende ser titular e que não estão sendo reconhecidos e respeitados pelo *statu quo* prevalente.

Há, porém, uma outra fonte de legitimação da atividade judicial que, de regra, não é bem enfocada pela doutrina e que se encontra num plano mais geral. Entre as funções estatais delegadas aos representantes do povo a serem traduzidas em ações, é a jurisdicional que encontra em cada etapa de seu *iter* a presença, a fiscalização, o controle, a participação do cidadão, contrariamente ao que acontece com os atos do administrador e do legislativo. O processo, espaço (predominantemente) jurídico pelo qual se realiza a jurisdição, constitui uma interação entre o jurisdicionado e o juiz, entre o cidadão e o agente político, entre o que delega e o delegado do poder, encontrando a prestação jurisdicional limites bem estabelecidos nos quais a vontade e o agir do particular ou postulante é determinante. De modo que caso a caso, processo a processo, o mandato, outorgado genérica e abstratamente na forma prevista pela Constituição, com a delegação do poder condicionada aos procedimentos e requisitos ali impostos, passa a ser renovado individualmente. Daí por que a indispensabilidade do processo guardar as mais precisas características de instrumentalidade e de efetividade no que diz com a concretização dos direitos fundamentais do homem, pena de a própria legitimação do agir jurisdicional restar prejudicada. Vale dizer, a própria forma pela qual se realiza a jurisdição exige a integração do cidadão em seu resultado, o que deve receber do legislador toda a atenção quando da regulação do respectivo instrumento, para que não restem anuladas essas forças tanto de delegação como de controle ou fiscalização, interinas à atividade jurisdicional. E aqui cabe a indagação: até que ponto os mecanismos processuais hoje existentes estão aptos a legitimar a prestação jurisdicional produzida? Qual a contribuição que se pode dar para aperfeiçoar ou, quiçá, cometer efetivamente a esses procedimentos à sua necessária e, dir-se-ia, até indispensável aptidão?

A segunda âncora da sustentação do legítimo poder jurisdicional está na existência de instrumentos de controle ou fiscalização do seu exercício, ao efeito de ser mantido o equilíbrio entre duas forças presentes na atividade jurisdicional: a indispensável eficiência e adequação ao sistema jurídico vigente na composição dos conflitos e o seu desempenho de forma autônoma e independente. O equilíbrio desses dois valores – responsabilidade e independência funcional – provoca uma tensão que exige o repensar de dogmas que o paradigma tradicional nos legou, tais como a *res judicata* faz justiça, ou ainda que *the king can do no wrong* (CAPPELLETTI, 1989:24).

Jurisdição que se proponha como emanação autêntica (advinda da soberania popular) e voltada para objetivos sociais, com a realização dos direitos fundamentais, não se coaduna com a imunidade. O poder só será democraticamente exercido se houver a correspondente responsabilidade.

Levando em conta a classificação de Cappelletti, na obra citada, em apertada síntese se destacam quatro grupos distintos de responsabilidade, sem embargo de serem trabalhados de forma conjugada, conforme se encontra em significativo número de ordenamentos jurídicos, quais sejam, (*a*) a responsabilidade política e constitucional (típica dos órgãos políticos superiores, autorizando procedimentos de caráter não jurisdicional, como o *impeachment*); (*b*) a responsabilidade social (implica, por exemplo, prestação de contas perante a sociedade, típica dos modelos em que o juiz é eleito pelo povo, autorizando a adoção do procedimento conhecido como *recall*); (*c*) a responsabilidade jurídica do Estado (identificada como assunção da responsabilidade objetiva do Estado, podendo agregar função ressarcitória, onde é avaliado o agir do juiz como doloso ou culposo); (*d*) e a responsabilidade jurídica pessoal (possível de ser agregada à responsabilidade jurídica do Estado, sujeitando o juiz às sanções de ordem penal, administrativa e civil, conforme o caso) (1989:36).

Deixando de lado os controles que recaem sobre o juiz enquanto agente público, de nítida natureza administrativo-burocrática, isto é, o juiz como prestador de serviço remunerado pelos cofres públicos, e a responsabilidade decorrente da sua condição de mandatário, que corresponde mais a instrumentos de freios e contrapesos entre os poderes do Estado, bem como a responsabilidade civil, penal ou mesmo administrativa, essencialmente de natureza ressarcitória, ganha aqui relevo as formas de controle que tenham por objetivo a responsabilidade social do juiz, reconhecidamente a mais frágil ou quase inocorrente na jurisdição de declaração da lei. Aliás, no ponto, na história brasileira, a insuficiência da fiscalização é quase absoluta, quando muito realizada oficiosamente e sem qualquer, por sua vez, controle de ordem pública, pelos meios de comunicação, questionando-se em programas de entrevistas as razões de fundamentação, as circunstâncias do fato, as alternativas que o caso oferecia, completamente descompromissada com o aperfeiçoamento do sistema judicial. Trata-se um espaço vazio, sem qualquer previsão de meios para que o cidadão, não como jurisdicionado integrante de uma relação processual determinada, mas como detentor da soberania popular e como jurisdicionado em potencial, possa interagir com o órgão judicial, de modo a se inteirar, receber explicações ou mesmo prestação de contas quanto a decisões de interesse geral, que extrapolam os estreitos limites subjetivos da lide assentada em conflito particular, e, de outro, a visão privatista do processo, como instrumento posto à disposição das partes para veicular os conflitos individuais, permitindo-lhes o acesso às sucessivas instâncias recursais.

Importante se ter presente que por controle social, na ótica de Cappelletti e Garth, entende-se a cobrança exercida por grupos sociais, e não por órgãos políticos, distinguindo-se, assim, do que o mestre italiano rotula como *responsabilidade política ou constitucional*, essa última entregue a determinados órgãos devidamente constituídos, ficando, em última instância com o poder legislativo e/ou com o executivo e compondo, de regra, os chamados instrumentos de freios e contrapesos do poder. No controle social (ou *controle político-social*), o encargo é repassado ao público em geral, exemplificando-se com os sistemas que vigoraram nos países integrantes da extinta União Soviética, pelos quais os juízes submetiam-se a uma avaliação periódica por assembleias populares, onde se dava a respectiva prestação de contas, ou ainda com o *recall* americano, nítido procedimento popular, provocado por requerimento firmado por um número suficiente de pessoas objetivando a remoção do juiz, a ser decidido através de um processo eleitoral (1988: 44-47). É certo, contudo, que ambos os exemplos acusaram raros casos concretos de efetiva remoção de juízes, o que desimporta, pois o sistema de controle não encontra sua importância atrelada ao número efetivo de fatos detectados ou punições, operando – e aí sim está sua importância – de forma preventiva e pedagógica.

Também Ruy Rosado identifica a *responsabilidade social* como a que "se põe diretamente entre o Juiz e a sociedade como um todo, e permite um juízo ético de reprovação, fundamentado na expectativa de que ele exercerá do melhor modo possível as funções do seu cargo, tendo em vista a base democrática que anima essa sociedade". Aponta o articulista, considerando o sistema brasileiro, algumas formas indiretas da incidência desse tipo de controle, isso porque adotada por nós a garantia constitucional da vitaliciedade em relação à magistratura, tais como os critérios de promoção por merecimento na carreira e, de forma mais genérica, o juízo crítico popular que se traduz pela "aceitabilidade do resultado", sem embargo da constante participação de advogados, juristas, professores que permanentemente têm em mira as decisões judiciais, das quais se exige serem fundamentadas (1997: 19).

Fácil concluir que, efetivamente, o controle sobre a responsabilidade social do juiz, no Brasil, é efêmera, respondendo, senão exclusiva mas concorrentemente, pelo descontentamento generalizado e pelas críticas de morosidade e de inefetividade do Judiciário e contribuindo para a *cidadania de baixa densidade*.

De outra banda, o modelo de jurisdição vigente desenvolveu forma alternativa para controlar os atos de natureza jurisdicional, qual seja, o sistema recursal. Para interpor o recurso legitima-se a parte, o Ministério Público quando interveniente, ou o terceiro interessado (art. 499, do CPC de 1973),[7] presente a condição da ação de legitimação das partes integrantes da relação processual e os limites subjetivos da coisa julgada. O controle, outrossim, é exercido pelos próprios órgãos judiciais e tudo que se possa dizer sobre esse sistema é pura tautologia. O fracasso do sistema recursal pátrio é fato confesso, clamando emergentes reformas, conforme consenso na comunidade jurídica, não sendo aqui o espaço para se avaliar até que ponto o Projeto do novo Código de Processo Civil alcança esse desiderato. De qualquer, os números de processos que chegam às instâncias recursais dos tribunais estaduais e regionais, assim como nos tribunais das instâncias especiais, a histórica crise do Supremo Tribunal Federal, identificada com a crise do recurso extraordinário (que se pretende superar com a adoção do pressuposto recursal da repercussão geral), a técnica legislativa para enfrentamento dos recursos repetitivos, acarretando tribunais sobrestados, o custo temporal de um modo geral que envolve o processo em suas sucessivas instâncias recursais, são alguns dos indicativos da falência do sistema recursal. A fonte da impotência do sistema nessas bases estruturado está exatamente na premissa lógica da jurisdição corresponder à busca da certeza e da verdade, o que passa a qualificar a sentença judicial como certa ou errada, como se tal fosse possível. Mais uma vez nos valemos dos ensinamentos de Baptista da Silva:

> O pensamento que se oculta sob a concepção em geral do direito processual civil – em que predominam os procedimentos intermináveis, cujo paradigma é o *procedimento ordinário* –; e particu-

---

[7] No Projeto de Lei do novo CPC a regra vem repetida no art. 1.009.

larmente a idéia que subjaz sob o modo como instituímos o sistema de recursos, deita raízes no mais puro e radical *iluminismo*, que nos obriga a buscar, qualquer que seja o preço exigido pelas circunstâncias, a miragem de uma justiça perfeita, como se apenas o último julgamento da última instância fosse o guardião do segredo de uma justiça divinamente perfeita. É a mesma ideologia que suprimiu de nosso horizonte os juízos de verossimilhança, pretendendo-se, como sonhavam Leibniz e os demais filósofos racionalistas, que as ciências do comportamento humano, especialmente a moral e o direito, fossem tão demonstráveis como qualquer equação matemática. Como a questão da justiça ou injustiça a ser atribuída ao caso concreto, não é um problema do juiz mas do legislador (Hobbes), àquele haveria de caber, pura e simplesmente, a aplicação da lei. A sentença deixaria, portanto, de ser justa ou injusta, para tornar-se, simplesmente *certa* ou *errada*, como em qualquer operação algébrica (criticando essa visão racionalista, diz Antonio Saitta, aludindo à decisão constitucional, que ela "non puó, praticamente mai, essere 'vera' o 'esatta', mas semplicemente 'accetabile'") (1999: 224-225).

Estabelece-se, assim, um paradoxo: desprovido o cidadão de efetivos meios de controle social sobre a atividade judicial dos agentes políticos (órgãos judiciais), detém ele, em contrapartida, a faculdade de, enquanto interessado no conflito e se dele participante, levar a solução final e definitiva às últimas instâncias, construindo, destarte, um sistema de controle interno que mais se caracteriza como controle político das decisões proferidas pelas instâncias inferiores. O exemplo maior desse sistema é o recurso extraordinário, cujo pressuposto da repercussão geral ainda não se mostrou suficiente para dar o devido equilíbrio, contemplado exatamente porque o juiz monocrático detém, através do sistema difuso e controle concreto, fatia da chamada jurisdição constitucional. Se, em tese, poderia se admitir estabelecido o devido equilíbrio entre exercício de poder e responsabilidade, a realidade forense mostra exatamente o contrário, procedendo-se, isso sim, uma profunda centralização de poder jurisdicional, passando o recurso a produzir um efeito bumerangue: se todas as decisões comportam recurso, decisão nenhuma é proferida. Se todas as decisões deságuam (ou podem desaguar) nos tribunais superiores, e sobre esses inexiste controle social, não há controle social sobre os atos judiciais. De modo que os juízes podem continuar decidindo com toda a independência (ou *irresponsabilidade*?), as partes prosseguem recorrendo (não é para isso que os recursos existem?), os tribunais superiores, após o longo e custoso percurso entre todas as instâncias, emitem o julgamento final, como se fosse a *verdade divina*. E tudo começa de novo no dia seguinte.

A jurisdição informada pelos princípios constitucionais condizentes com o Estado democrático e com os fins sociais a serem alcançados deve superar esse paradoxo, encontrando mecanismos mais eficientes para permitir, ao mesmo tempo, uma jurisdição independente, livre de quaisquer pressões de outros órgãos do poder ou de grupos políticos, econômicos ou sociais, mas que não se afaste do espaço constitucional, que também deve limitá-la. Vale dizer, encontrar o devido equilíbrio entre poder e responsabilidade do juiz. Os desafios, como visto, se avolumam.

De qualquer sorte, pode-se afirmar que a responsabilidade judicial deve ser vista não em razão do prestígio e da independência da magistratura enquanto quadro funcional, mas sim em razão do jurisdicionado, do cidadão, a cujo serviço exerce mandato. Nas sociedades constitucionais e democráticas o juiz está subordinado diretamente à Constituição de seu país, não se podendo, portanto, negligenciar a sua responsabilização pela prática de seus atos, daí porque a importância de um sistema harmônico, que nem libere o Judiciário e seus membros de prestar contas do poder exercido, nem os submeta aos demais órgãos e instâncias de poder e influência, não se abdicando de um comprometimento pessoal, a ser constantemente renovado, vinculando os juízes aos princípios democráticos, pois sem consciência ética e comprometimento com o resultado obtido por parte daqueles que de alguma forma participem do exercício do poder público, não há solução possível.

5. Jurisdição e federalismo

Ao adotarem, as nossas constituições, o sistema federalista na formação do Estado, não houve nenhuma restrição de sua incidência sobre a administração da Justiça, que se submete ao mesmo regime como os demais poderes, isto é, o Poder Executivo e o Poder Legislativo, consoante artigos 1º e 2º da Carta Magna de 1988, a exemplo, aliás, das cartas anteriores. O tema, contudo, pode ser interpretado sob dois enfoques distintos: o da organização judiciária e o da administração da Justiça enquanto poder jurisdicional.

5.1. Organização judiciária

A tradição no direito constitucional, no tocante à organização judiciária, sempre foi de fixação regional, tendência herdada da época imperial, pois já a partir de 1834 as províncias detinham a competência de organizar a divisão, embora reservado ao poder central o estabelecimento da organização judiciária, o que se explica por ser, à época, o Brasil um Estado unitário.

Foi, porém, com a Constituição de 1891, nitidamente marcada pelo espírito federalista, com a atribuição da competência de legislar sobre direito processual aos Estados federados, que essa sinalização se arraigou, resultando ser definitivamente assimilada pelo nosso modelo de organização estatal. Nenhum sentido fazia, considerando a distribuição de competência do poder legiferante de então, entregar à esfera federal a organização dos tribunais e juízos estaduais, quando os Estados podiam o mais, isto é, legislar sobre processo, editando seus próprios códigos.

Ao contrário, nos primórdios de nossa república, os órgãos de justiça federal se ressentiam de regulamentações próprias, a ponto de, na Constituição de 1934, quando já revertida a tendência centrífuga do federalismo, mas ainda mantida a tradição da organização judiciária estadual, inaugurar-se a regra da competência dos tribunais para elaboração de seus regimentos internos, objetivando suprir lacuna legislativa da órbita federal, a exemplo do que acontecera anteriormente com o Dec. 848 (ROSAS, 1999: 167).

Esta orientação alcançou tamanha projeção que, à luz da Constituição de 1967 e da Emenda Constitucional de 1969, o Supremo Tribunal Federal passou a ser constitucionalmente autorizado a regulamentar, através de seu regimento interno, as causas sujeitas ao recurso extraordinário, atendendo à sua natureza, espécie, valor pecuniário e relevância de questão federal, conforme art. 119, § 1º, cujo texto foi dado pela Emenda Constitucional 7/77, a implicar, em última análise, atribuição de poder legiferante à Corte Suprema. Esta dissonância foi corrigida pela Carta atual, a partir do art. 96 e seu inciso I, ao reger que aos tribunais compete "elaborar seus regimentos internos, *com observância das normas de processo e das garantias processuais das partes,* dispondo sobre a competência e o funcionamento dos respectivos órgãos jurisdicionais e administrativos".

A Carta Política de 1988, que se mostra inovadora em relação a uma recuperação do princípio federalista, aumentando significativamente a competência dos Estados para legislar, manteve-se fiel, no particular, à experiência pretérita, presente nas Constituições de 1934, 1937, 1946 e 1967, atribuindo, pelo artigo 125, a competência dos Estados para organizar sua Justiça, devendo, porém, ser observados os princípios estabelecidos pela própria Constituição, como, aliás, o sistema requer, mostrando, dessa sorte, coerência no novo modelo de organização estatal.

Não há, todavia, que confundir legislação processual e organização judiciária. Enquanto na primeira hipótese o que é objeto de previsão e regulamentação é o processo, espaço onde a jurisdição, poder do Estado, se realizará, reservando-se suas para o legislador federal (art. 22, inciso I, da CF); na segunda, o que se pretende é a normatização da estrutura, serviços e atividades dos diversos órgãos que compõem o Poder Judiciário, enquanto engrenagens que participam da máquina estatal. Trata-se de legislação que se destina essencialmente a regulamentar a administração dos serviços judiciários, a exemplo do que acontece com os outros órgãos ou instituições que igualmente compõem o Estado. Não se afasta a hipótese de ocorrer conflitos de interpretação na definição de cada área, mas nem por isso os limites de competência deixam de operar seus efeitos.[8]

Por este microssistema normativo compete aos tribunais a escolha de seus dirigentes, a organização dos serviços auxiliares, de primeiro e segundo graus, a criação, provimento, distribuição e extinção dos cargos, a definição das atividades pertinentes aos diversos órgãos auxiliares, não podendo, porém, o ente

---

[8] Exemplo típico dessa possível confusão entre áreas tão distintas, o art. 1.215 do CPC, que tratava da eliminação de autos de processos findos e que veio a ser suspenso pela Lei n. 6.246/75. Não se ignora o que acontece com a grande maioria dos foros e tribunais distribuídos por este magnífico território nacional, cediço o preocupante volume de autos de processos já extintos que devem ser arquivados, de forma racional e científica, de modo a permitir o acesso aos mesmos a qualquer época, exigindo tempo, espaço, energia, material humano, dos quais é sempre carente o órgão judicial, cuja função maior e precípua é a de prestar a jurisdição. Por outro lado, cuida-se de rico e raro material útil para a memória da história (pública e privada) de um povo, extrapolando, mesmo, os limites da lide judiciária, guardando dados que podem ser proveitosos em outras áreas de conhecimento. Também não se desconhece a precariedade, por inúmeras razões, dos arquivos públicos, a despeito da boa vontade daqueles que se encontram à testa desses serviços. Interesses diversos e até conflitantes em jogo. Contudo, a matéria – organizar os arquivos com vistas à guarda de documentos – cujos critérios técnicos de guarda estão regulamentados na Lei n. 8.159/91, é afeita à organização judiciária e não à matéria processual, dela, portanto, não podendo dispor a lei processual. Em bom tempo, o Projeto de Lei n. 8.046-B/2010 deixou de tratar do assunto, para que cada instituição o faça da forma que melhor se adequar às suas exigências e possibilidades. O fato é que esse equívoco da lei processual de 1973 contribuiu para que durante muito tempo não se tratasse objetivamente de tema tão relevante para a sociedade e a ciência em geral.

federado afastar-se dos princípios estabelecidos pela Constituição, entre os quais se destacam o sistema de ingresso na magistratura de carreira mediante concurso de provas e títulos, promoções alternadas por antiguidade e merecimento, participação nos tribunais dos advogados e membros do Ministério Público, respeitado o quinto constitucional, a obediência às garantias da magistratura da vitaliciedade, inamovibilidade e irredutibilidade de subsídio.

O Estado democrático de Direito repele os juízos de exceção, o que só pode ser garantido se a organização judiciária obedecer ao princípio fundamental de submeter-se à lei, a ponto de Santi Romani, citado por Roberto Rosas, afirmar que "dessa criação surge o princípio da autoridade competente para julgar, ou em outras palavras, o juiz natural" (1999: 167). A competência no julgamento dos processos observa, portanto, também natureza de organização judiciária (concorrendo com as regras constitucionais e processuais), o que vem consagrado no parágrafo primeiro do artigo 125 da CF, ora em exame. E mais, tem-se aqui uma predominância da norma de organização judiciária sobre a norma processual propriamente dita, cedendo esta em favor daquela, daí por que sua atribuição ao Estado-membro. O patamar, destarte, alcançado pelas regras que dispõem sobre esta distribuição da competência é tão significativo que o respectivo critério tem sido reconhecido como de natureza absoluta, podendo, pois, ser decretada a incompetência com base nas leis de organização judiciária de ofício, a qualquer tempo e grau de jurisdição, não precluindo para a parte interessada em sua arguição.

O § 2º do dispositivo constitucional em fomento cuida da ação direta de inconstitucionalidade de leis ou atos normativos estaduais ou municipais em face da Constituição Estadual, embora, lamentavelmente, o texto tenha recuperado expressão superada pela nova Carta, denominando a medida de *representação*, conforme era conhecida no passado, repelida que foi pelos artigos 102 e 103 da Carta. O dispositivo, omisso quanto à eventual inconstitucionalidade entre lei ou ato normativo municipal frente à Constituição Federal, não abrangida pelo predito art. 102 – hipótese em que a doutrina se firmou no sentido da competência ser exclusiva do Supremo, "porque terá de ser resguardada a predominância da Lei Maior, que é a função *precípua* do Augusto Pretório" (LIMA, 1989: 148) – teve a vantagem de dar por superada antiga controvérsia entre Tribunais de Justiça de Estados diferentes, alguns se reconhecendo competentes para apreciar a matéria, outros não. Apenas para registro, também não restou devidamente contemplada, permitindo a lacuna o surgimento de divergências doutrinárias e jurisprudenciais, eventual arguição de confronto entre a lei municipal e a Lei Orgânica do Município, cuja competência, em matéria de controle abstrato, poderia, pelo menos em tese, tanto ser atribuída aos Tribunais Estaduais como, ainda, ao Juiz de Direito da comarca pertinente, ainda que a hipótese não se faça presente comumente.

A Justiça Militar estadual, de previsão facultativa, encontra respaldo no § 3º do artigo que dispõe sobre a organização da Justiça estadual, cuidando os dois parágrafos seguintes da competência, restringindo-a ao julgamento dos militares na prática de crime militar e das ações judiciais contra atos disciplinares militares, especificando ainda as competências internas entre tribunal e juiz de direito, mostrando-se acentuada a preocupação de limitar tão delicada área jurisdicional.

Ainda nos §§ 6º e 7º, cuida-se da descentralização dos Tribunais de Justiça e da justiça itinerante.

Por fim, apenas para complementar o capítulo constitucional da organização da Justiça estadual, o art. 126, que prevê uma competência em razão da matéria – conflitos fundiários – a ser disciplinada pela organização judiciária. É a importância que o constituinte reconheceu ao conflito agrário, propugnando Mendonça Lima pela criação e regulamentação de um *processo agrário*, de forma a atender adequadamente a *"revolução social*, não pelas armas, nem pela violência, mas pela *justiça social*, dentro dos postulados da paz e da democracia" (1989: 149-150). Não se pode deixar de observar certa incongruência, na medida em que autorizados os Estados-membros a definir competências organizacionais em tão sensível área, mas permanecendo com o poder central a vontade legislativa do direito agrário, conforme dispõe o art. 22, inciso I, da Carta Magna. É o modelo de centralização do poder, que caminha lado a lado à cláusula do federalismo.

Em suma, após as frustradas experiências de federalismo da primeira Constituição republicana, sobrevindo o abortamento da competência legislativa dos Estados-membros sobre matéria processual entre outras, bem ou mal sempre se manteve a tradição de permitir a auto-organização dos Tribunais e juízos estaduais. Essas disposições normativas nunca tiveram o devido alcance, pois se mostram insuficientes para, por si só, bem estruturar a máquina judiciária, que muito depende de outros fatores, entre os quais, por certo a legislação processual, para alcançar seu desiderato maior, a prestação jurisdicional, ainda que atendendo, de forma satisfatória, as necessidades de natureza administrativa, em especial porque assegurada pelo art. 99, inciso I, ao Judiciário sua autonomia administrativa e financeira, cabendo aos seus membros dignificar o novo papel assumido, bem como à sociedade exercer o seu poder de fiscalização e cobrança das autoridades públicas através dos meios legais pertinentes.

Mas a questão que se impõe é outra, isto é, avaliar quanto a Constituição assegurou aos Estados-membros exercerem o poder jurisdicional, interpretando e aplicando a lei em termos federados, isto é, observada a realidade própria e peculiar de cada ente estadual, respeitadas as diferenças culturais de cada região.

5.2. Interpretação e concretização das normas legais

Se de um lado se tem afirmado – e com acerto – que entre as Constituições brasileiras a de 1891 foi a mais preponderantemente federalista, isso não significa que estivesse ela divorciada da sempre presente inspiração centralizadora de poder. Mais particularmente, no que diz com o Poder Judiciário, sob sua égide já se reconhecia que as disposições de ordem federal assumiam maior amplitude, maior autoridade que no seu paradigma mãe, o Judiciário dos Estados Unidos da América, conforme Levi Carneiro denunciou na conferência proferida em data de 7 de agosto de 1925, no Instituto dos Advogados, durante um ciclo de palestras sobre as reformas constitucionais (1930: 141). Lembra o ilustre advogado que os dois princípios cardeais que inspiram a democracia americana são, exatamente, o federalismo – que nenhuma novidade chegou a ser – e o judiciarismo, este sim, verdadeira criação do novel sistema, afirmando-o nos seguintes termos:

> Discute-se muito, e muito se diverge, sobe o que inovou a Constituição americana. O regime representativo? Não, que já existia. O presidencialismo? Teria sido a federação, que só ela aplicou em larga escala? Também o regime federativo já existia – mas a Constituição americana, ampliando-o, deu-lhe nova feição. Como? Mediante a sua verdadeira, a sua grande criação, e essa foi a Suprema Corte; foi, principalmente, a meu ver, a combinação, realizada mediante a Suprema Corte, dos princípios de federalismo e de judiciarismo, que se completam, e asseguram, a um tempo, a autonomia dos Estados, os direitos dos cidadãos, a unidade nacional, enfim, a preponderância da Nação, através dos seus grandes órgãos (1930: 166).

Criticando as tendências centrípetas das reformas constitucionais de então, prossegue o orador dizendo:

> O que desejaria acentuar, em suma, é que vamos restringir, tolher, de modo incalculável, quer o federalismo, quer o judiciarismo, e isso me parece a questão primacial, o maior dos erros da reforma planejada. Ao contrário, deveríamos fortalecer a democracia em suas origens, que são os pequenos governos locais, onde se faz a verdadeira aprendizagem do regime democrático – e revigorar os dois princípios máximos do regime, que vamos talvez sacrificar – o federalismo e o judiciarismo (1930: 176-177).

Verdades antigas, que o tempo não teve o poder de apagar, por sua absoluta propriedade e atualidade.

Não basta, como já foi dito, a Justiça local deter o poder de se auto-organizar administrativamente para que se tenha uma efetiva jurisdição em termos federalistas. É na sua função precípua, na interpretação das leis e dos fatos litigiosos, caso a caso, na atividade jurisdicional propriamente dita, como função de administração da justiça à lide subjacente, que se há de configurar a verdadeira e democrática distribuição de poder. E, para tanto, indispensável que o seu instrumental maior – o processo, e não apenas os procedimentos – possam ser flexibilizados, sem perder, por óbvio, a inspiração das regras gerais e dos princípios informadores do processo, esses sim, a serem estabelecidos pelo poder central.

Nossa história, porém, tem negado essa expectativa. Ao contrário, o pêndulo sempre se inclinou em favor da centralização. E não se conclua, apressadamente, que se trata de questões superadas e do passado, pois não é muito diferente o que vem ocorrendo nos dias mais recentes. Embora a Constituição de 1988 tenha dado importante passo para reverter esse quadro, em especial com a introdução da competência legislativa concorrente de seu art. 24, ainda adormecida no seio do texto constitucional, pois poucas matérias ali elencadas e em poucos Estados têm sido objeto de legislação estadual, já se ouve vozes defendendo a reconquista dos espaços perdidos.

Decotando as questões que se submetem ao debate da constitucionalidade de leis e atos normativos ou de decisões judiciais, pois a divisão de poderes com base no federalismo não abrange as questões constitucionais, as quais necessariamente deverão integrar a competência da Corte Suprema, o que mais chama atenção é a centralização das decisões que se resolvem no âmbito das leis e normas infraconstitucionais. O julgamento por amostragem dos recursos repetitivos e a vinculação dos precedentes enunciados em tais julgamentos, em especial na forma do art. 543-C do CPC,[9] é o atestado vivo dessa concentração de poderes, esvaziando-se ou empobrecendo o trabalho hermenêutico e jurisprudencial pelos quais os juízes de primeiro grau e os tribunais locais sempre responderam com propriedade e com a sensibilidade de julgamentos afeitos às peculiaridades e especificidades próprias do pluralismo ínsito a uma sociedade que mesmo afetada pela globalização não se desgarra, na sua essência, à cor local.

Processo paralelo, a "federalização" da justiça, segundo denúncia de Levandovski, formulada antes de assumir sua cátedra junto ao Supremo Tribunal Federal, representa um perigo maior, com a transferência da competência para a Justiça federal "nos casos de violação de direitos da pessoa humana, considerada grave, por provocação do Procurador Geral da República ou de Procurador-Geral de Justiça, a juízo do Superior Tribunal de Justiça", afirmando textualmente:

> Com efeito, como se sabe, os direitos fundamentais, tal qual conhecidos hoje, desenvolveram-se doutrinária e juridicamente a partir do século XVIII, segundo três gerações, que contemplaram, sucessivamente, os direitos civis e políticos, os direitos econômicos, culturais e sociais e os de última geração, também conhecidos como direitos de fraternidade ou de solidariedade, com destaque para a proteção do meio ambiente.

E prossegue, concluindo:

> Ora, sob essa rubrica, praticamente qualquer questão jurídica pode ser subtraída da competência dos juízes estaduais, desde um litígio que envolva um bem móvel ou imóvel até uma demanda entre um consumidor e um prestador de serviços, por exemplo. (LEVANDOVSKI, 1999: 43)

Urge que se faça valer o poder conferido pelo constituinte de 1988, instaurando-se as instâncias legislativas procedimentais, em especial em matérias que as experiências locais, realizadas mesmo à revelia de uma normatização específica, já produziram efeitos, e bons efeitos. Na área de abrangência do processo, importante papel, sem sombra de dúvida, exerceram e exercem os Juizados Especiais Cíveis, cujo paradigma pode servir de alavanca para inúmeras outras situações. Ainda a título de mera exemplificação, cita-se o procedimento da ordem dos processos no Tribunal, tratado no CPC em seus artigos 547 a 565. De há muito que no Rio Grande do Sul se abdicou desse procedimento bastante truncado, simplificando o seu trâmite de modo a obter uma maior celeridade e, consequentemente, efetividade, em especial nos feitos de competência recursal, à revelia da lei processual, com observância, porém, dos princípios inspiradores do processo, o que já se encontra sedimentado na prática forense, com a anuência, tácita ou expressa, dos operadores do direito.

O tratamento diferenciado em procedimentos judiciais nas diversas unidades federativas poderá, não se ignora, trazer alguns desconfortos, mas as

---

[9] Regras que se mantêm no Projeto de Lei n. 8.046-B/2010, ampliando-se sua abrangência e criando o incidente de resolução de demandas repetitivas.

vantagens, com certeza, os superarão. Os números de processos em tramitação e julgados que os relatórios anuais de cada Tribunal e os publicados pelo CNJ acusam falam por si.[10] Não é mais possível, como afirma Alencar, tratar de forma simétrica Estados que se veem obrigados a enfrentar número de processos que se computa na casa dos 7 dígitos, como ocorre com o Estado de São Paulo (1998a: 95), e outros cujas cifras ficam abaixo dos 100.000 mil feitos anuais, quando as diferenças de infraestruturas locais e a criatividade de seus respectivos integrantes podem contribuir positivamente para administrar essas massas de processos, sem prejuízo de que melhorias obtidas em uma determinada unidade da federação sejam assimiladas e aproveitadas por outra, num crescente processo de revitalização da atividade jurisdicional.

E ainda o mesmo articulista, em trabalho distinto, aponta para outra vantagem, que diz com o não cabimento, contra as decisões dos Tribunais Regionais Federais – também submetidos à legislação estadual reguladora de procedimentos – e dos Tribunais Estaduais, que versarem sobre interpretação e aplicação das normas procedimentais locais, do recurso especial com fundamento nas alíneas *a* e *c* do inc. III do art. 105 da Constituição da República (ALENCAR, 1998b: 64).

O que se afirma em favor da matéria processual vale, também, guardadas as devidas proporções, para as demais competências contempladas no rol do art. 24 da Carta Política, portal maior da retomada de uma república federativa que a obsessão pelo poder e consequente centralização nos órgãos federais têm, teimosamente, insistido em renegar, cegas e surdas à ordem constitucional.

Tema recorrente neste trabalho tem sido a questão da centralização do poder jurisdicional, princípio que vigora na jurisdição praticada. As instâncias superiores são provocadas amiúde nem tanto em razão das específicas funções para as quais foram contempladas em nossa Carta Constitucional, mas muito mais como um terceiro ou quarto grau de jurisdição, eternizando-se a busca da solução do conflito, o que, em última análise, significa nada resolver. Para tanto, basta um jogo de palavras e a exploração de argumentos, no que, por certo, os que atuam no processo estão perfeitamente habilitados. E o Poder Judiciário passa a ser utilizado em verdadeiro desvio de função, em especial por aquela parte interessada em ganhar tempo, mas inevitavelmente em detrimento daquele litigante que tem urgência na mudança do *status quo* fático, a que o processo visa, mas acaba não atingindo.

---

[10] No Relatório referente ao ano de 2012, encontrado no site do CNJ: http://www.cnj.jus.br/programas-de-a-a-z/eficiencia-modernizacao-e-transparencia/pj-justica-em-numeros/relatorios, foram registrados, na Justiça Estadual, o total de 20.040.039 novos feitos, que se somam aos já existentes e que alcançaram o número de 52.018.720, constando expressamente no referido relatório que "Em relação aos casos novos, o crescimento foi de 8% em 2012, o que contribuiu para o aumento acumulado de 13,1% desde 2009. O crescimento da demanda alcançou o patamar de 9.739 novos processos por 100 mil habitantes. Deve-se ressaltar que 67% dos casos novos da Justiça Estadual encontram-se nos tribunais de grande porte (isto é, TJs de São Paulo, Rio de Janeiro, Minas Gerais, Paraná e Rio Grande do Sul)". É, ainda, o mesmo estudo, ao tratar da outra ponta, que indica serem os Tjs do Pará, Maranhão, Piauí, Ceará, Alagoas e Bahia, todos da Região Norte e Nordeste, os menos demandados levando-se em conta a proporcionalidade entre número de feitos e o número de habitantes.

Denuncia-se mais grave essa centralização de poder quando o tema objeto do recurso encontra-se no rol daquelas matérias que o Estado-membro tem competência para legislar e, portanto, detêm os órgãos judiciais estaduais competência constitucional para interpretar os fatos e a lei de acordo com as características locais ou regionais, o que implica, por parte das Cortes Especiais, verdadeira invasão em seara alheia – e contrária à Constituição – quando sobre elas decide, uniformizando o entendimento que vem sendo recepcionado pelos tribunais estaduais ou regionais de forma diferente. Trata-se de postura que ofende uma das pedras basilares da República brasileira, cuja adoção e cumprimento independem de qualquer outro comando legislativo. De sorte que, mesmo que as unidades federadas não tenham feito uso do seu poder legiferante em qualquer das matérias elencadas no art. 24 da Constituição, ainda assim, o Judiciário local sobre elas pode se manifestar, interpretando os preceitos normativos de autoria do legislador federal, cuja herança foi deixada pela velha e revogada ordem mas que permanecem vigentes exatamente em razão da omissão do ente estadual, aplicando-os ao caso concreto, mas revestidos de acordo com a luz e as cores, as peculiaridades, a tradição, a vivência, as necessidades e carências de cada região, descabendo falar-se em interpretação uniforme da lei federal.

Não é, porém, o que vem acontecendo. Desconhecem-se decisões das instâncias superiores que tenham, com fundamento no art. 24 da Constituição Federal, deixado de conhecer recursos especiais.

A experiência de centralização de poder na jurisdição já se esgotou. É hora de ceder espaço na medida justa e certa, que a federação autoriza. A Carta Constitucional de 1988, ainda que de forma franciscana, autoriza a mudança. Basta vontade e consciência política para executá-la.

6. Jurisdição construtiva

Do que ao longo deste trabalho se alinhavou, forçoso concluir que a discussão sobre o novo perfil que a jurisdição deste terceiro milênio deve exibir é inadiável, não podendo ser enfrentada de forma tímida e receosa. Algumas propostas, sem esgotar o tema, foram lançadas, inclusive contemplando, tanto quanto possível, diferentes correntes de pensamento, pois a ninguém é dado monopolizar a verdade. Sem preconceitos, essas ideias merecem ser discutidas, avaliadas, comparadas, até porque lançar as bases estruturais para uma nova jurisdição não é, à evidência, tarefa que se exaure em apenas uma ou duas disciplinas ou ramos do Direito. O trabalho a ser desenvolvido há de ser multifacetário, com a participação das mais diversas áreas do conhecimento jurídico, político e social. A nossa proposta, nesta seara, tem apenas um compromisso: como há de se comportar o processo – espaço em cujo bojo a jurisdição é exercida – frente a essas novas exigências que se impõem a essa função pública, cuja relevância é inquestionável para a concretização do Estado democrático de Direito e para a realização dos direitos fundamentais do homem.

Jurisdição como atividade pública, comprometida com a cidadania, reconhecendo no cidadão o verdadeiro e único titular do poder, através de órgãos judiciais valorizados nos respectivos *locus* e independentes para o exercício do poder que atuam mas na condição de representantes do povo, não imunes a controles e prestação de contas. Jurisdição mais célere e efetiva, a exigir menor intensidade de recursos e instâncias sobrepostas, com a valorização do juízo local. Jurisdição capaz de contribuir com a realização dos direitos fundamentais do homem, criando soluções para os problemas sociais, econômicos e políticos, dentro das contingências da vida cotidiana, frente ao verossímil, ao razoável, não infensa ao erro, é verdade, mas afeita para com ele aprender e evoluir. Juízes e partes interagindo, frente a frente, derrubadas as trincheiras de pilhas e pilhas de processo a separá-los e que até podem justificar salários, mas não cumprem com o dogma de que nenhuma lesão de direito será subtraída do Judiciário nem asseguram o amplo acesso à Justiça. Jurisdição simplificada, desmitificada, de modo que os mais simples, os mais humildes, os desfavorecidos dela se cerquem firmes e seguros de estarem exercendo cidadania e não mendigando favores. Jurisdição que respeite as peculiaridades de cada região deste país imenso e continental, cuja história republicana, que não deve ser repudiada, porque a história de um povo é o seu maior tesouro, sempre se inclinou pela formação federalista de sua organização política. Formação federalista que diz também com a jurisdição, um dos poderes do Estado, e que a Carta de 1988 plasmou em seu artigo primeiro e que não admite revisão.

Uma jurisdição assim delineada não pode ser qualificada como jurisdição declarativa – *o juiz é a boca da lei* ou *jurisdição é declarar a vontade da lei* – é, isso sim, uma jurisdição construtiva, louvando-nos, para tanto, em Heidegger, para quem *a palavra é a morada do ser*, pois em seu seio o juiz será efetivamente um criador do Direito, um agente político reformador, responsável pelo resultado final. Jurisdição assim delineada não está voltada para o passado, mas sim para o futuro, a ser construído com sua contribuição. Seus erros e acertos serão os erros e acertos do juiz, do autor, do réu, dos advogados, do auxiliar da Justiça. Serão erros e acertos da sociedade e do seu tempo, que pertencem à história da humanidade.

Este novo perfil jurisdicional exige, entre outras mudanças, uma revisão do processo, na medida em que o próprio conflito e sua respectiva resolução deverá ser objeto de uma construção, com projeção de planos alternativos, a partir dos fatos e não de teses, compreendidos a partir de um processo substancializado, e com os quais todos os intervenientes e participantes se comprometem, capazes de autorizar a opção por uma solução satisfatória, viável, sem qualquer ilusão com os mitos da *melhor* decisão, da *certeza e segurança jurídica*, que a nenhum homem e nenhum organismo é dado obter, pois são valores abstratos e inatingíveis pela contingência e limitação humana. Valem, aqui, as palavras da filósofa Agnes Heller:

> Quanto mais a justiça se torna dinâmica e a justiça mais dinâmica é aceita, mais rapidamente ela se transforma em injustiça. A justiça de ontem é a injustiça de hoje; a justiça de hoje é a injustiça de amanhã. Justiça torna-se um camaleão ao inverso: ela sempre toma cores *outras* que aquelas de seu ambiente. No momento em que o ambiente assimila sua cor, a própria justiça muda de cor. Perseguimos a justiça em particular, mas nunca conseguimos uma justiça total. Justiça é um fantasma de formas diferentes. Afinal, pode esse fantasma ser alcançado? É possível uma sociedade justa? ...

Uma sociedade além da justiça é impossível e indesejável. Uma sociedade totalmente justa é possível, mas é indesejável (HELLER, 1998: 304-305).

De Jânia Saldanha sobrevém a lição de que numa dimensão substancialista do processo – renunciando à utópica racionalidade prometida pelo iluminismo – o conflito ganha uma dimensão dialógica e a prestação jurisdicional se qualifica como ato de criação, a saber:

> É preciso reconhecer na dimensão dialógica do processo a necessidade de re-construir os raciocínios jurídicos sobre outras bases, para admitir que o ato de julgar é sempre criação. Essa é a única maneira de a dogmática jurídica alforriar-se do sonho iluminista da inteireza da lei e da universalidade do processo de conhecimento, o que implica, indiscutivelmente, perda da solidez do paradigma cartesiano e, ao mesmo tempo, abertura para as novidades que não cansam de bater à porta (SALDANHA, 2011: 407).

O processo, assim compreendido, deixa de ser um instrumento neutro e essencialmente formal para constituir um espaço, necessariamente democrático e predominantemente jurídico[11] de construção do direito do caso concreto, compondo o conflito como fato histórico-social-político que é, daí o comprometimento com toda a realidade fática que o envolve.

Esta é a missão que nos cabe, como operadores e amantes do Direito: perseguir a Justiça, dar-lhe dinamismo, torná-la mais aceita, sabendo que ela mudará de cor, mas voltaremos a persegui-la, voltaremos a construí-la e a reconstruí-la, pois a tanto estamos condenados. Irremediavelmente condenados.

Considerações finais

O processo, como fenômeno jurídico, deve ser concebido, desenvolvido e praticado a partir da Constituição e dos valores nela consagrados, cujo conteúdo normativo funciona ou deve funcionar como *topus* para as construções jurídicas, seja em que área for. Nesse sentido, duas são as premissas básicas: a soberania que pertence ao povo e tão somente ao povo, cujo poder será exercido diretamente ou através de representantes – leia-se, mandatários – na forma estabelecida pela própria Constituição. Nesse sentido, os magistrados – de primeiro grau aos integrantes do Supremo Tribunal Federal – são mandatários, representantes do povo, mediante delegação constitucional, tanto quanto aqueles agentes políticos erigidos às funções legislativas e de administrador da coisa pública pelo voto, o que não os exime de atender o plano da legitimidade desse mandato.

Nessa ótica, o cidadão não pode mais ser visto como mero destinatário das normas e das decisões do Estado, mas, com todo o seu patrimônio jurídico, o cidadão passa a constituir a própria razão de ser de todo o aparato público e, mais especificamente, judiciário.

Nesse universo constitucional, a jurisdição de normas ou, com outras palavras, a jurisdição como declaração da vontade da lei é paradigma superado,

---

[11] Em contraposição, o processo legislativo configuraria um espaço democrático predominantemente político de construção do direito em abstrato.

passando não só a jurisdição mas também o processo por uma reconstrução de suas bases conceituais, refletindo-se diretamente no papel que os juízes deverão exercer.

A responsabilidade, que não é só jurídica, mas também política e social, está diretamente ligada à legitimidade do agir jurisdicional, que deve se comprometer, na tutela dos direitos da minoria, com a realização dos direitos fundamentais, individuais e sociais, que a ordem constitucional consagrou, o que permeia toda a atividade jurisdicional, do primeiro grau à jurisdição constitucional.

Pensar o processo como mero método, forma ou instrumento não atende tais exigências, mais representando uma utopia iluminista, devendo ser compreendido como um espaço (= atividade) democrático (= dialético) e predominantemente jurídico (mas nem por isso neutro), quando se está a tratar de processo subjetivo, apto a construir o direito do caso concreto (= comprometido com a ordem constitucional), substancializando-se na sua essência.

São os desafios que esse terceiro milênio e os mais de vinte e cinco anos da Constituição da República estão a exigir do jurista brasileiro.

Referências bibliográficas

AGUIAR JÚNIOR. Ruy Rosado de. Responsabilidade política e social dos juízes nas democracias modernas. *AJURIS: Revista da Associação dos Juízes do Rio Grande do Sul*. Porto Alegre, v. 70, p. 7-33, 1997.

ALENCAR, Fontes de. Procedimentos em matéria processual. *R. CEJ*, Brasília, n. 4, p. 91-95,1998.

——. 1 .Procedimentos estaduais em matéria processual e os feitos da competência da Justiça Federal. 2. Constituição Federal de 1988. Juizados de Pequenas Causas. Juizados Especiais Cíveis e Criminais. Processo e Direito Processual. *R. CEJ*, Brasília, n. 5, p. 62-67, 1998b.

ARNAUD, André-Jean. O juiz e o auxiliar judiciário na aurora do pós-modernismo. *AJURIS: Revista da Associação dos Juízes do Rio Grande do Sul*. Porto Alegre, v. 53, p. 223-237, 1991.

——. *O direito entre modernidade e globalização*: lições de filosofia do direito e do Estado. Trad. de Patrice Wuillaume, Rio de Janeiro: Renovar, 1999.

CAPPELLETTI, Mauro. *Juízes irresponsáveis?* Trad. de Carlos Alberto Alvaro de Oliveira. Porto Alegre: Sergio Antonio Fabris Ed., 1989.

—— e GARTH. *Acesso à justiça*. Trad. de Ellen Gracie Northfleet. Porto Alegre: Sergio Antonio Fabris Ed., 1988.

CARNEIRO, Levi. *Federalismo e Judiciarismo*. Rio de Janeiro: Alba,1930.

CITTADINO, Gisele. *Pluralismo, direito e justiça distributiva*. 2ed., Rio de Janeiro: Lumen Juris, 2000.

CLÈVE, Clèmerson Merlin. O problema da legitimação do Poder Judiciário e das decisões judiciais no Estado democrático de Direito. In: Seminário Democracia e Justiça: O Poder Judiciário na Construção do Estado de Direito (1998, Porto Alegre). *Anais...* Porto Alegre: Tribunal de Justiça do Rio Grande do Sul e Fundação Konrad Adenauer, 1999, p. 225-239.

DWORKIN, Ronald. *Uma questão de princípio*. Trad. de Luís Carlos Borges, São Paulo: Martins Fontes, 2000.

HELLER, Agnes. *Além da justiça*. Trad. de Savannah Hartmann, Rio de Janeiro: Civilização Brasileira, 1998.

LEVANDOVSKI, Enrique Ricardo. A reforma do Judiciário e o federalismo brasileiro. *Revista do Advogado*, São Paulo: AASP, v. 56, p. 39-43, 1999.

LIMA, Alcides de Mendonça. *O poder judiciário e a nova Constituição*. Rio de Janeiro: Aide, 1989.

MOREIRA NETO, Diogo de Figueiredo. Reformas e Poder Judiciário. *Cidadania e Justiça. Revista da Associação dos Magistrados Brasileiros*. Rio de Janeiro, n. 6, p. 74-90, 1999.

RIGAUX, François. *A lei dos juízes*. Trad. de Edmir Missio, São Paulo: Martins Fontes, 2000.

ROSAS, Roberto. *Direito processual constitucional:* princípios constitucionais do processo civil. 3 ed., São Paulo: Revista dos Tribunais, 1999.

SALDANHA, Jânia Maria Lopes. *Substancialização e efetividade do direito processual civil – a sumariedade material da jurisdição*: proposta de estabilização da tutela antecipada em relação ao projeto de novo CPC. Curitiba: Juruá Editora, 2011.

SILVA, Ovídio A. Baptista da. *Jurisdição e execução na tradição romano-canônica*. São Paulo: Revista dos Tribunais, 1997.

——. A função dos tribunais superiores. *Anuário do Programa de Pós-Graduação em Direito*. São Leopoldo: Centro de Ciências Jurídicas, Universidade do Vale do Rio dos Sinos, p. 215-235, 1999.

——. Da sentença liminar à nulidade da sentença. São Paulo: Forense, 2001.

——. *Processo e Ideologia*: o paradigma racionalista. Rio de Janeiro: Forense, 2004.

STRECK, Lenio Luiz. *Jurisdição constitucional e hermenêutica*: uma nova crítica do Direito. Porto Alegre: Livraria do Advogado, 2002.

TEIXEIRA, Sálvio de Figueiredo. *O juiz:* seleção e formação do magistrado no mundo contemporâneo. Belo Horizonte: Del Rey, 1999.

— 4 —

A influência do racionalismo e do direito romano cristão na ineficácia da jurisdição: a herança crítica de Ovídio Baptista da Silva

JEFERSON DYTZ MARIN[1]

O homem conquistou a plena liberdade, mas não tem como usá-la;
melhor, somente desfrutará da sensação de liberdade
se permanecer fiel ao sistema.
Ovídio Baptista da Silva

SUMÁRIO: Considerações iniciais; 1. Liberdade e igualdade no liberalismo; 2. O compromisso racionalista da jurisdição; 3. O caráter temporal da jurisdição, a (re)construção da verdade e a necessidade de superação do racionalismo; À guisa de conclusão: a decisão e a (in)suficiência do liberalismo racional na jurisdição; Referências bibliográficas.

Considerações iniciais

O Estado Moderno enfrenta uma crise de identidade, uma vez que não foi gestada teoria política capaz de fundar a conceituação do perfil alcançado por este Estado que, ora tutela liberdades públicas, ora percebe os direitos sociais enquanto baluartes da cidadania, ora põe-se como mínimo, refém das vicissitudes do mercado.

As crises do Estado – conceitual, estrutural, institucional, funcional e de representação – contextualizam a crise jurisdicional, que denota a ausência de perspectiva de eficácia social das teorias da decidibilidade, cuja própria validade ética tem sido questionada. A (re) formulação da concepção de democracia jurisdicional, no sentido de reconhecer-se a plausibilidade de uma jurisdição democrático-constitucional, alterando-se o fundamento jurisdicional ortodoxo calcado na teoria do vencido-vencedor, com o fito de alcançar legitimidade social à teoria da decidibilidade, fazendo com que as pessoas *"sintam-se escutadas*

---

[1] Doutor em Direito – Universidade do Vale do Rio dos Sinos (RS). Mestre em Direito – Universidade de Santa Cruz do Sul (RS). Professor do Programa de Mestrado em Direito (UCS-RS). Advogado.

pelo Estado-Juiz",[2] revela uma das formas de (re) democratização do ato judicante, fortalecendo seu caráter inclusivo.

Nessa esteira, parece indispensável perceber a jurisdição em sua dimensão histórica e ideológica, explicitando seu conteúdo e contextualizando-a diante das crises do Estado Moderno, reconhecendo a necessidade de democratização do ato jurisdicional e de temporalização do direito – religação com o passado – mediante a (re) construção da verdade das teorias da decidibilidade, minimizando-se a interferência do paradigma liberal-mercadológico e valorizando-se a aplicação dos direitos sociais e individuais, com o escopo de firmar políticas inclusivas.

O paradigma liberal-individualista, nessa quadra da história, registra um conflito permanente com o Estado Social, que privilegia a tutela dos direitos difuso-coletivos. Esse embate alcança, também, o Judiciário, que tem registrado uma proximidade conceitual cada vez maior com o poder Executivo, em que pese a clara distinção das atribuições, cunhada desde Montesquieu.[3]

A concepção que provém especialmente do constitucionalismo é a de que a ideia de Estado de Direito democraticamente concebido não pode prescindir nem da visão liberal,[4] alicerçada no respeito às diferenças imanentes a uma sociedade plural e heterogênea e tampouco da visão dos comunitaristas, fundada no direito à igualdade, na concepção de organizações sociais que compartilham interesses comuns. Entretanto, a pretensão normativa não tem encontrado receptividade na *práxis* política, econômica e mesmo jurídica. A verdade é que mesmo os países que registram governos de índole e pretensão socialista – mormente na Europa – acabam por sucumbir ao mercado, priorizando a liberdade e convivendo passivamente com o aumento amazônico da miséria.

Cá se diga que não se identifica uma tendência de retorno ao marxismo que, enquanto teoria econômica, sucumbiu; sem embargo, impensável conceber que a ideia de um neoconstitucionalismo liberal-social possa açambarcar com identidade de valores e plenitude de relevância a liberdade e (também) a igualdade.

No tocante à crise jurisdicional, indispensável lembrar que o Direito Contemporâneo aviventa, ainda, a ideia privatista herdada no Direito Romano,

---

[2] Como propõe Warat, ao reinventar a dogmática jurídica, através da percepção do outro: "Olhar é sempre um esforço para obter, desde o presente, sentidos para o passado; seria aquela releitura que trata de evitar que o nosso desejo repita o passado no presente, que é sempre uma forma de tentar eliminar o presente pela melancolia de não aceitá-lo como diferente. A repetição do passado nos impede de receber os sinais novos, determina a morte do pensamento, do sentimento e da ação. Em síntese, nos aliena, nos exclui ou nos devora. Repetir o passado é uma forma de esgotar o presente, de desestimar sua força criativa, de introduzir uma pulsão destrutiva: uma forma de instalar a apatia e o cinismo como condições de transmodernidde. Um eterno presente de sobrevivência e um futuro indecifrável" (WARAT, Luis Alberto. *O outro lado da dogmática jurídica*. In: *Epistemologia e Ensino do Direito. O sonho não acabou*. V. II. Florianópolis: Fundação Boiteux, 2004. p. 173-174).

[3] MONTESQUIEU. *O Espírito das Leis*. Tradução de Luiz Fernando de Abreu Rodrigues. Textos selecionados. Curitiba: Juruá, 2001.

[4] A concepção de liberalismo aqui empregada firma-se nos direitos de primeira geração, as denominadas liberdades públicas, que tutela a liberdade de pensamento, a liberdade econômica e os direitos individuais em geral.

ao passo que não reprime a discricionariedade[5] constitucional do provimento jurisdicional, a possibilidade de interpretação, o desapego à influência vertical da lei e a condição de possibilidade de construção de uma interpretação horizontal, arrimada na democratização.

Ademais, não se pode descurar da participação do tempo – em sua forma negativa – no comprometimento da (in) verdade buscada pelo Estado-Juiz – o que fomenta a crise jurisdicional –, bem como na ausência de razoabilidade no tocante ao transcurso do processo. Enfim, não há proceder democrático com morosidade e, percebendo-se que o Direito Moderno traz em si ínsita a ideia de paradoxo, de contradição, faz-se necessário gerir o tempo sem macular a materialidade (precipuamente de ordem constitucional) das demandas postas em Juízo.

Tem-se, nesse talante, que a superação da ideia privatista-formalista de jurisdição, alcançando-se ao ato de decidir uma concepção radicalmente democrática, superando-se a concepção liberal de tutela individualista – com comprometimento econômico –, mediante o reconhecimento dos direitos fundamentais e sociais como balizes do Estado Democrático de Direito é o desafio que se põe. Como alterca Ovídio Baptista da Silva: "A identificação da democracia liberal como o sistema político do 'fim da história' sugere que esse seria o sistema próprio de uma sociedade de 'escravos satisfeitos'".[6] Exatamente essa ideia que reclama superação, a proposta do conformismo com o liberalismo, que recolhe a força de trabalho e oferta as sobras, estimulando a satisfação artificial nessa realidade taciturna.[7]

Os componentes ideológicos e históricos que alicerçam a jurisdição romana ainda resistem na sociedade contemporânea, e, através do prestígio à estrutura sólida emprestada pelas concepções justinianas, formas ortodoxas sobrevivem e integram, malfadadamente, o Estado-Juiz. Ovídio Baptista novamente contribui para o exame da influência do Direito Romano, mediante aprofundada consideração, fruto de obra que trata de forma particular a celeuma:

> Percebe-se que, para o romanista, o magistrado, ao decretar o provimento consistente numa ordem, a que se resumia o interdito, não proferia um juízo ou emitia um juízo baseado em mera

---

[5] Nesse viés, pertinente a crítica de Lenio Streck aos decisionismos e arbitrariedades do Judiciário, que vive uma era dos princípios, que, contudo, mantém as matrizes positivistas, substituindo a subsunção pela ditadura do discurso prévio. Como assevera Lenio: "(...) se é inexorável que, a partir do segundo pós-guerra, diminui o espaço de liberdade de conformação do legislador em favor do controle contramajoritário feito a partir da jurisdição constitucional, é exatamente por isso que devem ser construídas as condições de possibilidade para evitar discricionariedades, arbitrariedades e decisionismos, ou seja, o constitucionalismo destes tempos pós-positivistas assenta seus pilares no novo paradigma lingüístico-filosófico, superando quaisquer possibilidades de modelos interpretativos." (STRECK, Lenio Luiz. *Verdade e Consenso*. Rio de Janeiro: Lumen Juris, 2006. p. 339).

[6] BAPTISTA DA SILVA, Ovídio Araújo. *Processo e Ideologia: O Paradigma Racionalista*. 2.ed. Rio de Janeiro: Forense, 2006. p.11.

[7] Mas como sustenta o próprio Ovídio Baptista da Silva, essa relação perniciosa com o capitalismo funda um sistema jurídico anti-comunitário: "Um dos fatos históricos reveladores do vínculo entre o Estado de Direito e o capitalismo está na circunstância de o nascimento de ambos ter-se dado simultaneamente. A destruição da *comunidade* medieval, uma das campanhas empreendidas com especial determinação pelos filósofos a partir do século XVI, teve seu ponto de apoio no Direito e cada vez mais ampla e envolvente *juridicização* do nascente mundo moderno. Este é um ponto a ser considerado no percurso da modernidade." (Ibidem. p. 304).

probabilidade de que a situação probatória que a sustentava fosse verdadeira. Neste caso, temos de admitir que, para Luzzatto, tendo em vista o direito romano, assim como para a doutrina moderna, a ordem não é o *conteúdo* o ato jurisdicional, mas quando muito seu *efeito.* (...)[8] A doutrina moderna, guardando absoluta fidelidade aos princípios do direito privado romano, particularmente universalizando as ações, em detrimento dos interditos, com a conseqüente e necessária universalização do *procedimento ordinário,* resultante da instituição do *Processo de Conhecimento* – sem executividade simultânea, na mesma relação processual –, preservou também, por um princípio de coerência lógica, a distinção radical entre *decisão* e *ordem,* de modo a conceber o ato jurisdicional típico (sentença) como constituído exclusivamente de *juízo,* sem que a *ordem* integre o *conteúdo.*[9]

A valorização do fundamento constitucional no ato decisional e a adequada compreensão histórica e científica da temporalização do direito, mediante o emprego de uma linguagem inclusiva e democrática permite uma nova leitura das teorias tradicionais da decidibilidade, o que arrima a ideia de direito contemporâneo, cuja tutela alcançada deve registrar caráter publicista, divorciando-se da concepção privatista-civilista emprestada pelo Direito Romano. Nesse mesmo sentido, tem-se a notória influência do liberalismo. Como afirma Ovídio Baptista da Silva: "O liberalismo seria a 'última conquista', insubstituível, do gênio político".[10]

Almeja-se também a superação do paradigma racionalista, de ordem cartesiana-linear e da compreensão da comprovação de indubiedade científica arquitetada por Platão,[11] com fundamento na lógica da certeza, mediante o reconhecimento da verossimilhança, da quase certeza e do efetivo rompimento com a ilusão da verdade, através da recuperação da compreensão aristotélica.[12] Como pondera Ovídio Baptista:

Enquanto pensarmos o Direito como uma questão lógica, capaz de ser resolvida como qualquer problema matemático; enquanto não perdermos a ilusão de que a lei – fruto, como o sistema pressupõe, de um legislador iluminado – tenha univocidade de sentido, a Universidade conservar-se-á imutável em sua metodologia jurídica, fornecendo ao sistema contingentes de servidores, aptos para a tarefa de descobrir a inefável "vontade da lei", a que se referia Chiovenda e que, para nosso tempo, confunde-se com a "vontade do poder".[13]

Nesse mesmo sentido, quer-se superar a ideia de tempo linear, de matriz newtoniana, através do rompimento da relação passado/futuro, antes/depois, viabilizando uma retemporalização do direito, em busca da adequada compreensão da jurisdição, contribuindo, também, para sua democratização.

Doutro lado, o método utilizado hodiernamente, que mantém a ideia de necessidade de alcance da verdade absoluta, o que reflete, incondicionalmente, no direito, também acaba por condicionar as teorias decisionais, porquanto

---

[8] BAPTISTA DA SILVA, Ovídio Araújo. *Processo e Ideologia: O Paradigma Racionalista.* 2.ed. Rio de Janeiro: Forense, 2006. p. 27.

[9] Ibidem, p. 29.

[10] Ibidem, p. 7.

[11] PLATÃO. *Crátilo. Diálogo sobre a Justeza dos Nomes.* Tradução Pe. Dias Palmeira. 2 ed.Lisboa: Sá da Costa Editora, 1994.

[12] ARISTÓTELES. *Rhétorique.* Traduit par Médéric Dufour. Paris: Societé D'Édition. "Les Belles Lettres", 1932.

[13] BAPTISTA DA SILVA, Ovídio Araújo. Op. cit., p 53.

retira o caráter verossímil imanente, típico da modernidade e das ciências do espírito, dentre as quais se inclui o direito.

A partir do reconhecimento da necessidade de alcance de validade ético-social ao ato jurisdicional, necessário combater a ideia de recepção dos aspectos econômico-liberais como fundamento de decisão, mediante a consideração incondicional dos direitos sociais e fundamentais, tendo como referência o Estado Constitucional e principalmente a herança de Ovídio Baptista da Silva no que toca à necessidade de superar o racionalismo e a herança do Direito Romano Cristão.

1. Liberdade e igualdade no liberalismo

O Estado, e, por conseguinte, suas instituições, vivem uma fase prolongada – ao menos em termos da história do século XX – de crises que se sobrepõem e se sucedem, minando ideias e estruturas, para dar espaço à ascensão do capital, como um ser disforme e onipresente, que vai estendendo seus tentáculos pelo mundo e deita raízes sobre o solo fértil das necessidades modernas, matando aos poucos as conquistas sociais, e porque não dizer, dos trabalhadores.

A filosofia propôs a investigação dos acontecimentos e a configuração social, além, logicamente, de debruçar-se sobre o próprio ser humano, sua origem e sua razão de ser. Os filósofos tinham algo em comum, na maioria das vezes: procuravam uma explicação e um fundamento que servisse de baliza para o comportamento dos cidadãos, que justificasse moralmente a diferença entre o certo e o errado; e não exerciam poder, mas antes o incluíam em seus raciocínios como algo natural, aceitável e respeitável. Entretanto, essa postura interferia de forma decisiva na formação do Estado.[14] Ovídio Baptista da Silva, por sua vez, aponta também a influência do racionalismo na tentativa de distinção entre certo e errado, o que ofereceu espeque a um dogmatismo forjado na exatidão e na lógica, que se divorcia da gênese do Estado Moderno e, também, do Direito:

> O abandono da epistemologia das *ciências da descoberta*, até agora aplicada ao Direito, de modo que se possa recuperar sua *historicidade*, significa libertá-lo do espírito dogmático, reintroduzindo-o no domínio das ciências da *compreensão*, de que o direito processual foi retirado em virtude da pretensão do racionalismo de torná-lo uma ciência demonstrativa. Acabaremos vendo que o *dogmatismo* é um dos instrumentos mais eficazes no empenho do Poder em mantê-lo a seu serviço.[15]

A ética cristã, em rápida ascensão, impunha a seus adeptos dez normas básicas, que em suma enterraram definitivamente, sob o domínio da Igreja, o livre-arbítrio como um poder e senso de localização do indivíduo dentro de seu grupo.

---

[14] Ver: HOBSBAWM, Eric J. *A era das Revoluções (1789-1848)*. Rio de Janeiro: Paz e Terra, 2000.

Idem. *A era dos extremos (1914-1991)*. São Paulo: Companhia das Letras, 1995.

[15] BAPTISTA DA SILVA, Ovídio Araújo. Op. cit., p. 79.

Por sua vez, o liberalismo, subproduto do processo revolucionário francês, também introduziu dois outros conceitos que se imbricam intimamente com a questão da crise constitucional: o mercado e a opinião pública. Diz Matteucci: "Con el Estado constitucional el liberalismo heredó también aquellos espacios de libertad, políticamente neutrales o no inmediatamente políticos, que habían nacido o estaban naciendo en su interior: el 'mercado' y la 'opinión pública'".[16] Contudo, como adverte Jorge Novais, chegou-se a uma "passagem inelutável para a concentração e centralização do capital e o controle monopolístico dos mercados".[17]

A esse teor, já se começa a perceber a crise da jurisdição, uma vez que um *ius dicere* que desatenda os princípios fundamentais positivados na Constituição não é dotado de eficácia social, nem tampouco reveste-se da dimensão necessária imposta pela ética jurídica. Enfim, a pretensão de idealidade da Constituição passa, ainda, ao largo da implementação do Estado politicamente desejado.

Tal mazela provém também da compreensão incorreta do Direito Romano, que exerce influência sobre todo o sistema jurídico. A esse teor interessante observar a posição de De Martino, para quem a dificuldade moderna de compreensão da jurisdição decorre da verificação dos limites de cada um desses conceitos no Direito Romano:

> (...) iurisdictio non è attuare la legge, perchè attuazione è volontà, e neppure significa rendere giustizia nel caso concreto, perchè dire il diritto è ben diverso dall'attribuire a taluno un bene della vita. Dalla visibile sproporzione fra il termine e la realtà che esso vorrebbe definire, deriva l'incertezza del nostro pensiero moderno nel definire la funzione giurisdizionale, dalla rottura della perfetta armonia che vi era nella concezione originaria fra il ius dicere e le reale attività del magistrato, ormai nota, derivò il lento scolorirsi del concetto.[18]

Mas tudo isso mudou, quando, no final dos anos 70, a teoria neoliberal começou a obter expressão política e alcançou, em rápida sequência, três enormes vitórias que a transferiram definitivamente ao campo prático e posteriormente sustentaram a onda neoliberal ao redor do globo: as eleições de Margaret Thatcher, em 1979 (UK); de Ronald Reagan, em 1980 (USA); e de Helmuth Kohl, em 1982 (Alemanha Ocidental).[19]

O neoliberalismo veio impondo a visão de minimização do Estado, e consequentemente, da eliminação ou redução de suas estruturas de bem-estar social; as ferramentas dessa busca do perfil de Estado Mínimo foram, de uma forma geral, a transferência, para a iniciativa privada, de setores da atividade estatal que pudessem ser desenvolvidos com fins lucrativos e a reforma das relações do Estado com seus servidores. O Estado Mínimo Liberal firmava o

---

[16] MATEUCCI, Nicola. *Organización del Poder y Libertad. Historia del Constitucionalismo Contemporáneo.* Madrid: Trotta, 1998. p. 260.

[17] NOVAIS, Jorge Reis. *Contributo para uma teoria do Estado de Direito*: do Estado de Direito liberal ao Estado social e democrático de Direito. Coimbra: Edições Almedina, 2006. p. 182.

[18] DE MARTINO, Francesco. *La Giurisdizione nel Diritto Romano.* Padova: CEDAM, 1937. p. 64.

[19] FIORI, José Luís. *Os moedeiros falsos.* Petrópolis: Vozes, 1997.

BOLZAN DE MORAIS, Jose Luis. *As crises do Estado e da Constituição e a transformação especial dos direitos humanos.* Porto Alegre: Livraria do Advogado, 2002, p. 33.

propósito, assim, de tutelar apenas alguns elementos básicos da constituição de qualquer grupo social: a defesa da legalidade (pela Polícia), que se presta, entre outras finalidades, a garantir a propriedade privada; uma educação rudimentar e voltada aos interesses industriais e comerciais imediatos; e as funções básicas do Poder tripartido, embora muito mais intercruzadas em suas antigas bases de exclusividade.

O neoliberalismo, é bom que se lembre, foi erigido no momento em que o Estado Social se firmava, razão pela qual pode se impor a ele – enquanto novo modelo de Estado – um dos focos geradores da crise do *Welfare State*. Quando Hayek, em 1947, convocou os companheiros de tese para a pequena cidade de Mont Pèlerin, na Suíça, tinha como propósito declarado a derrocada do *Welfare State*, o que era muito mais evidente do que a apresentação de uma alternativa para o Estado. O grupo reunido por Hayek, que também se opunha ao *New Deal* norte-americano era composto por Milton Friedman, Karl Popper, Lionel Robbins, Ludwig Von Mises, Walter Eupken, Walter Lipman, Michael Polanyi, Salvador de Madariaga, entre outros.

A intenção deflagrada da confraria neoliberal, que tinha como cartilha base a obra *Caminho da Servidão* (1944), era combater o solidarismo e o keynesianismo, firmando as bases de um capitalismo duro. A contrariedade ao Estado Social era tamanha que Hayek chegou a afirmar que "a social-democracia inglesa conduziria o Estado ao mesmo desastre que o nazismo alemão, uma espécie de servidão moderna".[20]

O Estado de Bem-Estar, para Hayek e seus amigos, limitava demasiadamente a liberdade dos cidadãos e destruía os paradigmas concorrenciais, imprescindíveis para a asseguração do desenvolvimento. O combate aos sindicatos e ao movimento operário foram as ações que se sucederam. O primeiro regime neoliberal, assim, foi o de Thatcher, na Inglaterra (1979), ao qual se sucederam outros, que permitiriam que o neoliberalismo ficasse muito próximo de uma hegemonia ideológica.

"Pode-se dizer que, no Brasil, predomina/prevalece (ainda) o modo de produção de direito instituído/forjado para resolver disputas interindividuais...".[21] Ou seja, o modelo liberal-individualista-normativista que alocou o ordenamento infraconstitucional em torno de um Direito Civil que trata de coisas, relegando as pessoas ao segundo plano, não foi preparado para o enfrentamento com a insurgência coletiva e transindividual que anima "violações ao direito de propriedade" como, por exemplo, uma invasão maciça de terras. Esse o principal foco da *crise jurisdicional*, calcado na vetusta estrutura privatista do direito processual, forjado para resolver conflitos individuais, distante dos direitos sociais trazidos pelo *Welfare State*.[22]

---

[20] SADER, Emir. GENTILI, Pablo (orgs). *Pós-neoliberalismo: as políticas sociais e o Estado Democrático*. São Paulo: Paz e Terra, 1995. p. 9.

[21] STRECK, Lenio Luiz. *Jurisdição constitucional e hermenêutica*: uma nova crítica do direito. Porto Alegre: Livraria do Advogado, 2002. p. 82.

[22] Cá se diga que um dos fatos que traduz esse paradoxo com competência invejável, é a reforma agrária. Após a diminuição das invasões de terra verificadas na primeira metade do governo Lula, agora, o MST retorna com força, retomando as invasões, construindo um propósito social de enfrentamento do Poder

Na jurisdição, é possível perceber claramente essa influência. Assim, a hipótese de um esbulho possessório simples é algo totalmente diferente de uma manifestação multitudinária, ideologizada e organizada para esse fim, que contesta o formato de apropriação e manutenção da acumulação imobiliária; e, na falta de normatização positiva detalhada que dê conta da composição de tal ordem de conflitos, a Constituição encerra conceitos – como a função social da propriedade – capazes de, impulsionados pela devida distinção hermenêutica, demonstrar e fundamentar decisões que deem efetividade a essas e a outras promessas da modernidade.

Ovídio Baptista novamente empresta guarida à crítica da normatização perniciosa, quando examina a estrutura do ato jurisdicional, considerando a interpretação do art. 131 do Digesto Instrumental, ao afastar a concepção tacanha que deflagra um processo de igualização perversa das demandas, abandonando a personalidade que cada feito carrega consigo. Nesse sentido, suas altercações:

> A estrutura elementar de qualquer julgamento, seja jurídico ou moral, pressupõe juízos sobre condutas humanas, portanto nunca decisões sobre puras normas. Descobre-se o direito a partir do fato. Sem fato contextualizado, o direito, que é uma espécie de conhecimento prático, não poderá ser descoberto. Pois bem, se isto é verdade, então não será o direito, abstratamente contido nos códigos, o objeto da decisão judicial. A jurisdição cuida de um direito subjetivo. Trata-o como uma realidade espacial e temporalmente situada, a partir de um conjunto de fatos e circunstâncias que lhe darão concreção. Esta óbvia exigência, de resto, está expressa no art. 131 do Código de Processo Civil, que manda o juiz atender aos fatos e circunstâncias da causa. É claro que esta exigência não poderá estar contida na norma que dispõe sobre direitos subjetivos, *normatizados* num dado preceito legal. Os fatos e circunstâncias da causa jamais estarão contidos na norma.[23]

Nesse mesmo talante, no dizer de Streck,[24] o individualismo e o formalismo do Judiciário contribuem para o agravamento da problemática: o arraigado senso de que os direitos individuais estão acima da comunidade, combinando com o apego a um conjunto de ritos e procedimentos burocratizados e impessoais – fruto de uma *era da técnica* –, forjam um Judiciário atônito, que funda uma espécie de autofagia das estruturas socioeconômicas, distanciando-se dos conflitos de interesses. A questão dos recursos como meios protelatórios, que tem no Estado seu mais notável representante, põe-se exatamente nessa esteira de burocratização sintomática do Judiciário. Como afirma Baptista da Silva, "não se pode perder de vista que a presença do Poder Público entre os tribunais é uma clara expressão da natureza burocrática e regulamentar do Estado contemporâneo".[25]

Assim, o constitucionalismo atual desprestigia essa materialidade oriunda das bases de sua constituição – que deveria ser ínsita a sua aplicação –, já

Judiciário e comprovando que o direito, de fato, não encontra meios nem sequer de contribuir para a busca da solução do conflito entre os sem-terra e os ruralistas, num prenúncio malfadado de um novo eldorado dos carajás.

[23] BAPTISTA DA SILVA, Ovídio. *Jurisdição, Direito Material e Processo*. Rio de Janeiro: Forense, 2008. p. 277.

[24] STRECK, Lenio Luiz. *Jurisdição constitucional e hermenêutica: uma nova crítica do direito*. Porto Alegre: Livraria do Advogado, 2002. p. 84.

[25] BAPTISTA DA SILVA, Ovídio Araújo. *Processo e Ideologia*: O Paradigma Racionalista. 2.ed. Rio de Janeiro: Forense, 2006. p. 262.

que as instituições – principalmente o Judiciário – tem fragilizado seu poder, supervalorizando as codificações, fruto das maiorias transitórias.

Ovídio Baptista da Silva questiona a potencialidade de realização da inclusão social através do preceito da igualdade quando se registra um paradigma estatal preponderantemente liberal e que ainda compartilha com a ideia de acumulação de riqueza, indiferença à miséria e regência econômica do mercado. Na verdade, Baptista alcança a ilação de que a liberdade e a igualdade não conseguem conviver, se consideradas suas acepções genéticas e plenas. Para ele, a defesa incondicional da liberdade sufoca a igualdade. A esse teor, veja-se sua argumentação:

> Dentre as inúmeras contradições existentes na formação do conceito de democracia que nos foi transmitido pelo liberalismo, duas encontram-se em seus próprios objetivos básicos, quais sejam, a busca da *igualdade* e, ao mesmo tempo, a defesa radical da *liberdade*. Estes objetivos naturalmente são entre si antagônicos. A ampla liberdade postulada pelos liberais tem por fim reduzir a figura do Estado. Sua intervenção deverá ocorrer apenas nos momentos em que seja indispensável assegurar o exercício pleno da liberdade. O objetivo, porém, quando levado às últimas conseqüências, como agora pretende atingi-lo através do "Estado mínimo", pode muito bem aproximar-se de uma espécie de *darwinismo* social, praticado em favor das classes dominantes.[26]

A afirmação de Ovídio Baptista é contundente e ataca o âmago do Estado Constitucional, que se arrima nas revoluções francesa e americana, perseguindo exatamente a convivência harmoniosa entre o princípio da igualdade e da liberdade. Todavia, se considerados os aspectos que ofertam esteio aos princípios em testilha, o argumento parece bastante razoável, já que a igualdade, em sua acepção clássica, não encontra campo fértil de aplicação no sistema neoliberal, que, à medida que percebe o avanço da globalização, torna-se cada vez mais excludente.

Como outras de suas posições vanguardistas, certamente causa estranheza aos constitucionalistas, mas o certo é que a liberdade, tutelada especialmente no livre exercício do direito de propriedade, no livre comércio e na possibilidade de inexistência de óbices ao exercício da consciência, da expressão, da religião e de quaisquer espécies de manifestação, registra um acento muito mais cativo no Estado contemporâneo. A igualdade acaba sendo relegada à condição de coadjuvante, já que os programas sociais, em regra, registram caráter assistencialista e o mercado continua ditando as regras e afastando cada vez mais os pobres dos ricos. Ademais, é evidente o processo excludente e de firmação de estereótipos do liberalismo:

> As ciências da "descoberta" – que são as únicas que o pensamento moderno considera verdadeiras ciências – ignoram o *individual*, aquilo que o fenômeno tem de singular, despe-o de tudo o que nele possa representar a *diferença*, para, com o esqueleto que restou, com as *identidades*, construir a regra.[27]

A par desse debate, tem-se que muito mais do que a mera adequação do princípio aos fatos, o julgador deve adotar uma conduta positiva, no sentido de ultimar a superação das diferenças, olhando para o *discrímen* constitucional

---

[26] BAPTISTA DA SILVA, Ovídio Araújo. *Processo e Ideologia: O Paradigma Racionalista.* 2.ed. Rio de Janeiro: Forense, 2006. p. 311.

[27] Ibidem. p. 266.

como um instrumento de defesa das minorias, dentre as quais estão as populações de risco, sem acesso à habitação digna. Ou seja, o princípio da isonomia constitui-se num dos fortes recursos jurídico/sociais de superação das diferenças e combate às posturas discriminatórias, devendo nortear a conduta do Judiciário no combate a tão frequente omissão do Estado/Leviatã.

2. O compromisso racionalista da jurisdição

O Estado Moderno, como dito alhures, enfrenta uma crise de identidade, que encontra diversas matizes. A crise é fruto da insuficiência conceitual que o Estado revela diante das pretensões que registra, especialmente em face do mosaico de sustentação que foi angariando ao longo da história.

Ovídio Baptista da Silva aponta para um antagonismo entre a liberdade – pretendida pelo liberalismo – e a igualdade,[28] cujos valores não poderiam ser alcançados num sistema progressivamente excludente, como tem se revelado o liberal. Ademais, sinala a herança racionalista como um dos precípuos empeços do aprimoramento da eficácia das funções do Estado e da efetividade jurisdicional. Baptista da Silva efetua construção interessante no sentido de coadunar o exame do racionalismo moderno com a democracia, que teria privilegiado a justiça comutativa aristotélica, abandonando seu caráter distributivo, o que funda, também, o escopo liberal. A esse teor, suas afirmações:

> O direito racional moderno, por exemplo, privilegiou apenas uma das formas de justiça preconizada por Aristóteles, legitimando somente a "justiça comutativa", conciliando-se, ao contrário, precariamente com os princípios da 'justiça distributiva' que, como é natural, antes de ter por fim a conservação do *statu quo*, deve lutar para transformá-lo. A justiça distributiva representa o componente revolucionário do Direito. Conseqüentemente, não seria de esperar que o novo ordenamento jurídico concebido, acima de tudo, com sistema de segurança legal, pudesse priorizar esta forma revolucionária de justiça.[29]

Ademais, o direito ainda enfrenta o paradigma absolutista de que a lei é o depositário de todas as esperanças do Estado e do indivíduo, bem como o sustentáculo que a Ciência Jurídica oferece ao aparato estatal. Logicamente que esse caráter positivista ortodoxo e pernicioso acaba por influenciar o perfil do Estado, que se inclina para uma identidade fulcrada no exercício objetivo e lógico da norma, em descompasso com uma sociedade cada vez mais complexa.

O apego às formas do jusracionalismo faz do direito uma ciência que enfrenta um paradoxo constante. De um lado, a espera da segurança jurídica

---

[28] Nessa linha, as altercações do Autor: Os liberais não apenas dão prioridade à liberdade; eles se opõem à igualdade, pois se opõem vigorosamente a qualquer conceito medido em função de resultado, única maneira de dar sentido ao conceito de igualdade. Na medida em que liberalismo é a defesa do governo racional, baseado no julgamento informado dos mais competentes, a igualdade se lhe apresenta como um conceito nivelador, anti-intelectual e inevitavelmente extremista; para concluir: "O próprio termo 'liberal' incorpora não só o significado político mas a prática da largueza, do *noblese oblige*. Indivíduos poderosos podem ser liberais em sua distribuição dos valores materiais e sociais. E vemos aqui, muito abertamente, o vínculo existente com o conceito de aristocracia, ao qual o liberalismo pretende se opor." (BAPTISTA DA SILVA, Ovídio Araújo. *Processo e Ideologia: O Paradigma Racionalista*. 2.ed. Rio de Janeiro: Forense, 2006. p. 312).

[29] Ibidem, p. 68.

absoluta, o anseio pela uniformidade das decisões judiciais e a sistematização de seus códigos e instrumentos. De outro, a expectativa do mundo contemporâneo, tão diferente daquele do século passado.

O paradigma racionalista, dessa forma, representa um compromisso científico com a exatidão e com o rigor lógico: somente a partir de uma *racionalidade* o direito natural encontrava sustentação, exatamente quando procurava distinguir-se do absolutismo. O movimento de afirmação do antropocentrismo precisou firmar-se em bases que permitissem a sua oposição ao teocentrismo. Decorre daí, então, a sedução pela lógica, que possibilitava a universalidade do direito e justificava o jusracionalismo.

A par da exatidão, também constituem marcas do racionalismo a exaltação da segurança jurídica, mencionada anteriormente, e a aparente neutralidade do julgador, esta conferida pela sustentação do dogma da univocidade da norma jurídica.[30]

O espectro epistemológico da Ciência Jurídica, portanto, está vinculado a esse paradigma da precisão, que se afasta da compreensão, informada pelo razoável e pelo plausível, consolidando a ideia de univocidade do sentido da norma.

Para a materialização desse desiderato, o direito lança mão das formulações lógicas, comprometidas com princípios metafísicos e que ainda reverenciam a atemporalidade e a supra-espacialidade, propósitos típicos de uma postura que procurou conferir validade universal à Ciência Jurídica, consequência da necessidade de afirmação do antropocentrismo.

Quando se afirma a univocidade do sentido da norma, sob a justificativa de que é necessário conferir neutralidade à atuação da jurisdição, retira-se do julgador a possibilidade de crítica. Retira-se *responsabilidade* da jurisdição que é transferida para quem elabora a norma. A norma é que é justa ou injusta, não a sua aplicação ao caso concreto. Então, a missão da jurisdição não encontra relação com a realização da justiça, na medida em que se trata, apenas, de *aplicar* a norma.

Esses objetivos também são alcançados pela segurança jurídica, afastando-se a materialização da justiça e a efetividade jurisdicional.[31]

---

[30] O abandono da ilusão de que o raciocínio jurídico alcance a univocidade do pensamento matemático, não nos fará reféns das arbitrariedades temidas pelo pensamento conservador, porquanto não se deve confundir *discricionariedade* com *arbitrariedade*. O juiz terá – na verdade sempre teve e continuará tendo, queiramos ou não –, uma margem de discrição dentro de cujos limites, porém, ele permanecerá sujeito aos princípios da *razoabilidade*, sem que o campo da juridicidade seja ultrapassado (BAPTISTA DA SILVA, Ovídio Araújo. *Processo e Ideologia*: O Paradigma Racionalista. 2. ed. Rio de Janeiro: Forense, 2006. p. 271).

[31] A criação do "mundo jurídico", tão presente em nossas concepções do Direito, foi uma consequência inevitável do *racionalismo*. Não é de estranhar que nossas Universidades limitem-se a ensinar essas 'verdades eternas' que prescindem dos fatos. O direito processual moderno, como disciplina abstrata, que não depende da experiência, mas de definições, integra o paradigma que nos mantém presos ao racionalismo, especialmente ao Iluminismo, que a História encarregou-se de sepultar. Esta é a herança que temos de exorcizar, se quisermos libertar de seu jugo o Direito Processual Civil, tornando-o instrumento a serviço de uma autêntica democracia. É ela a responsável pela suposta neutralidade dos juristas e de sua ciência, que, por isso, acabam permeáveis às ideologias dominantes, sustentáculos do sistema, a que eles servem, convencidos de estarem a fazer ciência pura. (Ibidem, p. 79).

A partir do paradigma racionalista, impôs-se a criação e surgimento de um direito mais eficaz na consecução de objetos políticos e econômicos. Não se pôs tanto o direito como uma instância de cooperação, mas conferiu-se um caráter mais instrumental. Ao reconhecer tal circunstância, José Reinaldo Lima Lopes percebe que "o novo direito deverá ser cada vez mais *procedimentalista*".[32]

Para romper com essa ideia de formalismo jurídico, é necessário reconhecer que o discurso jurídico está firmado em axiomas estabelecidos a partir dos conceitos admitidos como válidos, aceitando-se que a verdade obtenível é sempre relativa. Certamente que o pensamento dogmático é fruto da formação acadêmica dos juristas, porquanto tem como paradigma fundante a repetição sintomática que firma uma dependência epidêmica da lei, formando eternos alimentadores dessa vetusta prática alienada. Como afirma Ovídio Baptista: "'A aceitabilidade racional', expressa pelo *verossímil* no pensamento clássico, deve tomar o lugar da racionalidade linear da epistemologia das ciências empíricas".[33]

Além disso, o abandono da lógica tradicional, nas ciências do espírito, encontra justificativa também no fato de que o Direito se depara com a questão das noções linguísticas, que são as representações gerais conferidas pelo filósofo da linguagem. Nesse sentido, Cassirer afirma que: "(...) a forma que conduz aos conceitos verbais primários e a determinadas denotações lingüísticas não é prescrita de modo simples e unívoco pelo próprio objeto, mas, ao contrário, abre um amplo campo de ação para a livre atividade da linguagem".[34]

Costuma-se diferenciar ciência jurídica da ciência do direito. A primeira, *ciência jurídica*, designa "a ciência que trata do direito com os métodos especificamente chamados jurídicos",[35] podendo ser definida também como a "ciência do sentido objectivo do direito ou de qualquer 'ordem jurídica' positiva".[36]

Compreende-se por *ciência do direito* aquela que se ocupa do confronto do ordenamento com as questões que se apresentam ou, no dizer de Larenz, "aquela ciência que se confronta com a solução de questões jurídicas no contexto e com base em um ordenamento jurídico determinado".[37]

Ademais, a Ciência Jurídica não avança de modo igual às demais áreas do conhecimento científico, face às peculiaridades que lhe são imanentes. Nesse trilho, pode-se recuperar a afirmação de Biondi, quando destaca que:

---

[32] LOPES, José Reinaldo Lima. *O Direito na História*. 2. ed. rev. São Paulo: Max limonad. 2002. p. 181.

[33] BAPTISTA DA SILVA, Ovídio Araújo. *Processo e Ideologia*: O Paradigma Racionalista. 2.ed. Rio de Janeiro: Forense, 2006, p. 271.

[34] CASSIRER, Ernst. *Linguagem e Mito*. Tradução de J. Guinsburg e Miriam Schnaiderman. 3. ed. São Paulo: Perspectiva, 1992b. p. 43.

[35] RADBRUCH, Gustav. *Filosofia do Direito*. Tradução de L. Cabral de Moncada. 6 ed. ver. Coimbra: Armênio Amado, 1979. p. 227.

[36] Ibidem, p. 228.

[37] LARENZ, Karl. *Metodologia da Ciência do Direito*. Tradução da 6ª edição de José Lamego. 3. ed. Lisboa: Calouste Gulbenkian, 1997. p. 1.

> Formule e rigore sono fatte per le leggi di natura, che per postulato sono inflessibili e rigide, ma non per la realtà sociale che è così mutevole e varia da escludere ogni rigidità: il fenomeno giuridico è ben diverso dal fenomeno naturale.[38] (...) Dobbiamo forse percorrere a ritroso la storia della nostra scienza?.[39]

A ciência jurídica distingue-se das outras ciências do espírito, porque, no âmbito jurídico, a interpretação encontra uma "palavra final" no próprio sistema, a partir da decisão judicial não passível de recurso. Essa qualidade não é encontrada em outras ciências sociais, onde a interpretação não é, ao final, "derrotada" pela definitiva decisão judicial.

A compreensão do método da Ciência Jurídica, assim, parece constituir-se num dos calcanhares de Aquiles do direito. A busca da exata compreensão de seu viés metodológico, assim, revela-se num dos passos necessários ao alcance da efetividade e da realização das pretensões materiais almejadas pelo direito.[40]

Todavia, o conhecimento científico é constituído a partir das condições e da evolução de um grupo, sendo o portador de características culturais, históricas, econômicas e sociais. Então, não pode ser considerado isoladamente, sem a percepção dessas condições. É por isso que Thomas Kuhn assevera: "O conhecimento científico, como a linguagem, é intrinsecamente a propriedade comum de um grupo ou então não é nada. Para entendê-lo, precisamos conhecer as características essenciais dos grupos que o criam e o utilizam".[41]

O jusracionalismo representou a afirmação de um direito natural profano que se alforriou das amarras que mantinha com as concepções teológicas da Idade Média. Nesse ponto, importante a independência da doutrina religiosa. Essa "libertação" é descrita por Wieacker:

> Se voltarmos à influência particular sobre a *história do direito*, são os traços metodológico-sistemáticos do jusracionalismo e a sua emancipação em relação à teologia moral que caracterizam o jusnaturalismo moderno do continente europeu. Como *teoria*, ele liberta finalmente a jurisprudência técnica das autoridades da Idade Média e dá-lhe um sistema interno e um método dogmático específicos – a construção a partir de conceitos gerais; como exigência *prática* fornece desde logo à crítica do direito, e depois à própria legislação um novo padrão moral.[42]

---

[38] BIONDI, Biondo. *Universalità e Perennità della Giurisprudenza Romana*. In: *L'Europa e il Diritto Romano*. Milano: Giuffrè, 1954. Vol. II. p. 399. "Fórmulas e rigor são feitos para as leis da natureza, que por essência são inflexíveis e rígidas, mas não para a realidade social que é assim mutável e varia excluindo a rigidez: o fenômeno jurídico é muito diferente do fenômeno natural."

[39] "Deveremos talvez retroceder na história da nossa ciência?" BIONDI, Biondo. Universalità e Perennità della Giurisprudenza Romana. In: *L'Europa e il Diritto Romano*. Milano: Giuffrè, 1954. Vol. II. p. 400.

[40] O mundo da experimentação científica sempre parece capaz de tornar-se uma realidade criada pelo homem; e isto, embora possa aumentar o poder humano de criar e de agir, até mesmo de criar um mundo, a um grau muito além do que qualquer época anterior ousou imaginar em sonho ou fantasia, torna, infelizmente, a aprisionar o homem – e agora com muito mais eficácia – na prisão de sua própria mente, nas limitações das configurações que ele mesmo criou (ARENDT, Hannah. *A Condição Humana*. Tradução de Roberto Raposo. Rio de Janeiro: Forense-Universitária, 1987. p. 301).

[41] KUHN, Thomas S. *A Estrutura das Revoluções Científicas*. Tradução de Beatriz Vianna Boeira e Nelson Boeira. 5. ed. São Paulo: Perspectiva, 1997.p. 257.

[42] WIEACKER, Franz. *História do Direito Privado Moderno*. Tradução de A. M. Botelho Hespanha. 2. ed. Lisboa: Calouste Gulbenkian, 1967. p. 306.

A partir disso, procurou-se desenvolver um método capaz de assegurar validade universal ao direito, mediante a afirmação da atemporalidade e da supraespacialidade.[43]

Dessarte, a aplicação da filosofia da linguagem ao Direito possibilita a adequação do provimento jurídico final aos anseios sociais, numa integração racional das figuras sociais (sociedade jurídica e sociedade civil). Perceber essa realidade e a partir da análise do modo de produção do Direito, dar azo à sedimentação de uma nova forma de compreensão da Ciência Jurídica e sua aplicação é o desafio que se apresenta, na busca da superação do racionalismo e na luta pela construção da cidadania.

3. O caráter temporal da jurisdição, a (re)construção da verdade e a necessidade de superação do racionalismo

A superação da crise jurisdicional passa necessariamente pela (re) construção das verdades jurídicas e percepção democrática da jurisdição. Tal providência não pode descurar do exame da influência do tempo, aliás, tempo que tem se revelado um algoz mordaz da materialização de políticas inclusivas e um importante elemento de compreensão da modernidade.

O tempo alcança a economia, na aceleração típica da modernidade, que acaba por interligar o mundo, mas também afeta o direito, na medida em que impede a concretização de direitos sociais. Mas muito mais que isso, o tempo registra o elo com o passado – história – que se revela imprescindível para a (re) construção das verdades jurisdicionais, além de representar elemento constituinte do direito enquanto agente transformador da história, a partir da (re) formulação de paradigmas.

"O tempo é uma instituição social e nesse sentido depende do Direito".[44] Assim, há um elo importante entre o tempo e o processo, procedimento que viabiliza e (deve) potencializar as pretensões materiais. Ovídio Baptista da Silva, ao examinar o "verdadeiro custo do processo", que tem por esteio exatamente a temporalidade, em trabalho que enfrenta a abordagem de Chiovenda acerca da regulação da sucumbência,[45] aponta o ônus do autor, que registra o

---

[43] Os juristas racionalistas procediam totalmente de acordo com a escolástica, na medida em que também eles estavam convencidos da possibilidade de, a partir de um reduzido número de princípios superiores apriorísticos, extrair, através da pura dedução, todas as restantes regras de direito, sem ter em conta a realidade empírica, as circunstâncias espaciais e temporais (pois só assim se acreditava poder-se assegurar ao direito natural a validade universal, para todos os tempos e para todos os homens). Na realidade, acabava por se proceder empiricamente, quando se pediam "empréstimos" ao direito romano, cuja racionalidade se enaltecia (era o tempo da recepção). Só assim puderam nascer os grandes códigos jusnaturalistas. (KAUFMANN, Arthur; HASSEMER, Winfried (Org.). *Introdução à Filosofia do Direito e à Teoria do Direito Contemporâneas*. p. 93).

[44] ROCHA, Leonel Severo. A construção do tempo pelo direito. In: *Anuário do Programa de Pós-Graduação em Direito*. São Leopoldo: UNISINOS, 2003. p. 312.

[45] Como assevera Ovídio Baptista da Silva: "(...) o autor é penalizado com o dever de indenizar, se assumir o risco de executar provisoriamente a sentença; ou, o que significa a mesma coisa, efetivar medidas cautelares ou executar algum provimento antecipatório. Nesses casos, porque ele 'acelerou' a prestação jurisdicional, deve indenizar, ao passo que o réu, quando sucumbente, usando de todas as faculdades que a lei lhe confere, tendo 'retardado' a solução da lide, nada indeniza. O que há de singular nesta estranha solução é que o réu – que jamais tivera direito – nada indeniza, ao passo que o autor que executa provisoriamente a sentença

encargo da "espera" pela sentença, ao passo que o demandado desfruta do privilégio do *status quo ante*, porquanto os efeitos da decisão o alcançam apenas quando o processo findar.

Contudo, a análise do tempo na modernidade foi absolutamente transformada em face da evolução do conceito de comunicação. A informação imediata interfere também na gestão jurisdicional. Evidente, assim, a ilação de que uma das razões do insucesso das normas é a impossibilidade de acompanhamento do tempo, uma vez que a realidade social se transforma numa velocidade inalcançável, sugerindo que a jurisdição atente a esse aspecto, sob pena de proferir julgamentos que padeçam por ausência de eficácia.

Ovídio Baptista da Silva, ao referir Bauman, também elabora a ideia de colonização do público pelo privado, da individualização como processo de corrosão da cidadania, de processo de avanço de um "sindicato do egoísmo", fruto da firmação do neoliberalismo. Nesse sentido:

> (...) o interesse público é reduzido à curiosidade sobre as vidas privadas de figuras públicas e a arte da vida pública é reduzida à exposição pública das questões privadas e a confissões de sentimentos privados (quanto mais íntimos, melhor). As "questões públicas' que resistem a essa redução tornam-se quase incompreensíveis.[46]

As comunicações *on line* propiciaram um método de troca de informações mundial instantânea, o que modificou a noção de tempo-espaço-lugar. Assim, o sujeito pode estar mais próximo de um chinês ou americano estando em sua residência no Brasil, momento em que está distante do vizinho da rua ao lado. De fato, em que pese o vilipêndio à afetividade, às práticas usuais de comunicação presencial, qualificada, que registravam um caráter semiótico e de compreensão plena bem mais acentuado, tem-se que as informações e os contatos alcançam outra perspectiva.

Em contradição a esta realidade está a grande parte do pensamento jurídico contemporâneo, que insiste na dogmatização do direito, numa forma latente de inércia que registra uma pretensão declarada: a manutenção do *status quo*. Isto é, conforme a concepção monista de Giordano Bruno, muito se define, muito se repete, muito se impõe, mas pouco se cria, pouco se questiona e tudo se copia. E isto se deve a fatores intrínsecos e extrínsecos ao mundo jurídico, em especial, a ausência de percepção dos fatos ligados à realidade local e contemporânea e o consequente despreparo dos julgadores ao manejo da ontologia e da deontologia.[47]

Não se pretende sustentar que a dogmática desempenhe apenas um papel nefasto. O saber dogmático também exerce uma função de regulação científica, que não pode ser desprezado, nem mesmo pelas ciências do espírito. A dogmática conserva, pelo menos, um componente de organização que não deve ser dispensado.

– liminar ou final – deve indenizar, ainda que tenha um direito que o julgador reputou verossímil (BAPTISTA DA SILVA, Ovídio Araújo. *Processo e Ideologia: O Paradigma Racionalista*. 2.ed. Rio de Janeiro: Forense, 2006. p. 212).

[46] Ibidem, p. 311.

[47] Ver: STRECK, Lenio Luiz. *Jurisdição Constitucional e Hermenêutica. Uma nova Crítica do Direito*. Porto Alegre: Livraria do Advogado, 2002

Com efeito, a ordenação cartesiana não se presta a informar as ciências do espírito, nem mesmo o seu método, que é da compreensão. Porém, tem valia e empresta esse caráter pedagógico à ciência, tornando mais fácil o seu entendimento. Ao justificar tal sustentação, Bachelard destaca a ruptura entre o espírito científico moderno e o simples "espírito de ordem e classificação". Nas ciências do espírito, os métodos exatos contribuiriam, no máximo, para a adequação deste último, razão pela qual justifica que a dogmática não é de todo inadequada.

Talvez bem resuma a questão o pensamento de Zaccaria,[48] quando aponta o equívoco de considerar-se o direito um "produto acabado", o que também decorre da utilização do método das ciências naturais. O direito não é algo acabado, ou que deva ser reproduzido. Precisa, antes, ser compreendido numa atividade interpretativa que é contínua e que não pode estar limitada a um método definido. Limitar o direito a um método significa limitá-lo enquanto ciência, impedindo que cumpra o seu efetivo papel.[49]

O julgador, como operador de uma ciência humana e calcada na verossimilhança, não nas certezas insofismáveis, tem o dever de se ater à demanda, buscando a verdade dos fatos, não olvidando, sob nenhuma circunstância, o enfoque da realidade contemporânea e local. O tempo do direito, hoje, também parece constituir-se no tempo do verossímil, das quase-certezas, das quase-verdades, enfim, o tempo do provável e do plausível. Nessa linha, Ovídio Baptista da Silva, ao examinar a tutela antecipatória, afirma:

> Certamente, para que se aceite uma tutela processual autônoma e, ao mesmo tempo não satisfativa, será necessário superar o *paradigma* da ordinariedade, uma vez que essa *terminalidade* processual representará uma forma de tutela fundada em juízo de verossimilhança que, para a doutrina, nunca poderá ser processualmente autônomo, no sentido de julgamento que encerre a respectiva relação processual.[50]

A verdade como percepção dos fatos cotidianos que se introjetam no fenômeno jurídico deve ser vista sob a ótica do senso comum,[51] que consiste em dizer o que é correto e verdadeiro com base no provável/plausível, pois este

---

[48] Giuseppe Zaccaria refere que "l'errore della metodologia giuridica del positivismo tradizionale, ancora seguita, nonostante le apparenze, da molta parte della cultura giuridica, è nel concepire e presentare il diritto nell'assetto idalizzato e conclusivo di "prodotto finito" e nell'intendere l'applicazione come il riprodurre, in tutti i casi sussumibili sotto una determinata norma, un significato già compiutamente dato una volta per tutte. La soluzione offerta dal positivismo giuridico normativo assume un concetto di diritto tutto incluso nel *dato* legislativo, e costretto a tradurre i momenti valutativi, su cui largamente incidono fattori extralegali, nella finzione della soluzione prestabilita." (ZACCARIA, Giuseppe. *L'arte dell'interpretazione – Saggi sull'ermeneutica giuridica contemporanea*. Padova: CEDAM, 1990. p. 88).

[49] "O abandono da epistemologia das *ciências da descoberta*, até agora aplicada ao Direito, de modo que se possa recuperar sua *historicidade*, significa libertá-lo do espírito dogmático, reintroduzindo-o no domínio das ciências da *compreensão*, de que o direito processual foi retirado em virtude da pretensão do racionalismo de torná-lo uma ciência demonstrativa. Acabaremos vendo que o *dogmatismo* é um dos instrumentos mais eficazes no empenho do Poder em mantê-lo a seu serviço." (...) "O *conceitualismo* que sustenta o pensamento dogmático na ciência processual, alimenta-se dessas vertentes doutrinárias. Ele é a grande barreira oposta à criação jurisprudencial do Direito, consequentemente à Hermenêutica." (Ibidem. p. 84).

[50] BAPTISTA DA SILVA, Ovídio Araújo. *Processo e Ideologia*: o Paradigma Racionalista. Rio de Janeiro: Forense, 2004. p. 231.

[51] Consigna-se, a título de oportunizar uma renovada reflexão, a lição da lavra de Rubens Alves, ao tratar da temática 'o senso comum e a ciência', após advertir para os riscos concentrados no cientista (porque tipo como o dono do saber). Ao se perguntar sobre o que é o senso comum, responde: "prefiro não definir".

é o senso que institui a sociedade; a construção da verdade surge então como defesa do provável e fundamenta-se na existência moral e histórica do homem. Nos dizeres de Gadamer: "bom senso é o remédio contra o sonambulismo da metafísica e contém o fundamento de uma filosofia moral, que é justificada em relação à vida da sociedade".[52]

A utilização da linguagem proporciona ao julgador a compreensão da realidade da lide, já que na linguagem que o homem frequentemente decai; a queda é a mais explícita maneira de inautenticidade, a forma estabilizada da vida cotidiana como envolvência estruturada sobre a preocupação e a solicitude.[53] Na convivência, o ser se objetiva ou impessoaliza. O ser humano é falante – e a linguagem lhe proporciona meio de abertura –, como um prolongamento da interpretação. Durante as audiências, o julgador, num diálogo franco com as partes – numa integração com o conhecimento humano – tem a possibilidade de perceber os fatos jurídicos e humanos que norteiam a demanda, contemplando o ato judicante socialmente válido.

Neste diapasão, o sistema processual de 1973 concebeu o processo de conhecimento como procedimento destinado, por definição, à busca da verdade acerca do direito controvertido, o que estaria a revelar seu compromisso com a ideia racionalista de unidade e plenitude do sistema jurídico. Ao processo de conhecimento caberia alcançar esta verdade, sendo a sentença a manifestação em que o juiz revelaria o verdadeiro sentido da lei, capacitando-se, no final deste percurso metodológico, a atribuir razão a um dos litigantes. Destarte, a construção da verdade deixa de prevalecer, dando azo às presunções que caminham em sentidos opostos. Como afirma Ovídio Baptista da Silva, ao atestar a ineficácia do processo de conhecimento:

> Nosso "procedimento comum", composto pelos dois ramos que o acompanham desde o século XIV, o *ordinário* e o *sumário* do art. 275 de nosso Código, conservou-se fiel aos pressupostos romanos, reproduzindo sua estrutura originária: – é um procedimento que pressupõe uma *obrigação* como fonte da ação a qual, por sua vez, dá origem a uma sentença condenatória, que irá produzir uma ação executória. A conhecida fórmula romana tinha esta estrutura: *obligatio+ actio + litis contestatio*[54] *+ condemnatio*, gerando uma *actio iudicati*.[55]

A *aporia* fundamental do julgador é descobrir o justo para o caso concreto. Se a lei reflete justiça, deve ser aplicada, caso contrário, deve o julgador buscar outros elementos no sistema jurídico, ou até fora dele, para promover efetiva justiça, que, no caso, deriva da consideração inelutável da Constituição.

Nesse contexto, vale sublinhar que embora a sociedade pós-moderna tenha alcançado um perfil capitalista-perverso, onde o consumismo e a compe-

---

Talvez simplesmente dizer que senso comum é aquilo que não é ciência (...). (In.: ALVES, Rubens. *Filosofia da Ciência. Introdução ao jogo e as suas regras*. 4. ed. São Paulo: Loyola, 2002. p. 9-37)

[52] GADAMER, Hans-Georg. *Verdade e Método*. Tradução de Flávio Paulo Meuner. 3. ed. Petrópolis: Vozes, 1999.

[53] NUNES, Benedito. *Heidegger & Ser e Tempo*. Rio de Janeiro: Jorge Zahar. Ed. 2002. p. 2.

[54] *Litis contestatio* era o ato solene de aceitação do juízo, perante testemunhas, uma espécie de contrato judicial.

[55] BAPTISTA DA SILVA, Ovídio Araújo. *Processo e Ideologia*: o Paradigma Racionalista. Rio de Janeiro: Forense, 2004. p. 131.

titividade constituem-se em verdugos mordazes da qualidade de vida e das relações de afeto, parece que a aposta na fraternidade, é o que ainda oferece alicerce à construção de um novo paradigma de vida. Essa concepção solidária fundamenta a condição de possibilidade de uma inclusão social protagonizada por um espaço público forjado na própria sociedade, do qual o Estado seja um interlocutor qualificado.

Mas essa forma de pensar e agir deve ser construída a partir da valorização da alteridade. A igualdade produz-se na diferença e a diferença encontra campo fértil na igualdade. O paradoxo de caráter principiológico é um dos baluartes de inclusão da pós-modernidade, contudo, revela-se de difícil gestão, na medida em que reclama o fomento à diferença sem afrontar os paradigmas de igualdades positivas, que buscam a inclusão permanente. Nesse sentido, parece indispensável o incremento da alteridade e de construção de uma diferenciação positiva, que reconheça a pluralidade da constituição social (diferença) e a identidade no trato jurídico (igualdade).

Assim, a inclusão, mediante o alcance de uma jurisdição democrática, que reconheça a diferença na composição da sociedade, mas a igualdade no trato jurídico, oferece uma alternativa coerente de superação da exclusão e da igualização perversa, fundamentando o que se convenciona chamar de "jurisdição--participação".

À guisa de conclusão: a decisão e a (in)suficiência do liberalismo racional na jurisdição

O abandono do racionalismo, da tradição cartesiana, traduz-se em pressuposto da arquitetação de uma cultura jurídica adequada, liberta das amarras da certeza e da logicidade. A verdade absoluta, nesse cenário, não encontra lugar, de sorte que a verossimilhança, a quase-certeza, a relatividade e a plausibilidade põem-se como esteio do Direito Moderno, que impõe uma prestação jurisdicional dotada de efetividade e que alcance os anseios da sociedade.

"O *paradigma*, reduzindo o direito à norma, torna o jurista incapaz de operar com a realidade".[56] O distanciamento entre fato e direito, fundando uma normatização fechada, que traduz o distanciamento da sociedade, da vida que firma o próprio direito, produz um cenário nefasto, que reproduz o positivismo arcaico, refém da lei dotada de sentido unívoco.[57]

Assim, a partir do exame das crises do Estado Moderno, especialmente as crises estrutural, funcional e constitucional, é possível contextualizar a crise jurisdicional, que provém da autofagia do Estado, das questões estruturais, da ausência de critérios de gestão do tempo e da influência perniciosa da econo-

---

[56] *Processo e Ideologia*: o Paradigma Racionalista. Rio de Janeiro: Forense, 2004. p. 109.

[57] "Não se pode, por isso, pretender a superação do *paradigma* racionalista sem que as atuais estruturas políticas e econômicas também minimamente se transformem. A alienação dos juristas, a criação do 'mundo jurídico' – lugar encantado em que eles poderão construir seus teoremas sem importunar o mundo social e seus gestores – impôs-lhes uma condição singular, radicada na absoluta separação entre 'fato' e 'direito'". (Ibidem. p. 301).

mia, fruto da presença ainda robusta do individualismo-liberal. Como conclui Ovídio Baptista da Silva:

> (...) a "ideologia legitimante" do capitalismo não apenas teve vitalidade para conservar-se incólume, como globalizou-se, assumindo dimensões jamais imaginadas, capaz de submeter as nações, especialmente as que se acham fora dos centros de hegemonia capitalista, à soberania incontrastável do "mercado", obrigando seus governos a assistirem impotentes o paulatino esvaziamento de seus antigos poderes, subjugando populações inteiras, em que a miséria e a exclusão social expandem-se cada vez mais.[58]

O Estado Social, por sua vez, além de alcançar suas bases fundantes, implementando políticas de educação, saúde, ação social e de ordem laboral, tem um caráter complementar que é a missão de superação (efetiva) do liberalismo, mediante a desburocratização do acesso aos instrumentos democráticos e o combate à pobreza e à concentração de renda, compromissos (dirigentes) de ordem constitucional.

É necessário, porquanto, recognocer essa realidade, fruto da incapacidade e da ausência de desejo do liberalismo materializar a igualdade, através do abandono dos porões, do passamento do inconformismo e da retomada do sentimento de encoleirização do indivíduo, que almeja o rompimento das amarras e das grades que tornam todos prisioneiros da liberdade ultrajante.[59]

Enfim, a eficiência fiscal viabilizaria, inclusive, a desnecessidade de mudança na matriz tributária, prática que, junto com as privatizações, tem representado o principal foco de ação dos governos, reforçando o caráter liberal do Estado.

Nessa mesma esteira, os investimentos de ordem social, com priorização do setor produtivo, também são fundantes da revitalização do Estado Social. Logicamente que os investimentos sociais não devem ser considerados em sua forma indireta, sob pena de se chancelar a ideia de que os incentivos fiscais seriam uma forma de inclusão social, a partir da geração de novos postos no mercado de trabalho, retomando o caráter liberal do Estado. Os investimentos sociais devem se nortear pelas políticas inclusivas planejadas, de efetiva inserção, rechando-se o assistencialismo e as políticas paliativas que vilipendiam o Erário em prol de interesses particulares e não modificam o panorama classístico.[60]

Ademais, todo compromisso liberal-individualista presente na base estruturante do Estado, também influencia de forma decisiva a jurisdição, que não apresenta alternativas nem disposição de rompimento das amarras que a prendem à ordinariedade e ao privativismo. "O homem conquistou a plena liberdade, mas não tem como usá-la; melhor, somente desfrutará da sensação

---

[58] BAPTISTA DA SILVA, Ovídio. *Processo e Ideologia*: o Paradigma Racionalista. Rio de Janeiro: Forense, 2004. p. 277

[59] Como se pode imaginar a prática da igualdade, como princípio democrático, entre o volume extraordinário de acumulação de riqueza em mãos de uma elite numericamente inexpressiva, em oposição a formas nunca vistas de pobreza e degradação humana em que sobrevivem contingentes cada vez maiores de grupos populacionais excluídos? (Ibidem, p. 316).

[60] Não é mais possível que continuemos a esconder-nos em nosso tranqüilo mundo conceitual, transferindo a outrem a responsabilidade pelo fracasso na administração de uma justiça condizente com os padrões contemporâneos (Ibidem. p. 316-317).

de liberdade se permanecer fiel ao sistema".[61] Como complementa Ovídio Baptista da Silva, a exacerbação dos valores individuais, firmando o liberalismo, traduz uma desesperança ao Estado e, por via de consequência, ao direito:

> A democracia teve origem numa concepção segundo a qual a sociedade, qualquer que ela seja, especialmente a sociedade política, ao contrário da concepção orgânica dominante na antigüidade e na Idade Média, seria um "produto artificial" criado pela vontade dos indivíduos. Esta, aliás, é a marca congênita do pensamento político moderno. O individualismo, não apenas está inscrito no cerne das instituições modernas, como se amplia e reforça na medida que os sistemas sociais contemporâneos desenvolvem-se, seguindo uma lógica imanente. Este é o pressuposto fundamental que nos impede de alimentar a ilusão de que se possa transformar o Direito sem que as instituições políticas sejam, nalguma medida, igualmente transformadas.[62]

Já no que concerne às ciências do espírito, dentre as quais se põe o direito, uma das discussões que se estabeleceram refere-se exatamente à existência de um método próprio, que lhes seja adequado e peculiar. O que se assistiu foi uma incorporação do método específico das ciências da natureza que, todavia, revela-se incapaz de atender às múltiplas dimensões das ciências sociais, onde a inexatidão é a referência. Pretender conformar esse conhecimento a métodos que privilegiem a exatidão e o rigor equivale a tolher a própria ciência, impedindo o pleno desenvolvimento de sua dimensão epistemológica. Como assevera Ovídio Baptista da Silva, ao examinar a influência desse malfadado método no direito, fruto da adoção de um mecanismo algébrico, totalmente dissonante das pretensões que devem ser almejadas pela Ciência Jurídica, propondo uma aproximação com o método das ciências históricas, próximo da diferença, da alteridade e das verdades relativas. Nessa esteira, calha referir suas conclusões:

> A resistência oferecida pelo sistema, já o dissemos, é uma conseqüência da própria lógica matemática que estrutura o pensamento jurídico moderno, perante o qual ou o juiz será servo da lei ou, ao contrario, arbitrário. Esta lógica não admite a existência do que seria um termo médio, uma sentença que, não sendo escrava do texto, não fosse, mesmo assim, arbitrária, que pudesse conter discricionariedade sem arbitrariedade.[63]

O paradigma trazido pelo racionalismo, de construção de verdades que apresentassem uma validez universal, testáveis e bem definidas, serve apenas às investigações das ciências naturais. Sua incorporação pelas ciências do espírito que se consumou no final da Idade Média produziu uma radical transformação no modo de compreensão do direito, e, especialmente, da forma de atuação da jurisdição.

Assim, o estabelecimento de uma jurisdição democrática passa, também, pela superação do compromisso liberal-individualista do Estado e pelo alcance de um certo equilíbrio do Estado Social. Ademais, a inumação do racionalismo e da tradição cartesiana, positivista e das ciências da consciência é caminho obrigatório para que se estabeleça uma (re) construção da verdade jurisdicional e a (re) locação dos espaços perdidos do Estado, que, integrado

---

[61] BAPTISTA DA SILVA, Ovídio. *Processo e Ideologia*: o Paradigma Racionalista. Rio de Janeiro: Forense, 2004. p. 297.

[62] Ibidem, p. 306.

[63] Ibidem, p. 292.

com a sociedade, deve retomar seu poder fundante. Mas como alerta Baptista da Silva, lembrando Carnelutti "para que o juiz decida é necessário, antes *decidir-se*".[64]

O compromisso com o racionalismo, que guarda linearidade com o liberalismo-burguês, tem origem, na verdade, no próprio Direito Romano, que malfadadamente ainda influencia o Direito Moderno.[65]

A ideia de crise do Estado, que se encontra embrechada na ineficácia jurisdicional, logicamente, é fruto do mercantilismo. Contudo, a (re) construção do Estado e a (re) definição dos papéis das instituições passa pelo rompimento com o pacto de mediocridade governamental, que produz políticas assistencialistas-populistas sob o pretexto de atender a igualdade constitucional, quando se percebe, na realidade, a aplicação irrestrita da liberdade – especialmente a de mercado –, produzindo um distanciamento gradativo e crescente entre ricos e pobres.[66]

Paralelamente, a concepção de individualismo egoísta, de execração das pretensões coletivas, voltadas para o bem comum, também reflete na postura do Estado Moderno. Noutra esteira, tem-se o rechaçamento do individualismo concebido como produtor de diferenças, chancelador das particularidades e do mosaico personalíssimo que compõe a modernidade. O processo de igualização perversa, portanto, torna-se característica precípua do liberalismo, com a pretensão excludente de estereotipação e de definição de papéis pré-postos, que discriminam e intentam sepultar o pluralismo, elemento notório do período presente.[67]

A crise da jurisdição e a busca da identidade do Estado, assim, pressupõem honestidade metodológica, no sentido de perceber a *praxis* contemporânea, sem negar as políticas excludentes patrocinadas pelo liberalismo, nem tampouco o caráter assistencialista do planejamento social, que opta por oferecer migalhas àqueles que há muito foram abandonados pelo Estado. A superação do papel desmantelador do indivíduo, via eleita pelo liberalismo, seria o reconhecimento dos cidadãos enquanto sujeitos políticos e a mudança da opção pela proteção inelutável do capital, através do desenvolvimento de po-

---

[64] BAPTISTA DA SILVA, Ovídio. *Processo e Ideologia*: o Paradigma Racionalista. Rio de Janeiro: Forense, 2004. p. 114.

[65] "Mercantilismo e *privatização* da jurisdição convivem desde o período do direito romano decadente. É claro que o padrão foi exacerbado, a partir do século XVIII, como mostra John G. A. Pocock, em obra extraordinária, devido ao desenvolvimento do sistema de crédito público, responsável pela mercantilização geral das relações entre cidadãos e governo, fazendo com que as relações políticas se tornassem relações entre credores e devedores". (Ibidem, p. 198)

[66] Como alterca Ovídio Baptista da Silva: "Esse exacerbado normativismo é o pilar que sustenta o dogmatismo de nossa formação universitária". É ele que permite a constituição de um ensino do Direito abstrato, formal e acrítico, permitindo que os juristas alimentem a ilusão de produzir uma ciência do Direito neutra quanto a valores, mantendo-os distantes e alienados de seus compromissos sociais." (Ibidem, p. 50).

[67] Certamente ricos e pobres, poderosos e humildes sempre existiram, em todos os regimes políticos. Nossa experiência das desigualdades sociais, porém, oferece uma nota peculiar. É que, como observou Arnold Toynbee, o célebre historiador inglês, as outras vinte civilizações já desaparecidas tinham as desigualdades sociais como um fenômeno "natural", contra o qual nada se poderia fazer, enquanto a nossa finalmente descobriu que a probreza não é uma contigência natural, de modo que "a sempre antipática desigualdade na distribuição dos bens deste mundo, deixando de ser uma necessidade prática, transformou-se numa enormidade moral" (Ibidem, p. 316).

líticas de redistribuição de renda efetivas, que enfrentem a estrutura estatal e modifiquem o paradigma liberal.

O Direito, por sua vez, além de libertar-se das amarras romanas, deve reconhecer a autoridade do ato jurisdicional e alterar seu modo de produção, essencialmente normativista e repetidor da jurisprudência sintomática, o que assegura o *status quo*, a exclusão e a inefetividade.

Referências bibliográficas

ALVES, Rubens. *Filosofia da Ciência*. Introdução ao jogo e as suas regras. 4. ed. São Paulo: Loyola, 2002.

ARENDT, Hannah. *A Condição Humana*. Tradução de Roberto Raposo. Rio de Janeiro: Forense-Universitária, 1987.

ARISTÓTELES. *Rhétorique*. Traduit par Médéric Dufour. Paris: Societé D'Édition "Les Belles Lettres", 1932.

BAPTISTA DA SILVA, Ovídio Araújo. *A Ação Cautelar Inominada no Direito Brasileiro*. 2. ed. Rio de Janeiro: Forense, 1991.

——. *A Ação Condenatória como Categoria Processual*. Da Sentença Liminar à Nulidade da Sentença. Rio de Janeiro: Forense, 2001.

——. Direito Material e Processo. *Revista Jurídica*, São Paulo: Nota, n°. 321, p. 16, dez./jul. 2004.

——. *Jurisdição, Direito Material e Processo*. Rio de Janeiro: Forense, 2008.

——. *Jurisdição e Execução na Tradição Romano-Canônica*. 2. ed. rev. Rio de Janeiro: Forense, 2008.

——. *Processo e Ideologia*: o Paradigma Racionalista. Rio de Janeiro: Forense, 2004.

——. *Sentença e Coisa Julgada*. 4. ed. rev. ampl. Rio de Janeiro: Forense, 2003.

——; GOMES, Fábio Luiz. *Teoria Geral do Processo Civil*. São Paulo: Revista dos Tribunais, 1997.

BIONDI, Biondo. Universalità e Perennità della Giurisprudenza Romana. In: *L'Europa e il Diritto Romano*. Vol. II. Milano: Giuffrè, 1954.

CASSIRER, Ernst. *Linguagem e Mito*. Tradução J. Guinsburg e Miriam Schnaiderman. 3. ed. São Paulo: Perspectiva, 1992.

DE MARTINO, Francesco. *La Giurisdizione nel Diritto Romano*. Padova: CEDAM, 1937.

FIORI, José Luís. *Os moedeiros falsos*. Petrópolis: Vozes, 1997.

GADAMER, Hans-Gerg. *Verdade e Método*. Tradução de Flávio Paulo Meuner. 3. ed. Petrópolis: Vozes, 1999.

HOBSBAWM, Eric J. *A era das Revoluções (1789-1848)*. Rio de Janeiro: Paz e Terra, 2000.

——. *A era dos extremos (1914-1991)*. São Paulo: Companhia das Letras, 1995.

KAUFMANN, Arthur; HASSEMER, Winfried (Org.). *Introdução à Filosofia do Direito e à Teoria do Direito Contemporâneas*. Tradução de Marcos Keel e Manuel Seca de Oliveira. Lisboa: Calouste Gulbenkian, 2002.

KUHN, Thomas S. *A Estrutura das Revoluções Científicas*. Tradução de Beatriz Vianna Boeira e Nelson Boeira. 5. ed. São Paulo: Perspectiva, 1997.

LARENZ, Karl. *Metodologia da Ciência do Direito*. Tradução da 6ª edição de José Lamego. 3. ed. Lisboa: Calouste Gulbenkian, 1997.

LOPES, José Reinaldo Lima. *O Direito na História*. 2. ed. rev. São Paulo: Max Limonad, 2002.

MARIN, Jeferson Dytz (Coord.). *Jurisdição e Processo*: Efetividade e a realização da pretensão material. Curitiba: Juruá, 2008.

——. *Jurisdição e Processo II*: Reformas processuais, ordinarização e racionalismo. Curitiba: Juruá, 2009.

——. *Jurisdição e Processo III*: Estudos em homenagem ao Prof. Ovídio Baptista da Silva. Curitiba: Juruá, 2009.

MATEUCCI, Nicola. *Organización del Poder y Libertad*. Historia del Constitucionalismo Contemporáneo. Madrid: Trotta, 1998.

MONTESQUIEU. *O espírito das leis*. Tradução de Luiz Fernando de Abreu Rodrigues. Textos selecionados. Curitiba: Juruá, 2001.

NOVAIS, Jorge Reis. *Contributo para uma teoria do Estado de Direito*: do Estado de Direito liberal ao Estado social e democrático de Direito. Coimbra: Edições Almedina, 2006.

NUNES, Benedito. *Heidegger & Ser e Tempo*. Rio de Janeiro: Jorge Zahar Ed, 2002.

PLATÃO. *Crátilo. Diálogo sobre a Justeza dos Nomes*. Tradução Pe. Dias Palmeira. 2. ed. Lisboa: Sá da Costa Editora, 1994.

RADBRUCH, Gustav. *Filosofia do Direito*. Tradução de L. Cabral de Moncada. 6. ed. rev. Coimbra: Armênio Amado, 1979.

ROCHA, Leonel Severo. *A construção do tempo pelo direito*. In: Anuário do Programa de Pós-Graduação em Direito. São Leopoldo: UNISINOS, 2003.

SADER, Emir. GENTILI, Pablo (orgs). *Pós-neoliberalismo*: as políticas sociais e o Estado Democrático. São Paulo: Paz e Terra, 1995.

STRECK, Lenio Luiz. *Jurisdição Constitucional e Hermenêutica*: uma nova crítica do direito. Porto Alegre: Livraria do Advogado, 2002.

———. *Verdade e Consenso*. Rio de Janeiro: Lumen Juris, 2006.

WARAT, Luis Alberto. O outro lado da dogmática jurídica. In: *Epistemologia e Ensino do Direito*. O sonho não acabou. V. II. Florianópolis: Fundação Boiteux, 2004.

WIEACKER, Franz. *História do Direito Privado Moderno*. Tradução de A. M. Botelho Hespanha. 2. ed. Lisboa: Calouste Gulbenkian, 1967.

ZACCARIA, Giuseppe. *L'arte dell'interpretazione* – Saggi sull'ermeneutica giuridica contemporanea. Padova: CEDAM, 1990.

— 5 —

A decisão judicial e a necessidade de superação do paradigma racionalista no âmbito do Direito Processual Civil

JAQUELINE MIELKE SILVA[1]

SUMÁRIO: 1. O tempo na sociedade globalizada – a necessidade de adequação do Direito Processual Civil; 2. A atividade jurisdicional como ato de criação e a superação da ideia do "juiz boca da lei"; 3. Referências.

1. O tempo na sociedade globalizada – a necessidade de adequação do Direito Processual Civil

Um dos acontecimentos da natureza que mais inquietam o homem, sem qualquer dúvida, é o tempo. Na perspectiva filosófica, o tempo é uma categoria abstrata, enquanto na visão dos pragmáticos do mundo contemporâneo, *time is money*.

A questão do tempo está ligada à forma de sociedade em que vivemos. Estamos vivenciando o fenômeno da globalização,[2] que tem como característica fundante a dissolução da noção de tempo/espaço de Kant/Newton e das estruturas tradicionais de regulação social (ROCHA, 2003, p. 309-20). A concepção de tempo e espaço de Isaac Newton – refletido em Emanuel Kant e Hans Kelsen – é uma categoria que permitiria duração, antecipação: tempo para pensar, tempo para refletir, tempo de continuidade.

Todavia, essa noção de tempo está superada, face à globalização, isto é, não há mais tempo do antes e do depois, o passado e o futuro. Nesse novo tempo, tudo é instantâneo; não existe mais a separação nítida entre presente, passado e futuro. O tempo é imediato. Segundo MARRAMAO (1995, p. 72), o tempo do direito fragmentou-se:

> Com a passagem da constelação protomoderna das relações Estado-sociedade civil a um "sistema social" caracterizado por uma crescente variabilidade estrutural e "diferenciação funcional", a contingência do mundo' e a "seletividade das estruturas" deixam de ser prerrogativas ontológicas

---

[1] Doutora e Mestre em Direito (UNISINOS-RS). Especialista em Direito Processual Civil (PUC-RS) Professora em cursos de graduação e pós-graduação (IMED, INEDI – CESUCA, ESMAFE, FMP, AJURIS, FEMARGS).

[2] Também chamada pós-moderna, modernidade-reflexiva, modernidade límpida, etc.

latentes para tornarem-se manifestas. Como conseqüência, tempo e direito não podem mais ser concebidos "na base de uma continuidade estrutural da natureza", ou seja, na base de um passado que não podia ter outras possibilidades.

Do ponto de vista dogmático, o Direito é um mecanismo de controle do passado, de garantia do passado; de um ponto de vista crítico, ele pode ser uma promessa, pode ser algo que aponta para o futuro.

Um dos desafios que se apresenta é pensar o tempo dentro dessa nova forma de sociedade. A matriz sistêmica ligada à teoria dos sistemas sociais é um dos melhores caminhos para se fazer essa análise. Segundo a teoria dos sistemas, todo processo de tomada de decisão está ligado a uma noção de tempo. Segundo ROCHA (2003, p. 310),

Decidir é fazer. Decidir é participar do processo de produção do futuro; por isso, decidir é produzir tempo. Decidir na teoria dos sistemas também é produzir uma diferença. A decisão é, portanto, fundamental para o entendimento de qualquer relacionamento mais direto com o problema do tempo.

A matriz sistêmica nos indica, para a observação da sociedade e do direito, problemas e saídas que não eram possíveis de serem pensados através do direito dogmático. Logo, pode-se dizer que o tempo é uma instituição social e, neste sentido, depende do direito.

Segundo François OST (1999), o tempo é uma instituição social, uma construção social; ele é construído pela sociedade. O Direito tem por função contribuir com a institucionalização do social. Isso quer dizer que o Direito deve fazer com que aqueles instantes, aquelas possibilidades de construção e de decisão que nós realizamos na sociedade tenham duração, sejam assimiladas, sejam institucionalizadas. Assim, pode-se dizer que o Direito é um dos construtores da sociedade. François OST (1999, p. 41) propõe um detalhamento dos meios dessas questões, dividindo-as em quatro momentos aos quais o Direito estaria vinculado: "a) memória; b) perdão; c) promessa; d) questionamento".

No tocante ao primeiro momento, o Direito seria uma memória da sociedade. Nesse sentido, o Direito está muito ligado à ideia da tradição. Não existe Direito sem memória, sem passado, sem tradição. Ainda, segundo OST (1999, p. 64):

No centro de uma temporalidade que pretende "ligar o passado", encontramos necessariamente a tradição, esse elo lançado entre as épocas, essa continuidade viva da transmissão de crenças e de práticas. Mais ainda do que qualquer outra disciplina, o direito é tradição: ele constitui-se por sedimentações sucessivas de soluções, e as próprias novidades que ele produz derivam de forma genealógica de argumentos e de razões dignos de crédito num ou noutro momento do passado.

Já o perdão não significa simplesmente esquecer, mas selecionar o que se deve esquecer – perdão não significa esquecer-se de tudo. O perdão é realizado por um terceiro, que é o Poder Judiciário. Ter memória é saber lembrar e saber esquecer o que interessa no momento presente, enquanto o perdão é uma seleção do que deve ser esquecido. No caso do Direito, o mecanismo utilizado é o Poder Judiciário, uma maneira moderna de encaminhar a questão da memória/esquecimento.

A promessa, por sua vez, é uma tentativa de ligar-se com o futuro. Trata-se da tentativa de construção do futuro. O que é, por exemplo, o constitucionalismo? É um conjunto de promessas; é a tentativa de construir uma nova sociedade no futuro. A promessa é extremamente importante no sentido de que ela tem que romper com a tradição de uma maneira sofisticada. Isso faz ingressar no quarto aspecto, que é o questionamento.

O questionamento se revela como o momento mais importante da reprodução do tempo no Direito, porque o questionamento não significa o rompimento com as promessas, pois se for um rompimento com as promessas, nós negamos o novo. Ao mesmo tempo, o questionamento também não pode ser um rompimento com a memória, pois sem memória, sem passado, não há história e ficar-se-ia também em um espaço vazio. O questionamento tem que possuir a capacidade de ligar o tempo e o Direito com a memória, com o perdão e com a promessa. O Direito, na sociedade globalizada que atualmente se vivencia, tem que ter no questionamento a capacidade de se institucionalizar rapidamente, porque não existe mais a longa duração que antes existia para criar institutos. É ter a capacidade de, uma vez institucionalizados, admitir a desinstitucionalização e novamente outra re-institucionalização. O Direito tem que ter a capacidade de construir, reconstruir e desconstruir o tempo e a si próprio (ROCHA, 2003, p. 316).

O Direito contemporâneo tem que procurar manter essas quatro propostas, inserindo-as numa velocidade maior, como hoje exige a globalização. A função básica do Direito é a de criar institutos, institucionalizar determinados valores, mas com a consciência de que, em pouco tempo, esses valores venham a se modificar, por serem efêmeros.

Assim, na sociedade globalizada, as decisões precisam ser tomadas de maneira urgente, mais rápida, dificultando a ideia do questionamento, que tem que ligar o passado e, ao mesmo tempo, desligá-lo, assim como ligar o futuro e desligá-lo, também, concomitantemente.

A função do Direito é reduzir a complexidade por meio da construção da sociedade, fornecendo os valores fundamentais para o questionamento. O tempo, que é o tempo do Direito, na teoria de François OST (1999) e Niklas LUHMANN (1992) talvez amanhã não seja o tempo do Direito, porque o tempo está escapando das nossas mãos.[3] É preciso que haja mecanismos efetivos de tomada de decisões para se produzir futuro.

A consequência principal desta relevância temporal ocorre com a abertura do futuro, como afirma Luigi PANNARALE (p. 60), "o que não é possível agora é, contudo, possível no futuro". Ou, como aduz Niklas LUHMANN (Sociologia do Direito II, p. 166), "o que acontecerá no futuro torna-se a preocupação central do direito".

Ainda, sobre a importância da ideia de futuro no direito positivo da sociedade moderna, bem como a sua diferença em relação ao passado e ao presente, refere Niklas LUHMANN (Sociologia do Direito II, p. 169):

---

[3] "A positividade, isto é, o princípio da variabilidade estrutural do direito só se torna compreensível quando se vê o presente como conseqüência do futuro, ou seja, como decisão" (LUHMANN, p. 168).

Apesar do tempo sempre ter uma história coletada, ele não fixa por si mesmo o futuro. Ele deixa o futuro em aberto, mantendo então a perspectiva de mais possibilidades que jamais pudessem tornar-se presente e, com isso, passado. O futuro é possibilitado pela presença dos sistemas; ele se torna estruturado de forma determinável através de expectativas experimentadas no presente e carregadas na continuidade da experiência sempre presentificada. Assim, sua riqueza em possibilidades depende das estruturas atuais de elaboração da experiência. Tendo em vista um futuro em aberto, porém, o presente evidencia-se ao mesmo tempo como seleção entre outras possibilidades que o futuro tinha indicado.

O futuro, portanto, na concepção teórica Luhmanniana, há de ser compreendido como portador de múltiplas possibilidades.

A assimetria das funções do passado, presente e futuro, na diferenciação do sistema jurídico da sociedade moderna, impede que se continue a interpretar a passagem do tempo como algo contínuo, como uma sequência pré-determinada de acontecimentos.

Segundo ROCHA (2003), o grande problema quando não se controla o tempo é que os riscos de ampliação da complexidade aumentam, o que faz com que as decisões judiciais não consigam mais resolver os problemas que se pretende enfrentar, perdendo o controle dos processos de desinstitucionalização e reinstitucionalização da sociedade.

Pelo exposto, observa-se que, na sociedade globalizada, o Direito Processual Civil não pode conviver com procedimentos que demandem longa duração, devendo se adaptar as condições atuais da sociedade, observando princípios éticos e morais. Este é o principal desafio do Direito Processual Civil contemporâneo.

2. A atividade jurisdicional como ato de criação e a superação da ideia do "juiz boca da lei"

A decisão judicial, conforme acima mencionado, poderá ser voltada para o passado, produzindo repetição ou, para o futuro, produzindo diferença. Tanto uma quanto outra deverão ser levadas em consideração[4] (ROCHA, 2003, p. 198). A programação condicional deverá atentar para a Constituição acima de tudo . A programação finalística, por sua vez, está atrelada à abertura do sistema jurídico e, por isso, vinculada à ideia de argumentação da decisão.

A ideia de que as instituições processuais sejam neutras e livres de qualquer compromisso com a história é falsa. Logo, o Processo de Conhecimento, como qualquer lógica absolutizante, que se construa sobre rígidos silogismos, estará fadado ao insucesso, sempre que as situações sociais sofram modifica-

---

[4] "... mais importante do que se apontarem juízes isolados, promotores isolados e advogados isolados, é que se comece a pensar os atores sociais do Direito no seu conjunto. Aí se começa a considerar o Direito como organização. ...É preciso uma organização voltada a tomar decisões que levem em consideração a questão da programação mais constitucional da repetição e da programação finalística da produção da diferença". (ROCHA, 2003, p. 198)

ções profundas como sucedeu entre os padrões culturais do renascimento em nosso ambiente cultural pós-industrial.[5]

O que revela o equívoco da suposta neutralidade da lei não é tanto a transformação radical entre a sociedade capitalista dos séculos XVIII e XIX e a sociedade contemporânea, e sim a transformação do próprio conceito de lei. A lei, para o pensamento clássico, deveria corresponder apenas a uma norma abstrata e geral instituída exclusivamente com a finalidade de permitir a livre ação dos agentes sociais e do próprio Governo[6] (NEVES, 1983, p. 584).

A lei, no Estado contemporâneo, não é apenas aquela prescrição abstrata formulada para permitir a ação dos agentes sociais. Segundo Antônio Castanheira NEVES (1983, p. 587):

> Na perspectiva política, a lei deixa de ser uma norma puramente jurídica e apenas suceptível, como tal, de uma mediata função política – a função política que, como se acentuou atrás, cumpriria com ser só norma jurídica –, para adquirir antes uma imediata função política, pois que em si mesma passou a ser um específico instrumento político, um instrumento de que o poder político lança mão para realizar a sua... A funcionalística neutralidade jurídica da lei possibilitou que ela adquirisse uma directa intenção política e desse modo se transformasse num "processo de governo" através do qual, como diz Buerdeau, o próprio "legislador governa". À tentativa iluminista de reduzir o político a jurídico substitui-se hoje a instrumentalização do jurídico pelo político.

O processo de conhecimento, ao suprimir os juízos de verossimilhança, conservou-se fiel ao Iluminismo, pressupondo que a função de julgar fosse eminentemente declaratória. Por outro lado, pressupõe-se que o ordenamento jurídico, criado por um legislador todo poderoso, possa oferecer ao juiz a solução para os casos concretos que lhe caibam julgar, de modo que a função de julgar não seja nada além da mecânica declaração da 'vontade concreta da lei'. O processo de conhecimento, com a exigência dos juízos de certeza, pressupõe a univocidade da lei, capaz de permitir apenas uma solução correta (BAPTISTA DA SILVA, 1996, p. 205-7).

Segundo o exposto, apenas a lei racionalmente interpretada poderia dar aos cidadãos a indispensável segurança, protegendo-os da onipotência do Estado. Vive-se um momento de profunda crise política, social e, acima de tudo, existencial. Consoante BAPTISTA DA SILVA (1996, p. 210):

> O preço que as épocas de crise têm de pagar aos desígnios insondáveis da História é a incômoda contingência de conviver com as incertezas, que prenunciam as grandes revoluções culturais. A conseqüência natural desse estado de coisas será sempre o aumento da criação judicial do direito e o crescimento da importância da 'força normativa factual' sobre a norma legal escrita.

Na verdade, o processo civil não promete a descoberta de verdades claras e distintas, como supuseram os filósofos iluministas. O processo oferece versões.

---

[5] Sobre o tema, refere Luis Recaséns SICHES: "La lógica absolutizante, construída sobre silogismos rígidos infectó los campos político, económico y jurídico. Pronto se olvidó que los principios manejados como perennes tenían validez sólo frente a unas determinadas situaciones sociales, en vista de procurar métodos ordenados y justos para el bienestar social. Pero cuando las realidades sociales cambian, aquellos principios, absolutizados en fórmulas rígidas, e muestran como obstáculos o impedimientos para ordenar con justicia las nuevas situaciones sociales" (SICHES, 1971, p. 370).

[6] Ainda segundo Neves, "a lei moderno-iluminista não deveria passar de uma prescrição normativa, expressão da vontade geral que haveria de identificar-se com o próprio direito" (NEVES, 1983, p. 584).

Sendo assim, é de fundamental importância a reintrodução de juízos de valor na construção do raciocínio jurídico, admitindo que a atividade jurisdicional é formada por um ato de inteligência sim, no sentido de clarificação do texto legal, mas igualmente é constituída por um ato de criação de direito[7] (HART, 1994, p. 144-5). Então, um dos grandes problemas do Direito Processual Civil é o da aplicação do Direito. Segundo Giuseppe ZACCARIA (1990, p. 5-6),[8]

> É precisamente neste plano que as incertezas da lei multiplicam-se – bem como os espaços discricionários por esta abertos – transferindo-se aos juízes o poder de criar novo direito ou de modificar aquele existente. Colocado de frente a um contexto em que novas situações econômicas, políticas, sociais determinaram no Ocidente um inegável aumento dos poderes do juiz e um conseqüente aumento das margens criativo-integrativas da interpretação judicial... Procede perfeitamente a circunstância que a teoria, considerando a atual crise das fontes de direito, não tem capacidade descritiva de uma realidade, em que o judiciário não se configura mais como "poder nulo". Objeto das mais conscientes teorias metodológicas deste período torna a readequação da teoria do direito à prática jurisprudencial...

É chegado o momento de restaurar a dimensão dialógica do debate jurídico, para convencermo-nos de que o processo civil não promete a descoberta de verdades claras e distintas, como sustentaram os filósofos racionalistas. O processo oferece versões, não verdades ou, como diz Hanna AREND,[9] significados.

Negar a possibilidade de significados plurais a um mesmo signo jurídico constitui uma fantasia dos juristas,

> Para os quais a lei ganha contornos de verdade absoluta, mascarando o seu conteúdo ideológico. Ressaltar a insuficiência da linguagem jurídica, revelando o seu caráter simbólico é desmistificar o direito como sistema fechado e revelar a impossibilidade de sua compreensão enquanto práxis institucional e instrumento regulador de conflitos de interesses. (ROCHA; KOZICKI, 1997, p. 144)

Ademais, "a linguagem transposta para o mundo jurídico deve ser apreendida no contexto de suas práticas sociais geradoras" (HART, 1994, p. 112). O ordenamento jurídico, enquanto ordem de regras, constitui uma variedade particular de regras sociais, derivando, como tais, de fontes sociais. Tais regras existem "em virtude de práticas sociais; não existem em uma ordem ideal ou em um universo extraterrestre, independentemente dos homens e das mulhe-

---

[7] "O problema da textura aberta do Direito seria solucionado através do reconhecimento de um poder discricionário aos tribunais, ou seja, os mesmos exerceriam também um papel de criação do Direito. (HART, 1994, p. 144-5)

[8] "È precisamente su questo piano che l'oggettivo moltiplicarsi delle incertezze della legge, e degli spazi discrezionali della esa aperti, trasferisce ai giudici il potere di creare nuovo diritto o di modificare quello esistente. Posto di fronte ad un contesto in cui nuove situazioni economiche, politiche, sociali hanno determinato in Ocidente un innegabile aumento dei poteri del giudice e un conseguente ampliarsi dei margini creativo-integrativi dell'interpretazione giudiziale... si coglie perfettamente la circostanza che la teoria, pu preso atto della crisi odierna delle fonti di diritto, non ha capacità descrittiva di una realtà, in cui giudiziario più non si configura come 'potere nullo'. L'ojettivo delle più consapevoli teoria metodologiche di questo periodo diviene perciò il riadeguamento della teoria del diritto alla pratica giurisprudenziale...". (ZACCARIA, 1990, p. 5-6)

[9] "...a necessidade da razão não é inspirada pela busca da verdade, mas pela busca do significado. E verdade e significado não são a mesma coisa" (In: Hanna AREND. A vida do espírito, Rio de Janeiro: Delume Dumara, p. 14)

res que vivem juntos, agem, dizem e pensam socialmente".[10] (HART, 1994, p. 140-1).

Nessa esteira, o problema da interpretação jurídica está a sofrer uma radical alteração, ao tomar a perspectiva do atual contexto metodológico. Deixou de conceber-se a interpretação como sendo a "interpretação exclusiva da lei", para se pensar como "ato de realização do direito". Isto significa dizer que a realização do direito não se identifica com a interpretação da lei, nem nela se esgota. O Direito deixou de identificar-se apenas com a lei. (GUERRA FILHO, 2001, p. 97). Assim, a realização do direito deixou de ser mera aplicação das normas legais e manifesta-se como ato

> Judicativamente decisório através do qual, pela mediação embora do critério jurídico possivelmente oferecido por essas normas, mas com ampla actividade normativamente constitutiva, se cumprem em concreto as intenções axiológicas e normativas do direito, enquanto tal. (NEVES, 1983, p. 11-12)

Segundo NEVES (1983, p. 12) é como se nos encontrássemos em condições de entender verdadeiramente as conhecidas e exatas palavras de IHERING:

> O direito existe para se realizar. A realização é a vida e a verdade do direito; ela é o próprio direito. O que não passa à realidade, o que não existe senão nas leis e sobre o papel, não é demais do que um fantasma do direito, não são senão palavras. Ao contrário, o que se realiza como direito é o direito.

A interpretação jurídica pode ser vista hoje além do seu sentido restrito tradicional, mas em um sentido amplo. O sentido restrito foi o que se tornou comum com Friedrich Karl von SAVIGNY[11] e, sobretudo, com o positivismo jurídico do século passado, legalista e exegético. A interpretação jurídica era vista como interpretação à lei. Pretendeu-se, ainda, diferenciá-la rigorosamente da possível atividade de integração de lacunas – a interpretação e a integração seriam atos intencional e metodologicamente de todo distintos e a demarcar objetivamente pelo texto da lei. A contrário senso, a interpretação em sentido amplo abrangeria esse ato distinto de integração das lacunas. Ao tratar do tema interpretação, leciona NEVES (2003, p. 42-43):

> Com efeito, o que acaba de dizer-se não tem relevo só quanto ao âmbito do que deva entender-se por interpretação jurídica; projecta-se também na compreensão do sentido dessa interpretação. É que, se as especificações anteriores se têm situado como que apenas no plano horizontal do nosso problema, havemos de reconhecer que ele não convoca menos o plano vertical da normatividade da ordem jurídica, com a pluralidade das dimensões e elementos normativos que nesse plano totalizam o direito e que culminam nos seus fundamentos axiológico-normativamente constitutivos. Isto porque a interpretação jurídica, mesmo quando opera directamente com particulares normas jurídicas – i.é, quando a realização do direito se efectiva pela metodológico-normativa mediação de pressupostas normas ou critérios jurídicos – não pode deixar de assimilar o sentido axiológico-normativo fundamental da ordem de direito que desse modo e nesse ponto particular realiza, i.é, não pode deixar de manifestar, nessa realização, a concepção do direito, e o sentido material da justiça com que o intenciona, a comunidade histórica de que se trate.

---

[10] "Ao conceber o Direito como prática institucional e ao dar relevância às práticas sociais da comunidade – adequando a oposição interno/externo das regras – bem como à contextualização dos enunciados jurídicos, abriu a teoria jurídica ao universo do mundo, reconhecendo a existência de uma textura aberta do Direito a partir do reconhecimento de uma textura aberta da linguagem". (HART, 1994, p. 140-1)

[11] SAVIGNY, apud SILVA, 1996, p. 107.

Para Jürgen HABERMAS, a interpretação não constitui propriedade exclusiva da hermenêutica, fazendo parte integrante dos métodos sociológicos, etnológicos, antropológicos, etc. Todavia, enquanto estas ciências trabalham com diferentes modelos particulares de interpretação (a nível microscópico), a hermenêutica filosófica detém-se a uma interpretação macroscópica.

Todavia, Jürgen HABERMAS[12] (1987) critica a pretensão de universalidade da hermenêutica filosófica. Entretanto, em que pese apontar sérias restrições ao caráter de universalidade da mesma – sustentado por Hans G. GADAMER – recorre frequentemente aos instrumentos da hermenêutica. Portanto, Habermas não recusa a hermenêutica; ele desenvolve sua argumentação em favor da dialética e da superioridade da crítica das ideologias em face da hermenêutica. Mesmo não aceitando a hermenêutica com pretensão de universalidade, reconhece-lhe importância, ao lado do pensamento crítico.[13] Segundo STEIN (1987) pode-se destacar, nas páginas dos livros de Habermas, uma série de proposições que o fazem reconhecer as realizações positivas da hermenêutica. Segundo ele, a partir da obra de HABERMAS, poderia se enumerar as seguintes:

1. A hermenêutica é capaz de descrever as estruturas da reconstituição da comunicação perturbada.

2. A hermenêutica, e nisso seu juízo coincide com o de Gadamer, está necessariamente referida à práxis.

3. A hermenêutica destrói a auto-suficiência objetivística das ciências do espírito assim como vêm tradicionalmente apresentadas.

4. A hermenêutica tem importância para as ciências sociais, na medida em que lhes mostra que seu domínio objetivo está pré-estruturado pela tradição e que elas mesmas, bem como o sujeito que compreende, têm seu lugar histórico determinado.

5. A consciência hermenêutica atinge, fere e revela os limites da auto-suficiência das ciências naturais, ainda que não possa questionar a metodologia que elas fazem uso.

6. Finalmente, hoje uma esfera da interpretação alcançou atualidade social e exige, como nenhuma outra, a consciência hermenêutica: a saber, a tradução de informações científicas relevantes para a linguagem do mundo da vida social. (STEIN, 1987, p. 122)

Em que pesem as concessões acima apontadas, elas não significam uma rendição de Habermas à hermenêutica. Segundo ele, "a consciência hermenêutica estará incompleta enquanto não assumir em si a reflexão sobre os limites do compreender hermenêutico" (STEIN, 1987, p. 123).

Pelo exposto, observa-se que HABERMAS (1987) reconhece a importância da tradição.[14] Entretanto, se admitirmos, como ele, a ideia de reflexão crítica, teremos que chegar à conclusão de que a tradição, na qual sempre estamos, não constitui um elemento último inquestionável, mas algo que deve ser pro-

---

[12] A crítica que Jürgen HABERMAS deduz contra a hermenêutica filosófica encontra-se nesta obra. A opção foi por não abordá-la na presente tese, face à complexidade do tema.

[13] Neste sentido: STEIN, Ernildo. Dialética e Hermenêutica: uma controvérsia sobre método em filosofia. Apêndice à obra *Dialética e Hermenêutica* – Para a crítica da hermenêutica de Gadamer. Traduzido por Álvaro L.M. Valls. Porto Alegre: LP&M, 1987, p. 122.

[14] Na hermenêutica filosófica de Hans Georg Gadamer, nós nos encontramos sempre no interior de uma determinada tradição.

blematizado,[15] a fim de que seja possível separar aquilo que é digno de reconhecimento e aquilo que deve ser simplesmente rejeitado (SIEBENEICHLER, 1990, p. 85). Ou seja, a tradição é ponto de partida para a compreensão de um problema. Não se apresenta como solução para ele. François OST (1999, p. 156), ao tratar do tema, refere que:

> A questão já não é liquidar a tradição, mas submetê-la a um processo permanente, crítico e reflexivo, de revisão que, ao mesmo tempo, lhe assegure uma consciência mais exacta da sua singularidade e lhe facilite uma abertura dialógica com as outras tradições num espaço público de discussão – científico, artístico ou político – que está em grande parte por construir. Do lado das perdas: separar-nos-emos das tradições alienantes em que as idéias se transformam em estereótipos e os valores em tabus autoritários; o tradicionalismo, com efeito, é arredio à (auto) reflexão e não se presta ao diálogo argumentado. Do lado dos lucros, em compensação, o processo de revisão das tradições pode trazer uma reposta às questões não resolvidas em que o antigo modo de pensamento viera bater: a invenção da justiça em As Euménides é exemplar em relação a isto, permitindo ultrapassar aporias da vingança fechada num frente-a-frente repetitivo.

Assim, a análise da problemática do Direito Processual Civil, necessariamente, deverá passar pela observação da tradição que está refletida no pensamento dogmático contemporâneo. Apenas deste modo se conseguirá compreender e propor mudanças .

Uma das formas de se pensar uma crítica à tradição é através das duas formas de identidade, argumentativa e narrativa, sugeridas por HABERMAS (1987). Na identidade narrativa, é estabelecida uma referência substancial ao passado, mas sem acesso ao universal; já na identidade argumentativa, é estabelecida a referência processual ao universal, em detrimento da "ancoragem" de um passado constitutivo. Segundo OST (1999),

> Não se trata nem de renegar a tradição de que se fala, nem de diluir numa ilusória identidade universal: é suficiente, e é muito, trocar tradições. Com efeito, ao deixarem de pensar-se como únicas, cada uma delas se envolve no processo de sua própria transformação. A identidade reconstrutiva já não se limita em contar-se: ela interpreta-se, explica-se, justifica-se; passando assim do registro afirmativo à prova da auto-reflexão e ao risco da intercompreensão, ela abre a possibilidade de uma reactivação dos seus dados adquiridos e de reconhecimento dos seus erros.

Pelo exposto, conclui-se que a interpretação jurídica geralmente trabalha com conceitos prévios, cuja tendência é a de serem substituídos progressivamente por outros mais adequados. Aquele que intenta compreender está exposto aos erros de opiniões prévias que não se comprovam nas coisas mesmas. A compreensão só alcança as suas verdadeiras possibilidades quando as opiniões prévias com as quais inicia não são arbitrárias. Em razão desta circunstância, é importante que o intérprete não se dirija aos textos diretamente, desde

---

[15] "O problema do Direito, e não só o brasileiro, é que ele é uma estratégia de imposição de certos valores consagrados que se quer que se repitam empiricamente em situações semelhantes no futuro. Temos Direito quando temos algo que se repete ou quando, por exemplo, no Direito Comparado, há um país que decidiu antes da mesma maneira. Quando alguém já decidiu a mesma coisa, antes, num outro tribunal, é excelente para o jurista. Se isso foi dito há mil anos, é excelente para o jurista, porque há uma racionalidade de acordo com a qual, para enfrentar o presente, a complexidade obriga a sempre buscar no passado que, de alguma maneira, tem a pretensão de controlar o futuro, já que apresenta respostas, antecipadamente, para situações que ainda não aconteceram, já há um sentido preestabelecido a partir da lei para identificar essas situações". (ROCHA, 1998, p. 195)

as opiniões prévias que lhes subjazem, senão que examine tais opiniões em relação à sua legitimação, isto é, enquanto sua origem e validade.

O Direito na modernidade deve ser entendido como uma prática dos homens, expressa através do discurso – tal como sustentado por HABERMAS –, sendo mais que palavras, comportamentos, símbolos, conhecimentos. É o que a lei manda, mas também o que os juízes interpretam, os advogados argumentam, as partes declaram, os teóricos produzem, os legisladores sancionam ou os doutrinadores criticam. Enfim, trata-se de um discurso constitutivo, uma vez que designa/atribui significados a fatos e palavras.

Assim, parece evidente que não existe uma resposta certa para o Direito. Todavia, podem-se indicar alguns caminhos que permitam melhor articular a prática jurídico/política nas sociedades contemporâneas.

A interpretação e aplicação do Direito podem ser pensadas como busca incessante de justiça, que jamais se realiza no presente, por se caracterizar como infinita, incalculável, avessa à simetria. Não se trata propriamente, como diz BAPTISTA DA SILVA (1996, p. 213), de "conferir maiores poderes aos juízes, mas apenas e simplesmente admitir que eles necessariamente sempre os tiveram em maior ou menor extensão, segundo as características de cada época".[16]

A partir do momento em que se começa a pensar a produção da diferença, para construir uma nova realidade, imperiosa se revela a preocupação quanto ao tipo de consequência que esta decisão vai gerar. Todavia, face à alta complexidade na tomada de uma decisão em relação ao futuro, surge o problema do risco, que é a possibilidade de que ela não ocorra da maneira que se está pensando. Segundo ROCHA (1998, p. 199):

> Não adianta simplesmente ser como um juiz alternativo e dizer que se vai decidir de maneira diferente da lei e está resolvido o problema. Isso não ocorre. É preciso levar em consideração todas as conseqüências e toda complexidade que está por trás da produção de uma decisão diferente; por isso, provém da Administração, da Economia e de outras áreas esta questão do risco: uma decisão sempre implica a possibilidade de que as suas conseqüências ocorram de maneira diferente.

Assim, é preciso que se trabalhe o processo de decisão, estratégias, planejamento, economia, ou seja, é preciso que os operadores do Direito conheçam o risco[17] (ROCHA, 1998, p. 200),

3. Referências

CARPI, Federico. È sempre tempo di riforme urgenti del processo civile. *Rivista Trimestrale di Diritto e Procedura Civile*, Milano, n. 2, p. 471-91, giugno. 1989, p. 477.

---

[16] Federico CARPI refere que o projeto de reforma legislativa ocorrido na Itália em 1990, teve uma tendência à, refere que o projeto de reforma legislativa ocorrido na Itália em 1990, teve uma tendência à "valorização do juízo de primeiro grau, com diversos instrumentos, mas em particular com a reintrodução (com respeito à novela de 1950) de preclusões 'flexíveis', com a provisória executoriedade da sentença de primeiro grau, e com a rígida exclusão de novo apelo. Trata-se de escolhas coerentes a uma visão de um processo civil não mais 'coisa exclusiva das partes', mas instrumento de defesa jurisdicional caracterizado pela efetividade e eficiência. Tais escolhas deveriam ter um prosseguimento lógico no controle real sobre a produtividade do juiz, em particular nos tempos de depósito das sentenças" (CARPI, 1989, p. 477).

[17]. Sobre o tema vide também: PERETTI-WATEL, Patrick. *La société du risque*. Paris: Éditions la Découverte, 2001.

GUERRA FILHO, Willis Santiago. *A filosofia do direito* – Aplicada ao direito processual e à teoria da constituição. São Paulo: Atlas, 2001.

HABERMAS, Jürgen. *Dialética e hermenêutica*. Para a crítica da hermenêutica de Gadamer. Traduzido por Álvaro L.M. Valls. Porto Alegre: LP&M, 1987.

HART, Herbert. *O conceito de direito*. Traduzido por A. Ribeiro Mendes. 2 ed. Lisboa: Fundação Calouste Gulbekian, 1994.

LUHMANN, Niklas. *Sociologia do direito II*. Rio de Janeiro: Tempo Brasileiro.

MARRAMAO, Giacomo. *Poder e secularização* – as categorias do tempo. Traduzido por Guilherme A. G. de Andrade. São Paulo: UNESP, 1995.

NEVES, Antônio Castanheira. *O actual problema metodológico da interpretação jurídica – I*. Coimbra: Coimbra, 2003.

——. *O instituto dos assentos e a função jurídica dos supremos tribunais*. Coimbra: Coimbra, 1983.

OST, François. *O tempo do direito*. Traduzido por Maria Fernanda Oliveira. Lisboa: Instituto Piaget, 1999.

PANNARALE, Luigi. *Il diritto e le aspetattive*. Bari: Scientifiche Italiane.

ROCHA, Leonel Severo. A construção do tempo pelo direito. *Anuário do Programa de Pós-Graduação em Direito*. Mestrado e Doutorado. São Leopoldo: Ed. UNISINOS, 2003.

——. *Epistemologia jurídica e democracia*. São Leopoldo: EdUNISINOS, 1998.

—— (Org.); KOZICKI, Katya; et al. *Paradoxos da auto-observação* – percursos da teoria jurídica contemporânea. Curtitiba, 1997.

SICHES, Luis Recaséns. *Experiencia jurídica, naturaleza de la cosa y lógica 'razonable'*. México, 1971.

SIEBENEICHLER, Flávio Beno. *Jürgen Habermas* – Razão comunicativa e emancipação. Rio de Janeiro: tempo Brasileiro, 1990.

SILVA, Ovídio Araújo Baptista da. *Jurisdição e execução na tradição romano-canônica*. São Paulo: Revista dos Tribunais, 1996.

STEIN, Ernildo. Dialética e Hermenêutica: uma controvérsia sobre método em filosofia. Apêndice à obra *Dialética e Hermenêutica* – Para a crítica da hermenêutica de Gadamer. Traduzido por Álvaro L.M. Valls. Porto Alegre: LP&M, 1987.

ZACCARIA, Giuseppe. *L'arte dell'interpretazione* – Saggi sull'ermeneutica giuridica contemporanea. Padova: Cedam, 1990.

— 6 —

Hermenêutica, retórica, verossimilhança, discricionariedade: a opção ovidiana pelo significado

DANIELA BOITO MAURMANN HIDALGO[1]

SUMÁRIO: Introdução – a dimensão da obra ovidiana; 1. Pilares do pensamento ovidiano; 2. Hermêutica e retórica – dos sentidos pré-dados à construção do sentido no campo do processo; 3. O sentido e o lócus da discricionariedade; Considerações finais; Referências bibliográficas.

Introdução – a dimensão da obra ovidiana

Ovídio Araújo Baptista da Silva dedicou 40 anos de sua vida ao estudo e ao ensino do Direito. Plantou sementes valiosas que frutificam e incumbe a nós cultivá-las e fazer germinar novas sementes. Homenageá-lo, neste sentido, é trazer a lume, perpetuar, desenvolver seus ensinamentos que alertam para a perda do sentido do direito, presente no dogmatismo e cientificismo de nossa época, que colonizaram o pensamento jurídico e o senso comum teórico, de modo a que o sentido do Direito resultou indiscutido e cristalizado como verdades imanentes.

Se estivesse entre nós, concordaria com a afirmação da necessidade, para usar uma expressão de Warat,[2] de "resistência permanente", de um recorrente perguntar-se pelo sentido do ser do direito, enquanto significação e fenômeno.

Ovídio deixou-nos uma obra incomensurável em seu valor para o desvelamento paradigmático e para o projeto, no sentido heideggeriano do termo,[3]

---

[1] Mestre em Direito Público (UNISINOS-RS). Especialista em Direito Processual Civil (PUC-RS). Professora Universitária em cursos de graduação e pós-graduação. Membro de Bancas de Concurso (FMP-RS). Defensora Pública do Estado (RS). Membro Efetivo do Grupo dos Onze.

[2] WARAT, Luís Alberto. *A ciência jurídica e seus dois maridos*. Santa Cruz do Sul: UNISC, 2000. p. 82.

[3] Algumas expressões que aparecem no texto tem um sentido próprio, vinculado à matriz heideggeriana do estudo que aqui se empreende. Assim, no decorrer do texto, tais expressões serão assinaladas com a explicitação de seu sentido. É o que ocorre com a expressão *projeto*, que, em Heidegger, é expressão que abre os sentidos, projetados no mundo em contraposição ao ideário de sistema, forjado pela modernidade. Da cristalização de sentidos, a partir do sistema, que se fechou no plano abstrato, no qual o que prevalece são o método e o conceito (enquanto ser abstrato, desligado do mundo prático), passa-se à projeção de sentidos, no mundo, superando a abstração da modernidade em direção à retomada da significação no contexto e à superação da dicotomia fato-direito. A ideia de projeto, em lugar do sistema, então, deve ser compreendida a partir da recuperação dos sentidos no mundo, em uma abertura de significações que exige que o intérprete recupere o mundo prático e construa o sentido do ser do direito material no processo desvelando os sentidos pré-dados

da superação das impossibilidades, não apenas do Direito, como também não só do Direito Processual, mas, para além dele, daquilo que denominou *"Epistemologia das Ciências Culturais"*.

Esse develamento paradigmático, tal como desenvolvido naquilo que poderíamos até mesmo chamar de filosofia no processo deixada por Ovídio, embora o próprio homenageado fosse avesso a rótulos, tinha pilares firmes e necessários à compreensão do Direito, em sua dimensão dinâmica, em uma sociedade complexa. Direito compreendido ontologicamente.[4] Em sua derradeira obra, *"Epistemologia das Ciências Culturais"*,[5] ele tematiza esses pilares: a separação do paradigma racionalista e das dicotomias que objetificam/assujeitam a relação S-O, representadas pela separação entre direito e fato; a recuperação da retórica judicial; a problematização da discricionariedade; o direito como analogia. Sem pretender simplificar a obra do querido mestre, que tanta saudade deixou e tanta falta faz nesse mundo que ele, com Immanuel Wallerstein, definiu como um mundo no qual podemos *"desfrutar da sensação de liberdade, na mais absoluta plenitude. Liberdade para concordar, pela inocuidade das divergências, ou do próprio questionamento do sistema"*,[6] esse ensaio retoma sua obra corajosa, a obra de um homem genial e à frente de seu tempo, que não se acovardou diante do enfrentamento do dogma e do campo científico, e que apresentou as insuficiências da pretensa "ciência processual", o que o faz responsável pela maior evolução da dogmática processual dos últimos anos, não apenas em nosso País, e um dos maiores processualistas com os quais a academia já contou.

O sentido do ser do direito, dinamicamente considerado, a ser buscado quando se trata da preocupação, a que nos referimos, de problematizar o que é o direito ao direito,[7] no campo do processo, é a via mestra dessa investigação da obra ovidiana.

1. Pilares do pensamento ovidiano

Desvendar o paradigma racionalista e denunciar a dicotomia sujeito-objeto – em fórmulas como a separação entre fato e direito, entre texto e norma –,

---

para recuperar a riqueza da vida na construção da significação no caso. O sentido, então, não se confunde com o conceito, mas se projeta, no e do caso, sempre jogado no mundo, à espera de interpretação. Compreender, segundo Heidegger, é projetar possibilidades e interpretar é elaborar tais possibilidades. (HEIDEGGER, Martin. Ser e tempo. Petrópolis: Vozes; Bragança Paulista: Universitária São Francisco, 2006. p. 209). É necessário reconhecer, com Heidegger, que a estrutura da compreensão *"possui a estrutura existencial do que chamamos projeto (N52)"* (HEIDEGGER, Martin. La epoca de la imagen del mundo. In: ——. Caminos de bosque. Madrid: Alianza, 1996 Disponível em: <http:www.heideggeriana.com.ar>. Acesso em: jun. 2007, p. 205) em que o *"projeto é a constituição ontológico-existencial do espaço de articulação do poder-ser fático."* (Ibid, p. 205).

[4] Ontológico, remete ao sentido, não ao sentido pré-dado (conceito), mas ao sentido do que as coisas realmente são. Em resumo, poderíamos falar de superação da dicotomia conceito abstrato-ser concreto, em um movimento, aqui identificado como superação do conceito científico, que exige a construção do sentido em um constante movimento de pergunta e resposta e em constante vigilância do sentido do caso.

[5] SILVA, Ovídio Araújo Baptista da. *Epistemologia das Ciências Culturais*. Porto Alegre: Verbo Jurídico, 2009.

[6] SILVA, Ovídio Araújo Baptista da. *Processo e ideologia*: o paradigma racionalista. Rio de Janeiro: Forense, 2004. p. 297.

[7] Preocupação que se apresenta viva na obra de Castanheira Neves e objeto, mais especificamente, de seu estudo intitulado "O Direito Hoje e com que Sentido?" NEVES. António Castanheira. *O Direito Hoje e com que Sentido?* O Problema Atual da Autonomia do Direito. Lisboa: Piaget, 2012.

presente na doutrina normativista: esse é o primeiro passo. O normativismo alija os fatos concretos do mundo do direito, recortando-lhes o suporte fático suficente para afirmar o reino do jurídico, que prenuncia e fundamenta a univocidade de sentido, que por outro lado, também determina a insuficiência do direito. Dizendo de outro modo, a subtração do mundo prático viabiliza a arbitrariedade do sentido do Direito, a qual se manifesta, como paradoxo, diante dessa insuficiência:[8] trata-se de uma real batalha. Batalha que poderia ser compreendida por uma pergunta, na obra ovidiana: a pergunta sobre o sentido do Direito.

A obra ovidiana pergunta pela compreensão do Direito e o reconduz ao campo das ciências culturais, superando o paradigma lógico e fundado em verdades evidentes e impensadas, derivadas do cariz lógico-matemático do pensamento cientifíco moderno. A partir da matriz analógica, no seio da pluralidade e da complexidade da contemporaneidade, retoma a retórica como arte discursiva do verossímil. Nesse contexto, e justamente por ser esse o contexto, afirma a discricionariedade judicial, não como arbítrio ou ausência de limites, mas como forma de exteriorização da atividade judicial, que se movimenta em um mundo, enquanto linguagem, de sentidos plúrimos, de seres dotados de significado no mundo, que não estão entificados e que são construídos hermeneuticamente, em um contexto argumentativo, que, por ser verossímil, plúrimo, empresta uma margem de escolha no processo de compreensão-interpretação-aplicação que não almeja à verdade do sentido dado, mas uma resposta, que eu gostaria de chamar de adequada, segundo o direito, em sua significação concreta, (re) construída historicamente.

2. Hermêutica e retórica – dos sentidos pré-dados à construção do sentido no campo do processo

Ovídio Araújo Baptista da Silva considera inevitável a transformação paradigmática e a renúncia ao dogmatismo para recuperação da dimensão hermenêutica da compreensão dos textos,

> sob o pressuposto epistemológico de que o texto carrega várias soluções jurídicas possíveis, para, enfim, mostrando que texto e norma não são a mesma coisa, reentronizar a Retórica como ciência da argumentação forense, que o pensamento linear dos juristas geômetras do século XVII pretendeu eliminar do direito processual.[9]

Surge aí o lugar da retórica em sua obra. Lembro que a retórica, na visão de Aristóteles é um ramo da dialética e, também, da ética e não se constitui ciência, com um objeto definido de estudo, mas uma faculdade fornecedora de

---

[8] Trata-se, aqui, de enfrentar o problema que vê, no conceito, a resposta já estabelecida para um problema jurídico que, como caso simples, não necessitaria de interpretação e, por outro lado, a atribuição de sentido, segundo a vontade do intérprete (o Juiz) que diante de uma pretensa insuficiência do sistema, que não oferceria uma resposta ao caso, poderia atribuir o sentido conforme a sua subjetividade ou, dito de outro modo, sua vontade individual.

[9] SILVA, Ovídio Araújo Baptista da. Fundamentação das Sentenças como Garantia Constitucional. In: *Jurisdição, Direito Material e Processo*. Rio de Janeiro: Forense, 2008. p. 148.

argumentos.[10] É preciso, então, contextualizar a forma como se dá a retomada da retórica, enquanto arte[11] da argumentação, e sua relação com a hermenêutica, enquanto arte da compreensão, bem como a leitura que se pode, autenticamente,[12] fazer da obra ovidiana, como obra capaz de desvelar e superar os desvios da ciência moderna em direção à autenticidade da retomada das ciências culturais no mundo prático. Trata-se de superar a ciência moderna enquanto ciência fundada no campo das imutabilidades e, para dizer apenas de outro modo, do absoluto matemático. Projeta-se a retomada da dimensão de saber prático e a superação da supremacia da técnica que define o direito e, especialmente, o direito no processo.

Superar o dogmatismo da *práxis*, ora aprisionada pelo conceito, ora distante e destoante da teoria, que não eliminou os pressupostos normativistas de sua construção, a saber: 1. Superar a possibilidade de desconsideração absoluta do fato, enquanto caso concreto, e, também, a soberania do conceito, pré-dado, cujo conteúdo não se valora (O-S), presente em parcela das decisões judiciais que não se explicitam em seus pressupostos democráticos, especialmente na fundamentação; 2. Superar, ainda, a outra face desse fenômeno que se apresenta, ao revés, como a possibilidade de desconsideração absoluta da norma, quando o sistema é, pelo intérprete e a partir da subjetividade desse, considerado insuficiente para dar uma resposta ao caso, o que joga o sentido do Direito à significação arbitrária pelo sujeito (S-O), em atribuição de sentido igualmente não fundamentada em seus pressupostos democráticos. Isso porque a fundamentação, predominantemente, não é construída a partir da compreensão-interpretação-aplicação (*applicatio*), mas pressuposta e aplicada enquanto parâmetros conceituais de uma "aplicação" que desconsidera o fato, ou dizendo de outro modo, o caso concreto. Fundamentação, então, que permanece aprisionada no paradigma individualista, enquanto o Direito é, ou deveria ser, democraticamente, intersubjetivo. Construir a autenticidade da fundamentação passa pela necessidade de reconhecer importância do argumento e da construção do sentido como aplicação. Fundamentar de modo autêntico e não apriorístico, buscando o sentido do caso, e não o mero acoplamento do conceito que, por ser abstrato, prescinde da efetiva valoração do fato. A mesma teoria, ora desvinculada da práxis, ora sua aprisionadora, engendra diferentes maneiras de não enfrentar o problema do sentido do ser do Direito, ainda dicotomizadas pelas tendências teóricas de correção do paradigma, como é o caso das correntes pós-positivistas, sejam elas de matriz conteudística ou procedimental, que continuam estabelecendo pressupostos abstratos e pré-dados de compreensão do Direito, a partir do conceito abstrato, acoplado pelo sujeito ao objeto, na versão moderna do fenômeno (representacional), ora reconhecida pelo sujeito que interpreta como apriorística e incotestavelmente

---

[10] ARISTÓTELES. *Retórica*. São Paulo: Edipro, 2011.

[11] Registro, desde já, que a proposição não se confunde com qualquer matriz relacionada às teorias da argumentação, nem pretende mixar a matriz hermenêutica com matrizes argumentativas de cariz procedimentalista.

[12] A palavra autenticidade expressa o sentido de desvelamento dos pré-juízos da tradição, a superação da ideologia presente no paradigma, a busca do sentido que foi perdido pela ausência de mundo (linguagem, que remete ao contexto e à intersubjetividade) na era do conceito.

imposta ao caso, na versão de uma metafísica clássica em que os conceitos são autossuficientes,[13] porque não é dado ao intérprete questioná-lo (normativismo puro).

Em um primeiro momento, é preciso reconhecer que esta retomada do sentido do ser do Direito tem por lugar a *aplicação*.[14] Na obra ovidiana, a preocupação está voltada para esse movimento no campo do processo e não é possível deixar de se ter no horizonte hermenêutico o fato de que o processo advém da incerteza sobre o direito (pretensão) material concreto. O sentido do ser do direito (pretensão) se dá, no processo, nesse movimento, que busca, na superação das dicotomias metafísicas entre S-O, condição de possibilidade para concretização autêntica desse direito. Esse movimento hermenêutico, enquanto encontro-acontecimento, se dá em uma realidade argumentativa, disso não se pode descurar. Lembrando Heidegger, o importante aqui é reconhecer a abertura do sentido, como linguagem que não media a compreensão, enquanto método, mas remete à inserção do ser no mundo, plúrimo em que

> Não restringimos previamente o conceito de sentido ao significado de "conteúdo do juízo", mas o entendemos como fenômeno existencial já caracterizado, onde se torna visível o aparelhamento formal do que se pode abrir no compreender e articular na interpretação.[15]

A fenomenologia hermenêutica desvela a necessidade de perguntar pelo sentido do interpretar e o compreender, em que:

> A compreensibilidade já está sempre articulada, antes mesmo de qualquer interpretação apropriadora. A fala é a articulação da compreensibilidade. Por isso, a fala se acha à base de toda interpretação e enunciado. Chamamos de sentido o que pode ser articulado na interpretação e, por conseguinte, mais originariamente ainda já na fala. Chamamos de totalidade significativa aquilo que, como tal, se estrutura na articulação da fala. Esta pode desmembrar-se em significações. Enquanto aquilo que se articula nas possibilidades de articulação, todas as significações sempre têm sentido.[16]

Essa abertura da interpretação, como disse Heidegger, não lança *"um 'significado' sobre a nudez de algo simplesmente dado, nem cola sobre ele um valor"*.[17] O movimento que articula a tarefa da aplicação do Direito, no seio do processo, que é objeto da presente reflexão, então, precisa retomar o sentido autêntico de reconhecimento da tarefa da interpretação em que não há um sentido único, nem os sentidos, plúrimos porque lançados no mundo, são acessíveis pelo

---

[13] A preocupação com a superação do dogmatismo, no mais das vezes reconduzido à estrutura positivista do pensamento jurídico, tem permeado importantes obras em teoria do Direito. As variantes são múltiplas e plúrimas, diferentes formas de um chamado não positivismo são apresentadas e sustentadas. Grandes autores como Ronald Dworkin e Robert Alexy, apenas para citar dois exemplos, voltam suas armas intelectuais contra o positivismo, caracterizado como não conteudista, para afirmar a essencialidade da recondução dos valores políticos e morais, por exemplo, à interpretação e à argumentação jurídica, a partir do primado dos princípios. Suas raízes, no entanto, estão fundadas na ideia sistemática da ciência moderna.

[14] Aplicação, aqui, no sentido gadameriano do termo, enquanto *applicatio*, movimento compreensão-interpretação-aplicação na circularidade hermenêutica na qual se dá a diferença ontológica entre texto e norma e entre sujeito e objeto para ficar apenas nessas dicotomias modernas.

[15] HEIDEGGER, Martin. *Ser e tempo*. Petrópolis: Vozes; Bragança Paulista: Universitária São Francisco, 2006. p. 218.

[16] Idem. ibidem. p. 223

[17] Idem. ibidem. p. 211.

sujeito intérprete sem que esse seja lançado no mundo prático. Conforme registrei em estudo anterior:

> A tarefa da interpretação (que pressupõe a compreensão da qual é a explicitação) "consiste em concretizar a lei em cada caso, ou seja, é a tarefa da aplicação". O ser de um ente "é", no movimento que une compreensão-interpretação-aplicação, não sendo, portanto, possível que o sentido seja previamente dado, porque ele não prescinde do mundo prático. O ser de um ente "é", sempre, pois, no mundo. Citando, novamente, Gadamer, em pergunta e resposta: "Por que será que o que Aristóteles designa como a forma jurídica da *phronesis (dikastiké fronésis)* não é uma *technè*? (...) Aristóteles mostra que toda lei é geral e não pode conter em si a realidade prática em toda a sua concreção, na medida em que se encontra numa tensão necessária com relação ao concreto da ação. (...) Fica claro que o problema da hermenêutica encontra aqui seu verdadeiro lugar.[18]

Não há modo de a hermenêutica ser interpretada como meio ou método de acesso à verdade, porque, no horizonte histórico e factual, a verdade é contingente, motivo pelo qual a aproximação do verossímil é a forma de conciliarmos o horizonte interpretativo com a necessidade processual de (re) construção do sentido do ser do direito (pretensão) material no âmbito do processo. Reconhecendo a impossibilidade de atribuição prévia de sentido e, também, a impossibilidade de reconhecimento de sentidos desvinculados, a tarefa da interpretação e, por isso, a tarefa da aplicação não poderia descurar da necessidade de investigação do sentido do Direito, entendido em sua dimensão autêntica, que não reconhece a dicotomia texto-norma ou fato-direito. Investigação do sentido, como tarefa de encontro com o mundo prático, o que exige a abertura para a pergunta pelo sentido e o reconhecimento de que o conceito-abstrato opõe-se ao ser concreto e vela/impossibilita o acesso ao sentido autêntico do Direito. Ovídio Araúo Baptista da Silva sempre sustentou a necessidade de problematizar a perspectiva do processualista, cuja tarefa é dar sentido aos fatos.[19]

É nesse contexto, de busca pelo sentido, que, não apenas com Ricouer, como também com Gadamer, podemos aproximar a tarefa da hermêutica do universo retórico, no campo do verossímil, que é o campo do processo, porque, lembrando Ovídio, *"O 'fato' tratado pelo processo é, sem dúvida, um conceito hermenêutico, a exigir interpretação"*.[20]

Daí se pode, com Paul Ricouer, *"articular a interpretação na justificação"* e considerar que há um movimento necessário no interpretar-argumentar.[21] Segundo Ricouer, agora lembrado pelo próprio Ovídio: *"Tanto mais se argumenta, melhor hermeneuticamente se compreende. Remata Ricouer: 'Spiegare di più per capire meglio'"*.[22] O próprio Gadamer afirma a estreiteza da relação entre

---

[18] HIDALGO, Daniela Boito Maurmann. *Relação entre Direito Material e Processo*: uma relação hermenêutica; compreensão e reflexos da relação de direito material. Porto Alegre: Livraria do Advogado, 2011. p. 169-170.

[19] SILVA, Ovídio Araújo Baptista da.Verdade e significado. In: *Constituição, Sistemas Sociais e Hermenêutica*: Programa de Pós-Graduação em Direito da UNISINOS. Porto Alegre: Livraria do Advogado, 2005. p. 269.

[20] SILVA, Ovídio Araújo Baptista da. Fundamentação das Sentenças como Garantia Constitucional. In: *Jurisdição, Direito Material e Processo*. Rio de Janeiro: Forense, 2008. p. 143.

[21] RICOEUR, Paul. *O Justo (I)*. São Paulo: WMF Martins Fontes, 2008. p. 161.

[22] SILVA, Ovídio Araújo Baptista da.*Verdade e significado*. In: Constituição, Sistemas Sociais e Hermenêutica: Programa de Pós-Graduação em Direito da UNISINOS. Porto Alegre: Livraria do Advogado, 2005. p. 267. Na passagem, Ovídio Araújo Baptista da Silva cita a obra citada na nota anterior, em edição italiana.

hermenêutica e retórica,[23] sendo essa última compreendida no sentido mais de *"uma filosofia da vida humana definida pela fala do que uma técnica da arte de falar".*[24] Interessante, nesse ponto, trazer à fala a abordagem feita por Walber Araújo Carneiro, acerca do diáologo desvelador. Diz ele:

> Diálogo é, antes de tudo, dizer algo ao outro, e uma análise estática desse jogo revela sua estrutura básica que, é proposicional. Enquanto proposição, o diálogo, portanto, não é o lugar da verdade e, consequentemente, o consenso a que chegamos através dele – se chegarmos – não poderá ser equiparado à verdade. Essa limitação faz com que não possamos depositar todas as nossas fichas no diálogo ou, ao menos, exige uma reflexão mais profunda sobre o seu lugar no paradigma hermenêutico. Mas, se o diálogo não poderá trazer consigo a verdade, poderá, na medida em que é proposição, assumir a sua função, originária de fazer ver o ente, de mostrá-lo, (...). Rigorosamente falando, o diálogo não constrói sentido, mas ilumina o ente a partir de novas perspectivas. (...) Diante de tantas limitações, por que falar em diálogo em uma perspectiva analítico-existencial? Qual a sua função no processo compreensivo, já que este é uma antecipação de sentido? Embora as conclusões a que chegamos possam parecer pessimistas quanto a uma possível função relevante para o diálogo, de fato, o são apenas na aparência. Embora o lugar da verdade não seja a proposição e, embora só mostremos aquilo que já vimos, iluminar o outro para que o outro veja é de fundamental importância para a integração dos homens. De certo, o outro só verá aquilo que já pode ver, mas aquilo que o outro pode ver é muito mais do que ele via antes do diálogo, isto é, antes de ter o ente iluminado pela articulação dinâmica das proposições no diálogo.[25]

A construção do sentido, em Ovídio, recupera, nesse movimento, a pergunta pelo sentido, no campo da fala argumentativa, com o objetivo de desvelar a verdade possível, a verossimilhança. Nesse sentido, é preciso lembrar que

> A expressão que os gregos se utilizavam para "ser verdadeiro" (oληϑεοειν) significa desencobrir no sentido desvelar, retirar do ocultamento. O antônimo dessa expressão não será, tampouco, a expressão "falso", pois aquilo que não esta desvelado está, em verdade, velado. (...) A essência da proposição, dirá Heidegger, é "fazer ver um ente" (αποφαινεσθαι), desencobri-lo, desocultá-lo. Fazer com que ele seja visto a partir dele mesmo, trazê-lo para a visão, mostrá-lo.[26]

Assim, a retomada da retórica enquanto arte argumentativa do verossímil não nega a tarefa da hermenêutica, mas propõe-se a operar tal tarefa, porque estamos no campo do processo e, por isso, insisto, no campo do contingente e do apenas verossímil, já que, no campo do processo não há como contar como

---

[23] GADAMER, Hans Georg. *Verdade e Método II* – Complementos e índice. Petrópolis: Vozes; Bragança Paulista: Universitária São Francisco, 1997. p. 354

[24] Idem. ibidem. p. 354. E lembro que, para Heidegger, a fala é o fundamento ontológico-existencial da linguagem, que é a casa do ser. Sendo assim, ser que pode ser compreendido é linguagem, a qual não é método. A linguagem joga o homem no mundo, para além de sua subjetividade e só pode ser compreendida na fala que é já um modo-de-ser-no mundo. (Sobre o assunto: HEIDEGGER, Martin. Ser e tempo. Petrópolis: Vozes; Bragança Paulista: Universitária São Francisco, 2006). Daí a importância da virada hermenêutica heideggeriana, porque ela joga a subjetividade do sujeito no mundo e permite a superação do sujeito que, monadicamente, pensa e atribui sentidos a partir de uma representação que, conforme lembra Lenio Streck, citando Blackburn, acredita *"que o conhecimento deve estar fundado em estados de experiência interiores e pessoais, não se conseguindo estabelecer uma relação direta entre esses estados e o conhecimento objetivo de algo para além deles."* STRECK, Lenio. *O que é isto – decido conforme a minha consciência?* Porto Alegre: Livraria do Advogado, 2010. p. 56-57.

[25] CARNEIRO, Walber Araújo. *O Direito e as Possibilidades Epistemológicas do Paradigma Hermenêutico*. In: STEIN, Ernildo. Streck. Lenio (organizadores). Hermenêutica e Epistemologia: 50 anos de Verdade e Método. Porto Alegre: Livraria do Advogado, 2011, p.141.

[26] Idem. ibidem, p.135.

JURISDIÇÃO, DIREITO MATERIAL E PROCESSO
Os pilares da obra ovidiana e seus reflexos na aplicação do Direito

verdades apodíticas e porque a retórica, mesmo em Aristóteles, tem um compromisso com a verdade, *"não é uma colecção de efeitos de sedução"*, como reconhece Fernando Gil.[27]

É preciso restabelecer os limites do campo das incertezas, que é o processo, já que, como alertado por Ovídio:

> Não é nem mesmo a verdade, mas a verossimilhança – a verdade contextual e possível, que preside a atividade processual, tanto do juiz quanto, especialmente, dos litigantes que, como advertiu James Goldschmidt, não podem contar, enquanto figurantes da relação processual, senão com *expectativas* a respeito de seus pretensos direitos.[28]

Com efeito, a aplicação do Direito, enquanto construção do sentido do ser desse ente que é o caso concreto, no movimento da circularidade compreensão-interpretação-aplicação, não prescinde do reconhecimento de que as condições de aplicação são contruídas, quando se demanda no campo do processo. O fato, caso concreto, é, retoricamente, construído, no processo, como condição de aplicação e sobre ele se dá a tarefa da hermenêutica, que (re) constrói seu sentido. Esse movimento expõe a imbricação da hermenêutica e da retórica, no campo processual. Esse campo, tradicional e ideologicamente, se move no mundo das evidências[29] ou certezas estruturantes do sentido, e se perde no reino da decisão solipsista. A busca é pelo desvelamento do sentido do caso, no processo, a partir da articulação da hermenêutica (cuja tarefa é empreender essa busca) com a retórica. Articulando, ainda, a compreensão na argumentação. Permitindo o desvelamento, na intersubjetividade, dos sentidos encobertos pela subjetividade. Retomando a dimensão da explicitação do sentido na fundamentação. Nesse movimento, não há espaço para a articulação normativismo-decisionismo que caracteriza o positivismo na leitura schmittiana.[30]

Propõe-se o movimento retórico como parte da hermenêutica e dela indissociável nesse novo quadro que se pretende traçar no âmbito da recuperação dos sentidos, sempre plúrimos, no mundo. E é Gadamer quem afirma: *"Preciso reconhecer assim o fato de que esse é o terreno que a hermenêutica tem em comum com a retórica: o terreno dos argumentos persuasivos (e não dos argumentos logicamente concludentes)"*.[31] Gadamer reconhece que vínculos entre retórica e hermenêutica se afrouxaram com a nova ciência e o racionalismo dos séculos XVII e XVIII,[32] e, acrescenta, é difícil no terreno da ciência moderna,[33] defender a retomada da retórica, mas o que se faz aqui, e é o sentido do que pretendia Ovídio Araújo Baptista da Silva, não é a retomada da retórica, quer como método, no sentido cartesiano, quer como técnica de persuasão destinada a legitimar a

---

[27] GIL, Fernando. MARTIS, Rui Cunha. Entrevista: *Reflexões sobre Prova, Verdade e Tempo*. In: MARTINS, Rui Cunha. O Ponto Cego do Direito. Rio de Janeiro: Lumen Juris, 2010. p. 168.

[28] SILVA, Ovídio Araújo Baptista da.Verdade e significado. In: *Constituição, Sistemas Sociais e Hermenêutica*: Programa de Pós-Graduação em Direito da UNISINOS. Porto Alegre: Livraria do Advogado, 2005.p. 273.

[29] MARTIS, Rui Cunha. *O Ponto Cego do Direito*. Rio de Janeiro: Lumen Juris, 2010.

[30] SCHMITT, Carl. Sobre os três tipos do pensamento jurídico. In: MACEDO JÚNIOR, Ronaldo Porto. *Carl Schmitt e a fundamentação do direito*. São Paulo: Max Limonad, 2001. p.161-217.

[31] GADAMER, Hans Georg. *Verdade e Método II* – Complementos e índice. Petrópolis: Vozes; Bragança Paulista: Universitária São Francisco, 1997. p. 318.

[32] Idem. ibidem, p. 334.

[33] Idem. ibidem, p. 338.

arbitrariedade do sentido do ser do direito no campo do processo. Os muitos desvios que a arte retórica sofreu em diferentes momentos de sua história são pré-juízos inautênticos que precisamos suspender para construir a tarefa da retórica, na matriz ovidiana.[34] Trata-se de recuperar a dimensão argumentativa, não procedimental, nem arbitrária, em jogo no campo do processo e, com ela, construir sentidos autênticos para o ser do direito: nem qualquer resposta arbitrária, nem a única resposta correta, mas uma resposta adequada, para cuja construção confluem os argumentos, pois, conforme Gadamer: *"A reflexão hermenêutica limita-se a abrir possibilidades de conhecimento que sem ela não seriam percebidas. Ela não oferece um critério de verdade"*.[35]

Quando trazemos a hermenêutica filosófica para o campo, não apenas da hermenêutica jurídica, mas de uma hermenêutica jurídica que se dá em um *lócus* bastante específico e que é, também, o seu lugar privilegiado nessa quadra da história, o campo do processo, precisamos dar conta do que se encontra velado pelo *a priori* inquestionado:[36] a tradição. Ovídio sempre lembrou que o campo do processo é o campo em que o direito material se torna incerto e discutível, é o campo do conflito. A (re) construção realizada no campo do processo busca o sentido do ser do direito material concreto, em uma tarefa aproximativa, dada a impossibilidade de apropriação da verdade. Essa aproximação, a ser realizada de modo autêntico, partindo de uma relação S↔O não assujeitadora, nem objetificadora, dentro do círculo hermenêutico, dar-se-á pela construção do sentido, verossímil, no mundo. Se esse mundo é linguagem é nela que se dá o sentido.

Ovídio não propõe a retórica como instrumento, no sentido perelminiano da 'Nova Retórica', enquanto teoria argumentativa.[37] Nem tampouco o viés sofístico da retórica,[38] mas enquanto universo reflexivo, a retomar o pensamento

---

[34] Como alerta Gadamer, *"a retórica não é evidentemente uma mera teoria das formas de falar e dos recursos de persuasão"*. Idem, ibidem, p. 273.

[35] Idem. Ibidem, p. 307.

[36] Para usar uma expressão heideggeriana, que, em Gadamer, chamamos de tradição e que, em Ovídio, a partir da terminologia de Thomas Kuhn, podemos denominar paradigma. Trata-se de um fenômeno que se poderia explicar pela metáfora do círculo vicioso: a ausência de questionamento dos sentidos que resultam cristalizados pela ausência de questionamento. Quando se fala em tradição, tem-se em mente o que foi tematizado por Gadamer, do qual se extrai: *"O que é consagrado pela tradição e pela herança histórica possui uma autoridade que se tornou anônima, e nosso ser histórico e finito está determinado pelo fato de que também a autoridade do que foi transmitido, e não somente o que possui fundamentos evidentes, tem poder sobre nossa ação e nosso comportamento. [...]. É isso, precisamente, que denominamos tradição: ter validade sem precisar de fundamentação"*. GADAMER, Hans-Georg. *Verdade e método*. Petrópolis: Vozes; Bragança Paulista: Universitária São Francisco, 1997. v. 1. p. 372.

[37] A Nova Retórica proposta por Perelman é uma teoria lógica em sentido amplo, destinada ao auditório universal, baseada no princípio da inércia, em que a práxis reconhecida não precisa de justificação, apenas a mudança e em que a analogia não passa de um argumento que fundamenta a estrutura da realidade. PERELMAN, Chaïm. Olbrechts-Tyteca, Lucie. *Tratado da Argumentação*: A Nova Retórica. São Paulo: Martins Fontes, 2005. É preciso concordar com Alexy, quando ele retrata o parentesco entre a teoria argumentativa perelmaniana e a habermasiana, especialmente no que se refere à situação ideal de fala. ALEXY. *Teoria da Argumentação Jurídica*. Rio de Janeiro: Forense, 2013.

[38] Vale, a ilustrar o viés sofístico da retórica, reproduzir o seguinte trecho do Fedro, de Platão, na fala de Sócrates: *"(...) Quanto aos discursos lacrimosos que visam a motivar a compaixão pelos velhos e pobres, em minha opinião o premiado deve ser o vigoroso calcedônio (Sócrates fala de Trasímaco), que é também um homem extraordinário, segundo ele declarou, no que diz respeito a induzir grandes auditórios à ira, para depois acalmá-los mediante seus encantamentos, e sumamente poderoso no que diz respeito tanto a inventar calúnias quanto a combatê-las, não importa*

analógico, enquanto contraposição ao método lógico-subsuntivo, insuficiente no campo do compreende-interpretar-aplicar o direito. Com Gadamer, devemos registrar:

> Mas onde deveria se apoiar também a reflexão teórica sobre a compreensão, se não na retórica, a qual desde a antiga tradição, representa o único advogado de uma pretensão de verdade que defende o verossímil, o eikos (verossimile)?[39]

Esse movimento de construção do sentido, contextualizadamente, não é tarefa solipsista do sujeito intérprete, se dá no mundo, que é linguagem, historicamente determinada e incapaz de apropriar-se do tempo, como pretendeu a modernidade. Trata-se de reconhecer que a realidade é resultado da interpretação, que é estrutura originária do ser-no-mundo. Desse modo, não encontra a verdade, mas um espaço de justificação, construção de sentido, contextual, concreto, prático, que, no campo do processo, se dá por meio de argumentos. Como já referi antes, não há lugar para arbitrariedades semânticas no paradigma hermenêutico e, remato aqui, como também não há na proposição ovidiana, porque a construção do sentido, com retorno ao mundo prático não admite espaços de anomia. Isso porque:

> Os espaços de anomia – cláusulas abertas e espaços em branco – são produzidos pela cisão entre discursos de fundamentação e discursos de aplicação e pela possibilidade de alternância entre aplicação e suspensão da norma, deixadas à conveniência do intérprete sempre que a norma tiver uma estrutura aberta ou quando sua aplicação demandar maior esforço de compreensão, para atender aos chamados casos difíceis, em que o discurso prévio de fundamentação falha ou abre a possibilidade de sua manipulação pelo intérprete.[40]

Nesse momento, imperioso lembrar que ao buscar a retomada da retórica judicial – não no sentido moderno depreciativo da palavra retórica e a caluniosa apropriação-aprisionamento da expressão pela modernidade –, a obra ovidiana em um mesmo movimento, busca a recuperação do sentido e a abrangência da argumentação, na articulação com a tarefa da compreensão-interpretação-aplicação, porque discursos de fundamentação e discursos de aplicação não podem estar cindidos. Segundo Ovídio Araújo Baptista da Silva:

> Além do iluminístico conceito de lei, é igualmente indispensável que questionemos o moderno (racionalista) conceito de prova. Como é sabido, a supressão da Hermenêutica – e consequentemente, a eliminação da Retórica – foi o caminho aberto pelas filosofias políticas do século XVII para concepção da prova como produto de um "achado" científico. Separado o "direito" do "fato", que é outro pressuposto para a concepção da prova como o produto de investigação científica, tornou-se compreensível imaginar que o resultado da atividade probatória não fosse questionável, a não ser por ignorância ou má-fé. O processo moderno pressupõe a existência do "fato" em sua pura materialidade, não o sentido que o "fato" possa adquirir no interior de cada lide. (...) A superação do "cientificismo", peculiar ao conceito moderno de prova, impõe que se repense a prova como argumento, que foi o modo como a compreendeu a cultura clássica (cf. Giuliani,

---

em que bases. Contudo, no que se refere a finalizar um discurso, todos parecem estar de acordo, alguns o chamando de recapitulação, enquanto outros lhe atribuem algum outro nome." PLATÃO. Fedro. In: *Diálogos III* (socráticos). Bauru/SP: Edipro, 2008. p. 91-92.

[39] GADAMER, Hans Georg. *Verdade e Método II* – Complementos e índice. Petrópolis: Vozes; Bragança Paulista: Universitária São Francisco, 1997. p. 275.

[40] HIDALGO, Daniela Boito Maurmann. *Relação entre Direito Material e Processo*: uma relação hermenêutica; compreensão e reflexos da relação de direito material. Porto Alegre: Livraria do Advogado, 2011. p. 154.

ob. cit., p. 62 e ss; e p. 95 e ss); o "sentido" dos "fatos", enfim, a prova pensada como objeto sobre o qual a controvérsia judicial é construída; a prova utilizada como argumento para o convencimento judicial; enfim, prova dialeticamente construída através do debate. Isto é *retórica*, enquanto parte integrante da Hermenêutica.[41]

Trazer à fala as possibilidades de sentido do ser, refutando o sentido unívoco e, também, o arbítrio da subjetividade representacional assujeitadora, para possibilitar uma resposta adequada ao caso, uma resposta, não uma única resposta, porque essa última pressupõe a apropriação da verdade, como se pertencesse ao campo das ciências exatas, bem como a dual relação entre direito material e processo, em que aquele, concretamente considerado, entra no processo como possibilidade, porque o processo é o campo da incerteza. É preciso lembrar que *"na hermenêutica nunca recuperamos tudo"*.[42]

Disso resulta algo que permanece negado no campo do senso comum teórico: a necessidade de efetiva explicitação dos argumentos que levam à resposta ao caso. Isso é, fundamentar, efetivamente. Em lugar de repetição de fórmulas e coringas ou álibis interpretativos preenchidos ora com o conceito, ora com o árbitrio do sujeito que decide. Efetiva fundamentação, repito. Fundamentar é trazer à fala o resultado do movimento compreensão-interpretação-aplicação (*applicatio*). O movimento da *applicatio* exige a intersubjetividade, daí a proximidade entre a hermenêutica e a retórica, essa como arte, não teoria ou método, da argumentação. Argumentação enquanto lugar da construção e explicitação do sentido, no campo do verossímil, a partir da dimensão do diálogo, porque no seio do processo se acessa o verossímil, não se alcança a verdade histórica e, no qual, por isso, há espaço para uma especifica função jurídica[43] que, dentre respostas, igualmente válidas, opta pela mais adequada.

No campo do processo – campo das investigações e (pré) ocupações da obra ovidiana – a verdade é contingente, o sentido do ser do direito material se dá hermeneuticamente: compreende-se, interpreta-se, aplica-se, em um único movimento, a *applicatio*. Essa construção de sentido, não se dá metodologicamente, mas argumentativamente, e é aí, como modo-de-ser no mundo, do homem já-junto-dos-outros que entra a dimensão retórica, enquanto arte da argumentação e do campo da fala, e a dimensão hermenêutica, que como já foi dito, não é um ato solipsista do sujeito e não prescinde do argumento e seu contraposto para construção de um sentido autêntico. Do contrário, o sentido não seria construído por meio da pergunta pelo sentido do ser do ente no mundo. Ovídio pretendia um novo olhar sobre o processo. Não idealizado, mas de ruptura com o meramente normativo, como um retorno ao prático--concretizante de direitos desde uma perspectiva que reconhece o valor do argumento como co-constituinte do siginificado do direito (pretensão) material no processo dada a necessidade de reconhecer-se a impossibilidade de apropriação das certezas – constituintes da evidência que evita a pergunta pelo ser

---

[41] SILVA, Ovídio Araújo Baptista da. Fundamentação das Sentenças como Garantia Constitucional. In: *Jurisdição, Direito Material e Processo*. Rio de Janeiro: Forense, 2008. p. 144-145.

[42] STEIN. Ernildo. *Aproximações sobre hermenêutica*. Porto Alegre: EdiPUCRS, 2004. p. 69.

[43] Função jurídica a ser explicitada no próximo tópico, no qual tratar-se-á do problema da discricinonariedade segundo a compreensão aqui explicitada da obra ovidiana.

– matematizantes do direito pelo processo convertido, assim, em lócus do processo hermenêutico responsável por responder às expectativas de um mundo complexo. Nesse contexto, reconhecer-se o valor da ruptura com a abstração do conceito em prol da concreção do ser com a recuperação do fático é tarefa da hermenêutica. Há necessidade, então, de expressar o caráter hermenêutico da aplicação do Direito ao caso (enquanto compreensão-interpretação-aplicação) e o caráter retórico das condições de aplicação, no campo do processo, no qual o fato é compreendido em sua existência, como resultado de um processo compreensivo-argumentativo, na construção de um sentido verossímel, já que o fato histórico sempre posto à apreciação, também está sujeito à universalidade da hermenêutica.

É no campo da argumentação, da relação da hermenêutica com a retórica, que Ovídio sustenta a existência da discricionariedade no ato judicial, como possibilidade de construção de um sentido nem pré-dado, nem ditado pelo sujeito solipsista, mas que sempre deixará uma margem de apreciação, já que argumento não se confunde com premissa para uma conclusão verdadeiramente apodítica, como adverte Castanheira Neves.[44]

3. O sentido e o lócus da discricionariedade

A opção ovidiana pela discricionariedade exige o desvelamento da significação da articulação que sua obra empreende entre a retórica, a hermenêutica e a verossimilhança. Não é possível, por isso, continuar sem uma primeira explicitação de sentido: o que é discricionariedade na ótica aqui expressada?

Trata-se de uma pergunta pelo desvelamento de sentidos velados por uma visão tradicional, acrítica e, por isso mesmo, dogmatizada das estruturas de pensamento dominantes no senso comum, que identificam: 1. A aplicação do direito ao modelo subsuntivo; e 2. A discricionariedade a um modelo ligado à negação da possibilidade de subsunção que deixaria à subjetividade do aplicador a escolha. É nesse contexto que a questão se põe, conforme afirmado por Castanheira Neves, como a necessidade de uma revisão qualitativa do próprio entendimento tradicional da aplicação do direito, porque segundo ele:

> Simplesmente, somos nós levados a perguntar – (...) – se em todo o vasto domínio de decisão imputado à discricionariedade, quando perspectivado em termos metodológicos, não se revela antes um sentido de decisão e realização jurídico normativa que os esquemas tradicionais, por que essa realização (a aplicação jurídica) se pretendia definir, manifestamente não comportam. Sentido ou intencionalidade jurídico-normativa que portanto os supera, mas que se pretenderia por isso mesmo neutralizar vendo nela apenas um outro tipo de decisão que quantitativamente se acrescentasse aos admitidos por esses esquemas a salvar, e não o emergir de uma intencionalidade que tais esquemas metódicos se limitavam a ignorar, já que o seu reconhecimento implicaria uma revisão qualitativa do próprio entendimento tradicional da aplicação do direito.[45]

---

[44] NEVES, A. Castanheira. *Digesta*: Escritos acerca do Direito, do Pensamento Jurídico, da sua Metodologia e Outros. Volume 2º. Coimbra, Portugal: Coimbra, 1995. p. 305. Também citado por Ovídio *in* SILVA, Ovídio Araújo Baptista da. *Epistemologia das Ciências Culturais*. Porto Alegre: Verbo Jurídico, 2009. p. 41.

[45] NEVES, António Castanheira. O probema da discricionariedade. In: *Digesta*: Escritos acerca do Direito, do Pensamento Jurídico, da sua Metodologia e Outros. Volume 1º. Coimbra, Portugal: Coimbra, 1995. p. 530.

Nessa perspectiva – e Castanheira Neves acrescenta sua resposta afirmativa à questão por ele proposta – o problema da discricionariedade está no ideário de significação que se lhe atribui, no horizonte impensado do pensamento que alterna o normativismo e o decisionismo, como alertei em outro lugar:

> Esse modelo encontrado pelo positivismo, para garantir segurança jurídica, no entanto, trouxe consigo um paradoxo, porque tal escolha resulta na negação, de fato, daquilo que o positivismo busca, a segurança por meio da suficiência ôntica do direito, porque permite que o positivista se apresente, "*de acordo com a situação (Lage der sache), ora como decisionista, ora como normativista*".[46] (...) Essa possibilidade de "escolha" entre o normativismo e o decisionismo, conforme a situação, que fora apontada por Schmitt, leva o positivismo a suprimir, de fato, o ordenamento jurídico, colocando-o como que "entre aspas", suspendendo-o.[47]

Castanheira Neves afirma que a alternativa escolhida pela doutrina tradicional é de que não se adequando ao modelo formal-subsuntivo, os casos seriam tomados como excepcionais e deixados à discricionariedade judicial.[48]

O problema da discricinariedade se põe, então, no plano apofântico, apenas no sentido de ser, ou não, a atividade judicial discricionária e, por discricionária, nesse mesmo plano, se tem a escolha desvinculada, subjetiva, constituída pelo sujeito que decide, e sua tônica estaria nessa liberdade, sendo "*justamente o contrário, lógico e metodológico, da decisão jurídica, da aplicação do direito*".[49]

E é a partir dessa atribuição de sentidos que o problema da discricionariedade tem ocupado a senda das discussões a respeito da (in) determinabilidade do direito.

Diante disso, numa primeira aproximação com a temática da discricionariedade em Ovídio, é preciso esclarecer que já não se trata, de uma dual escolha entre determinabilidade-arbitrariedade. Com efeito, é Castanheira Neves quem alerta que "*uma vez aceite a ideia de uma discricionariedade na própria função judicial, não tardou ela a alargar-se excessivamente ...*".[50] É preciso perguntar-se pelo sentido da discricionariedade em Ovídio Araújo Baptista da Silva e, não, simplesmente partir da significação que o senso comum teórico lhe emprestou. É Castanheira Neves quem alerta:

---

[46] NEVES, António Castanheira. Op. cit., p. 530.

[47] HIDALGO, Daniela Boito Maurmann. *Relação entre Direito Material e Processo*: uma relação hermenêutica; compreensão e reflexos da relação de direito material. Porto Alegre: Livraria do Advogado, 2011. p. 165

[48] NEVES, António Castanheira. O probema da discricionariedade. In: *Digesta*: Escritos acerca do Direito, do Pensamento Jurídico, da sua Metodologia e Outros. Volume 1°. Coimbra, Portugal: Coimbra, 1995. p. 567. "*Daí o por-se a alternativa; ou abandonar-se inteiramente a ilusão metodológica do esquema subsuntivo ou encontrar um expediente capaz de neutralizar as brechas mais evidentes que nele se abriam. E posto que a primeira opção era tida por impossível, quando considerado em termos absolutos, para o positivismo legalista ainda reinante, reforçado pela invocação do princípio da 'obediência à lei', embora preconcebidamente entendido – entendido de molde a preservar justamente o positivismo legalista e a permitir e a anatemizar de pura heresia o 'direito livre' e os movimentos análogos, sem os ter na verdade compreendido ou recusando-se a compreendê-los – só ficava aberto o segundo caminho. Para o qual, aliás, parecia oferecer-se já uma solução disponível no instituto da discricionariedade, tal como acabou por elaborar a doutrina administrativista. Os casos em que era inegável a inadequação do esquema subsuntivo afrmar-se-iam como casos excepcionais de discricionariedade judicial, posto que aí, do mesmo modo que o administrador no uso do seu poder discricionário, o juiz não deduzia a sua decisão de uma norma geral, mas constituía-a livremente ele próprio em função das circunstâncias do caso concreto.*"

[49] NEVES, António Castanheira. Op. cit., p. 532.

[50] Idem, ibidem. p. 568.

Tal como a criatura, presa à densidade da carne, não pode alcançar a bem-aventurança ao nível existencial, assim a doutrina dominante da discricionariedade, presa pela resistência de uma estrutura metódica incapaz de superar, acaba por reconhecer que o 'seu reino' não é deste mundo.[51]

É necessário, então, superar a problematização do Direito a partir do binômio subsunção-discricionariedade, a fim de autenticamente reconhecer o modelo irrefletido de atribuição de sentido no momento da aplicação do Direito. O perguntar pelo sentido do que seja a discricionariedade tem lugar fundamental nesse contexto. A discricionariedade ovidiana, no entendimento ora esposado, não admite a determinabilidade do direito, atributo da científica defesa do direito a partir do molde matemático, subsuntivo, que, na modernidade, possibilita a univocidade do sentido encontrável nos casos fáceis, como em em Hart,[52] para o qual esses não necessitam da mediação do princípio, nem oferecem dificuldade à decisão/descoberta do direito. Tampouco pactua com a arbitrariedade que seria o problema com que se depararia o Direito diante da abertura à possibilidade de o positivismo dizer o direito, a partir de sua textura aberta (Hart) ou das várias possibilidades de preenchimento da moldura da norma (Kelsen). A discricionariedade ovidiana não se confunde com a arbitrariedade de sentido do sujeito moderno-solipsista, cuja única amarra são seus próprios interesses, que não se reconhece junto-com-os-outros, em um modo de ser subjetivo e arbitrário que atribui sentidos a partir de sua representação como ser autossuficiente, em que os sentidos são acoplados pelo sujeito a partir da discricionariedade (Kelsen) de múltiplas respostas possíveis ao alcance do intérprete que, nesse sentido, tem poder de escolha. Tal dicotomia não seria, senão, a reprodução, ou outra forma de exteriorização da dualidade S-O, da metafísica clássica, objetificante, ou do subejtivismo assujeitador, da metafísica moderna. Em outras palavras: nem o sentido unívoco, pré-dado e conceitual; nem qualquer atribuição de sentido, desvinculada e subjetivista. Nem uma única resposta correta, nem a possibilidade de a decisão soberana legitimar qualquer conteúdo como Direito. Uma resposta adequada, porque se a proposta ovidiana é de que o processo labora com a verossimilhança, não havendo certezas ou verdades apropriáveis, a resposta a ser dada é a resposta adequada, segundo uma construção de sentidos, autêntica e fundamentada. Nesse contexto, aparece, cada vez mais, a importância da fundamentação, que, lembro, para Ovídio, é a demonstração dos fundamentos pelos quais a resposta foi dada, tanto no sentido de acolher a demanda do autor, quanto no sentido de fundamentar o desacolhimento da defesa do réu. Uma resposta adequada, hermeneuticamente construída, democraticamente fundamentada, a partir de uma explicitação argumentativa de que se trata de uma resposta adequada a um caso ao qual se tem acesso pela mediação do tempo e dos fatos que, são, também hermenêuticos, lembrando, sempre, com Stein, que *"na hermenêutica nunca recuperamos tudo"*.[53]

---

[51] NEVES. António Castanheira. O probema da discricionariedade. In: *Digesta*: Escritos acerca do Direito, do Pensamento Jurídico, da sua Metodologia e Outros. Volume 1º. Coimbra, Portugal: Coimbra, 1995. p. 549.

[52] HART, Herbert. *O conceito de direito*. Lisboa: Fundação Calouste Gulbenkian, 2005.

[53] STEIN. Ernildo. *Aproximações sobre hermenêutica*. Porto Alegre: EdiPUCRS, 2004. p. 69.

Daí a efetiva discordância de Ovídio em relação a Dworkin, cuja teoria permanece afeta às preocupações com o Direito, desligado dos fatos, em que o importante é dar resposta à controvérsia sobre o que é o Direito, nos casos difíceis, que lidam com conceitos controvertidos, desligados da dimensão fática, na busca de uma resposta, tida por correta,[54] destacando que o próprio Dworkin, em "O Império do Direito" afirma que *"Há muito pouco aqui sobre questões de fato"*[55], mesmo abordando a prática judiciária, que, assim, estaria pouco preocupada com os fatos. Resulta que, segundo o próprio Ovídio: *"Ele não se preocupa com a norma e sim com seu texto"*.[56]

A matriz ovidiana refuta a decisão de Dworkin, por uma única resposta correta, ao mesmo tempo em que recusa a possibilidade de arbitrariedade no Direito, a partir de um modelo de indeterminabilidade resolvível por meio do método-lógico matemático ou da possibilidade de qualquer resposta, o que, no entendimento ora esposado, contém uma refutação ao menos metodológica das posturas de Hart, Alexy, Perelman, dentre outras tantas formulações que apresentam, em suas variantes, a dicotomia casos fáceis e casos difíceis, como se a interpretação fosse um método a ser utilizado, como instrumento, quando a suficiência ôntica da norma não desse conta do recado. Como disse François Ost, ao tematizar a o diálogo entre Javé e o Povo Judeu, mediada por Moisés aos pés do Sinai:

> Contrariamente ao ídolo que suscita apenas mentira e hipnose – sonambulismo social, cegueira e falsa aparência –, o signo implica o trabalho consciente da hermenêutica: uma retomada coletiva e incessante de um sentido que só se deixa apreender no estado de vestígios. Esse trabalho acha-se tão distante da simples dedução mecânica do verbo jurídico a partir de uma lei supostamente todo-poderosa, quanto da livre reconstrução do sentido a partir das simples instaurações do intérprete: no primeiro caso, voltaríamos ao modelo faraônico de uma transcendência plena e opressiva; no segundo, nos entregaríamos às ilusões de auto-referência.[57]

Dizer-se, como disse Ost, a propósito da construção da Lei de Israel aos pés do Sinai, que *"o direito se escreve a várias mãos e que a cópia pode ser revisada"*,[58] a meu ver, não é, senão, dizer, que o direito é não apenas descoberto em seu sentido unívoco, nem inventado pelo sujeito solpisista e, por isso, não precisamos nos opor entre determinabilidade e essa discricionariedade amoldada ao pensamento jurídico tradicional que outra coisa não é, senão, arbitrariedade. O direito, como fenômeno, no mundo, que supere tanto o paradigma científico – no sentido moderno, afeito às certezas e à demonstrabilidade das ciências exatas, – quanto o modo de pensar representacional da modernidade, é, no mundo, em que a linguagem é sua condição de possibilidade e que, por isso, não prescinde da pergunta pelo sentido do ser, sempre, não episodicamente, no contexto da intersubjetividade.

---

[54] Sendo Ovídio, *"o sentido do vocábulo correto poderia ser próprio para as ciências lógicas, nunca para o Direito."* SILVA, Ovídio Araújo Baptista da. *Epistemologia da Ciências Culturais*. Porto Alegre: Verbo Jurídico, 2009.

[55] No trecho destacado, a citação feita por Ovídio da obra referida de Ronald Dworkin. SILVA. Ovídio Araújo Baptista da. *Epistemologia da Ciências Culturais*. Porto Alegre: Verbo Jurídico, 2009, p. 19.

[56] Idem. ibidem, p. 24.

[57] OST, François. *Contar a Lei: As fontes do imaginário jurídico*. São Leopoldo: Unisinos, 2005. p. 93.

[58] Idem, ibidem, p. 88.

Como deixei escrito em outro lugar:[59]

Com efeito, por meio de raciocínios causais-explicativos, a aplicação do direito é entregue ao método subsuntivo-dedutivista, nos casos fáceis e, nos difíceis, a escolha da resposta seria entregue ao arbítrio do aplicador. Essa divisão entre *hard cases* e *easy cases* pelo positivismo reflete a mescla apontada por Schmitt entre decisionismo e normativismo e também a divisão entre jurisdição meramente declaratória e jurisdição criativa ou constitutiva. Conforme Agamben, suspendendo "*a norma, o estado de exceção 'revela (offenbart) em absoluta pureza um elemento formal especificamente jurídico: a decisão (Schmitt, 1922, p. 19). Os dois elementos, norma e decisão, mostram assim sua autonomia*".

Fixadas essas premissas, de recusa da univocidade do sentido e do reconhecimento da significação constante e cambiante, que histórica e faticamente acontecem, cumpre, então, estabelecer, numa segunda aproximação, a noção ovidiana de que há um espaço discricionário que permite uma decisão entre duas alternativas igualmente razoáveis. Aí estamos na temática da argumentação.[60] Argumentação não no sentido das variantes teorias procedimentais da argumentação, mas no sentido de retomada da retórica judicial, porque partimos da noção, presente e imprescindível na obra ovidiana, que se ocupa do processo, de modo essencial (no sentido não metafísico da essencialidade), e que, por isso, tem no seu horizonte de sentido a incerteza própria do processo e o reconhecimento de que a tarefa do processo é (re) construir o sentido do caso. Re-construção que reconhece a impossibilidade de apropriação da verdade histórica, para, hermeneuticamente, optar pela significação contextual.

A compreensão da discricionariedade em Ovídio se dá na articulação entre aplicação e fundamentação, porque, conforme alertou Castanheira Neves, a quem Ovídio devotava sua admiração, "*a desvinculação discricionária, não exprime uma desvinculação perante o direito ou do jurídico em geral, mas apenas uma desvinculação relativamente a um conteúdo previamente formulado que houvesse simplesmente de aplicar-se*",[61] pois "*o certo é que o carácter juridicamente vinculado, reconhecido actualmente de um modo unânime à discricionariedade, no-la revela não já uma mera 'esfera de liberdade', mas sobretudo uma específica função jurídica*".[62] Não se trata de sustentar a discricionariedade como a possibilidade de o sujeito sem vínculos ou limites (positivos ou negativos), do sujeito-intérprete que tem qualquer possibilidade de escolha. Trata-se de retomar o acontecimento do

---

[59] HIDALGO, Daniela Boito Maurmann. *Relação entre Direito Material e Processo*: uma relação hermenêutica; compreensão e reflexos da relação de direito material. Porto Alegre: Livraria do Advogado, 2011. p. 137. No texto, encontra-se citada a obra de Agamben. AGAMBEN, Giorgio. *Estado de exceção*. São Paulo: Boitempo, 2004. p.95.

[60] "*Argumentar significa defender uma pretensão com boas razões, expor essas pretensões às críticas, submetendo-as a uma espécie de banho cáustico propiciado pelo confronto de opiniões e pela troca de argumentos e contra-argumentos. (...) Argumentar implica oferecer um conjunto de elementos a favor de uma conclusão ou oferecer dados favoráveis a uma conclusão. (...) Ademais, argumentar caracteriza-se sempre por evitar que um enunciado seja eivado de arbítrio, (...). Mas, em contraste com a própria lógica, não resulta em uma conclusão necessária que o ouvinte não pode rejeitar. (...) Portanto, não se chega à conclusão de uma argumentação que seja verdadeira ou falsa, mas sim que gere mais ou menos apoio dependendo do fato de os argumentos serem mais ou menos convincentes. (...) Ela também é um processo de formação cooperativa de julgamento*" MAIA, Antônio Cavalcanti. Argumentação (verbete). *In*: BARRETO, Vicente de Paulo. (Coord.) *Dicionário de Filosofia do Direito*. São Leopoldo: UNISINOS, 2006. p. 60-64.

[61] NEVES, António Castanheira. O probema da discricionariedade. In: *Digesta*: Escritos acerca do Direito, do Pensamento Jurídico, da sua Metodologia e Outros. Volume 1º. Coimbra, Portugal: Coimbra, 1995. p. 540

[62] Idem. ibidem. p. 541.

sentido, no Direito, enquanto *applicatio*: compreensão-interpretação-aplicação e, num único movimento que supera o acoplamento de sentido, objetificante ou assujeitador, i.é, para um movimento de identidade e diferença entre direito e fato, texto e norma, que permite a significação concreta do sentido do ser do direito. Nesse sentido Ovídio, com Cappelletti, afirma a discricionariedade, diferenciando o ato de julgar (ato cognitivo), do ato de decidir (ato volitivo) que implica um decidir-se entre escolhas legítimas e que, de modo algum, segundo entendo, está fora dos parâmetros de legitimidade da atitude hermenêutica, de busca pela construção do sentido, que, no processo, dá-se, porque: *"Na verdade, nossos magistrados, segundo o sistema, não 'decidem', apenas julgam, porquanto toda decisão pressupõe 'discrição', escoha entre duas ou mais alternativas aceitas pela norma"*.[63] Nisso, relevante insistir, trata-se de reconhecer discrição, enquanto elemento do ato volitivo, não arbitrariedade na atribuição de um significado, motivo pelo qual ele próprio acrescenta, que a responsabilidade do ato judicial e o dever de fundamentação, reconhecidamente desvalorizado na prática forense, não pode se limitar à análise da versão do vencedor, impondo, ao

> juiz, ao fundamentar a sentença, não apenas dê os motivos pelos quais aceitou como válidos os argumentos do vencedor mas, além disso, demonstre, também com argumentos convincentes, a impropriedade ou a insuficiência das razões ou fundamentos de fato e de direito utilizandos pelo sucumbente. A fundamentação deve ser ampla; deve compreender todos os aspectos relevantes do conflito, especialmente na análise crítica dos fatos.[64]

Lembro a seguinte afirmação de Ovídio:

> O problema do processualista é dar sentido aos fatos. Não basta estabelecer sua veracidade. Esta é a tarefa do historiador, não do magistrado. O direito nasce do fato, mas com ele não se confunde. As proposições mais simples e que poderiam parecer óbvias, dependendo do respectivo contexto poderão ter "significados" diversos e até antagônicos.[65] (...) Por outro lado, a convicção formada a respeito dos fatos, num determinado processo judicial, na maior parte dos casos não afasta a possibilidade de que o contrário possa ter ocorrido; a verdade dos fatos judiciais não passa de simples verossimilhança.[66]

Porque, para ele, *"nem só os provimentos judiciais anteriores à sentença são emitidos com base em verossimilhança, também o é a sentença de mérito"*.[67] Isso porque o Direito deve ser reconhecido como intrinsecamente problemático a reclamar a tarefa da hermenêutica que reconhece a problematicidade do sentido do Direito, mas rechaça tanto a ilusão de uma única resposta correta, quanto a desilusão de nenhuma resposta correta, a estabelecer a escolha livre do intérprete. A discricionariedade ovidiana exige a explicitação argumentativa da decisão, de modo a fundamentar a adequação da resposta ao caso concreto, enquanto hermeneuticamente construída, e não prescinde do reconhecimento da verossimilhança e da analogia, rompendo com a cisão entre casos fáceis e casos difíceis.

---

[63] SILVA, Ovídio Araújo Baptista da. Fundamentação das Sentenças como Garantia Constitucional. In: *Jurisdição, Direito Material e Processo*. Rio de Janeiro: Forense, 2008. p. 148.

[64] Idem. ibidem. p. 150-151.

[65] Idem. Verdade e significado. In: *Constituição, Sistemas Sociais e Hermenêutica*: Programa de Pós-Graduação em Direito da UNISINOS. Porto Alegre: Livraria do Advogado, 2005. p. 269.

[66] SILVA, Ovídio Araújo Baptista da.Verdade e significado. In: *Constituição, Sistemas Sociais e Hermenêutica*: Programa de Pós-Graduação em Direito da UNISINOS. Porto Alegre: Livraria do Advogado, 2005. p. 272.

[67] Idem. ibidem, p. 275.

Sem dúvida, nisso entra a discussão sobre a tarefa dos princípios no Direito. Quando tematizamos os princípios como estruturas capazes de ocupar os espaços abertos do Direito e abrir o sistema, em casos difíceis, tematizamos, ainda, o Direito, como sistema científico, ao modo da modernidade, e aí, ainda se está no campo normativista (ou positivista, pois o normativismo não deixa de ser uma sua expressão). Isso porque, imaginando o direito fechado enquanto sistema, os princípios só interfeririam para abrir o sistema quando não se encontrasse, dentro do sistema, uma resposta. Aí entraria a possibilidade do arbítrio do sujeito solipsista que escolheira quando abrir (casos problemáticos ou difíceis, como se o direito não fosse sempre interpretação) e como abrir (que princípios aplicar e sua prevalência).[68]

Ao reconhecermos a artificial cisão entre casos que necessitam de intepretação em contraposição àqueles em que o sentido é evidente, compreendemos a universalidade do projeto hermenêutico e os princípios são compreendidos como abertura para o mundo prático. Abre-se, então, a compreensão à tarefa da aplicação e ao projeto de construção do sentido, e aí já pensamos no plano hermenêutico, desdogmatizante e aberto à diferença entre ser e ente, entre direito e fato e entre texto e norma como identidade-diferença, ultrapassando as amarras do conteudismo, seja ele procedimental ou não, pressuposto no aprisionamento do sentido, seja à vontade da Lei (absolutizante) seja à vontade do legislador (assujeitadora).

Assim, se articulam os pilares da doutrina ovidiana que se ocupa do sentido do ser do Direito e de sua articulação com o processo, que não prescinde de que se reconheça a incerteza que caracteriza o âmbito do processo, que articula a interpretação e a argumentação, que recupera a universalidade da hermenêutica, que exige, a todo momento, a pergunta pelo sentido, contingente e verossímil, que não deriva do método e nem recupera tudo, porque algo sempre se perde no universo hermenêutico. Obra que supera as crenças metafísicas da apropriação da verdade a partir de um *fundamentum inconcussum* e que, por isso, articula a compreensão-interpretação-aplicação, do universo hermenêutico-filosófico, com a articulação argumentativo-retórica, no sentido de que os fatos, provas, normas, sejam articulados no universo compreensivo-argumentativo, que, por não poder se apropriar da verdade, permite a discricionariedade, não como escolha solipsista do sujeito – em contraponto à essência do sentido pré-dado pelo objeto – mas como cooriginariedade que se articula no círculo hermenêutico entre S↔O. Nesse encontro-acontecimento é que o processo oferecerá possibilidades que o intérprete-juiz não poderá escolher sem amarras, mas deverá fundamentar, como a melhor das alternativas possíveis, como resposta adequada ao caso concreto, que nunca se repete no universo hermenêutico. Assim, nem da interpretação à argumentação, nem da argumentação à interpretação, mas articulação que torne possível a construção do sentido que se dá, no mundo, a partir dessa articulação de sentidos.

---

[68] Para a discussão dessa problemática, remetemos à obra de Lenio Streck, mais especialmente: STRECK, Lenio Luiz. *Verdade e Consenso*. Rio de Janeiro: Lúmen Júris, 2006.

Considerações finais

A reflexão que o presente estudo pretende empreender é a da necessidade de perguntar-se pelos sentidos que se antecipam, surgindo, daí, a possibilidade de dizer que o todo da obra ovidiana engendra uma compreensão do Direito que transcende os limites do processo e propõe um novo olhar para o direito como ciência cultural, cuja epistemologia ele propôs em sua última obra e que supera a leitura dogmática do direito e rompe paradigmas para construção do Direito, enquanto teoria e prática como um único movimento, fenomenológico, não científico em sentido moderno. Trata-se de reconhecer, com Heidegger, que *"nós sabemos coisas demais e cremos com excessiva rapidez, para nos podermos sentir à vontade nas interrogações que procedem de uma verdadeira experiência"*.[69]

A hermenêutica, a retórica, a verossimilhança, a discricionariedade, engendram um movimento na construção dos sentidos concretos. Para além da dogmática-analítica, a grandeza da obra ovidiana se propõe a interrogações autênticas para recuperação do processo em sua relação com o Direito Material, para que, ao contrário de crermos com excessiva rapidez, possamos, reconduzir o Direito à sua dimensão hermenêutica. Ao invés de tanto simplificar o Direito, problematizá-lo. É preciso que essas interrogações permaneçam presentes, vigilantes do sentido do ser do direito (pretensão) material no processo. Ovídio Araujo Baptista da Silva dedicou sua vida acadêmica a tais interrogações. Podemos colher cada vez mais e melhor se escutarmos essas interrogações, mas só podemos escutar se ouvermos entendido ao que se propõe sua obra. O presente ensaio pretende colaborar nessa tarefa.

É irresistível, nesse ponto, parafrasear Castanheira Neves – a quem Ovídio Araújo Baptista da Silva devotava tanto respeito e com quem comungava as suas mais fundamentais preocupações – que cita Hannah Arendt, para dizer que *"o último e verdadeiramente fundamental direito hoje do homem é afinal o 'direito ao direito'"*.[70] Essa preocupação, encontrável nas linhas da obra ovidiana, em suas investigações epistemológicas e filosóficas, sobre o significado do direito e, mais especificamente, sobre o desvelamento e superação das insuficiências do processo, é a preocupação fundamental que o Direito terá de enfrentar. E, com Castanheira Neves, é preciso dizer: *"se a conclusão é esta, dir-me-ão: sentido e condições difíceis. Concordo. Mas recordarei igualmente: o mais nobre é sempre o mais difícil"*.[71]

Referências bibliográficas

AGAMBEN, Giorgio. *Estado de exceção*. São Paulo: Boitempo, 2004.

ALEXY, Robert. *Teoria da Argmentação Jurídica*: A Teoria do Discruso Racional como Teoria da Fundamentação Jurídica. Rio de Janeiro: Forense, 2013.

ARISTÓTELES. *Retórica*. São Paulo: Edipro, 2011.

---

[69] HEIDEGGER, Martin. *Apud* STEIN, Ernildo. *Compreensão e Finitude*. Ijuí: Unijuí, 2001. p. 87

[70] NEVES. António Castanheira. *O Direito Hoje e com que Sentido?* O Problema Atual da Autonomia do Direito. Lisboa: Piaget, 2012. p. 73

[71] Idem, ibidem, p. 75.

BARRETO, Vicente de Paulo. (Coord.) *Dicionário de Filosofia do Direito*. São Leopoldo: UNISINOS, 2006.

CARNEIRO, Walber Araújo. O Direito e as Possibilidades Epistemológicas do Paradigma Hermenêutico. In: STEIN, Ernildo. Streck. Lenio (orgs.). In: *Hermanêutica e Epistemologia*: 50 anos de Verdade e Método. Porto Alegre: Livraria do Advogado, 2011.

DWORKIN, Ronald. *O Império do direito*. São Paulo: Martins Fontes, 2003.

——. *Uma questão de princípio*. São Paulo: Martins Fontes, 2005.

——. *Levando os Direitos a Série*. São Paulo: Martins Fontes, 2011.

GADAMER, Hans Georg. *Verdade e Método II* – Complementos e índice. Petrópolis: Vozes; Bragança Paulista: Universitária São Francisco, 1997.

GIL, Fernando. MARTIS, Rui Cunha. Entrevista: *Reflexões sobre Prova, Verdade e Tempo*. In MARTINS, Rui Cunha. O Ponto Cego do Direito. Rio de Janeiro: Lumen Juris, 2010.

HART, Herbert. *O conceito de direito*. Lisboa: Fundação Calouste Gulbenkian, 2005.

HEIDEGGER, Martin. *Ser e tempo*. Petrópolis: Vozes; Bragança Paulista: Universitária São Francisco, 2006.

HIDALGO, Daniela Boito Maurmann. *Relação entre Direito Material e Processo*: uma relação hermenêutica; compreensão e reflexos da relação de direito material. Porto Alegre: Livraria do Advogado, 2011.

MARTIS, Rui Cunha. *O Ponto Cego do Direito*. Rio de Janeiro: Lumen Juris, 2010.

NEVES. António Castanheira. *O Direito Hoje e com que Sentido?* O Problema Atual da Autonomia do Direito. Lisboa: Piaget, 2012.

——. *Digesta*: Escritos acerca do Direito, do Pensamento Jurídico, da sua Metodologia e Outros. Volume 1°. Coimbra, Portugal: Coimbra, 1995.

——. ——. Volume 2°. Coimbra, Portugal: Coimbra, 1995.

OST, François. *Contar a Lei: As fontes do imaginário jurídico*. São Leopoldo: Unisinos, 2005.

PERELMAN, Chaïm. Olbrechts-Tyteca, Lucie. *Tratado da Argumentação*: A Nova Retórica. São Paulo: Martins Fontes, 2005.

PLATÃO. Fedro. In: *Diálogos III* (socráticos). Bauru/SP: Edipro, 2008.

RICOEUR, Paul. *O Justo* (I). São Paulo: WMF Martins Fontes, 2008.

SCHMITT, Carl. Sobre os três tipos do pensamento jurídico. In: MACEDO JÚNIOR, Ronaldo Porto. *Carl Schmitt e a fundamentação do direito*. São Paulo: Max Limonad, 2001.

SILVA, Ovídio Araújo Baptista da. *Epistemologia das Ciências Cultur*ais. Porto Alegre: Verbo Jurídico, 2009.

——. Fundamentação das Sentenças como Garantia Constitucional. In: *Jurisdição, Direito Material e Processo*. Rio de Janeiro: Forense, 2008.

——. Verdade e Significado. In: *Constituição, Sistemas Sociais e Hermenêutica*: Programa de Pós-Graduação em Direito da UNISINOS. Porto Alegre: Livraria do Advogado, 2005.

——. *Processo e ideologia*: o paradigma racionalista. Rio de Janeiro: Forense, 2004.

STEIN. Ernildo. *Aproximações sobre hermenêutica*. Porto Alegre: EdiPUCRS, 2004.

——. *Compreensão e Finitude*. Ijuí: Unijuí, 2001.

STRECK, Lenio. *O que é isto – decido conforme a minha consciência?* Porto Alegre: Livraria do Advogado, 2010.

——. *Verdade e Consenso*. Rio de Janeiro: Lumen Juris, 2006.

WARAT, Luís Alberto. *A ciência jurídica e seus dois maridos*. Santa Cruz do Sul: UNISC, 2000.

— 7 —

A interpretação jurídica e a discricionariedade no pensamento tardio de Ovídio Baptista da Silva: reflexões críticas

MAURICIO MARTINS REIS[1]

SUMÁRIO: 1. Preâmbulo; 2. Resposta correta e discricionariedade em Ronald Dworkin: diálogo com Ovídio; 3. A uniformização de jurisprudência: a compatibilidade com o postulado da resposta concreta e a incompatibilidade com a discricionariedade; 4. Súmulas vinculantes são expedientes antitéticos à hermenêutica do caso concreto?; 5. Um pouco mais de reflexão a partir das ponderações de Ovídio; 6. Apontamentos finais com Castanheira Neves; 7. Referências bibliográficas.

1. Preâmbulo

Uma das atividades mais prazerosas da vida para o Professor Ovídio consistia no debate de ideias em sala de aula, no seu escritório ou mesmo em sua própria residência, junto à sua biblioteca. Não que isto precisasse ser dito por ele, porquanto bastava presenciar a sua incontida satisfação – de que fui testemunha incontáveis vezes entre 2003, quando ingressei no Mestrado da Universidade do Vale do Rio dos Sinos, e 2009, ano de seu falecimento – no diálogo argumentativo entre distintas posições acerca de um tema jurídico. O presente artigo pretenderá articular um problema a partir dos escritos últimos do acervo ovidiano,[2] mobilizado pelo estímulo e gosto do saudoso mestre diante das inquietações ou mesmo das críticas dos seus intérpretes acalentadas pelas linhas de seu pensamento, cujo núcleo de reflexão permanecerá carente de resposta autêntica ante a imensa falta que ele nos faz. Porém, o contínuo sucessivo inevitável da vida propiciará, se este texto alcançar alguma qualidade que dele se espera numa publicação valorosa de que participa, o eco das próximas páginas à comunidade competente dos juristas formados sob a batuta do homenageado.

---

[1] Doutor e Mestre em Direito (UNISINOS, Brasil), Especialista em Jurisdição Constitucional (Universidade de Pisa, Itália). Licenciado em Filosofia (UNISINOS, Brasil). Doutorando em Filosofia (PUCRS, Brasil). Professor universitário (UNISINOS/FADERGS-RS). Membro Efetivo do Grupo dos Onze.

[2] Escritos especificamente concentrados no volume intitulado *Epistemologia das ciências culturais*: Porto Alegre, Verbo Jurídico, 2009, 135 páginas. O problema será posteriormente relacionado ao tema dos precedentes jurisprudenciais, abordado em específico por Ovídio no artigo A Função dos Tribunais Superiores. *In Sentença e coisa julgada: ensaios e pareceres*. Rio de Janeiro: Forense, 2006.

2. Resposta correta e discricionariedade em Ronald Dworkin: diálogo com Ovídio

A resposta correta de Ronald Dworkin consiste em excelente metáfora para homenagear – e não abominar – o valor do caso concreto, cuja singularidade ontológica alimenta par e passo a especificidade decisória. Ocorre, entretanto, que indevidamente em alguma medida "a" resposta correta converte-se na "única" resposta correta: aquilo que resulta constituído pelo intérprete passa a ser descoberto por ele, mediante a vontade revelada do critério previamente estipulado pelo ordenamento jurídico posto.[3] Em contrapartida a esta visão reducionista, o magistrado não cria o direito, para Dworkin, porquanto ele recusa o arbítrio de alguém a professar *ex nihilo* um critério destituído de juridicidade ou impassível de ser reconstituído via argumentativa da ordem normativa; igualmente a negativa dworkiniana frente à criação do direito confronta a discricionariedade judicial, na medida em que duas ou mais interpretações não poderiam suportar equivalência decisória razoável para o mesmo caso concreto. Porém, tampouco o juiz declara o direito, na esteira de um procedimento mecânico de descoberta da vontade pressuposta nas normas jurídicas.

> É claro que parece arrogante que pessoas sensatas insistam que há uma verdade exclusiva sobre a questão interpretativa em causa, que aqueles que não veem o estatuto ou o quadro como eles próprios estão simplesmente errados. Parece mais realista e mais modesto dizer que não existe uma interpretação correta, mas apenas diferentes interpretações aceitáveis ou responsáveis. (...) *um juiz que mande alguém para a cadeia, baseado numa interpretação da lei que ele não acredita ser melhor, mas apenas diferente, do que as interpretações rivais, merece ser preso. A teoria do valor restaura a nossa convicção na verdade face a toda a complexidade, controvérsia e inefabilidade.*[4]

Todavia, a crítica de Aulis Aarnio à tese da resposta correta – por ele denominada única resposta correta – parece confirmar a recorrente ressalva de Ovídio no sentido de que a doutrina de Dworkin não comparece ao mundo real, ao cotidiano das lides judiciárias distribuídas no foro.[5] O argumento consiste em duplicar ou multiplicar a figura do juiz Hércules, responsável por efetivar na prática a solução correta do caso concreto: indaga Aarnio o que

---

[3] É o raciocínio empregado por Luiz Guilherme Marinoni, ao dizer que a versão sustentada por Dworkin preconiza a equivalência ideal entre interpretação correta e verdadeira, ao propor que "(a) resposta do caso existe a priori, devendo ser descoberta e declarada pelo juiz" (*O STJ enquanto corte de precedentes: recompreensão do sistema processual da corte suprema*. São Paulo: Revista dos Tribunais, 2013, p. 87), pressupondo "que exista, já infiltrada no direito em sua integridade e, assim, nos princípios, uma norma preexistente à interpretação judicial, que, portanto, deveria ser apenas revelada pelo juiz" (*Idem*, p. 89).

[4] DWORKIN, Ronald. *Justiça para Ouriços*. Traduzido por Pedro Elói Duarte. Coimbra: Almedina, 2012, p. 158 (grifo nosso).

[5] "A primeira razão para minha divergência está em que Dworkin, em toda a sua obra, preocupa-se apenas com o 'direito', não com os 'fatos'" (*Epistemologia das ciências culturais*. Porto Alegre: Verbo Jurídico, 2009, p. 19). "É natural, sem preocupar-se com as complexíssimas 'questões de fato', que envolvem os concretos litígios judiciais, seja impossível a Dworkin sair da academia para encontrar-se com as questões forenses" (*Idem*, p. 20). "Entretanto, se Dworkin descesse ao foro poderia ver que a lide a que ele se refere poderá tornar-se – e com muita frequência isso acontece – uma lide extremamente obscura, em virtude das 'questões de fato', que advogados competentes, dispondo de adequado apoio logístico, fatalmente irão suscitar (...)" (*Idem*, p. 25).

aconteceria se existissem dois juízes Hércules,[6] ou, nas palavras de Ovídio, e se outro juiz interpretasse o caso diferentemente à estatura de sua inevitável subjetividade?[7] Ora, a experiência é corriqueira nos julgamentos colegiados, em que um julgador estipula diversa a hipótese de uma resposta correta em paralelo à disjuntiva resposta correta dada pelo seu par para o mesmo caso, sem esquecer que a própria existência da lide já evidencia a concorrência de duas ou mais visões oponíveis – todas conducentes convictamente em se socorrer do direito posto como uma pretensão legítima – a partir do mesmo esquadro fático-normativo.

Porventura a coexistência de respostas corretas individuais (ou interpretações tidas como mais adequadas ao problema concreto considerado) infirmaria o pressuposto da resposta correta como pretensão argumentativa ou ideário de alcance institucional? Evidentemente que não. A imperatividade da decisão resolve o impasse, no sentido de o tribunal ou o juiz de primeiro grau justificar por que preferiu uma interpretação a outra, sendo que qualquer critério alheio às razões do julgamento, a ostentar o dissabor da discricionariedade como estampa da fungibilidade decisória, como o singelo veredicto decorrente da expressão aritmética do resultado (a decisão como somatório das vontades individuais da corte de justiça) ou da individualidade convicta de dois magistrados que dissentem sobre o mesmo critério normativo presente em dois processos idênticos, merecerá pesar no pensamento tributário a Dworkin.

Assim sendo, diferentemente do que pensa Ovídio, a pretensão institucional da resposta correta é a responsável por tutelar o caso concreto, e não desprestigiá-lo, exatamente em virtude da responsabilidade decisória de a jurisdição concretizar correspondentemente a decisão mais adequada dentre aquelas disputantes na arena pública das razões. Não que a decisão tenha sido fácil ou revelada como correta, mas protagonizada como se a fosse, cuja qualidade repousa em se desabonar qualquer outro fundamento eventualmente co-

---

[6] AARNIO, Aulis. *La tesis de la única respuesta correcta y el principio regulativo del razonamiento jurídico*. DOXA, vol. 8, 1990, p. 32. Sobre a teoria de Aulis Aarnio e a alegada diferença em relação ao pensamento de Ronald Dworkin, DOBROWOLSKI, Samantha Chantal. *A justificação do direito e sua adequação social: uma abordagem a partir da teoria de Aulis Aarnio*. Porto Alegre: Livraria do Advogado, 2002, especialmente pp. 109-117.

[7] "E havendo, como em nosso meio costuma haver, duas sentenças entre si contraditórias sobre causas tidas por idênticas, qual das duas seria a "certa"?" (*Epistemologia das ciências culturais*. Porto Alegre: Verbo Jurídico, 2009, p. 40). "Refiro-me ao ineliminável elemento subjetivo (volitivo) existente em todas as sentenças. A explicação para isto é que (...) todas as sentenças devem ser obra pessoal de seu prolator, não uma obra que possa ser subscrita por toda uma classe de magistrados, como o seriam aquelas sentenças puramente formais, logicamente perfeitas, enquanto subsumíveis na norma, porém desligadas do caso e de 'suas circunstâncias'" (*Idem*, p. 100). Perceba-se nessa última frase, em especial, o estratagema argumentativo – recorrentemente presente nas críticas endereçadas à ressalva de Dworkin perante a discricionariedade judicial – característico da generalização ou ampliação indevida: a tese da resposta correta não implica a versão de pressupor valores absolutos objetivamente apreensíveis por meio de um juízo de descoberta, tanto quanto o desabono da discricionariedade não atesta em Dworkin o rechaço à subjetividade – no sentido da elaboração decisória constitutivamente hermenêutica por meio da aplicação das normas jurídicas e precedentes disponíveis no sistema jurídico – do julgador no desempenho de sua competência judicante frente ao caso concreto. É a tese esposada por Ovídio que se sujeita aos riscos de um caleidoscópio interpretativo imune à certificação de coerência e integridade para as decisões judiciais: o fato de a decisão implicar o caso e as suas circunstâncias estatui uma premissa compatível com o modelo de precedentes obrigatórios (uniformização de jurisprudência), e não um argumento intransitivo antitético a generalizar, intensificando equivocadamente, que o regime jurisprudencial esteja contaminado ao paradigma lógico de reiteração de formalidades seriais.

gitado como possível para a situação concretamente posta. Não haveria maior desrespeito ao caso concreto se o juízo decisório fosse elaborado com a fórmula da contingência, isto é, com o abono de que outra interpretação seria possível. O destinatário haveria de indagar: se outra decisão seria possível, por que não a virtual, então, em vez da originalmente acolhida? A resposta não conseguiria escapar do arbítrio voluntarista ou da discricionariedade indiferente de um espectro antitético de múltiplas respostas, dissonante uma da outra.

Quando se cogita de imaginar dois ou mais juízes Hércules para se contrapor à noção da resposta correta, ingressa-se num campo de duas possibilidades. Ou falamos de um caso concreto, conforme dito, a ser deliberado por um colégio judiciário, em que a decisão se faz coletiva (e nem por isso cumulativamente individual). Ou falamos de dois ou mais casos concretos, cada qual julgado por um magistrado diferente, cuja relação pertinente somente se faz supor justificada sob a égide da analogia ou do pressuposto de que casos concretos ontologicamente diferentes podem compartilhar de características comuns que os tornam assimiláveis à proporcional, muitas vezes, dependendo da intensidade ou gradação de similitudes, ou igual juridicidade de aplicação. Ora, se cada caso é um caso, de invencível particularidade, a resposta, qualquer que seja, é efetivamente a única; por mais que não seja a correta, nem precisará ser, diante do isolamento de uma situação insuscetível de futura reflexão. Porém, todos sabemos que dificilmente a ontológica particularidade de um caso reivindicará uma exclusiva participação jurídica; dessa feita, o apelo à singularidade é apenas um recurso argumentativo vazio se a ele não se juntar uma finalidade de resistir, por exemplo, a alguma generalização demasiada que insiste em uniformizar o que não pode ser aglutinado.

3. A uniformização de jurisprudência: a compatibilidade com o postulado da resposta concreta e a incompatibilidade com a discricionariedade

A uniformização de jurisprudência não consiste, em absoluto, nessa generalização demasiada. O salto epistemológico equivocado – e inconfessado – é identificado com a suposta antinomia (errônea) entre o caso concreto e o regime dos precedentes obrigatórios: parece um pecado capital falar de precedentes obrigatórios, ou aparentaria ser uma contradição performativa invocar a viabilidade de expedientes decisórios uniformizadores e, ao mesmo tempo, reivindicar a procedência e atualidade da hermenêutica filosófica, por exemplo. A antinomia que efetivamente existe encontra-se na demasia em generalizar o que não pode ser uniformizado, em pretender ver idênticas situações que não figuram como tal, em adjudicar como eterno um critério normativo que poderá deixar de ser vinculante com o passar dos tempos. O equívoco de Ovídio, pois, está em absolutizar a antinomia entre os expedientes gerais de uniformização decisória e a interpretação concreta do caso decidendo, uma contradição que é passível de ocorrer de acordo com a intensidade (não passível de equilíbrio) com que ambas se apresentam, um escrutínio que poderá referendar uma antinomia local de natureza particular, porém incapaz de diluir o sistema como um todo.

Destarte, incorrem em equívoco as duas antípodas da interpretação jurídica, uma tendente ao total normativismo, a partir do qual se referenda a identidade entre lei e direito, outra partidária da ideologia casuística, conducente ao insulamento do caso concreto e ao provável não retorno do problema ao sistema. Assim sendo, embora se concorde com a tese de assimilação argumentativa concreta, caso a caso, para o fito de proporcionar juízos de submissão ao mesmo critério normativo, não há por que se discordar do acatamento institucional de expedientes de generalização quanto a determinados critérios ou modelos normativos (como as súmulas vinculantes, por exemplo). Primeiro, porque tais enunciados, ao serem mal formulados ou injustamente expressos numa fórmula de julgamento (seja pela sua inteligência enunciativa, seja pelo confronto com o precedente paradigmático ou conjunto de julgamentos a que lhe deram causa), já por si acarretam a sua própria impossibilidade de vinculação à vindoura situação processual supostamente semelhante. Em segundo lugar, porquanto não há qualquer diferença entre vincular a jurisprudência por meio de um sistema analógico indutivo e casuístico (de caso para caso) e vinculá-la por meio de um instituto geral oriundo de um julgamento concreto paradigmático ou conjunto de julgados com idêntico sentido. Nas duas situações, o modelo judicativo nasceu do mundo da vida, à diferença de que, no segundo exemplo, o critério normativo (razões determinantes passíveis de universalização) transcendeu a um comando geral, o qual facilita a coordenação sistêmica de coerência integrativa dos múltiplos julgamentos com esteio na mesma matéria.

A discricionariedade combatida por Dworkin representa a possibilidade de se concluir pela contingência da resposta efetuada pelo juízo concernente à resolução de um específico e concreto problema decidindo. E a contingência assim assumida, após a realização concreta do direito, implica a relatividade do compromisso (ou da responsabilidade) com a justa e adequada – correta – fundamentação das decisões, na medida em que o reconhecimento da legitimidade equivalente de outra possibilidade decisória torna intercambiáveis duas ou mais respostas cuja escolha repousaria, por conseguinte, no arbítrio atinente a quem se encarrega de dar um ponto final às controvérsias – semelhantes – correspondentemente atuadas por aquelas interpretações tidas por fungíveis. Ou seja, a tese da resposta correta necessariamente reivindica a premissa de uma atuação judiciária coerente e responsável pelas suas próprias decisões.

A evidência de a interpretação ser correta não pressupõe a métrica metodológica – a qual, aliás, inexiste como procedimento encarregado de por si referendar uma conclusão exclusiva e inequivocamente incontestе enquanto resultado revelado ou descoberto – conducente a se encontrar a certeza, mesmo porque a resposta correta é elaborada argumentativamente como a resposta do caso. O correto não atesta a eloquência de um raciocínio apodítico ou de uma equação algébrica, ou seja, ele se divorcia do binômio verdade-falsidade, porquanto sua chancela de razoabilidade está aquém de uma evidência demonstrada, embora além de uma escolha qualquer dentre um conjunto de possibilidades decisórias fungíveis para o caso concreto. Existe uma fungibilidade perniciosa na perspectiva hermenêutica quando se tolera a identidade entre distintas decisões para o mesmo caso, pressuposto que apenas se agrava quando levamos em consideração o sistema de precedentes judiciais, ocasião em que duas ou mais decisões haverão de conviver entre a sua identidade, semelhança e diferença.

O conceito de discricionariedade, por conseguinte, não combina com a justificação institucional da uniformidade de jurisprudência. Se "discricionário" efetivamente apontasse para indicar situações nas quais um sujeito poderia optar legitimamente por uma entre várias possíveis alternativas de juízo "admitidas na situação em que o sujeito se encontra",[8] como pretender a eficácia vinculante dos precedentes emanados da Suprema Corte, já que eventual divergência de juízo *a quo*, em futuro caso com idêntica natureza jurídica, poderia se estribar em fundamento alternativo tão legítimo (fungível e equivalente) quanto aquele admitido pela Suprema Corte? A discricionariedade, nesses termos, revelar-se-ia arbitrária, porque ela endossaria a equivalência hermenêutica de justiça material entre duas ou mais hipóteses interpretativas, neutralizando, destarte, o valor da fundamentação, o qual aponta inexoravelmente para o estatuto da resposta concretamente adequada/certa/correta, cujo pressuposto, ao repudiar a "única resposta correta" (no sentido de verdadeira resposta),[9] tampouco alberga o pressuposto antagônico das "várias respostas adequadas para o mesmo caso concreto".

Dissente-se de Michele Taruffo, ademais, pelo fato de ele conglobar como sinônimos o "poder criador" e a "escolha discricionária" no exercício da função decisória do Poder Judiciário. Efetivamente a interpretação jurídica consiste em procedimento criativo, pelo motivo de não espelhar a descoberta do unívoco significado das leis, também pelo aspecto da falibilidade humana antitética à busca da verdade real, o que demonstra a inevitável conversão processual dos fatos em argumentos, alegações e provas sobre o substrato fático a partir do qual se propugna a aplicação das normas jurídicas e sua correta interpretação.

Porém, tal criatividade não possui o condão de conspurcar o vetor de justificação das decisões judiciais, o qual, em sua própria essência e teleologia, referenda o desenvolvimento de um ponto de chegada havido como o mais adequado ou razoável dentre os pontos de vista defensáveis debatidos em específica problemática demandadora de decisão. A noção assumida de um empate, equivalência ou fungibilidade entre dois ou mais significados ou modos de aplicação para o mesmo caso concreto, cuja repercussão jurídica é passível de replicação para situações futuras semelhantes ou mesmo idênticas, outorga um déficit de legitimidade às decisões. Assim se demonstra um

---

[8] TARUFFO, Michele. Legalidad y justificación de la creación judicial del derecho. *In Sobre las fronteras. Escritos sobre La justicia civil*. Traduzido por Beatriz Quintero. Bogotá: Editorial Temis, 2006, p. 178.

[9] Inadvertidamente adjudicada por Ovídio – tanto quanto Marinoni – à doutrina de Dworkin: "É precisamente neste ponto que a concepção de Dworkin, em seu afã de busca da "verdade" e das sentenças "certas" –, de seu elogio à pura objetividade – aproximam-no dos positivismos, que ele tanto combate" (*Epistemologia das ciências culturais*. Porto Alegre: Verbo Jurídico, 2009, p. 94).

(in)consequente arbítrio, a corroborar o argumento de autoridade responsável por silenciar interlocutores herdeiros de uma época pós-moderna (a nossa), em que, por paradoxal que seja, a complexidade interpretativa reivindica um ponto final estranho – de suplemento localizado em ponto cego da perspectiva da justiça material aspiradora de melhores decisões – dotado de ceticismo epistemológico (indecidibilidade, no sentido de serem defendidas várias possibilidades interpretativas para a mesma situação concreta bem delineada juridicamente), embora detentor de autoridade metafísica (se é indecidível, decidido está, pois qualquer das possibilidades se legitima como procedente e compatível com o sistema do direito).

Referida exogenia (o caráter do "estranho") pode ser funcional, quando o Judiciário, a quem compete decidir, promove essa estratégia de soberanamente concretizar a sua escolha discricionária diante de alternativas igualmente legítimas, o que não deixa de ser um programa reprisado de Kelsen, ou estrutural, ao delegar a outras instâncias o poder de decisão. Nessa última hipótese localizam-se teses que proclamam a primazia do quem decide ante o como se deve decidir, de modo a absorver-se a indecidibilidade de conteúdo por regras de competência que fazem desaparecer o problema por um procedimento dotado de autoridade decisória, o qual com êxito faz sabotar a equivalência das possíveis alternativas da discricionariedade como um "mal menor" a ser transposto na liberdade legítima do programa (procedimento) ou responsabilidade (autoria) encarregados de decidir.

A dissonância acerca do modo como a discricionariedade repercute na esfera da interpretação jurídica confronta em específico o tema da resposta correta/adequada ao caso concreto, o qual, ao ingressar na repercussão dos precedentes judiciais (jurisprudência), transforma-se em resposta correta/adequada em termos de um julgamento digno de vincular futuras incidências idênticas sobre fatos semelhantes. Noutras palavras, a controvérsia da discricionariedade se situa no interior da moldura do critério jurídico da decisão, sem cogitar de questionar, porque assim o pressupõe, a legitimidade decisória de identificação dos contornos da própria moldura (os vínculos básicos de interpretação que evitam operações hermenêuticas gritantemente absurdas, não razoáveis e desproporcionais).

Além disso, enfatiza-se o discurso da decisão correta/adequada, confrontando-o com o aspecto da discricionariedade, no exato ponto de definição da *regula iuris* configuradora do critério normativo da decisão passível de ser adotada e universalizada pelas Cortes Supremas. Com isso não se ignora ou se olvida o espectro de incontestável responsabilidade hermenêutica de se adotar a premissa da resposta correta/adequada no trato da definição judiciária da incindível unidade complexa entre fato e direito; apenas que esta competência resulta ambicionada e realizada como prioridade funcional pelas instâncias ordinárias de realização do direito, competindo às Supremas Cortes a atuação incidental em assuntos como os da qualificação dos fatos e da assimilação probatória. Não por outro motivo Taruffo atende a esta premissa da resposta correta/adequada quando acata a busca da verdade dos fatos como ideal regulativo de fundamentação decisória para que sejam comprovados veridicamente os fatos controvertidos no processo;[10] referido ideal funciona ao nosso ver como análogo àquela premissa.

4. Súmulas vinculantes são expedientes antitéticos à hermenêutica do caso concreto?

Devemos, então, compreender as reservas de Ovídio Baptista da Silva para com o sistema das súmulas vinculantes. Sua nota crítica tem endereço certo quanto a uma determinada atuação deste instrumento: ao relembrar a missão dos tribunais superiores na competência originária do juízo de cassação, condena o desiderato de uniformizar a jurisprudência por intermédio da defesa em abstrato da lei, cujo escopo, nesses termos, nem é possível, tampouco desejável.[11] Por trás da defesa em abstrato da inteligência normativa residiria a ideologia segundo a qual o pronunciamento jurisdicional decisório é puramente declaratório e destituído de volição.[12] Noutras palavras, o ideário da interpretação autêntica das leis, a ser revelada por um processo de descoberta do significado unívoco das normas jurídicas legitimado pelas cortes de estrito direito, consiste no objeto criticado pelo autor, e não propriamente os instrumentos pelos quais supostamente se façam valer tais pressupostos. Calha investigar se o instituto das súmulas vinculantes, assim como os denominados precedentes judiciais representativos, conectam-se umbilicalmente à ideologia da única e abstrata resposta correta. Antecipamo-nos em afirmar que não: as súmulas vinculantes podem ser defendidas sem o definhamento da hermenêutica jurídica como a instância metodológico-problemática da resolução prática de casos concretos de onde se podem assimilar padrões ou critérios generalizáveis de juridicidade vinculante.

O direito jurisprudencial recusa a submissão do direito aos esquemas epistemológicos das ciências exatas. Ao fazê-lo, nega igualmente o postulado da discricionariedade forte, com assoalho no pressuposto da liberdade incondicional de o juízo criar a interpretação para o deslinde do problema e justificá-la com sorte (o adjetivo é proposital) em suas convicções acerca do direito posto. Ao referendar dada decisão como vinculante, sob a forma de uma decisão paradigmática, um conjunto de julgados no mesmo sentido ou através da formulação de um enunciado sumular, o direito jurisprudencial promove uma articulação sincrética do melhor dos dois mundos: o critério obrigatório resulta dotado de imposição, embora revestido de meios, por descender da concretude argumentativa de uma ou de mais decisões, para uma aplicação futura analógica[13] aversa a subsunções mecânicas.

---

[10] Legalidad y justificación de la creación judicial del derecho. *In: Sobre las fronteras. Escritos sobre La justicia civil.* Traduzido por Beatriz Quintero. Bogotá: Editorial Temis, 2006, p. 187.

[11] A Função dos Tribunais Superiores. *In: Sentença e coisa julgada: ensaios e pareceres.* Rio de Janeiro: Forense, 2006, p. 289.

[12] *Idem, ibidem.*

[13] Analógica, no sentido antagônico ao de uma aplicação lógica, para homenagearmos este grande processualista e filósofo gaúcho.

O conteúdo disposto em um precedente jurisprudencial vinculante prevalece sobre situações ulteriores semelhantes não porque se referendou para a lei interpretada "uma univocidade essencial de sentido, atemporal e universalmente válida",[14] mas em virtude da definição hermenêutica do critério jurídico mais adequado ou razoável (resposta constitucionalmente correta) culminada pela concorrência concreta entre teses divergentes. A uniformização de jurisprudência é propiciada a partir da verificação de divergência acerca da interpretação do direito entre juízos diferentes (artigo 476 do Código de Processo Civil). O campo de incidência dos precedentes alberga, pois, o discrímen de um padrão de juridicidade generalizável, cuja definição posterior nos moldes de um enunciado abstrato é legitimada pelo confronto prévio de interpretações contingentes a partir da mesma base fático-normativa. Contudo, esta contingência, denomine-se normativa, é diversa daquela tributária do pluralismo social típico do modelo democrático e de suas transformações,[15] pois esta última se reporta às implicações de diversidade advindas da singularidade do caso concreto submetido a julgamento, com as proporcionais consequências de abertura interpretativa atribuíveis ao elemento justificável de distinção frente a parâmetros previamente consolidados, no mais das vezes conectado ao problema da valoração da prova e da definição da norma jurídica aplicável.

Já a contingência interpretativa acerca de um critério normativo se caracteriza por um peculiar estado de provisoriedade: a simultaneidade de entendimentos diversos acerca de mesma matéria para situações análogas merece ser substituída pela decisão fundamentada de um tribunal supremo a favor de uma específica interpretação. A escolha recai sob o encargo da responsabilidade decisória, ou seja, vinculará o sentido considerado o mais adequado diante do acirramento de posições concretas divergentes. O denominado critério normativo vinculante, igualmente chamado de interpretação jurídica ou questão de direito, nasce em berço existencial da razão prática para então se abstrair como entendimento predominante (pelo que a utilização do termo "questão de direito" não nos remete a acolher a distinção dogmática, baseada na cindibilidade metafísica, entre matéria de fato e matéria de direito).[16]

A resposta correta de Dworkin, tomada a metáfora do juiz Hércules, merece ser contextualizada nos ombros dessa figura mítica, e não na sua (inexistente) clarividência cognitiva:[17] a pretensão de se constituírem padrões de juridicidade pela jurisprudência se explica pela inerente responsabilidade ética do direito em prover (as melhores) respostas iguais para problemas idênticos. Tais respostas se qualificam como "corretas" do ponto de vista da falibilidade

---

[14] SILVA, Ovídio Baptista da. A Função dos Tribunais Superiores. *In: Sentença e coisa julgada: ensaios e pareceres*. Rio de Janeiro: Forense, 2006, p. 298.

[15] *Idem, ibidem.*

[16] Conforme NEVES, António Castanheira. *Questão de Facto – Questão de Direito ou o Problema Metodológico da Juridicidade (Ensaio de uma Reposição Crítica)*. Coimbra: Almedina, 1967.

[17] Como deixa entrever, dentre outros intérpretes, Carlos Alberto Alvaro de Oliveira, ao dizer: "Já Dworkin, no seu cerrado ataque ao positivismo, sustenta inexistir discricionariedade judicial, pois sempre pode ser encontrada uma resposta correta. Essa resposta correta, contudo, depende, da existência de um juiz Hércules, dispondo de toda informação, da máxima competência profissional e de um tempo ilimitado para encontrar a solução correta" (Sentença Arbitrária. *Revista Magister de Direito Civil e Processual Civil*. Ano VII. Número 45, novembro-dezembro de 2011, p. 9).

humana; a jurisprudência se consolida pelo enfrentamento de decisões discrepantes, umas se sobressaindo sobre outras ante a desqualificação argumentativa das razões descartadas como ruins ou menos adequadas comparativamente ao parâmetro considerado (e fundamentado) como o mais adequado. A decisão correta, se assim o fosse do ponto de vista algébrico de alguém que a descobre como num atino intelectual hercúleo, dispensaria o foro, os debates, a interpretação, sendo, pois, previamente formatada como a resultante autêntica do ato normativo de origem.

A univocidade do sentido da lei é algo, talvez, repudiável per si; distinta é a hipótese de uniformidade quanto à interpretação da lei para dada espécie de caso concreto, cuja reiteração existencial, distribuída entre vários julgadores, angaria antagônicos pronunciamentos sobre o mesmo problema normativo. Aí se explicam, nesse segundo aspecto, as reservas de Pontes de Miranda, quando afirma que "a pluralidade de interpretações constitui inquietude, porque o sistema jurídico há de ser logicamente uno e a nenhuma regra jurídica se poderiam admitir duas ou mais interpretações".[18] Pelo bem da coerência e para não se ferir o princípio da não contradição, para nenhuma regra se admite plural hermenêutica de critério normativo (I) no mesmo tempo histórico (II). Que a uma regra se possam atribuir duas ou mais interpretações, trata-se de assertiva incontestável se dissermos, complementando, que tal diversidade se explica (I) pelo juízo relativo de valoração da prova ou congênere de índole distintiva gradual[19] e (II) pelo decurso temporal de vigência do preceito legal, quando as interpretações se sucedem umas às outras.

A supremacia de dada interpretação, vinculante por intermédio dos instrumentos de uniformidade jurisprudencial, embora pautada no pressuposto da resposta adequada (correta), longe está de incidir na "miragem de uma justiça perfeita, como se apenas o último julgamento da última instância fosse o guardião do segredo de uma justiça divinamente perfeita".[20] Nada disso. A resposta vinculante se sobressai em virtude de ter sido ela erigida mediante o confronto argumentativo de interpretações divergentes acerca do mesmo assunto pautado em idêntica fonte normativa, quando uma delas se destaca mediante elementos verossímeis da realidade humana, distante, pois, de qualquer plataforma divina. Mais uma vez releva convocar o tema suscetível de uniformidade jurisprudencial: a definição de um critério normativo abstrato, cuja autonomia se sedimenta dos casos concretos de equivalente problemática decidenda. Não se trata, pois, de juízos de valoração, os quais admitem infinitas gradações à medida da insurgência de relativas situações de fato (do mundo da vida) justificadoras de correspondente atributo. Nem mesmo se trata de alternativa antípoda, ou seja, um raciocínio matemático invariável.

No entanto, em desacordo ao intento de Ovídio Baptista da Silva, diferentes gradações jurídicas proporcionadas pela escala de diferenciação fática de cada problema existencial posto em juízo impossibilitam, umas em vista

---

[18] *Comentários ao Código de Processo Civil.* Tomo VI. Rio de Janeiro: Forense, 1974, p. 21.

[19] SILVA, Ovídio Baptista da. A Função dos Tribunais Superiores. *In: Sentença e coisa julgada: ensaios e pareceres.* Rio de Janeiro: Forense, 2006, p. 295.

[20] *Idem, ibidem,* p. 294.

das outras, o crivo comparativo para efeito de se distinguir o grau de justiça maior ou menor, como se fosse uma mais justa que outra, apesar de norteadas conforme a lei.[21] Trata-se aqui de um juízo de gradação de valor a partir da lei, cuja discrepância se deve explicar pelas diferentes características de fato – ou de sua assimilação argumentativa pelo juízo – a ensejarem interpretações diferentes com o mesmo rigor de cumprimento do critério normativo estipulado pelo ato normativo comum. Expliquemos melhor. As regras de direito de família se aplicam igualmente para diversas situações concretas com suporte fático compartilhado, como por exemplo, a pretensão de adotar: no entanto, duas situações nas quais incide a mesma norma jurídica podem receber respostas diversas pelo prisma do suporte probatório, sem relativizar, com isso, o critério normativo estipulado no preceito. As duas decisões são (ou deveriam ser) adequadas; uma não é mais justa do que a outra. Agora, quando se trata de relativizar um critério normativo, por exemplo, acerca da controvérsia jurídica sobre a possibilidade de adoção por homossexuais, dois provimentos diversos não podem discrepar com fundamentos díspares acerca dessa questão constitucional.

Que a justiça falha, inclusive aquela ditada por tribunais superiores,[22] não se pode negar peremptoriamente, embora a eventual injustiça seja mais difícil de ocorrer no derradeiro do processo jurisdicional, por oportunidade de visualização de todo o itinerário argumentativo quando a causa desemboca nas Cortes de Brasília, especialmente no Supremo Tribunal Federal. Ademais, um precedente fixado pelos tribunais superiores é sempre suscetível de confirmação, o que, por outro lado, propicia o regime permanente de revogação (sobrepujamento) ou distinção diante de novas causas submetidas a juízo. Os refratários aos mecanismos de uniformidade jurisprudencial devem argumentar, provando, o alegado engessamento hermenêutico do sistema propiciado pela adoção de institutos afins ao tema dos precedentes obrigatórios. Dizer que cada caso é um caso, defender a discricionariedade interpretativa, alegar a diversidade e a diferença ínsitas de uma cultura democrática é pouco, para não dizer perigosamente nada. Generalizar frases cuja correção carece do devido contexto, como "a lei admite vários significados", revela um expediente bastante comum dos detratores de institutos como a súmula vinculante.

Os autores que sublinham a impossibilidade da constituição de critérios normativos gerais a partir da jurisprudência, sem quedar-se, segundo eles, no reducionismo normativista apegado à tese da vontade exclusiva da lei, esquecem de referendar, para a ressalva procedida, a justificativa do seu próprio raciocínio, denominada aqui de fundamento contingente disperso. Perceberemos o quanto é impossível desenvolver o raciocínio com ânimo nesse fundamento, ou, em termos moderados, o quando ele é mais frágil do que o argumento oposto, aqui defendido, no sentido da possibilidade hermenêutica de se vincular através de precedentes sem o menosprezo do paradigma do direito como a razão prática. Referida dificuldade é ilustrada pela fantasia de se tentar distin-

---

[21] SILVA, Ovídio Baptista da. A Função dos Tribunais Superiores. *In: Sentença e coisa julgada: ensaios e pareceres*. Rio de Janeiro: Forense, 2006, p. 295.

[22] *Idem, ibidem.*

guir – sem dizer-se como ou exemplificando com hipóteses práticas – "a função criadora, progressista e inovadora do sistema jurídico", a qual "deve ser preservada como a legítima função contemporânea dessas cortes superiores"[23] da tarefa desses mesmos tribunais em uniformizar a jurisprudência, encargo este abominado pela alegada ojeriza hermenêutica conformadora do aprisionamento ao passado em institutos como as súmulas vinculantes.

A contingência dispersa – ou insular – consiste no postulado do isolamento do fundamento normativo do caso concreto, isto é, na clausura autorreferente da solução interpretativa do caso para o caso, sem capacitar a construção de um critério transcendente comum a situações análogas com homogênea reivindicação problemática de incidência de determinado preceito legal. O ônus impingido é deveras alto a quem propugna resistir à prática racional da uniformidade de jurisprudência: por excelência, perguntar-se-ia aos partidários desta ideologia como dois ou mais eventos, distintos entre si em sua manifestação jurídica processual, resultariam acomodados sob a mesma norma jurídica aplicável, sendo interpretados igualmente com esteio no mesmo critério normativo? Noutros termos, como explicariam eles a convergência de juízos na construção jurisprudencial de um único critério normativo para fatos semelhantes? Porventura alegariam um concerto arbitrário ou aleatório de sentido? Dizer que súmulas não podem vincular, porque fossilizam o direito, em última razão, implica desnaturar a fundamentação jurídica na sua (primordial) função, além daquela ínsita à própria resposta ao caso concreto, de constituir um precedente. Assim, abomina-se a história, pois a cada novo acontecimento suspende-se o passado – ou se o ignora – como se ele fosse um feito inédito digno de uma nova resposta, divorciada, ao menos no plano do confronto argumentativo, das decisões pretéritas. O enlace com o passado é fundamental, porque, e isto é o mais importante, ele propicia o registro daquilo que se pretende superar e diferenciar. Ao revés, o mero perspectivismo de futuro impede o resgate histórico das decisões passadas, propiciando a arbitrariedade, seja de uma qualquer decisão, seja de uma decisão ruim que não quer ser balanceada diante de parâmetros mais razoáveis localizados no registro do tempo pretérito.

Inegavelmente os precedentes jurisprudenciais não dispensam a interpretação dos casos vindouros que lhes requerem aplicabilidade. Todavia, disso não decorre a frustração de institutos que tais,[24] porquanto sua finalidade jamais pretenderá realizar o que antes a legislação foi incapaz de proceder – a saber, a independência contextual-problemática da incidência aplicativa quando da identificação da norma jurídica pertinente ao caso ou ao conjunto deles enquanto tipologia existencial comum –, mas apenas consiste em concretizar ou especificar cânones interpretativos decorrentes da própria aplicação jurisdicional, contexto de que inequivocamente não participa o legislador! Ou seja, expedientes judiciários vinculantes apenas outorgam legitimidade argumen-

---

[23] SILVA, Ovídio Baptista da. A Função dos Tribunais Superiores. In: Sentença e coisa julgada: ensaios e pareceres. Rio de Janeiro: Forense, 2006, p. 299.

[24] Como faz Fábio Cardoso Machado, com esteio em Castanheira Neves (Da uniformização jurídico-decisória por vinculação às súmulas de jurisprudência: objeções de ordem metodológica, sociocultural e político-jurídica. In: A reforma do Poder Judiciário. São Paulo: Quartier Latin, 2006. p. 244-274; versão eletrônica consultada em www.abdpc.org.br, p. 13.

tativa a interpretações definidas e privilegiadas em virtude de sua aptidão conteudística (ou material) em definir um critério abstrato outrora passível de divergência para situações semelhantes e, por isso mesmo, para cuja resolução as normas jurídicas foram antes incapazes de concorrer e contribuir com caráter decisivo.

A garantia do exato conhecimento da lei em sua significação geral, embora seja função própria da cassação, não pode ser comparada com o escopo da uniformização de jurisprudência, como intenta fazer Fábio Cardoso Machado.[25] Isto porque o sentido unívoco abstrato da lei, uma vez determinado pelos tribunais de cassação, incidirá independentemente dos casos em que se aplicará no futuro o ato normativo objeto daquele provimento hermenêutico exclusivo. Esse é o escopo histórico e tradicional da nomofilaquia, a saber, tendente à interpretação exata das leis para o seu fiel cumprimento. Ou seja, a divergência jurisprudencial verificada por ocasião de diversos sentidos discordantes do mesmo preceito em vigor para casos similares, de modo a ensejar o juízo de cassação, legitima a exegese autêntica da norma jurídica a despeito das implicações concretas eventualmente problematizáveis doravante. Nesse caso, a divergência de julgados justifica a implementação autoritária de uma interpretação vinculante, cujo arbítrio se explica seja pela definição textual ou ideológica acerca de suposta inteligência abstrata da lei, seja pela consolidação invencível frente à validade empregada nos termos significativos definidos, quando a interpretação decretada pelo juízo cassatório prevalecerá inconteste diante de qualquer problemática decidenda vindoura.

Bem diverso é o contexto de validade e de criação dos expedientes jurisprudenciais propiciadores de uniformidade interpretativa. Os precedentes dotados de vinculatividade, dentre os quais as súmulas vinculantes, são constituídos pelo confronto argumentativo das razões justificadoras de cada interpretação divergente, impregnados de uma autoridade hermenêutica a partir da qual se convenciona determinar como critério a melhor decisão daquelas em confronto. Ou seja, a divergência jurisprudencial, enquanto revela o ensejo para a determinação de uma interpretação vinculante qualquer e absoluta no juízo de cassação, para os precedentes obrigatórios consiste na oportunidade de referendar a resposta constitucionalmente adequada como razão de decidir para a situação normativa emblemática recorrente. E, nesse termos, a vinculação típica desta última concretiza uma interpretação cuja tônica de legitimidade reside no próprio conteúdo decisório, e não na autoridade de quem decidiu a inteligência abstrata do ato normativo, o que implica acentuar a nota de transitividade digna desta supremacia vinculante. O juízo vinculante transitivo implica na necessidade de ele se fazer valer perante a interpretação concreta que reivindica tratamento específico, a ponto de gerar uma distinção, ou paradigmática transformação, com o intento de revogar o critério anteriormente estipulado. A transitividade demandada de justificação ocorre de parte a parte: de quem aplica o precedente como critério para um caso tido como análogo

---

[25] Da uniformização jurídico-decisória por vinculação às súmulas de jurisprudência: objeções de ordem metodológica, sociocultural e político-jurídica. *In: A reforma do Poder Judiciário*. São Paulo: Quartier Latin, 2006. p. 244-274; versão eletrônica consultada em www.abdpc.org.br, p. 9.

e por parte daquele que demanda a juridicidade diferenciada inscrita naquela situação tida por peculiar. O juízo de cassação, por outro lado, aniquila este confronto previamente, ao estabelecer o (alegado) exato e autêntico sentido da norma jurídica em debate.

Não assiste razão, contudo, em condenarmos por si o juízo de cassação e o sentido da nomofilaquia se os projetarmos na ciranda da história com as respectivas transformações paradigmáticas inerentes ao seu decurso. Converge nesse aspecto o posicionamento de Danilo Knijnik, com amparo na posição de Frédérique Fernand, ao defender a metamorfose do direito aplicado à medida da metamorfose hermenêutica da compreensão culminada no arco dos séculos XIX e XX, com o que se chegaria presentemente a uma espécie de nomofilaquia tendencial ou dialética, "(n)ão mais em nome de uma interpretação autoritária, como seria aquela que pretendesse identificar o exato significado da lei, mas em nome de uma razoável e racional escolha entre os plútimos significados".[26] Não por outro motivo que Knijnik sustenta o nivelamento progressivo – com índole unitária, inclusive – entre cassação e revisão, ou seja, a concluir por uma função nomofilácica renovada de natureza dialética por obra da criação jurisprudencial do direito tendente a juízos uniformes, embora não absolutos.[27]

5. Um pouco mais de reflexão a partir das ponderações de Ovídio

Os precedentes jurisprudenciais, portanto, da maneira como são assimilados, da fundamentação concreta para a generalidade de um critério, corroboram a instância hermenêutica do processo e do direito. A suposição de que o alvitre de instrumentos como as súmulas vinculantes se mostra lesivo e, pois, desaconselhável para o caráter hermenêutico do direito é equivocada em virtude de argumentos no mínimo apressados. Segundo Ovídio Baptista da Silva, apoiando-se em Calamandrei, a solução sumulada, tal como a lei, se afasta "definitivamente da realidade contingente da sempre renovada experiência forense".[28] Com base nessa premissa, o autor critica a doutrina tradicional da separação de poderes, em que "ao julgador fique reservado o encargo institucional subalterno de declarar, apenas dizer, o direito inteiramente criado pelo

---

[26] *O recurso especial e a revisão da questão de fato pelo Superior Tribunal de Justiça*. Rio de Janeiro: Forense, 2005, p. 89.

[27] *Idem*, p. 104. É importante afirmar que o significado primeiro de nomofilaquia aponta para a decisão exata, única, verdadeira e autêntica procedida pelos tribunais que encampam esta competência. Contudo, conforme dito antes, a função respectiva (nomofilácica) nem sempre quer deduzir a ideologia da exclusividade hermenêutica, antitética à proposta interpretativa constitutiva da uniformidade de jurisprudência (afim ao sentido dialético contemporâneo da nomofilaquia cuja finalidade cumpre a função reguladora da igualdade e coerência das decisões judiciais), tampouco abordagens clássicas acerca do instituto da cassação civil – a obra de Piero Calamandrei, por excelência (*La casación civil*) – acatam o extremo de negar a força criadora da jurisprudência ou de vincular à ideia de cassação o ideário da interpretação unívoca. Conforme assinala, com razão, Danilo Knijnik, citando Calamandrei em trechos de franca e inequívoca corroboração, o recurso à palavra nomofilaquia pelo jurista italiano "é mais uma necessidade prática do que a afirmação de um postulado interpretativo de corte positivista, como poderia parecer à primeira vista", arrematando que "(n)em parece absolutamente justo vincular o pensamento de Calamandrei a uma concepção eminentemente "declarativista" de decisão judicial" (*Idem*, p. 102).

[28] SILVA, Ovídio Baptista da. A Função dos Tribunais Superiores. *In: Sentença e coisa julgada*: ensaios e pareceres. Rio de Janeiro: Forense, 2006, p. 298.

corpo legislativo".[29] Ora, se de fato é assim, o precedente é inócuo e, quando muito, redundante, na medida em que ao legislativo cabe a função criadora do direito posto; se esta é a ideologia subjacente, o problema consiste no pensamento motriz responsável por equivaler a justiça com a descoberta do exato e unívoco significado da norma jurídica, contexto em que o precedente judiciário participa como vítima de mero desdobramento causal. O pressuposto metodológico combatido pelo autor, o da uniformidade abstrata de julgados, seria frágil pela generalidade com que mensura casos "supostamente idênticos, com implícita recusa ao poder criador da jurisprudência".[30] Nesse trecho, Silva não desmente propriamente a teleologia dos precedentes, qual seja, a possibilidade de elaborar-se critério normativo vinculante de caráter geral, mas ressalva, com razão, sua eficácia inconteste ou absoluta, por exemplo, como ele próprio refere, quando intenta alcançar fatos distintos considerados "idênticos".

Ademais, o sistema de precedentes obrigatórios se alicerça através da hermenêutica de aplicação do direito; não poderia ele contrair a síndrome da hipocrisia, convenientemente, quando o critério resulta definido, convertendo-se de Heráclito em Parmênides. Quando precedentes resultam sistematizados em dada orientação, e súmulas aprovadas como o enunciado sintético de um padrão de juridicidade alcançado mediante o escrutínio concreto de razões conflitantes acerca de mesmo tema jurídico, sua definição, sob pena de contradição performativa digna de um encobrimento ideológico, não poderia recusar, interrompendo, o poder criador de jurisprudência (inegavelmente) inscrito em sua genealogia. Ou seja, a definição de um precedente, exatamente por derivar de um decidir-se (uma decisão genuína tomada em vista dos melhores argumentos disponíveis em jogo) quanto a dado critério suscetível de divergência entre juízos diferentes para casos análogos, não ignora, nem poderia olvidar, a sua própria historicidade, tanto assim que permite (melhor, deixa-se permitir frente a sua natural transitividade hermenêutica) – o que fortalece a sua legitimidade interpretativa – ulteriores modulações diante de eventos peculiares, capazes de propiciar distinções e até o sobrepujamento do padrão ora estipulado.

Por conseguinte, a não ser que Ovídio esteja a criticar o mau uso dos precedentes – o que não seria absurdo frente à cultura jurídica nacional –, sua assertiva acerca das súmulas é improcedente quanto a imputar-lhes um aprisionamento ao passado de maneira a impedir o progresso jurisprudencial "em constante convivência com a realidade social".[31] Repita-se, ainda, que a súmula obrigatória possui tronco epistemológico diverso do modelo iluminista que informa um sentido de univocidade para as leis, pois, uma vez que tal significado é declarado, a jurisprudência, no limite, nada mais realiza senão prescrever uma inteligência antecedente oriunda do legislador. O papel da interpretação jurídica, sob tal aspecto, é superdimensionado. Por outro lado, as súmulas, devidamente contextualizadas no paradigma do constitucionalismo contem-

---

[29] SILVA, Ovídio Baptista da. A Função dos Tribunais Superiores. *In: Sentença e coisa julgada*: ensaios e pareceres. Rio de Janeiro: Forense, 2006, p. 297.

[30] *Idem, ibidem*, p. 298.

[31] *Idem, ibidem*, p. 299.

porâneo, a inspirar uma nova teoria das fontes e da interpretação, ultimam o processo decisório constitutivo de juízes e tribunais no tocante à definição de critérios normativos generalizáveis, os quais não se deixam confundir com valorações de outra ordem, algumas das quais inegavelmente contingentes e suscetíveis de uma apreciação individual (singular) contingente. O próprio Ovídio deixa entrever a possível confusão dos campos, quando se proscrevem juízos de verossimilhança na suposição de que a lei contenha somente uma solução correta.[32]

A crítica empreendida por Ovídio Baptista da Silva, portanto, envereda contra o arbítrio interpretativo, quando eventual solução resulta patrocinada por argumentos de autoridade direcionadores de uma origem proclamada autêntica, desincumbidos, pois, de projetar razões fundamentadoras da correção do significado constituído como modelo decisório. Não à toa ele recusa a legitimidade de enunciados jurisprudenciais – assentos e súmulas, por exemplo – valerem por seu mero enunciado genérico,[33] o que indica, *a contrario sensu*, que os mesmos expedientes podem ser constitucionalmente aceitos enquanto diretrizes normativas construídas proporcionalmente aos fundamentos conectados à sua genealogia concreta, problemática e casuística. Noutras palavras, a prática hermenêutica transformadora ou conservadora não remonta à forma dos mecanismos de que estamos a tratar, sejam eles os precedentes ou as fórmulas sintéticas de sua representação simbólica (as quais jamais esconderam seu nascedouro existencial, tampouco solaparam o respectivo acesso), senão o modo mesmo de vincular, autoritariamente encerrado ou dialeticamente aberto. A não ser utilizando-se desse pressuposto, estranha-se o maniqueísmo, unidirecional para cada polo da oposição, entre súmulas que vingam para consolidar e precedentes que servem para modificar a jurisprudência.[34] As súmulas podem igualmente propiciar a transformação jurisprudencial, tanto quanto os precedentes são capazes de produzir a uniformidade de decisões.

Assegurar a unidade do direito rima tanto com a preservação de julgados, quanto com a sua transformação, assentada a premissa – hermenêutica – do prudente e rigoroso concerto entre coerência e fundamentação no trato dos temas jurídicos, especialmente os de natureza constitucional. A unidade enquanto valor conspira a favor da prática interpretativa universal no sentido de endossar ao mesmo tempo – ausente o risco de qualquer postura contraditória – a vinculação de precedentes e o seu conatural desenvolvimento frente ao diverso. É condição de possibilidade dos precedentes vinculantes demarcar o território hermenêutico que se destina à sua ulterior aplicabilidade, projeção esta que se aperfeiçoa apenas no contato vindouro argumentativo com futuros casos concretos problemáticos, os quais apontarão a devida sujeição ou preterição interpretativa. E mesmo nas situações onde se deem mostras de peculiaridades distintivas ou disjuntivas do precedente[35] é plausível concluir

---

[32] SILVA, Ovídio Baptista da. A Função dos Tribunais Superiores. *In: Sentença e coisa julgada*: ensaios e pareceres. Rio de Janeiro: Forense, 2006, p. 297.

[33] *Idem, ibidem*, p. 300.

[34] *Idem, ibidem*, p. 301.

[35] *Idem, ibidem*, p. 302.

pelo próprio robustecimento do modelo, e não pela sua fragilidade e potencial falência. O êxito de expedientes vinculantes reina não na asfixia do sistema jurisdicional, mas no empreendimento de critérios uniformes capazes de ensejar sucessivas distinções fundamentadas e futuros sobrepujamentos sistematizados.

O caminho do precedente nos parece menos arbitrário, pois, do que o modelo de escolha discricionária pelos tribunais supremos dos recursos que merecerão o seu julgamento (como entrevê Ovídio Baptista da Silva).[36] A própria arte de selecionar já implica o aleatório de deixar incólumes processos cujo julgamento tenha discrepado do critério vinculante adotado, ou mesmo de situações nas quais haveria de se chancelar a discriminação fundamentada de outra razão de decidir não suportada pela diretriz de caráter geral. Por outro lado, ao enunciar o reconhecimento da justiça de primeira instância como possível alternativa ao problema crônico dos inúmeros recursos no sistema brasileiro, de maneira a salvaguardamos a causa – e não somente os efeitos do estrangulamento do Poder Judiciário –, parece-nos acertada a postura de Ovídio nesse aspecto.[37] Principalmente quando o processualista recupera a insensatez (irresponsável) de uma hermenêutica livre amparada no mantra da múltipla resposta correta para casos semelhantes, o qual imuniza "a adoção de duas ou mais motivações diferentes e muitas vezes antagônicas, todas, no entanto, como diria Hans Kelsen, legitimamente tomadas dentre as 'várias possibilidades' criadas pela 'moldura' da norma legal".[38]

Ovídio Baptista, ao final do seu artigo sobre os tribunais superiores, arremata sobre a necessidade de enfrentarmos o desafio do "mais do mesmo", ou seja, sobre a proliferação de identidades jurídicas que teimam em se multiplicar sob o argumento da individualidade ontológica dos casos,[39] para os quais se deveria destinar supostamente uma igualmente inédita decisão judicial. O problema consiste na criação de ilhas interpretativas, cuja existência tanto mais dilapida o direito quanto a alegada fossilização propiciada pelos expedientes vinculativos. Nesses termos, a defesa de mecanismos como "a instituição de uma norma legal que estendesse ultra partes a coisa julgada contida em decisão proferida em última instância pelos tribunais supremos" não discrepa em nada do desiderato aqui pretendido para os precedentes e súmulas vinculantes.

6. Apontamentos finais com Castanheira Neves

Castanheira Neves não dissente da possibilidade de o precedente jurisprudencial se impor como padrão normativo casuístico para casos semelhantes,[40] é verdade, defendendo a tese de que qualquer tipo de vinculação mais

---

[36] SILVA, Ovídio Baptista da. A Função dos Tribunais Superiores. *In: Sentença e coisa julgada*: ensaios e pareceres. Rio de Janeiro: Forense, 2006, p. 302.

[37] *Idem, ibidem*, p. 303.

[38] *Idem, ibidem*, p. 304.

[39] *Idem, ibidem*, p. 305.

[40] NEVES, António Castanheira. *O instituto dos assentos e a função jurídica dos Supremos Tribunais*. Coimbra: Coimbra Editora, 1983, p. 12.

ampla do que aquela referida ao próprio caso concreto originário – por exemplo, no tocante à uniformização de jurisprudência – jamais deixa de ser relativa e precária. O que ele impugna, pois, é a derivação hermenêutica pura e simples do texto (geral) para a norma (particular), em quaisquer dos aspectos assistidos na história do direito: seja através do positivismo jurídico mais exacerbado para efeito de estipular a função declaratória da jurisdição (o juiz como a boca que pronuncia as palavras da lei), seja por meio de mecanismos e instituições cuja competência aponta quer para o registro autêntico da inteligência normativa (defesa abstrata dos preceitos legais, como no escopo originário dos juízos de Cassação), quer para o deslinde objetivo das lacunas verificadas entre a lei e a sentença.[41] O que haveria, então, de peculiarmente aberrante no contexto dos assentos contra os quais Neves se pronuncia de maneira sistematicamente inapelável? Não poderia ser o propósito de reivindicar a uniformização decisória de dado critério normativo ou padrão com esteio na criação casuística fundamentada – com assoalho em julgamentos concretos de genuína aplicação do direito (causas). Isto porque, em assim sendo, Castanheira Neves combateria o próprio regime dos precedentes obrigatórios do modelo norte-americano e mesmo expedientes típicos de uniformização em sistemas descendentes da *civil law*, como o tradicional recurso de revista brasileiro (previsto no artigo 853 do Código de Processo Civil de 1939), atualmente conflagrado nas regras estipuladas nos artigos 476 a 479 do Código de Processo em vigor (1973).

O autor sugere um desacoplamento entre a uniformidade da jurisprudência e a finalidade ou teleologia de um instituto que almeja "conseguir uma unitária estabilidade (ou fixidez) do direito, que satisfaça a segurança jurídica e garanta a certeza de uma sua unívoca aplicação".[42] A finalidade, assim especificada (e condenada) enquanto valor autônomo desdobrado, se sobressai como um problema, é certo, da teleologia jurídica dos assentos na sua implicada (e particular) maneira de estipular a uniformidade decisória, não sendo ela, a uniformidade jurisprudencial, o alvo principal e imediato das críticas despendidas. Corroborando tal perspectiva, Castanheira Neves assinala a ilusão e o equívoco de quem supõe que os assentos apenas traduzem mais uma modalidade de instituir meios eficazes para realizar o objetivo da uniformidade de jurisprudência, como acontece sem maiores traumas com os tribunais superiores e com a própria noção de toda e qualquer decisão judicial.[43] Os assentos diferem qualitativamente, e não apenas em grau, dessas outras modalidades conhecidas pelo direito,[44] sendo absurda a sua equiparação com o mero apelo àquela igual intencionalidade uniformizadora.[45]

Ocorre que a ressalva fundamental quanto a qualquer dos mecanismos de uniformização, independentemente de sua compleição e prudência interpretativa no decorrer dos tempos, a saber, a influência inconveniente do caso

---

[41] NEVES, António Castanheira. *O instituto dos assentos e a função jurídica dos Supremos Tribunais*. Coimbra: Coimbra Editora, 1983, p. 13.

[42] *Idem, ibidem*, p. 21.

[43] *Idem, ibidem*, p. 29.

[44] *Idem, ibidem*, p. 31.

[45] *Idem, ibidem*, p. 32.

particular (ou conjunto deles, na sua homogeneidade decisória em estipular o mesmo critério de decisão) para conceber um critério geral válido para situações ulteriores análogas, resulta simplesmente irrespondível na perspectiva de quem aguarda um argumento definitivo no sentido de um encerramento sepulcral das controvérsias conexas ao tema. É interessante, aliás, que os críticos de um modelo de precedentes obrigatórios ou vinculantes confortem contraditoriamente aquela ressalva, nos termos de exigirem uma pretendida garantia (inverossímil) de que nenhum novo caso concreto poderá confortar uma inédita conformação hermenêutica diversa do paradigma imposto pelo precedente, na medida em que essa expectativa (de certeza) mostra-se antitética ao que eles próprios defendem como a impossibilidade de o direito ser reduzido a uma bitola abstrata. Referida contradição bem demonstra a aptidão – que não deixa de ser milenar – de um sincretismo metodológico – o qual nada mais representa do que a validade do pressuposto prudencial na interpretação jurídica – quanto aos mecanismos de vinculação: aproveitam-se os ganhos de um sistema efetivamente vinculante na exata proporção de sua própria capacidade de superação interpretativa.

O desacoplamento, é bem de se ver, já ocorre no próprio sentido a ser esclarecido pelo que se convenciona chamar "uniformidade de jurisprudência", especialmente nas desavenças objetivas entre a constância de orientação jurisdicional concreta e a uniformidade apenas de critérios abstratos.[46] Hoje já se ultrapassou a modalidade exegética de confortar o desiderato da coerência decisória mediante constrangimento autoritário de imposição da vontade abstrata dos textos legais, o que implica a necessidade de a uniformidade resultar por força de argumentos sobressalentes na arena conflitiva de diferentes interpretações conflitantes para a melhor resolução do caso problemático-decidendo instituidor do padrão analógico para situações semelhantes.

Os assentos preliminarmente discrepam dos precedentes obrigatórios pela sua pressuposição à ideologia da certeza formal (contra a justiça), em detrimento da certeza material (a favor da justiça) ínsita aos últimos, em termos de uma estabilidade de determinada (e fundamentada) intenção normativa (critério ou padrão decisório construído casuisticamente) estribada com fulcro em certeza vencível, onde "esta haveria de ceder sempre que concretamente se mostrasse um obstáculo flagrante e irredutível ao acerto ou justiça da solução jurídica".[47] O sentido dos assentos se coaduna, por outro lado, com a certeza formal em virtude da absoluta rigidez oriunda da respectiva inalterabilidade a "excluir a alteração e variação ou mesmo a mutação que pode naturalmente verificar-se na jurisprudência dos supremos tribunais enquanto órgãos jurisdicionais estritos".[48] Aqui se demarca a gênese irredutivelmente arbitrária dos assentos, nem tanto porque se trata de prescrições abstratas que estipulam uma solução jurídica para determinar a aplicação do direito (as súmulas, por

---

[46] NEVES, António Castanheira. *O instituto dos assentos e a função jurídica dos Supremos Tribunais*. Coimbra: Coimbra Editora, 1983, p. 28.

[47] *Idem, ibidem*, p. 38-39.

[48] *Idem, ibidem*, p. 39.

exemplo, também o são, e nem por isso resultam contaminadas dos problemas específicos dos assentos).

Uma reflexão se impõe, tomando-se como base o itinerário dos assentos no direito português, em cujo pano de fundo enxergaríamos qualquer outro contexto histórico onde a jurisprudência se impõe, mais do que como ascendência, com autoridade política. A jurisprudência vinculante (manifestada por meio de um precedente ou de um critério abstrato que lhe faz as vezes prescritivas para situações análogas; não é outra, aliás, a relação bem posta entre precedente e súmula, por exemplo) ascender da vontade política não seria tanto o problema; problema mesmo é a jurisprudência se impor com autoridade política, a significar, como ocorrera com os assentos da Casa de Suplicação (quando das Ordenações e da Lei da Boa Razão), ademais com o regime previsto com o Código de Processo Civil português de 1961 (até 1967, parcialmente revogado pelo artigo 2º do Código Civil, este objeto da inconstitucionalidade do famoso acórdão 810/93), a impossibilidade de se alterar os assentos instituídos (por motivação política ou qualquer outra subjacentemente arbitrária) pelo Supremo Tribunal de Justiça. Aqui está a essência da questão. Fora desses parâmetros, onde se escuda uma aberração jurídica de congelamento ou fossilização do sistema judiciário à mercê das forças matizadoras da jurisprudência vinculante e derradeira, a uniformização de jurisprudência sempre acatou a possibilidade de modificação homogênea superveniente, desde que para propiciar novo conteúdo passível de uniformização jurisprudencial.

Portanto, concludentemente, não seria razoável a crítica destinada para um sistema de uniformização de jurisprudência com apelo individualista ao direito de recurso, o qual outra coisa não é senão a postulação de um direito à decisão atomística em desacordo com os precedentes vinculados pela jurisprudência acerca da mesma matéria ou critério normativo. Qual a diferença entre procrastinar concretamente a assimilação de um critério normativo vinculante (adotado pela jurisprudência) por intermédio do sistema recursal e vincular de imediato os futuros casos em cuja problemática as diretivas jurisprudenciais (sejam elas precedentes ou súmulas) bem se amoldam como pertinentes? Nenhuma diferença prática, senão a notável separação cronológica de tempos para a eficácia simbólica: para uma situação, a uniformidade virá depois de muito tempo; para outra, de imediato. Isto sem esquecermos os efeitos da jurisprudência vinculante para incidir nas relações sociais. Não se pode concordar, assim, com Maria da Assunção Esteves, para quem o "sistema de recursos existe precisamente porque existe a liberdade de decidir".[49] Se há precedentes ou institutos de uniformização, estatuídos em virtude de prévia discussão interpretativa, eventual discórdia de aplicação do precedente ao caso concreto não se pode amparar no direito egoístico de recurso com sede na liberdade de convicção do julgador, a qual não pode ser estendida a ponto de albergar a desobediência injustificada (passível fatalmente de reforma frente ao exame dos recursos pelos tribunais de onde emanaram as diretrizes vinculantes). Ademais, o precedente vinculante permite o juízo de distinção e sobrepujamento

---

[49] NEVES, António Castanheira. *O problema da constitucionalidade dos assentos. Comentário ao Acórdão n. 810/93 do Tribunal Constitucional*. Coimbra: Coimbra Editora, 1994, p. 60.

pelo julgador superveniente: basta que a sua decisão justifique as razões pelas quais o caso concreto, respectivamente, não se amolda ao critério posto ou que ele reivindique fundamentos novos não tematizados pela matriz jurisprudencial em sua gênese interpretativa.

7. Referências bibliográficas

AARNIO, Aulis. *La tesis de la única respuesta correcta y el principio regulativo del razonamiento jurídico.* DOXA, vol. 8, 1990.

DOBROWOLSKI, Samantha Chantal. *A justificação do direito e sua adequação social*: uma abordagem a partir da teoria de Aulis Aarnio. Porto Alegre: Livraria do Advogado, 2002.

DWORKIN, Ronald. *Justiça para Ouriços.* Traduzido por Pedro Elói Duarte. Coimbra: Almedina, 2012.

KNIJNIK, Danilo. *O recurso especial e a revisão da questão de fato pelo Superior Tribunal de Justiça.* Rio de Janeiro: Editora Forense, 2005.

MACHADO, Fábio Cardoso. Da uniformização jurídico-decisória por vinculação às súmulas de jurisprudência: objeções de ordem metodológica, sociocultural e político-jurídica. *In A reforma do Poder Judiciário.* São Paulo: Quartier Latin, 2006.

MARINONI, Luiz Guilherme. *O STJ enquanto corte de precedentes*: recompreensão do sistema processual da corte suprema. São Paulo: Revista dos Tribunais, 2013.

NEVES, António Castanheira. *Questão de Facto* – Questão de Direito ou o Problema Metodológico da Juridicidade (Ensaio de uma Reposição Crítica). Coimbra: Almedina, 1967.

——. *O instituto dos assentos e a função jurídica dos Supremos Tribunais.* Coimbra: Coimbra Editora, 1983.

——. *O problema da constitucionalidade dos assentos.* Comentário ao Acórdão n. 810/93 do Tribunal Constitucional. Coimbra: Coimbra Editora, 1994.

OLIVEIRA, Carlos Alberto Alvaro de. Sentença Arbitrária. *Revista Magister de Direito Civil e Processual Civil.* Ano VII. Número 45, novembro-dezembro de 2011.

PONTES DE MIRANDA, Francisco Cavalcanti. *Comentários ao Código de Processo Civil.* Tomo VI. Rio de Janeiro: Forense, 1974.

SILVA, Ovídio Baptista da. A Função dos Tribunais Superiores. *In: Sentença e coisa julgada: ensaios e pareceres.* Rio de Janeiro: Forense, 2006.

——. *Epistemologia das ciências culturais.* Porto Alegre: Verbo Jurídico, 2009.

TARUFFO, Michelle. Legalidad y justificación de la creación judicial del derecho. *In: Sobre las fronteras. Escritos sobre La justicia civil.* Traduzido por Beatriz Quintero. Bogotá: Editorial Temis, 2006.

— 8 —

Processo modular: o resgate da verossimilhança como instrumento de reforma processual

JEFERSON LUIZ DELLAVALLE DUTRA[1]

SUMÁRIO: Considerações iniciais; 1. A diacronia processual; 1.1. A sociedade de risco; 1.2. Do direito de urgência e suas consequências no processo civil; 1.3. O processo ordinário como catalisador dos riscos processuais; 2. Instrumentos de sincronia processual: o resgate da verossimilhança; 2.1. Processo cautelar; 2.2. Medidas antecipatórias; 2.3. Mandado de segurança; 3. O processo modular no caminho da reforma processual; 3.1. Do "reformismo" à reforma: por uma transgressão cognitiva; 3.2. O procedimento modular; 3.3. Discricionariedade e princípio constitucional da ampla defesa; Considerações finais; Referências bibliográficas.

Considerações iniciais

O presente ensaio foi realizado como trabalho de conclusão do curso da disciplina de Teoria Crítica do Processo do curso de Mestrado, no qual tive a honra de ter tido os primeiros contatos com o Prof. Ovídio Baptista da Silva.

Aqui colocam-se em discussão alguns dos textos que foram debatidos ao longo do semestre, com foco na crítica à estrutura e à função do sistema processual civil brasileiro, procurando trazer a questão da reforma processual a lume, enfocando mais que sua urgência, a necessidade de se observar certos valores e características referentes aos direitos materiais que se pretender tutelar.

Destaca-se que a atualidade das considerações feitas, e das leituras apontadas, refletem o visionismo do pensamento deste grande processualista.

Também constitui-se mais num texto de observação extrena, num exercício da sociologia jurídica, do que propriamente um texto de critica processual, partindo de conceitos cada vez mais próximos como os de risco, urgência e verossimilhança.

Nesse contexto, com o agravamento dos riscos trazidos pela incerteza temporal do rito ordinário, tem-se o perigo de se submeter o juiz às pressões e à ânsia própria da opinião pública. O Poder Judiciário enfrenta uma verdadeira crise funcional, e muito dela se deve a atual estrutura processual.

---

[1] Mestre em Direito (UNISINOS-RS). Professor Universitário (IPA-São Judas). Advogado. Membro Efetivo do Grupo dos Onze.

Trata-se, então, de o direito processual superar a antigo paradigma, no sentido de destacar o juízo de probabilidade e a decisão judicial como conformadores desta nova realidade.

Assim e num primeiro momento, destaca-se a análise de alguns dos problemas de relação entre o tempo e o processo. A disfunção processual ocasionada pelo Direito de urgência e a consolidação do procedimento ordinário como sinônimo tanto de ineficiência quanto de lentidão.

Depois, numa segunda etapa partir-se-á para a recuperação da verossimilhança como instrumento de sincronia temporal de uma incursão pelas cautelares, pelas medidas antecipatórias e pelo Mandado de Segurança. Em razão da sociedade de risco e da diacronia do processo de conhecimento, a recuperação do juízo de probabilidade através desses institutos vem se consagrando no ordenamento como forma viável de uma temporização que se faz indispensável.

Por fim, procura-se lançar as linhas de uma nova possibilidade em matéria processual, superando a tradição anacrônica do processo de conhecimento. Resgatando a função jurisdicional através da valorização das decisões interlocutórias como parte indispensável de um "processo modular".

1. A diacronia processual

Carnelutti afirma que *el valor que el tiempo tiene en el proceso es inmenso y, en gran parte desconocido;*[2] e ele tem razão, mas já não a tem quando, logo em seguida, rotula o tempo como o grande inimigo do processo. O tempo não pode ser dissociado do processo, pois este é fundamentalmente aquele, este é a força instituinte capaz de fazê-lo valer. Não pode haver processo sem tempo, são dois lados de uma mesma moeda. Não são contrários: são sinônimos.

O grande inimigo do processo não é o tempo em si – já que imprescindível ao mesmo –, mas a relação existente entre o seu tempo e o tempo do direito material que busca efetivar. O perigo está na demora. O risco está numa diacronia exagerada.

Diacronia representa o desenvolvimento temporal de um sistema de valores e representa também o estudo dos fenômenos sociais que levaram a tal desenvolvimento.[3] O Direito, como um sistema de valores altamente complexo e rigorosamente organizado não pode se lançar a uma corrida temporal diacrônica, deve antes repensar sua base instituinte, possibilitando uma sincronia que se faz necessária. E isso se reflete de maneira especial no processo civil, aonde uma série de alterações legislativas com dupla intenção (mudar para não mudar) acabou por eliminar qualquer espécie de relação entre as estruturas já existentes. A preocupação demasiada com o primeiro eixo (temporal) conduziu ao descaso o segundo (instituinte).

---

[2] CARNELUTTI, Francesco. *Derecho y proceso*. Buenos Aires: Ediciones Jurídicas Europa-America, 1971. p. 412.
[3] SAUSSURE, Ferdinand de. *Curso de Lingüística Geral*. São Paulo: Cultrix, 2002. p. 96.

Da velocidade vertiginosa de uma sociedade de risco, passa-se a um direito de urgência que tenta acompanhá-la. Dos reflexos desses fenômenos nas bases do processo de conhecimento é que se parte para lançar outras possibilidades.

1.1. A sociedade de risco

A sociedade que o Direito de hoje pretende regular apresenta-se como um universo de possibilidades, cada uma parecendo ser melhor que a anterior. O que se espera do Direito é que ele defina qual desse "sem-número" de possibilidades é a correta, é a mais segura. Esta é a regra. Este é o jogo. Este é o risco que se assume.

A necessidade de se perceber a sociedade atual como uma sociedade de risco pode ser vislumbrada através das transformações da concepção de risco e sua relação com as formas de organização sociopolítica e jurídica. Tal inter--relação dá-se em três etapas claramente distintas.[4]

Na sociedade liberal do século XIX, o risco é algo visto como um acidente, algo exterior e imprevisto. É obra do acaso, golpe do destino. Nesse estado burguês, o risco-acidente tem como reação uma postura eminentemente retroativa, de reparação: esperava-se que o "acidente" ocorresse e determinava-se uma indenização *a posteriori* do dano. A responsabilidade civil era a principal bandeira dessa época.

A noção de risco, então, passa a ser associada à prevenção: por que esperar o infortúnio para repará-lo? Por que não preveni-lo? Surge então uma postura coletiva, racional e voluntária destinada a reduzir a probabilidade de que o risco venha a se configurar: a prevenção. Essa segunda fase lançou as bases de um Estado Promocional, nas suas mais diversas estruturas ocidentais (*Etat providence, Estado social* ou *welfare state*), que apostava nas várias políticas de prevenção – das doenças, dos crimes, da miséria e da insegurança social – do risco objetável e mensurável.

Essa ilusão do risco dominável acabou por se desfazer na sociedade atual. Entrou-se numa terceira etapa do risco: a do risco como efeito secundário, produto derivado das próprias decisões. A sociedade do risco supera (rompe) o paradigma de se pensar o Estado social. O atestado de impossibilidade econômica do *welfare*, com sua política de prevenção geral, acabou por consagrar a vitória do risco, o reconhecimento de sua irreversibilidade e de sua imprevisão. O fato dessa forma de organização estatal ser posta em discussão leva a que o medo e o risco regressem ao centro das preocupações coletivas. Os riscos são os efeitos secundários, indesejáveis e imprevistos inerentes à totalidade das decisões econômicas, políticas e sociais. E o Direito não pode se dar ao luxo de destoar deste contexto. Dessa forma, qualquer parte da estrutura que forma o sistema jurídico deve levar em conta as possibilidades eminentes de risco resultantes de sua própria atuação.

---

[4] BECK, Ulrich. *La sociedad del riesgo*. Barcelona: Paidós, 1998. p. 28-30.

Sem mesmo se saber bem como ou de onde, emerge a toda hora uma série de novas situações-problema, contra-efeitos indesejáveis, que afetam indiscriminadamente todos os tipos de pessoas, de todas as classes sociais, nacionalidades ou opiniões políticas. Fatos que, num primeiro momento, deveriam ter repercussão local, logo atingem proporções globais, transpassando barreiras territoriais e culturais. Viver nessa sociedade complexa tornou-se altamente arriscado. A pluralidade, agravada por uma ausência total de referências, acaba por sepultar os ideais de uma modernidade que já não se mostra capaz de indicar os novos contornos da relação social.

A modernidade firmou-se em um triplo postulado de futuro: radicalmente novo, necessariamente melhor que o passado e totalmente constituído pela vontade humana.[5] Seus valores representativos – a segurança, a estabilidade e a certeza – estão seriamente comprometidos. O risco imprevisível tornou os valores da modernidade superados. A hodierna incapacidade de antecipação das consequências reflete-se diretamente na segurança que, por detrás desse termo (que serve para tudo) revela-se um grande matiz ideológico. O valor estabilidade não é mais estagnação. É antes seu oposto: uma evolução que assume características de continuidade. A capacidade de adaptação tornou-se um objetivo a ser alcançado numa sociedade em que tudo não passa de uma possibilidade. O risco secundário, que impregnou a incerteza no centro dos saberes e dos poderes, modifica diametralmente o projeto de um futuro necessariamente melhor. A certeza está, hoje, comprometida.

A insegurança no futuro, aliada à crise do Estado social, acaba por refletir-se, diretamente, no mundo jurídico. A sociedade do risco arrasta seus efeitos até na maneira como se vê o fenômeno jurídico e como ele advêm, é o que se percebe numa análise mais detalhada do processo e de uma necessária reforma processual.

1.2. Do direito de urgência e suas consequências no processo civil

No desenrolar da sociedade industrial, a velocidade das mudanças impõe uma urgência permanente. Há perigo na demora e a tomada célere de decisões por si só já contribui para a diminuição dos riscos da incerteza. Nesses casos a necessidade (urgência) faz a lei. Os teóricos franceses falam de *précarité*, os alemães de *Risikogesellschaft*, os italianos de *incertezza* e os ingleses de *insecurity*, mas vislumbram o mesmo fenômeno da sociedade atual: a precariedade da urgência.

A sociedade de risco desenvolve-se num tempo vertiginoso, e o sistema jurídico – através de pressões da expectativa pública – se vê no afã de acompanhar as mudanças sociais. Assim, a urgência se fez o registro temporal corrente da produção jurídica, é ela que comanda as bases de um verdadeiro Direito de urgência.[6] A necessidade de decisões imediatas, prioritárias, nasce de uma

---

[5] OST, François. *O tempo do direito*. Lisboa: Instituto Piaget, 1999. p. 326.

[6] Sobre a subversão na produção do Direito causada pela urgência e os efeitos da mesma ver mais em OST, François. *op. cit.* p. 358-374.

situação de crise, de um perigo iminente, de uma ameaça de prejuízo grave dificilmente reparável.

O Direito de urgência sofre de uma crise de incerteza da ciência contemporânea e de uma política de incerteza que permeia as democracias ocidentais. O *status* de norma e, por conseguinte de sistema jurídico, é seriamente abalado e torna-se frágil, numa comunidade de infinitas possibilidades.[7] Como atesta a análise de duas das suas principais funções nas sociedades ditas desenvolvidas, que são: a orientação de condutas e a resolução de conflitos, esta última umbilicamente ligada à disciplina processual. Para ambas se exige uma temporalidade curta e uma execução imediata.[8] No âmbito do processo, a resolução do conflito é o fim em si mesmo, é o resultado – ora idealista, ora realista – que se almeja. A sociedade de risco está infestada de conflitos e urge por solucioná--los; a decisão jurídica, de por si, já é uma solução (que pode ser mais ou menos acertada: mas quem hoje poderia ainda sonhar com a total infalibilidade de um posicionamento?)

Agora, a segurança jurídica depende também do tempo (celeridade processual). Se o sistema não for capaz de decidir com celeridade acaba por agravar a insegurança que tenta combater. E este é o grande problema do Direito de urgência, que na tentativa de correr cada vez mais depressa acaba por instituir uma política do efêmero, onde o que conta é o presente, o agora. O processo, como parte do ordenamento, foi idealizado para o tempo de grande duração, e quando deve responder imediatamente entra em crise. Esse imediatismo acaba por coibir qualquer tipo de planejamento de longa duração, e as alterações consequentes trazem a marca do paliativo. Contudo, a solução que nasce como uma proposta temporária, um remédio *a priori*, na falta de tempo para o desenvolvimento de projeto definitivo, logo se enraíza e toma contornos definitivos.

Aqui, faz-se cogente uma inter-relação entre o sistema jurídico e o tempo. Assim como o primeiro, *considerando do ponto de vista sociológico, o tempo tem uma função de coordenação e integração.*[9] A crise do imediatismo e da urgência conduz a uma divisão do tempo, que agora deixa de ser aquele cronológico dos relógios: criam-se diferentes espaços temporais e maneiras de percebê-los.

A dualidade temporal[10] traçada a partir da diferença entre tempo físico (próprio da natureza) e tempo social (tempo das relações sociais) termina por se agravar na seara jurídica, principalmente no que condiz à matéria processual: estabelecendo-se um terceiro plano, o tempo judicial (tempo dos atos processuais). Tal fato acarreta uma esquizofrenia temporal, onde as partes litigantes, assim como seus procuradores, têm que conviver simultaneamente em três temporalidades diversas, três tempos disformes. Isso é absurdamente incongruente.

---

[7] BAUMAN, Zygmunt. *Modernidade líquida*. Rio de Janeiro: Jorge Zahar, 2001. p. 93.

[8] OST, François. *op. cit.* p. 89.

[9] ELIAS, Norbert. *Sobre o tempo*. Rio de Janeiro: Jorge Zahar, 1998. p. 45.

[10] Da divisão entre tempo físico e tempo social já se tem referência em Norbert Elias. No respeito à inclusão de uma terceira dimensão temporal, ou seja, o tempo jurídico do processo, a responsabilidade é inteiramente nossa.

A unidade de referência temporal é deslocada do tempo social ao tempo processual com consequências devastadoras tanto à efetividade do sistema jurídico, quanto a sua própria legitimidade enquanto instrumento de regulação social. Tal diacronia faz com que o Direito exista em uma realidade diferente, num mundo aparte da sociedade que tem pretensão de regulamentar. Tem-se por conhecida a firmação einsteiniana que diz que, regressando de uma viagem imaginária pelo cosmo, um homem ao chegar a terra descobre, ao encontrar seus amigos, que os mesmos haviam envelhecido e ele não. Bem, o mesmo se dá atualmente no "mundo do processo" onde, depois de uma longa viagem pelo espaço do procedimento ordinário, as partes, regressando ao mundo da vida, descobrem que seu direito "envelheceu", ou, como ocorre muitas vezes, já "faleceu".

A insegurança resultante da longa espera pela efetivação dos direitos civis acaba por conduzir a um questionamento sobre a própria função do Direito. De um sistema voltado à busca e distribuição da justiça passou-se a um sistema preocupado com a busca e distribuição de segurança. Mais do que uma crise estrutural, passa-se por uma verdadeira crise funcional. O Executivo, incapaz por natureza de garantir a segurança através de ações próprias – por que impossível fazê-lo numa sociedade complexa e individualista – transpassa aos cidadãos a ilusão de que o Judiciário deve fazê-lo. Tal contrassenso acaba por sobrecarregar o sistema jurídico: numa sociedade onde não há segurança, não pode prosperar uma estrutura que se baseia na tentativa de alcançá-la. Nada, nem o Direito, pode ser garantia total de estabilidade.

1.3. O processo ordinário como catalisador dos riscos processuais

Com a afirmação da sociedade de risco os perigos da sociedade industrial começam a dominar os debates e conflitos públicos, tanto políticos como privados. Nesse caso, as instituições da sociedade industrial tornaram-se os produtores e legitimadores das ameaças que não conseguem controlar.[11] O processo de conhecimento é visto aqui como responsável direto pela diacronia processual e os riscos daí imanentes. A perpetuação da ordinarização no processo civil acaba por legitimar um discurso no qual os riscos deixam de ser apenas efeitos secundários indesejados e passam a ser sua principal consequência.

O que se quer demonstrar é que o procedimento ordinário, com seus princípios, condições e defensores, tornou-se uma espécie de paradigma inquestionável na *praxis* jurídico-processual, é visto aqui sob a ótica de uma ordem estabelecida, de um *establishment* enraizado, que se transforma numa evidência indiscutível aos operadores do Direito.

Thomas Kuhn mostra que os paradigmas científicos são postos em discussão de forma recorrente: aos períodos de "ciência normal" caracterizados pela quase unanimidade a propósito de um quadro teórico dado, sucedem os períodos de crise quando o paradigma dominante é objeto de críticas cada vez

---

[11] BECK, Ulrich. GIDDENS, Anthony; LASH, Scott. *Modernização reflexiva*. São Paulo: Universidade Estadual Paulista, 1997. p. 15-16.

mais numerosas até o momento em que se imponha um novo paradigma ao final de uma revolução científica bem-sucedida. Paradigma é aqui visto como um conjunto de hipóteses científicas, valores comuns e visões de mundo partilhadas por uma determinada comunidade.[12]

E é exatamente isso que se refere quando se fala em ordinarização de demandas e no engajamento ideológico daí proveniente. Como resultado, não se discute outra possibilidade, não se permite outra tentativa, não se admite outro futuro que não seja o passado. E esse processo cego continua sendo aceito como se fizesse parte do destino (e que racionalidade pode existir no destino?) de todos.

Para uma análise mais detalhada dos paradigmas inerentes ao processo de conhecimento, faz-se necessária uma breve relação do mesmo com sua origem romano-canônica e sua recepção no direito pátrio. Escreve Ovídio Baptista da Silva que, no direito romano existiam duas formas básicas de garantia de direitos: a *actio* e os *interdicta*, além de outras formas extraordinárias. A primeira era desenvolvida através do procedimento do *ordo judiciorum privatorum*, confiado a um *iudex* privado e possuindo natureza jurisdicional. De outra banda, aos segundos cabiam providências de natureza administrativa, atribuídas ao *praetor*. A recepção de tais institutos do direito romano se fez de maneira diferente nos dois principais grupos de sistemas jurídicos do ocidente: romano-canônico e direito comum anglo-saxão. Em razão do absolutismo implantado no continente, o primeiro manteve-se ligado ao *ordo judiciorum privatorum*, sua infalível sentença condenatória. Pela anterior experiência parlamentar, o direito insular conservou os princípios do processo interdital romano, mantendo as características da celeridade e da tomada de decisões baseadas no juízo de razoabilidade.

Outro fator determinante na afirmação do *ordo* na cultura processual romano-canônica fica claro nos escritos de Merryman, que destacou a importância da doutrina da separação de poderes para esse fim.[13] Implantada na França pós-revolucionária, e gradativamente difundida em outras nações, a separação dos Poderes do Estado implicava necessariamente a determinação de funções específicas para cada poder e a proibição direta de interferência mútua. Assim, enquanto o Poder Legislativo, como o nome denuncia, ficou responsável pela produção legislativa estatal, e ao Executivo coube a execução de tais mandados, ao Poder Judiciário coube a tarefa de traduzir as leis gerais ao caso concreto, ou seja, de uma forma imparcial, resolver os conflitos aplicando a "vontade da lei". Esse doutrina, aliada a uma prévia desconfiança perante a atividade jurisdicional que existia na França pré-revolucionária, acabou por conformar a neutralidade do juiz como a boca que pronuncia as palavras da lei (Montesquieu).

O princípio que prescreve a neutralidade do juiz é o mesmo que leva Calamandrei a negar a existência de uma execução sumária dentro do processo

---

[12] KHUN, Thomas S. *A estrutura das revoluções científicas*. São Paulo: Perspectiva, 2001. p. 67

[13] MERRYMAN, John Henry. *La tradición jurídica romano-canónica*. Cidade do México: Fundo de Cultura Econômica, 1979. p. 71.

de conhecimento, posto que seria uma forma de consagração do princípio da verossimilhança ao juízo.

Por outro prisma, a concepção cartesiana de que somente *as verdades claras e evidentes*[14] poderiam ser aceitas pela ciência, foi levada ao Direito e posteriormente alastrou-se pela teoria do processo. Nessa busca científica pela verdade processual, Leibniz desenvolveu papel fundamental, supondo que a ciência jurídica pudesse chegar a verdades eternas através do simples exercício da razão,[15] isso levou ao repúdio dos juízos de probabilidade, gravando-os com a marca da insegurança. Tentou-se o absurdo de aplicar ao Direito e à moral (ciência necessariamente argumentativas) as regras da matemática e da física.

Assim, o paradigma do processo ordinário está baseado nestes três aspectos fundamentais: a conservação do *ordo judiciorum privatorum* com a respectiva supressão dos interditos do direito romano, o dogma da separação dos poderes com sua desconfiança na função jurisdicional, e a herança racionalista da "ciência do processo".

Para defesa de tais ideologias, nada mais apropriado do que a consagração do procedimento ordinário com bandeira de um Estado Liberal baseado na busca da certeza e na garantia de segurança, com o respectivo abandono dos juízos de verossimilhança. A uniformização do feito em uma matriz[16] ordinária parte de uma *tabula rasa* em relação ao desenvolvimento processual romano e as tentativas de vislumbrá-lo de maneira diversa.

O direito material erigia sua concepção na dupla condição de verdadeiro ou falso. Assim um direito material poderia ser verdadeiro ou falso, podia existir ou não. Já o direito processual tem como característica a dualidade possível/impossível que recai necessariamente sobre a materialidade. Assim, um direito processual estava baseado na possibilidade ou na impossibilidade de um direito material posto em litígio, o que por si só já acabava por colocá-lo em uma aura de contida insegurança. Com o intento da sociedade de risco, a dúvida de segurança que antes marcava exclusivamente o processo, alastrou-se à materialidade do direito, consequentemente o direito processual passa a sofrer de uma dupla contingência – a possibilidade da possibilidade – o que aqui chamaremos por insegurança reflexiva. Tal insegurança acaba por aumentar consideravelmente o risco processual, eliminando qualquer possibilidade de segurança e de obtenção da verdade material.

Como consequência direta desse fato temos uma crise de observação do direito processual, que perdera seus atributos de cientificidade: a segurança e

---

[14] DESCARTES. *Discurso do método.* São Paulo: Martins Claret, 2000. p. 31.

[15] BAPTISTA DA SILVA, Ovídio A. *Jurisdição e execução na tradição romano-canônica.* São Paulo: Revista dos Tribunais, 1997. p. 128.

[16] A alusão à matriz faz-se aqui possível em razão de um sistema de regulamentação única que autoproduz uma possibilidade/alternativa que é desincentivada como necessidade de autoafirmação. Daí decorre sua estrita comunicação com o sistema jurídico (Ver LUHMANN, Niklas. *O enfoque sociológico da teoria e prática do Direito.* p.21). Tal possibilidade desacreditada pelo próprio sistema aparece a nós como instrumentos de temporalização do procedimento ordinário, aqui reconhecidos como a tutela antecipada, o mandado de segurança e os interditos possessórios. Tais mecanismos existem como forma de manutenção da matriz ordinária, com pretensão generalizante, contudo são rechaçados pelo próprio sistema como forma de sua auto-conservação. Sua condição ordinarizante depende diretamente disso.

a verdade. Tal solipsismo deixa o processo sozinho dentro de um mundo incognoscível.

Os defensores de um direito de urgência fecham os olhos a uma regra básica das ciências sociais, a de que uma mudança de função exige uma mudança de estrutura. O rito ordinário foi o procedimento adequado a um Direito que se queria justo, já para um Direito que se quer seguro, mostra-se como uma estrutura superada, incompatível, ou ainda:

> Como pretender que o Processo de Conhecimento – instituição forjada sob o pressuposto da separação de poderes entre Sociedade e Estado, concebido para impedir a construção jurisprudencial do direito – possa ainda servir a uma sociedade de massas, sacudida permanentemente por conflitos ideológicos profundos e por constantes transformações sociais e políticas?[17]

O procedimento ordinário escorregou do plano de construção da ordem, da regulamentação do passado e definição do futuro, em direção ao campo do jogo: os objetivos são vistos a curto prazo, as soluções apresentadas valem somente para aquela jogada (despachos, decisões interlocutórias, etc.), aceita-se um número indefinido de jogadores (parte, representante, litisconsorte, interventor, etc.), uma vasta espécie de jogadas (confissão, provas testemunhal, documental e pericial, inspeção judicial, etc.), e uma série de rodadas (apelação, agravos, embargos, recursos especial e extraordinários, etc), formado necessariamente por regras pré-estabelecidas (prazos, prescrição, etc.) e pela condição do azar (competências relativas, distribuição, práxis cartorárias, etc.).

2. Instrumentos de sincronia processual: o resgate da verossimilhança

Verossímil ou "conforme a razão", segundo o sentido da palavra grega traduzida pelos latinos para *veri similis*,[18] é o que se mostra razoável. Com as crises de verdade e de certeza, o razoável retoma sua força. Como se sabe, para os gregos – e antes da consagração moderna de Kant – o certo era algo razoável, e não algo empiricamente comprovável.

A recuperação da verossimilhança como instrumento de sincronia temporal do processo de conhecimento é parte de um desenrolar que se faz sentir cada dia mais forte, que tem mudado a posição doutrinária clássica, mantenedora de ideologias políticas que se mostram incapazes de trabalhar os riscos da sociedade atual. A experiência francesa da jurisdição de urgência (*juridiction des réferés*) é uma demonstração de como as forças de pressão social podem instituir novos modelos e contribuir de maneira inovadora na área processual.

O processo civil brasileiro veio a conhecer tais forças, notadas por um incessante processo legislativo de "remendo", que veio a introduzir ao sistema novas instituições baseadas em princípios e finalidades que destoam do feito ordinário. Tais instituições procedimentais vieram a constituir um verdadeiro

---

[17] BAPTISTA DA SILVA, Ovídio A. *op. cit.* , 1997. p. 202.

[18] PLEBE, Armando; EMMANUELE, Pietro. *Manual de retórica*. São Paulo: Martins Fontes, 1992. p. 23.

"juízo de verossimilhança" que, gradativamente, passa a ocupar lugar de destaque na experiência forense nacional.

De forma não exaustiva, passa-se a elencar três dos vários institutos em pauta, para um acompanhamento mais detalhado: o processo cautelar, as medidas antecipatórias e o mandato de segurança. O objetivo é demonstrar como a verossimilhança deixou de representar uma diminuição da segurança, para representar justamente o adverso. Da rápida análise de tais procedimentos, percebe-se que, em razão da sociedade de risco e da diacronia do processo de conhecimento, a recuperação do juízo de probabilidade vem se consagrando no ordenamento como forma viável de uma temporização que se faz indispensável.

2.1. Processo cautelar

A cautelaridade processual é característica que sempre esteve presente no ordenamento, na tentativa de se ressalvar direitos portadores de especialidades próprias. Marcada pelos requisitos de *fumus boni iuris* e *periculum in mora* – que se entende aqui desnecessário o desenvolvimento detalhado dos mesmos – tal tutela aparece marcada por acaloradas discussões doutrinárias a respeito de sua natureza jurídica e os efeitos daí decorrentes.

Para o desenvolvimento do tema, cabe ressaltar apenas as frustradas tentativas da construção de uma tutela que deveria ser preventiva (não satisfativa) através do processo cautelar, de tipo italiano, que se prestava a ser satisfativo. A chamada tutela cautelar do direito italiano, copiada pelos países latinos, é uma forma de proteção que o juiz "empresta", antecipando uma parcela da provável sentença.

Contudo, a cautelar ficou aqui tendo os efeitos de medidas antecipatórias, até a chegada das autênticas medidas de caráter liminar, o que gerou o equivocado pressuposto de que as mesmas são idênticas.

Para tanto, os processualistas chegaram ao extremo de afirmarem que nem mesmo "julgamento" existe nessas liminares, que não passam de "decisões interlocutórias" – provimentos sobre o processo, não sobre a lide. A ideia de um julgamento que tenha caráter de provisoriedade é estranha a doutrina tradicional, chegando a mesma ao cúmulo da necessidade de se justificar que um julgamento provisório não é um julgamento e que uma decisão assim obtida não pode ser considerada decisão.

A doutrina pátria, na tentativa de conciliar a manutenção da medida cautelar com os anacrônicos paradigmas da ciência processual acabou por incorrer em verdadeiras incongruências lógicas, em falsos silogismos, capazes de obscurecer a nítida realidade: a tutela cautelar é uma tutela reconhecidamente satisfativa. Vislumbra-se nas cautelares um mérito instrumental, e não a instrumentalidade do mérito.

Aqui, a grande importância das ações cautelares está na consagração do juízo de probabilidade através de sua manutenção permanente no ordenamento, convivendo constantemente com a ordem geral de ordinariedade.

2.2. Medidas antecipatórias

Outras técnicas de sumarização das demandas, as chamadas medidas antecipatórias foram introduzidas pela Lei n° 8.952 de 13 de dezembro de 1994. Tais medidas têm natureza eminentemente preventiva, não podendo ser trabalhadas num âmbito de satisfatoriedade:

No Brasil, a introdução das medidas antecipatórias, ao lado daquelas que a doutrina sempre tivera como cautelares – conservadas no sistema –, tem gerado grande embaraço à doutrina fiel à Calamandrei, pois tanto aquelas quanto estas são provimentos antecipatórios, de modo que as cautelares de tipo italiano e as autênticas liminares antecipatórias acabam igualadas em nosso direito, tornando impossível aos fiéis seguidores de Calamandrei distinguir as medidas urgentes decretadas com fundamento no art. 798 daquelas outorgadas segundo o art. 273 do CPC.[19]

A confusão entre medidas antecipatórias e cautelares parte do equivocado pressuposto de que, para a concessão de qualquer delas, as exigências (*fumus boni iuris* e *periculum in mora*) sejam idênticas, não obstante saber-se que a última delas nada tem a ver com tutela satisfativa, como as antecipatórias.[20]

A grande diferença da ação cautelar para as essas medidas liminares está diretamente na colocação do mérito, que para a primeira é de caráter instrumental do mérito, que é está ligado ao mérito de uma ação principal, mas ainda assim é mérito, e a outra adiante os efeitos do mérito de forma direta, no próprio transcurso da ação principal. A grande diferença está em se reconhecer o mérito independente e isolado existente nas cautelares, que são o objeto direto de sua tutela e, também, elemento de outra ação tida como "principal".

As medidas antecipatórias, assim como as cautelares, legitimam-se pela urgência na garantia de efetivação do direito material em litígio. A peculiaridade do direito material que pode vir a ser rapidamente desconstituído valida sua legitimidade o que resulta de uma valorização da tutela verossímil, reconhecida pelo legislador.

2.3. Mandado de segurança

Já no que diz respeito ao mandado de segurança, tem-se como suas principais virtudes a possibilidade de tutela imediata de um direito líquido e certo;[21] e uma sentença que é tida como ordem e não como simples condenação, produzindo efeitos imediatos na garantia desse direito.

Percebe-se, em relação a isso, uma grande dificuldade da doutrina na aceitação de que o mandado de segurança é uma lide materialmente sumária, posto limitada em razão da impossibilidade de livre produção de provas, desenvolvendo-se através de um procedimento singelo e bastante reduzido.

Ora, um direito tão evidente a ponto de ser "líquido e certo" jamais faria sentir a necessidade de outro processo que não fosse rápido, efetivo e pouco

---

[19] BAPTISTA DA SILVA, Ovídio A. "Racionalismo e tutela preventiva em processo civil". *Revista dos Tribunais*. São Paulo, n° 801, 2002, p. 38.

[20] BAPTISTA DA SILVA, Ovídio A. *op. cit.* 2002, p. 38.

[21] BUZAID, Alfredo. *Do mandado de segurança*. São Paulo: Saraiva, 1989. p. 82

oneroso. Hoje, tal fato não faz do *mandamus* uma novidade nem uma experiência que possa ser reproduzida. Contudo, Carnelutti, em estudo de 1929 já pregava a construção de um processo *a struttura elastica* que pudesse ver aumentado na medida em que diminui a convicção do juízo e diminuída na proporção que este aumenta.[22] Tal acertiva muito antes vislumbrada por Carnelutti é o que se pretende aqui, conforme se verá no ponto 3.2 seguinte, quando se tratará do processo modular.

Ponto chave na análise do mandado de segurança está na impossibilidade do mesmo ter contra si arguida a declaração de inconstitucionalidade, mesmo que seu procedimento tenha acabado por suprimir toda e qualquer possibilidade de instrução probatória por parte do demandado, a não ser os documentos que possa juntar no curto prazo de que dispõe para prestar informações. Isso, demonstra mais uma vez a gradual valorização do juízo de verossimilhança em todo o sistema processual civil brasileiro.

3. O processo modular no caminho da reforma processual

Conforme Humberto Theodoro Júnior, *uma série de minirreformas legislativas foram implementadas, todas com o mesmo e declarado propósito: simplificar o procedimento e reforçar a efetividade da prestação jurisdicional.*[23] Todos os setores do Código de Processo Civil foram atingidos, mas, em especial, as alterações mais efusivas dizem respeito à antecipação da tutela jurisdicional e a simplificação dos ritos processuais.

A ausência de um processo legislativo voltado para o futuro, do estabelecimento de um programa consistente em matéria de processo civil, procurando reconhecer as necessidades de evolução e as possibilidades existentes de superação completa do *status quo* conduziram ao "império da urgência". O "reformismo" levou a uma verdadeira desfragmentação da ordem processual, sobejando um rito ordinário incapaz de levar a cabo satisfatoriamente sua função.

Urge uma reforma geral. Impera uma revolução, cujas bases estão na valorização do juízo de verossimilhança levada a cabo por uma concepção de processo inteiramente nova, sobrepujando a ilusão da discricionaridade e rompendo mito da ampla defesa.

3.1. Do "reformismo" à reforma: por uma transgressão cognitiva

Na tentativa de adequar-se às necessidades atuais, o procedimento ordinário passou por uma série de reformas, mas talvez o termo "remendos" capte melhor a natureza das alterações apresentadas. Fato este que se mostra agravado, pois:

---

[22] Ver descrição em BAPTISTA DA SILVA, Ovídio A. "Antecipação de Tutela e responsabilidade Objetiva" *in Da sentença liminar à nulidade da sentença.* Rio de Janeiro: Forense, 2001. p. 178.

[23] THEODORO Júnior, Humberto. *O processo civil brasileiro no limiar do novo século.* Rio de Janeiro: Forense, 1998. p. 11.

Mais sorrateiramente, acontece muitas vezes que as reformas adoptadas na urgência – frequentemente em reacção às dilações anteriores –, evitando qualquer forma de reflexão profunda que permitisse formular verdadeiras alternativas, expõem-se elas próprias a ser rapidamente modificadas. O ataque à ordem jurídica é duplo nesse caso: não contente em suavizar as arestas da juridicidade, a urgência opõe-se além disso a qualquer reforma séria; não contente em destruir a ordem jurídica, a urgência impede a sua reconstrução.[24]

Situação bastante comum na atualidade, o "reformismo" emerge como consequência de uma sociedade de risco e de um Direito de urgência. O Estado, agindo como cabo-de-guerra entre os interesses opostos de forças de pressão social, esforça-se por satisfazer ambas, colocando-se em um incessante trabalho de legislação em matérias já amplamente regulamentadas. O labor intermitente de remendo legislativo acontece em partes, sob pressões duvidosas, sem visão do conjunto, sem uma filosofia definida e sem qualquer perspectiva visível.

Ao desviar a atenção para bodes espiatórios, ignora-se as reformas em profundidade – enquanto se está atento a pequenas alterações no processo ordinário como exigências de um Direito de urgência, distancia-se das necessárias transformações estruturais que implicam a superação completa do atual modelo processual. Longe de preparar o futuro, mantêm-se então, na urgência do presente, as desilusões do amanhã.

É pela falta de um projeto, de uma proposta real de revogação do *establishment*, que os remédios que deveriam ser temporários – posto suficientes apenas para tratar os efeitos e não atacar diretamente a causa – acabam por se enraizar na cultura judiciária. Como expõe Jérôme Bindé, *não é a urgência dos problemas que impede a elaboração de projectos a longo prazo, mas antes a ausência de projectos que nos submete à tirania da urgência.*[25]

A consagração dos direitos transindividuais, direitos difusos, desligados da velha fórmula Tício *versus* Mévio, resulta seriamente abalada pela demora da cognição civil. Se se pretende relegar a eficácia desses novos direitos a um processo de cognição plena, o tempo acabará por tragá-los:

> Digamos que los nuevos derechos le plantean al procesalista un reto de supervivencia: o se cambia sustancialmente el proceso a fin de adecuarlo a las nuevas exigencias de la sociedad, o se le hace parecer. En este contexto, resulta indispensable que surja una alternativa a la tutela jurisdiccional ordinaria.[26]

Seguindo Bauman, *a segurança que a democracia e a individualidade podem alcançar depende não de lutar contra a contingência e a incerteza da condição humana, mas de reconhecer e encarar de frente suas conseqüências.*[27] E isso se fará somente a partir de uma reforma estrutural completa do processo, com a alteração profunda das bases procedimentais. É tempo de um novo Direito, mais líquido, mais flexível, adaptável às circunstâncias cambiantes da modernidade que tem pretensão de regular.

---

[24] OST, François. *op. cit.* p. 366.

[25] BINDÉ, Jérôme *apud* OST, François. *op. cit.* p. 353.

[26] GÁLVEZ, Juan Monroy; PALACIOS, Juan Monroy. "Del mito del proceso ordinario a la tutela diferenciada: apuntes iniciales". *Revista de Processo*. São Paulo, nº 109, 2003, p. 196.

[27] BAUMAN, Zygmunt. *op. cit.* p. 243.

3.2. O procedimento modular

Primeiro, deve-se reconhecer que o rompimento de um paradigma tão solidificado na consciência jurídica não se faz da noite para o dia. E não se tem aqui a pretensão de fazê-lo. Ainda, sabe-se que a afirmação de uma nova concepção no direito processual, que venha a alterar profundamente a teoria geral do processo como se conhece atualmente, não acontece a partir da expressão da vontade ou do pensamento de apenas um processualista, e sim de uma gradual aceitação da comunidade jurídica como um todo. A revolução científica de que falava Thomas Kuhn acontece recorrente e paulatinamente. Contudo, o que se procura é perceber a existência de outras alternativas, que vão além do já anacrônico processo ordinário, o que se quer é discutir tais possibilidades e, para tanto, não basta diagnosticar o problema, mas é preciso apontar soluções.

Salienta-se que, de nada adiantaria aqui querer substituir um modelo imutável, perenizado no tempo, por outra fórmula que também possua pretensões unívocas. É preciso mais. É preciso ir além. Faz-se necessário algo que seja, ao mesmo tempo, estável e mutável, algo que possua uma forma embora se adapte continuamente. Um procedimento que seja capaz de romper esse paradoxo, algo que vença a barreira cartesiana da certeza.

O processo de conhecimento, tal como se conhece, é composto por fases distintas, mas que possuem uma certa dependência entre si, uma ordem formal inflexível que acaba por arrastar toda e qualquer espécie de direito material a um reducionismo ordinarizante (que ao invés de simplificar, acaba por ocasionar um nivelamento por cima, no qual a complexidade de determinados direitos materiais é estendida à discussão de direitos relativamente simples). Essa inflexibilidade pode ser vencida a partir da transformação dessas fases distintas em módulos. Um processo assim seria composto por uma série de módulos definidos: petição inicial, contestação, depoimento pessoal, produção de prova testemunhal, prova pericial, inspeção judicial, saneamento, sentença, etc.

Tais módulos passariam a ser acionados ou não de acordo com a verossimilhança do juiz da causa e da matéria a ser tratada. Verificada a necessidade de produção de prova testemunhal para o caso, se procederia dessa forma, não percebida tal precisão, o módulo correspondente seria dispensado mediante decisão interlocutória arrazoada. Tal decisão levaria em conta e se amoldaria melhor à natureza do direito material levado a litígio.

Entrementes, deve-se ter em consideração que a aceitação de um procedimento composto por tais módulos conduz necessariamente a impossibilidade de recurso das decisões interlocutórias que venham a admitir ou denegar qualquer dos módulos, ou seja, da oitiva de testemunhas, da produção de laudo pericial, etc. De nada adiantaria a concepção de uma fórmula baseada no juízo de verossimilhança se o condicionarmos posteriormente a uma cadeia infindável de agravos e embargos. A grande contribuição de tal juízo está justamente na natureza de *imperium* da fórmula processual definida, o que não implica restrição de direito de defesa ou de contraditório conforme se verá, mas resulta em óbvia redução das protelações em matéria exclusivamente processual.

No caso de que um pedido venha a responder plenamente ao juízo de probabilidade do caso, sendo acompanhado das provas de fato ou de direito que o julgador entender suficientes para corroborar as afirmações, conformando dispensável a oitiva do demandado, o juiz pode, através da mesma decisão arrazoada, eliminar todas os demais módulos do processo, concedendo em sentença definitiva a tutela que se mostrar necessária, incluindo-se a própria tutela satisfativa. Porém, nesse caso, e somente nesse, em que o juiz decide em exceção ao *audiatur et altera parte*, respeitando-se o princípio do contraditório, procede-se nos termos definidos por Ovídio Baptista da Silva quando analisa a possibilidade de inversão do contraditório nos interditos possessórios:

> Em última análise, o respeito à garantia constitucional da plenitude de defesa, dar-se-ia pela conjugação das duas demandas. As defesas omitidas na demanda sumária formariam objeto da lide plenária subseqüente, de sorte que o demandado no interdito possessório – privado que fora de usar de suas defesas petitórias – teria de tornar-se autor de uma ação autônoma subseqüente, para demonstrar seu *direito à posse*, de modo que o mandamento constitucional fosse observado, e lhe fosse assegurada a ampla defesa.[28]

A aplicação do princípio do *solve et repete* numa espécie de contraditório diferido pulveriza em duas lides parciais o que hoje é tratado em uma lide plenária, diminuindo a complexidade e permitindo em ambos os casos soluções rápidas e, como tais, de risco reduzido.

A possível construção do procedimento à medida e de acordo com as reais necessidades fáticas do pleito torna-o flexível, mas sem ao mesmo tempo abrir mão de uma ordem, uma estrutura pré-estabelecida, sem a qual não se poderia falar em Direito e nem em regulação social. Assim, as regras processuais que dão conta dos procedimentos internos de cada uma das fases não sofrem alterações significativas. A produção de provas testemunhal, o depoimento pessoal, a formulação de quesitos periciais continuam respeitando as formas já reconhecidas. A grande alteração está na valorização da fixação da fórmula processual, que, no decorrer da lide, define quais os módulos a serem desenvolvidos.

A fórmula processual proposta esbarra de imediato em duas dificuldades do atual sistema processual: a discricionariedade do juízo e o respeito ao princípio constitucional da ampla defesa. Como último ponto, então, sugere-se abordá-lo sob tais perspectivas.

3.3. Discricionariedade e princípio constitucional da ampla defesa

A Constituição Federal de 1988 inovou ao estender no seu art. 5º, LV, o princípio da ampla defesa, antes exclusividade do processo penal, ao processo civil e ao administrativo. Disso, poder-se-ia deduzir que o constituinte teve a intenção de ordinarizar todas as demandas, retirando do direito processual

---

[28] BAPTISTA DA SILVA, Ovídio A. "O contraditório nas ações sumárias" *in Da sentença liminar à nulidade da sentença*. Rio de Janeiro: Forense, 2001. p. 268

brasileiro qualquer espécie de tutela jurisdicional que não fosse plenária[29] e, por conseguinte, exaurir todas as estruturas do sistema que vieram na tentativa de sincronizar o processo civil.

Contudo, tal desiderato não se confirma quando se analisa a impossibilidade da decretação de inconstitucionalidade do mandado de segurança, assim como ao verificarmos a solução dada pela possibilidade da aplicação do princípio de inversão do contraditório num processo subsequente nos casos em que o mesmo não seja assegurado de pronto.

Ademais, basta uma concisa observação das recentes alterações ocorridas nas normas processuais em importantes sistemas jurídicos da família romano-canônica, para se deparar com um processo gradual de relativização do contraditório no processo civil. O que aqui se refere como relativização, mostra-se como a passagem de um dever/obrigação judicial em se ouvir a outra parte para um dever/poder de faze-lo. É o que abunda límpido do art. 16 do novo Código de Processo francês.[30] O princípio da contradição mostra-se diretamente ligado na função jurisdicional a estar aberto a possibilidade contrária, em vislumbrar outras possibilidades e provocar, mesmo que de ofício, o preventivo debate com a parte que alega questão de fato ou de direito, ficando somente obrigado a ouvir a outra parte quando for determinante para a resolução do conflito.

No que diz respeito à relativização do contraditório na Itália, destaca-se a Lei Constitucional nº 02, de 23 de novembro de 1999, que entrou em vigor em 07 de janeiro de 2000 e que veio a alterar o art. 111 da Constituição italiana, e que determinou a expansão do justo processo legal ao processo civil. Dispõe o artigo: *La giurisdizione si attua mediante il giusto processo regolato dalla legge. Ogni processo si svolge nel contraddittorio tra le parti, in condizioni di parità, davanti a giudice terzo e imparziale.* Da entrada em vigor do referido artigo, surge uma grande divergência doutrinária a respeito de se os procedimentos que não exercem a chamada cognição plena respeitam o princípio do "giusto processo". Da discussão sobressai-se o entendimento que justo não é o processo que esgota as possibilidades de comprovação da verdade, é antes o processo que respeita os parâmetros fixados na constituição e dos valores comuns à coletividade. Resta, então, o ensinamento de Trocker que, no comentário a norma reformada diz que *resta valido il consolidato insegnamento della giurisprudenza (constituzionale) secondo cui il rito ordinario non costituisce l´unico strumento di attuazione delle garanzie constituzionali del processo.*[31]

Fato diverso ocorreu na última grande reforma processual em Portugal, efetuada pelo governo, através do Decreto-lei 329-A/95 de 12 de dezembro de 1995, ao abrigo da Lei 33/95 do Parlamento português, que autorizou a revisão do CPC daquele país. Um dos principais pontos reformados foi o realce dado

---

[29] BAPTISTA DA SILVA, Ovídio A. "A plenitude de defesa no processo civil" *in Da sentença liminar à nulidade da sentença.* Rio de Janeiro: Forense, 2001. p. 109.

[30] "Le juge doit, em touts circonstances, faire observer et observer lui-même le principe de la contradiction".

[31] TROCKER, Nicoló. "Il nuovo articolo 111 della constituzione e il giusto processo in matéria civile: profili generali". *Rivista Trimestral di Diritto e Procedura Civile.* Milano, nº 2, 2001, p. 393.

à tutela do direito de defesa, através do qual, qualquer ato processual subsequente a um requerimento da parte deveria ser notificado à outra. Reforma que acabou por pecar no exagero e, contra as previsões e expectativas gerais, subverteu a pretendida celeridade processual, agravando ainda mais a intricada situação já existente.[32]

Antes que os temerários de uma ditadura togada tomem a bandeira em defesa do processo ordinário em razão de uma discricionariedade exacerbada do poder judiciário e da função jurisdicional, salienta-se que a discricionariedade aqui advogada não se dá em relação à matéria, e sim age diretamente sob a fórmula processual. Também, tem-se consciência que a supressão ou omissão de determinado módulo processual, e consequentemente algum meio de prova ou alegação, acaba por surtir efeitos diretos no conhecimento do mérito, e, por óbvio, na sentença. Contudo, a mesma está sempre disposta a enfrentar a inesgotável cadeia recursal que se faz presente, podendo ser caçada ou mesmo reformada desde que no decorrer do prazo legal para apelação.

O que não pode e não se quer é a manutenção de um *status quo* que se tem mostrado insustentável. Com o agravamento dos riscos trazidos pela incerteza temporal do rito ordinário, tem-se o perigo de se submeter o juiz às pressões e à ânsia própria da opinião pública. A resistência anacrônica a mudanças realmente efetivas no processo ordinário acaba por abalar a necessária confiança do Poder Judiciário, jogando-o aos "leões". A busca pela efetivação de direitos ocorre hoje em duas frentes: num processo judiciário com garantias estatais de imparcialidade, e no pior dos tipos de processo, o processo por obra da *mass media*. Na tardança do primeiro sobrevêm o segundo.[33]

A questão que se impõe é por que responder ao anseio de segurança da sociedade de risco através do resgate da verossimilhança? A resposta está na responsabilidade. Numa sociedade altamente complexa e diferenciada o senso de "coletivo" só pode ser resgatado através de atitudes conscientes e responsáveis. E no processo não pode ser diferente: os operadores do Direito devem assumir sues encargos como tais. Diferente de Cappelletti, a responsabilidade não é vista aqui como uma prestação de contas ou uma sanção aos magistrados (*judicial accountability* ou *judicial answerability*),[34] mas a responsabilidade social inerente a qualquer ação/decisão, a atitude responsável de quem usa o poder para minimizar os riscos intrínsecos dos conflitos sociais.

O binômio poder-responsabilidade, como se sabe, muitas vezes cresce de maneira disforme. O crescimento de poder ou a valorização de uma função – e isto é visível no Poder Judiciário através de uma gradual superação da desconfiança nos juízes de que falava Merryman – deve necessariamente vir acompanhado de um aumento de responsabilidade, pois *um poder sem responsabilidade*

---

[32] DINIS, Joaquim José de Souza. "Inovações e perspectivas no direito processual civil português". *Revista dos Tribunais*. São Paulo, nº 785, 2001, p. 38.

[33] Tenha-se em mente que, ainda hoje, deve-se a ordem jurídica a garantia da liberdade de expressão e do direito de resposta nesse meio.

[34] CAPPELLETTI, Mauro. *Juízes irresponsáveis?*. Porto Alegre: Sergio Antonio Fabris, 1989. p. 17.

é incompatível com um sistema democrático.[35] Um poder sem responsabilidade é tirania.

Saliente-se que a re-introdução de juízos de valor na construção do raciocínio jurídico não é coisa nova. A difusão das ideias de base do "realismo americano" e das diversas correntes que se dizem realistas, entre elas a da *sociological jurisprudence* (Dworkin), para muito além do universo jurídico da *common law*, contribuíram decididamente para isso. Portanto, não se trata aqui de se conceder mais poder à função jurisdicional e sim de, ao menos formalmente, reconhecer a cota que sempre lhe foi cabida.

O que se pretende é uma responsabilidade na tomada de decisões judiciais. Quais vão ser os mecanismos de responsabilização? Poderão existir punições? E quais serão elas? Todas são perguntas que devem sim ser respondidas, mas são assunto para uma outra discussão. Por ora basta começar por uma valorização das decisões provenientes do juízo de conhecimento, em busca de uma consciência pública do profundo significado da função jurisdicional e de seu correto funcionamento. É recuperando seu valor que se terá reconhecida sua parcela de responsabilidade na construção de um processo que retome a credibilidade perdida e que se reflita em confiança no futuro. Processo que faz dos juízes *garantes de la necesaria y dúctil coexistência entre ley, derechos y justicia.*[36]

Considerações finais

A complexidade da sociedade atual torna praticamente impossível uma tomada de decisões segura, considerando todas as possibilidades e consequências envolvidas, e num paradoxo a ser superado pelos operadores do Direito, ao mesmo tempo exige tais decisões como necessárias e não menos urgentes.

A crise representada pelo direito de urgência reflete-se no processo civil, que encontra no procedimento ordinário o meio definitivo para a perpetuação dos riscos temporais de perecimento dos direitos materiais. No processo, a busca da certeza paga um preço demasiado: a falta de efetividade.

As inúmeras reformas sofridas pelo processo de conhecimento acabaram por trazer à baila uma infinidade de alterações com a finalidade de lhe dar celeridade. Do mandado de segurança até a consagração das medidas antecipatórias de tutela, o que se verificou foi uma valorização gradual do juízo de verossimilhança.

A reestruturação funcional e estrutural do rito ordinário, dentro da proposta encabeçada às primeiras margens, assume papel fundamental no desenvolvimento da possibilidade de uma efetiva reforma processual. Reforma esta que leve em conta a natureza dos direitos materiais a serem protegidos, que vislumbre no processo a relação da vida que lhe dá fundamento.

---

[35] TROCKER, Nicoló. "La responsabilità del giudice". *Rivista Trimestral di Diritto e Procedura Civile.* Milano, n. 4, 1982, p. 1283.

[36] ZAGREBELSKY, Gustavo. *El derecho dúctil.* Madrid: Editorial Trotta, 2002. p. 153

Hoje, precisamos de uma divisão dos riscos como tivemos uma divisão do trabalho social. Cada um assumindo a sua quota de responsabilidade. Aos legisladores e doutrinadores cabe o projeto de um novo futuro para o processo. A criação de uma fórmula procedimental que seja, ao mesmo tempo, estável e mutável, algo que possua uma forma embora se adapte continuamente algo que vença a barreira cartesiana da certeza. E talvez a fórmula modular passa contribuir para isso, para romper esse paradoxo.

Quanto à função jurisdicional, vislumbra-se-lhe como um verdadeiro domínio das "oportunidades arriscadas", que a oportunidade da decisão seja assumida de uma forma responsável, considerando os riscos sociais envolvidos, e neste desígnio o juízo de verossimilhança mostra-se como um dos caminhos a ser re-descoberto.

Referências bibliográficas

BAPTISTA DA SILVA, Ovídio A. "Racionalismo e tutela preventiva em processo civil". *Revista dos Tribunais*. São Paulo, nº 801, p. 30-43, 2002.

——. *Da sentença liminar à nulidade da sentença*. Rio de Janeiro: Forense, 2001. 394 p.

——. *Jurisdição e execução na tradição romano-canônica*. 2 ed. São Paulo: Revista dos Tribunais, 1997. 230 p.

BAUMAN, Zygmunt. *Modernidade líquida*. Trad. Plínio Dentzein. Rio de Janeiro: Jorge Zahar, 2001. 258 p.

BECK, Ulrich. *La sociedad del riesgo*: hacia una nueva modernidad. Trad. Jorge Navarro, Daniel Jiménez, Maria Rosa Borrás. Barcelona: Paidós, 1998. 304 p.

——; GIDDENS, Anthony; LASH, Scott. *Modernização reflexiva*: política, tradição e estética na ordem social. Trad. Magda Lopes. São Paulo: Universidade Estadual Paulista, 1997. 264 p.

BUZAID, Alfredo. *Do mandado de segurança*. v.1 São Paulo: Saraiva, 1989. 285 p.

CALAMANDREI, Piero. *Instituciones de derecho procesal civil*. v. 1 Trad. Santiago Sentis Melendo. Buenos Aires: Ediciones Jurídicas Europa-America, 1986. 421 p.

CAPPELLETTI, Mauro. *Juízes irresponsáveis?*. Trad. Carlos Alberto A. de Oliveira. Porto Alegre: Sergio Antonio Fabris, 1989. 96 p.

CARNELUTTI, Francesco. *Derecho y proceso*. Trad. Santiago Sentis Melendo. Buenos Aires: Ediciones Jurídicas Europa-America, 1971. 487 p.

DESCARTES. *Discurso do método*. Trad. Pietro Nassetti. São Paulo: Martins Claret, 2000. 144 p.

DINIS, Joaquim José de Souza. "Inovações e perspectivas no direito processual civil português". *Revista dos Tribunais*. São Paulo, nº 785, p. 36-45, 2001.

ELIAS, Norbert. *Sobre o tempo*. Trad. Vera Ribeiro. Rio de Janeiro: Jorge Zahar, 1998. 163 p.

GÁLVEZ, Juan Monroy; PALACIOS, Juan Monroy. "Del mito del proceso ordinario a la tutela diferenciada: apuntes iniciales". *Revista de Processo*. São Paulo, nº 109, p. 187-220, 2003.

KHUN, Thomas S. *A estrutura das revoluções científicas*. Trad. Baetriz Vianna Boeira; Nelson Boeira. 6 ed. São Paulo: Perspectiva, 2001. 257 p.

LUHMANN, Niklas. "O enfoque sociológico da teoria e prática do Direito". Trad. Cristiano Paixão; Daniela Nicola; Samantha Dobrowolski. *Seqüência*. Florianópolis: Unisc, nº 28, p. 15-29, 1994.

MERRYMAN, John Henry. *La tradición jurídica romano-canónica*. Trad. Carlos Sierra. Cidade do México: Fundo de Cultura Econômica, 1979. 258 p.

MESQUITA, José Ignácio Botelho de. "As novas tendências do direito processual: uma contribuição para seu reexame". *Revista Forense*. Rio de Janeiro, nº 336, p. 47-72, 2002.

MONTESQUIEU. *Do espírito das leis*. Trad. Jean Melville. São Paulo: Martin Claret, 2002. 727 p.

OST, François. *O tempo do direito*. Trad. Maria Fernanda Oliveira. Lisboa: Instituto Piaget, 1999. 442 p.

PLEBE, Armando; EMMANUELE, Pietro. *Manual de retórica*. Trad. Eduardo Brandão. São Paulo: Martins Fontes,1992. 204 p.

SAUSSURE, Ferdinand de. *Curso de Lingüística Geral*. 24 ed. Trad. Antonio Chelini, José Paulo Paes e Izidoro Blikstein. São Paulo: Cultrix, 2002. 279 p.

THEODORO Júnior, Humberto. *O processo civil brasileiro no limiar do novo século*. Rio de Janeiro: Forense, 1998. 280 p.

TROCKER, Nicoló. "Il nuovo articolo 111 della constituzione e il giusto processo in matéria civile: profili generali". *Rivista Trimestral di Diritto e Procedura Civile.* Milano, n° 2, p. 381-410, 2001.

——. "La responsabilità del giudice". *Rivista Trimestral di Diritto e Procedura Civile.* Milano, n° 4, p. 1283-1322, 1982.

ZAGREBELSKY, Gustavo. *El derecho dúctil*: ley, derechos, justicia. 4 ed. Trad. Marina Gascón. Madrid: Editorial Trotta, 2002. 156 p.

— 9 —

Processo como analogia e aceleração processual como risco de alienação

JÂNIA MARIA LOPES SALDANHA[1]

Quando as coisas acontecem rápido demais,
ninguém pode ter certeza de nada,
de coisa nenhuma,
nem de si mesmo.
Lentidão. Milan Kundera.

SUMÁRIO: Introdução: levantando a cortina; Parte 1 – Processo como analogia: a lição de Ovídio Baptista; 1.1. Primeiro ato: entendendo as heranças; 1.2. Segundo ato: o paradoxo entre respostas seguras e o pensamento problemático; 1.3. Terceiro ato: a plasticidade do fenômeno jurídico e a analogia; Parte 2 – Aceleração processual como alienação? Do culto da urgência ao culto da espera; 2.1. Primeiro ato: a quantificação e produção processual em massa: traços do desenho da virtualização do processo; 2.2. Segundo ato: a internet, um sexto continente; 2.3. Terceiro ato: um novo totalitarismo e uma nova forma de alienação: o mundo – e o processo – regidos pelo paradigma da aceleração; 2.4. Último ato: efetividades quantitativas e obscurecimento da analogia.

Introdução: levantando a cortina

Escrever texto para compor esta obra que homenageia o Professor Ovídio Baptista, antes de ser pura alegria, é um chamado – e um compromisso – a (re)visitar privilegiadamente seu pensamento profundo, luminoso e atemporal.

Diversas e extremamente numerosas são as temáticas que poderiam ser objeto de reflexão em homenagem à verve ovidiana e em reconhecimento às tantas interrogações que o mestre, incansável e corajosamente, nos[2] apresentou ao longo de sua produtiva vida intelectual. No entanto, correndo o risco do arbítrio que toda a escolha implica, ouso aproveitar-me neste pequeno ensaio, de dois dos inúmeros temas que emergem da obra que marca o tempo final de sua existência – Epistemologia das ciências culturais[3] – e de obra anterior

---

[1] Pós-Doutoranda (Institut des Hautes Études sur la Justice, Paris). Doutora em Direito (UNISINOS). Mestre em Integração Latino-Americana (UFSM). Professora Universitária (UFSM).

[2] Justamente por se tratar de uma homenagem é que nesta parte usarei de linguagem pessoal.

[3] BAPTISTA DA SILVA, Ovídio Araújo. *Epistemologia das ciências culturais*. Porto Alegre: Verbo Jurídico, 2009.

– Processo e ideologia.[4] O primeiro tema refere-se à analogia,[5] e o segundo, à justiça cibernética.[6] Pretendo conectá-los a partir da perspectiva de um novo paradigma: o da aceleração social. A finalidade é observar ao final, por uma parte, em que medida esse paradigma obscurece a analogia, uma categoria fundamental para a qualidade da prestação da justiça e, por outra, o quanto o mesmo paradigma contribui para o fortalecimento da justiça cibernética que, a par das conhecidas contribuições que trouxe, apresenta sérios riscos, motivo pelo qual devem ser levados a sério.

O texto está dividido em duas partes. Na primeira, serei fiel ao pensamento ovidiano no trato da analogia e na sua compreensão no campo do processo. Com isso, como regra, não será feita incursão a outros autores (Parte 1). Na segunda, observarei – e aprofundarei – a advertência que o homenageado fez ao perigo da consolidação da justiça cibernética e estabelecerei a relação dessa com a teoria da aceleração social. O objetivo é demonstrar o quanto o processo, ao tornar-se refém da lógica da produtividade em menor tempo, pode estar contribuindo enormemente para a promoção da destemporalização e desespacialização que marcam a pós-modernidade[7] e, assim, para a produção de novas formas de alienação no campo de atuação dos sistemas de justiça. (Parte 2)

Parte 1 – Processo como analogia: a lição de Ovídio Baptista

O processo praticado no Brasil é resultado de muitas heranças que se fazem sentir no contexto da prestação da jurisdição no Brasil (1.1). Uma das expressões de tal patrimônio herdado é a permanente tensão entre a busca da certeza e segurança e o caráter problemático do Direito e do processo (1.2). Uma das possíveis saídas para escapar – quiçá eliminar – de tal tensão é reconhecer-se a plasticidade do fenômeno jurídico, em cujo contexto a analogia assume papel fundamental (1.3).

1.1. Primeiro ato: entendendo as heranças

Renomados pensadores do campo do direito, da filosofia e da sociologia, do passado e do presente, foram os grandes inspiradores do pensamento evoluído desenvolvido pelo Prof. Ovídio Baptista para tratar das "coisas do processo e da jurisdição" desde o início da década de 70 do Século passado quando teve início sua rica produção intelectual.

Na parte das obras que nos propusemos analisar se avista, derradeiramente, a irresignação do Professor contra a redução do Direito à lei e à crença

---

[4] *Processo e ideologia.* Rio de Janeiro: Forense, 2004, p. 265-296.

[5] A ideia de analogia foi trabalhada em obra anterior do Prof. Ovídio em: BAPTISTA DA SILVA, Ovídio Araújo. *Processo e ideologia.* Rio de Janeiro: Forense, 2004,

[6] Essa referência expressa está em: *Epistemologia das ciências culturais,* op. cit., p. 99 e 107.

[7] Reflexão sobre pós-modernidade e processo podem ser encontradas em texto de minha autoria: A paradoxal face "hipermoderna" do processo constitucional: Um olhar sobre o direito processual brasileiro. *In: Estudios Constitucionales,* Año 8, N° 2, 2010, pp. 675 – 706. Disponível em: http://www.scielo.cl/scielo. php?pid=S0718-52002010000200020&script=sci_arttext

de que de sua simples aplicação seriam atingidas verdades eternas e imutáveis.

Fortemente comprometido em comprovar a falibilidade dessa crença, reforçou que o Direito, tal como o fato histórico, padece da marca da contingência. Lembrando-se de lição de Max Scheler, não hesitou em reconhecer a "relatividade da essência do fato histórico",[8] da qual se distanciou o normativismo, cujo legado mais poderoso foi a separação, na condição de verdadeiro fenômeno jurídico, entre fato e direito e cujo compromisso mais ineludível foi sua rotunda aproximação com os sistemas políticos, a quem invariavelmente foi servil.

Embora Giambattista Vico, no Século XVII, tenha se oposto à doutrina racionalista cartesiana, o que se pode perceber do conjunto do pensamento europeu foi o surgimento de vários caminhos possíveis para se compreender o Direito. Lembra Ovídio que um deles orientou-se, na passagem do Século XVIII para o XIX, pela pena de Friedrich Schleiermacher, filósofo que já buscava compreender o Direito com base nos alicerces da hermenêutica filosófica teoria essa que, como é sabido, foi sofisticada e lapidada no Século XX pelo pensamento de Heidegger e Gadamer. O outro caminho consistiu no prolongamento do racionalismo científico matemático, próprio das ciências declaratórias e que deu origem às múltiplas formas de positivismo.

Todavia, desde o início do Século XX, as correntes críticas do Direito não pouparam o positivismo. Na pátria da Escola da Exegese, a crítica refinada de juristas da estirpe de François Gény denunciou que o postulado da plenitude do Direito, como entendiam os civilistas tradicionais, por suporem que todo o caso estava coberto por uma regra contida numa fonte formal do direito, era abertamente equivocado, pois a exigência de plenitude e preexistência de regra clara para qualquer situação da vida era de impossível ocorrência, uma vez "As necessidades da sociedade serem variadas...".[9]

Pertencente à geração posterior a de Gény, Paul Ricouer,[10] destaca Ovídio,[11] também reconheceu não combinar com a natureza contingente do Direito a univocidade da regra. Malgrado estabelecido na qualidade de sistema de regras, essas não dizem tudo sobre ele e tampouco sobre os princípios que o compõem e que são de natureza ético-jurídica.

No âmago desse conjunto de reflexões desenvolvidas por Ovídio Baptista repousa uma crítica profunda e sofisticada ao dogmatismo da formação universitária;[12] à dificuldade em renunciar-se ao sonho iluminista de transformar

---

[8] *Epistemologia das ciências culturais,* op. cit ., p. 88.

[9] GÉNY, François. *Método de interpretatión y fuentes em derecho privado positivo.* Madrid: Editorial Reus, 1925, p. 97. Veja-se também em: LÓPEZ MEDINA, Diego Eduardo. *El derecho de los jueces.* 2. ed. Bogotá: Legis, 2006, p. 276-277.

[10] RICOUER, Paul. O justo. V. I. São Paulo: Martins Fontes, 2008, p. 159

[11] *Processo e ideologia,* op. cit., p. 282.

[12] Reforçado e transformado pelo que se constitui hoje na caricatura do "ensino jurídico" ministrado pelos cursos preparatórios aos concursos para as carreiras jurídicas no Brasil. Veja-se uma das tantas críticas ácidas de Lenio Streck nesse sentido: STRECK, Lenio. http://www.conjur.com.br/2014-fev-20/senso-incomum-colocam-fantasia-mulher-matar-filosofia. Acesso em 20 de fevereiro de 2014.

o Direito numa ciência abstrata e; à negação da importância de aproximar o Direito e o processo da individualidade do caso e, desse modo, da história.

Seguramente, tais dificuldades ainda são de extrema atualidade e obscurecem o entendimento de que a aptidão para compreender o fenômeno histórico depende da capacidade do jurista-intérprete ter a sabedoria de comparar situações análogas e de encontrar em cada uma delas aquilo que, em "sua singularidade, as torne distintas".[13]

Se a sentença não é o único momento do processo, composto que é por uma cadeia de atos humanos voltados ao seu final, certo que se constitui no ápice da atividade jurisdicional, dado ser o momento da resposta esperada por quem demandou a prestação da justiça. É nessa oportunidade que se pode verificar se o intérprete – o juiz – percebe a diferença abissal entre ser o Direito a "ciência" da compreensão ou da declaração. Para a ocorrência dessa percepção o exercício da analogia é crucial.

1.2. Segundo ato: o paradoxo entre respostas seguras e o pensamento problemático

O regime da urgência a que está submetido o processo é resultado, como se sabe, de uma nova economia e de um novo modo de governar,[14] ambos regidos pela matriz neoliberal que é caracterizada pela lógica da concorrência. Tal lógica possui um componente invasivo e, em razão dele, está presente em todos os domínios da sociedade, públicos e privados. Como será analisado na segunda parte deste ensaio, as práticas jurisdicionais que prestigiem o fluxo e a quantificação, para além de cumprir as exigências constitucionais e convencionais de que o processo dure em tempo razoável atendem, em verdade e mais profundamente, a essa lógica ditada pelo modelo econômico e por sua âncora, a tecnologia de informação e comunicação.

Importa, pois, com base no pensamento ovidiano, reconhecer nas sentenças proferidas pelos juízes, a expressão de um momento em que ao julgador deveria interessar o componente individual do caso que exigiria dele o exercício de atividade cognitiva que levasse em consideração aquela diferença entre a ciência da compreensão e a ciência da descoberta que, como se sabe, passa ao largo do individual.

Ter a consciência da diferença entre fundamentar e explicar é o primeiro exercício de compreensão que se espera – e exige-se – de quem julga pois, afinal, é o que levará o decisor, pressionado por exigências opostas,[15] a renunciar à uniformidade jurisprudencial. Ao invés da "estabilidade" das decisões iguais, esperadas pelo modelo econômico, em nome da certeza e da segurança – e de um processo célere – de que necessita para manter seus postulados

---

[13] BAPTISTA DA SILVA, Ovídio A. *Processo e ideologia*, op. cit., p. 265.

[14] FOUCAULT, Michel. *Nascimento da biopolítica*. São Paulo: Martins Fontes, 2008, p. 3-28

[15] Dos "filtros jurisprudenciais" como a súmula vinculante, a repercussão geral do recurso extraordinário, as súmulas impeditivas de recursos e as jurisprudências reiteradas, essa última é previsão contida, por exemplo, no artigo 557 do CPC.

e práticas, a consideração da singularidade e da individualidade é, segundo Ovídio, o preço que épocas de crise e de profundas transformações devem pagar se quiserem manter o "império do Direito".[16] A bem de manter sua autonomia[17] praticamente perdida, o Direito é obrigado a ter a sabedoria de absorver a variabilidade e o novo.

Fundamentar, pois, exige a apresentação de razões que justificam o curso de ação. Explicar, por outro lado, confunde-se com motivação e significa apenas a indicação de motivos causais ou antecedentes causais da ação. O perigo de um processo reduzido ao paradigma cibernético é sacramentar, definitivamente, sentenças que apenas "explicam"e que, para isso, sofrem a pressão da urgência, destemporalizando o tempo necessário para maturar a fundamentação. Efetivamente, tal modelo combinaria com os juízos de certeza próprios dos raciocínios matemáticos, em que o juiz se manteria preso à ideologia iluminista. Porém, como evidencia a obra ovidiana, a sentença não é produto da mente "pura" do julgador, livre de toda influência cultural, dos paradigmas que o formaram e da visão de mundo que possui como ser individual.

Para Ovídio, a sentença correta ou adequada jamais pode ser resultado de uma ação do julgador despida de todo o subjetivismo. Cair nessa armadilha seria sucumbir a uma nociva aproximação com o positivismo.[18] Entretanto, é fundamental deixar claro que essa impossibilidade humana de fuga ao subjetivismo não significa assunção com qualquer tipo de ativismo judicial.[19] O que se quer dizer é que fazendo parte o juiz de uma tradição é dela que não pode escapar no momento da decisão. Para fazer o reconhecimento desse pertencimento no ato de decidir é que o julgador não pode separar-se de certa dose de subjetivismo. Assim, ao invés de recorrer "ao sentimento" no momento de decidir, sempre perigoso porque, amiúde, é arbitrário, deve sim recorrer à tradição que deve ser, sempre, hermeneuticamente reconstruída. Do contrário, será vista a definitiva bancarrota do Direito.

Assim, esperar que a sentença seja produto de um ato autômato e subjetivo-sentimental – porque livre de toda influência da tradição –, é dar via – e vida – ao iluminismo tão criticado. Nos dias atuais, a despeito de fugir de toda influência iluminista com a utilização das mais variadas formas de "estandardização" o que se percebe é, ao contrário, o reforço dessa ideologia porém, exponencialmente agravada, na medida as sentenças são resultado de produção em série. Da esperada "certeza" iluminista passa-se à previsibilidade e à eficiência, travestidas pelos critérios da rapidez e da quantificação.

---

[16] *Processo e ideologia*, op. cit., p. 260.

[17] Autonomia que, segundo Castanheira Neves, deveria perguntar sobre o sentido do Direito e sobre o que ele é. Contudo, ocorre justamente o contrário dado que uma importante consequência do funcionalismo é apenas perguntar "para que serve o Direito?", uma vez que apenas é visto como um instrumento a serviço do funcionalismo político, social e sistêmico. CASTANHEIRA NEVES, A. *O direito hoje e em que sentido?* Lisboa: Piaget,

[18] *Epistemologia das ciências culturais*, op. cit ., p. 94.

[19] STRECK, Lenio Luis. SALDANHA, Jânia Maria Lopes. Ativismo e garantismo na Corte Interamericana de Direitos Humanos. In: DIDIER JR, Fredie. NALINI, José Renato et. all. *Ativismo judicial e garantismo processual*. Salvador: JusPodium, 2013, p. 395-428.

Na perspectiva hermenêutica, as existências da faticidade e da temporalidade tornam irrenunciáveis ao julgador as considerações sobre os princípios e as circunstâncias históricas em que o Direito, e também o caso, foram construídos. A consideração da alteridade do texto, como refere Gadamer, é o mínimo exigido do julgador a quem se impõe a "apropriação das próprias opiniões prévias e preconceitos",[20] sendo esse um problema hermenêutico fundamental. Assim, não se pode esperar do juiz uma sentença livre de qualquer subjetivismo, justamente porque sua presença não deve ser produto do arbítrio,[21] uma vez não poder ser ele surdo "para a coisa de que nos fala a tradição"[22] onde está sempre inserido. Fazer o contrário, como diz Ovídio, não passaria, então, de um "juiz tipo", concebido como um ser inanimado.[23] A concordância com esse modelo de juiz formatado e modulado, como refere Bauman, combina com um modelo de processo que se erige no paradigma da aceleração, como será analisado adiante.

Arrisca-se a dizer que à base dessa defesa intransigente ovidiana da presença de subjetivismo – não sentimental, não arbitrário, que prescinde da boa ou má vontade do juiz e que é comprometido com a tradição – no ato de julgar está o cuidado – que é também hermenêutico – com a manutenção da "humanidade" do julgador. Para Ovídio, despir o juiz da soma das suas vivências individuais e comunitárias no contexto da tradição, seria desumanizá-lo. Um juiz sem princípios, esquecido do que aprendeu na vida em comunidade a partir da tradição, não passaria de um autômato[24] e, assim, conformado à figura de mero serviçal da cultura judiciária da produção em série, de uma justiça que perdeu sua autonomia e encontra-se refém dos interesses do modelo econômico neoliberal.

Com efeito, a rejeição da analogia está fundada no fato de que essa sempre conduz o intérprete a um pensamento problemático, do qual não derivam necessariamente, resultados seguros. Desse modo, todas as reputadas "modernizações" do sistema processual, embora representem avanços em alguns aspectos, o que fazem é conservar inalterados os seus fundamentos e institutos.

Aqueles que conhecem a obra de Ovídio Baptista concordarão que o ilustre Professor não dirigiu – como foco central – sua atenção para o papel da Constituição, tampouco para os compromissos assumidos por ela no que se refere à justiça e aos direitos fundamentais. No entanto, nessa que pode ser considerada senão sua obra mais fundamental, uma das mais expoentes, finalmente dá seu recado certeiro: "o nosso ordenamento constitucional, como não

---

[20] GADAMER, Hans-Georg. *Verdade e método. Traços fundamentais de uma hermenêutica filosófica*. Petrópolis: Vozes, 1999, p. 405

[21] Não se desconhece a crítica de Lenio Streck ao subjetivismo, com a qual concordamos, pois o subjetivismo arbitrário é aquele em que a decisão decorre de uma ação comprometida apenas com a visão particular do mundo de quem a profere. Veja-se: STRECK, Lenio. *O que é isto decido conforme minha consciência?* Porto Alegre: Livraria do Advogado, 2010, p. 95-110.

[22] GADAMER, Hans-Georg. *Verdade e método. Traços fundamentais de uma hermenêutica filosófica*, op. cit., p. 406.

[23] BAPTISTA DA SILVA, Ovídio A. *Epistemologia das ciências culturais*, op. cit., p. 94.

[24] Idem, p. 99.

poderia deixar de ser, prioriza a *Justiça*,[25] sem deixar-se (ainda!) vencer pelo mais grosseiro pragmatismo, para o qual o direito seria simples instrumento de interesses políticos e econômicos...".

Embora em textos anteriores tenha o Professor denunciado a rendição do Direito e do processo – e, antes, da jurisdição – aos interesses da política e da economia, o que pretendeu reforçar foi o papel substancial da Constituição para oferecer "sentenças justas",[26] porquanto um dos objetivos fundamentais da República brasileira é a construção de uma sociedade livre, justa e solidária. Para tanto, o ato de decidir não poderia ser, segundo pensava, um ato de aplicação isolado e impessoal, sem o compromisso ético do julgador. Assim não fosse, para ele, as sentenças não passariam de atos produzidos em série, resultados de "classes" de magistrados, que poderiam ser subscritas por qualquer um, falsa liberdade que mal ocultaria a face do positivismo do qual toda uma geração pensa estar alforriada.

Como é possível perceber, o diálogo frutuoso que o autor desenvolve com Castanheira Neves, Arthur Kaufmann e Josef Esser não possui outro objetivo senão o de confirmar – e perscrutar – que a justiça humana jamais será perfeita, por isso não se compatibiliza com respostas absolutas, tampouco abstratas.

Fundamentalmente, para desincumbir-se da tarefa de demostrar o caráter analógico do direito e do processo resgata o papel da tradição, ante a sua inegável e inexorável ligação com a existência humana. Hans-Georg Gadamer é o autor que coroa a reflexão que diz ser a abstração o que radicou mais acentuadamente na cultura europeia e, em tal sentido, fortificou tanto o positivismo quanto o jusracionalismo, sempre tão criticados por Ovídio. Gadamer, como se sabe, desde as primeiras obras, foi um dos filósofos-guia do pensamento ovidiano que, a ele manteve-se fiel até o final.

Seguramente não poderia ser diferente, porquanto se a luta intestina de Ovídio foi fixar que o Direito é a ciência da compreensão e, por isso, uma ciência prática que não pode ser completa e exaustivamente explicada pelo discurso acadêmico, a lição luminosa de Gadamer sempre o acompanhou, como uma condição de possibilidade de ensinar o processo para além dos Códigos e das suas abstrações artificiais. A advertência de Gadamer de que no procedimento judicial um "preconceito" significa uma pré-decisão jurídica e essa, amiúde, representa um "juízo não fundamentado",[27] indica que da aplicação de respostas prontas pelo intérprete, esquece-se da singularidade do caso. Para ele, somente a fundamentação confere ao juízo sua dignidade.

Trata-se de perceber que somente na problematicidade do caso concreto levado ao Judiciário é que poderia haver o encontro do homem – então o julgador – com o conjunto de princípios da comunidade a que está inserido, contingência que ao invés de afastá-lo da sua formação cultural, dela o aproxima,

---

[25] *Epistemologia das ciências culturais,* op. cit. p. 96.

[26] Idem, p. 96.

[27] GADAMER, Hans-Georg. *Verdade e Método,* op. cit., p. 407-408.

porque "compreensão e valores convivem estruturalmente, como as duas faces de uma mesma medalha".[28]

1.3. Terceiro ato: a plasticidade do fenômeno jurídico e a analogia

Essas reflexões preliminares tiveram um objetivo certo: preparar o caminho para justificar a afirmativa de que os juristas devem abandonar o método lógico, responsável pela conhecida – e tão criticada – separação cartesiana entre fato e direito e assumir a inexorável matriz análogica do fenômeno jurídico. É dizer que não existem fatos puros e completamente idênticos, e sim, tão somente fatos similares. Diz Ovídio: "a lógica é o que organiza nosso conhecimento pretérito, invariavelmente, sob o signo da analogia".[29]

O Direito, com efeito, é o lugar da diferença, e não das regularidades das ciências generalizantes. Então, para um defensor do Direito como compreensão, como Ovídio Baptista, não se pode esvaziar o individual daquilo que o singulariza, como propõem os adeptos da padronização e da estandardização decisória. Malgrado o esforço em manter o esquema lógico, na esperança de que esse poderá construir identidades capazes de produzir regras e, por exemplo, súmulas que, quando aplicadas, nenhuma relação têm com os fatos do caso concreto, tudo, evidentemente, não passa de ilusão.

Essas cruciais reflexões, que põem em crise o dogma da univocidade e da estandartização que marca a atuação da jurisdição, não só do Brasil, como de muitos sistemas jurídicos[30] que já experimentaram e perda de sua autonomia, colocam o intérprete numa verdadeira encruzilhada, ou seja, ou percebe, como refere Ovídio, que não existem igualdades na natureza e que o "ser" do ponto de vista ontológico, em sua individualidade e singularidade apresenta-se "sempre analogicamente, nunca idêntico e outros seres semelhantes" ou sucumbe a uma compreensão artificial do sistema jurídico.

A percepção da plasticidade[31] do fato histórico, como lembra o Prof. Ovídio a partir das lições que extraiu de Max Scheler, é o caminho necessário para afirmar que o todo o fato jurídico também é plástico,[32] dado que as crenças e os valores das comunidades variam a cada momento histórico vivido pela humanidade. Por tal motivo, ao contrário da lógica, a percepção – e a conclusão – analógica sempre implicará em um pensamento problemático e complexo – jamais simples e acabado –, razão pela qual não fornecerá resultados seguros e previsíveis. Nesse sentido, mostra-se irrefutável que o autor alinha-se à indefectível percepção popperiana não só do papel da tradição, quanto de

---

[28] *Epistemologia das ciências culturais*, op. cit. p. 102.

[29] Idem, p. 103.

[30] GARAPON, Antoine considerando a realidade do sistema de justiça francês diz ser fortemente influenciado pelo neoliberalismo que, antes de ser apenas um modelo econômico é, antes e mais fortemente, um modelo de governar, do qual não escapa a instituição judiciária. *In: La raison du moindre État. Le néoliberalisme et la Justice.* Paris: Odile Jacob, 2010, p. 45-82.

[31] O Professor Ovídio aprofundou essa análise na obra *Processo e Ideologia*, op. cit., especialmente às páginas 267-269.

[32] *Epistemologia das ciências culturais*, op. cit. p. 103-104.

que o "cientista" – e também do jurista, há que ser dito – resolve problemas. Com efeito, não se pode recusar a estreita vinculação do jurista que, tal como o cientista, na visão de Popper, tem o compromisso de considerar a realidade externa e os acontecimentos culturais de cada época. Nesse sentido, diz o filósofo que "... iniciamos nossas investigações partindo de problemas. Sempre nos encontramos numa situação problemática e escolhemos um problema que esperamos poder solucionar...".[33]

Como compatibilizar essa conclusão com as práticas jurisdicionais contemporâneas comprometidas com respostas pré-dadas não só por meio de súmulas vinculantes mas, antes, como é corrente, de jurisprudência "consolidada" que permite, inclusive, o afastamento dos julgamentos colegiados nos tribunais, algo que se construiu juntamente com a tradição jurídica do Brasil?

Mudar esse *status quo* pressupõe entender que o pensamento analógico – do qual o intérprete não poderá escapar desde que se proponha a compreender hermeneuticamente o fenômeno jurídico – não combina com as verdades científicas, tampouco definitivas. Desse modo, o pensamento ovidiano diz claramente ser a função da analogia conduzir o intérprete ao abandono do esquema próprio das regras universais, a recusa, em dadas circunstâncias, da aplicação de certas leis que "as novas condições sociais tornaram inadequadas ou obsoletas, legitimando sentenças *contra legem*".[34] Por isso, como refere Arthur Kaufmann[35] a analogia e o racionalismo são conceitos inconciliáveis. Nesse sentido, a assertiva de que as súmulas vinculantes não podem ser interpretadas, aliás, sequer muito dificilmente são investigados os casos que lhe deram origem, combina bem com a matriz racionalista. Entretanto, uma tal visão colide, de fato, com a matriz analógica. Claro, para o pensamento analógico, como refere Ovídio,[36] jamais poderá existir uma interpretação verdadeira que elimine as demais, produzidas em outras circunstâncias históricas, sobretudo porque exige do intérprete harmonizar o sentido primitivo com as circunstâncias e dados da atualidade.

Não se pode, desse ponto de vista, percorrer o caminho feito por parte da doutrina que apenas vê possibilidade de recorrer-se à analogia em caso de lacunas e vazios. Justamente porque nenhum dos dois existe, na perspectiva hermenêutica, já que o Direito deve ser hermeneuticamente compreendido, é que a analogia não deve ser um recurso do qual o intérprete deve lançar mão, mas consiste na sua própria condição de ser, porquanto o raciocínio jurídico será sempre analógico.[37]

A dificuldade em romper com a barreira da certeza e da segurança, imposta pelo ideário da padronização, está em que ela responde à demanda do modelo econômico neoliberal e à forma neoliberal de governar, cujo núcleo duro é representado por modelos de gestão, pela quantificação e pelo fluxo.

---

[33] POPPER, Karl. *Autobiografia intelectual*. São Paulo: Cultrix, 1986, p. 94

[34] *Processo e Ideologia*, op. cit., p. 287.

[35] KAUFMANN, Arthur. *Analogia y naturaliza de la cosa*. Santiago do Chile: Editorial Jurídica do Chile, 1976, p. 38-39.

[36] *Processo e Ideologia*, op. cit., p. 279-280.

[37] Idem, p. 285.

Na verdade, trata-se, como já dissera Ovídio de um comprometimento muito mais político do que jurídico, na medida em que manter a segurança e certeza, de um lado, e o método da estandartização, de outro, imprescinde de um novo modelo de homem – o homem consumidor. Como refere Bauman,[38] no mundo contemporâneo, "ninguém pode se tornar o sujeito sem primeiro virar mercadoria...". Trata-se de uma nova configuração humana, a do consumidor-mercadoria ou a do *homo consumericus* de que fala Lipovetsky.[39]

Tal cenário de poucas luzes para a emancipação humana explica e justifica que a perda da individualidade e da singularidade que sempre caracterizou cada pessoa está na razão direta do fenômeno jurisdicional contemporâneo das demandas repetitivas as quais, segundo alertado por Ovídio, sequer a dignidade de verdadeira lide possui, na medida em que "carecem"[40] de fatos.

O problema mais profundo, no entanto, é que o individualismo favorece a subsunção, o viés mais arrojado do modelo positivista cartesiano, na medida em que ele emerge no lugar do cidadão. Esse aparecimento apresenta indivíduos "desorientados" e convertidos em fáceis instrumentos da "cibernética",[41] cujo efeito colateral mais visível é a "desabilitação social".[42]

Nesse ponto é que este texto, depois de juntar-se ao luminoso pensamento de Ovídio Baptista, ousa alargá-lo para situar parte da crise que consome o processo e a jurisdição no âmbito do rompimento do espaço e do tempo que o mundo cibernético impõe, como também como uma derivação da instituição da rapidez das decisões em resposta ao anseio por cada vez mais velocidade. Essa característica das sociedades aceleradas do presente institui novas formas de totalitarismo e alienações que, ao invés colocar o direito e o processo em sintonia com a analogia, dela os afasta para aproximá-los, cada vez mais do pensamento lógico e distanciá-los dos casos concretos e suas singularidades.

O cidadão, transformado no indivíduo desorientado e alvo fácil da cibernética, a caricatura de um autômato, como vaticinou o Professor Ovídio, na pessoa do jurista-intérprete deverá ter a sabedoria de identificar nos anseios por quantificação, padronização e velocidade rápida processual, a qualquer preço, uma campanha bem arquitetada para rebaixá-lo, de igual maneira, à condição de mero prestador-consumidor dos serviços da justiça.

Trata-se, então, de reconhecer tais mudanças no processo e na jurisdição apenas como uma parcela de mudanças mais profundas – e mais radicais – no estatuto da subjetividade humana – que alcançam também os juristas –, e que se impõem como verdadeiro paradigma.

Na verdade, o que se constata desse cenário, é a produção de uma coletividade de indivíduos isolados que, na falsa ilusão de serem livres e exercerem

---

[38] BAUMAN, Zygmunt. *Vida para o consumo. A transformação das pessoas em mercadoria.* Rio de Janeiro: Zahar, 2008, p. 20

[39] LIPOVETSKY, Gilles. *A felicidade paradoxal. Ensaio sobre a sociedade de hiperconsumo.* São Paulo: Companhia das Letras, 2007, p. 128-131.

[40] *Epistemologia das ciências culturais,* op. cit. p. 107.

[41] Idem, p. 107.

[42] BAUMAN, Zygmunt. *Vida para o consumo. A transformação das pessoas em mercadoria,* op. cit. p. 25.

plenamente sua liberdade agem produzindo e sofrendo violação de direitos fundamentais, dentre eles os representados pelas garantias constitucionais e convencionais do processo. É o que segue.

Parte 2 – Aceleração processual como alienação? Do culto da urgência ao culto da espera

A aceleração do processo, associada ao implemento da quantificação, entendida como "produtividade" possui correspondência direta com a virtualização do processo (2.1). Tal lógica é resultado da instituição da internet e das TICs – Tecnologias de informação e comunicação – como o "sexto continente" (2.2). Tal instituição poderá contribuir enormemente para a produção de um novo tipo de totalitarismo (2.3). E a busca de efetividade jurisdicionais "quantitativas" poderá manter a analogia – componente essencial da interpretação jurídica produzida no processo – no estado de obscurecimento produzido pela modernidade (2.4).

2.1. Primeiro ato: a quantificação e produção processual em massa: traços do desenho da virtualização do processo

Não só no Brasil, mas em inúmeros países, é sabido que os sistemas de justiça encontram-se em crise, sobretudo aqueles que adotaram o modelo de processo da tradição jurídica romano-canônica. Tal crise é parte de uma maior que envolve a própria noção de Estado[43] e sobre o quê muito já foi teorizado. As mudanças legislativas relativas ao direito processual brasileiro, mais acentuadamente as que atingiram o processo civil[44] e, nos últimos anos, aquelas que também alteraram o processo penal, comprovam a necessidade de mudança.

As insatisfações com o modelo de justiça derivam de problemas estruturais e funcionais:[45] Estruturais se for pensado o modelo de ensino jurídico que ainda perdura atrelado ao mundo das abstrações (a); o processo enraizado profundamente no racionalismo-normativista (b); a "ordi(ple)nariedade"[46] como paradigma de procedimento (c); a baixa efetividade das garantias constitucionais e convencionais do processo (d); o despreparo para as demandas coletivas surgidas após a segunda metade do Século XX (e); o modelo de processo atrelado ao nacional e ausência de abertura para as demandas que exigem mentalidade alargada para perceber os elementos não nacionais (f). Quanto à função, como referido por Ovídio Baptista, parece ser problema menor no Brasil, pois

---

[43] Uma obra base para perceber as modificações derivadas dessa crise: CHEVALLIER, Jacques...

[44] Tramita no Congresso Nacional brasileiro o PL 8046/10 que cria o novo Código de Processo Civil. Um dos pontos relevantes desse novo Código é a criação de regras gerais para o processo eletrônico.

[45] BAPTISTA DA SILVA, Ovídio. A. Da função à estrutura. SALDANHA, Jânia M. L.Do funcionalismo processual da aurora das luzes às mudanças processuais estruturais e metodológicas do crepúsculo das luzes. In: STRECK, Lenio Luis. BOLZAN DE MORAIS, Jose Luis. (orgs.)*Constituição, sistemas sociais e hermenêutica.* Porto Alegre:Livraria so Advogado, 2009, p. 89-100 e 113-134, respectivamente.

[46] SALDANHA, Jânia Maria Lopes. *Substancialização e efetividade do direito direito processual civil. A sumariedade material da jurisdição. Proposta de estabilização da tutela antecipada em relação ao Projeto de Novo CPC.* Curitiba: Juruá, 2011, p. 188-190.

as alterações legislativas têm em vista, massivamente, a função, ou seja, em tornar o processo, do ponto de vista procedimental, mais "eficiente"[47] – por isso, mais célere –, porquanto é reconhecido ser a morosidade um dos entraves à solução efetiva dos conflitos.

No entanto, como denunciou o Prof. Ovídio, mudanças profundas na essência do direito processual não foram realizadas. Resta, em razão disso, um déficit constitucional-democrático porque a manutenção da estrutura perpetua o estado de crença no paradigma racionalista aristotélico-tomista que prestigia um tipo de processo comprometido com a cognição exauriente que caracteriza a ordinariedade. Malgrado as reformas e os esforços para a melhoria do sistema de justiça, a manutenção desse *status quo* contribui decisivamente para os déficits das respostas da jurisdição frente às demandas do Século XXI.

Em verdade, o que está em jogo é a efetividade do acesso à justiça, garantia constitucional que deve ser compreendida não somente como a que possibilita o acesso[48] das pessoas a todas as instâncias da justiça, quanto, tendo acesso, seja ele qualificado e receba as respostas adequadas segundo o sistema constitucional e convencional vigente. O acesso à justiça, como já tivemos a oportunidade de afirmar em outro trabalho é um direito humano e, por carregar conteúdo universalizável, pode ser considerado o fundamento processual do cosmopolitismo.[49]

Uma das negações dessa garantia, no plano interno, é a morosidade processual, bem como a negativa de acesso ao juiz competente. Justamente porque é compreendido como direito humano, inúmeros países da América Latina e também da Europa, foram e têm sido condenados por violarem as garantias do processo.[50] Contudo, como destacado, razões estruturais e funcionais têm sido as principais responsáveis pela morosidade das respostas. Soma-se a elas, o aumento exponencial dos litígios, a partir das últimas décadas do Século XX, por consequência, de um lado, da constitucionalização de inúmeros direitos em Constituições novas ou reformadas, na América Latina e, de outro porque houve alteração significativa na *performance* dos direitos, expressão da sociedade concorrencial e de consumo. Afinal, perguntou Ovídio: "... como derrotar o consumismo, que é a alma, o élan vital do capitalismo?".[51]

É sabido que, no plano interno, a resposta dada à crise, foi a adoção de um conjunto de medidas legislativas a pretexto de provocar mudança para debelar

---

[47] Análise crítica sobre a eficiência processual pode ser vista em nosso trabalho: SALDANHA, Jânia M. L. A paradoxal face "hipermoderna" do processo constitucional: um olhar sobre o direito processual brasileiro. *In: Estudios Constitucionales..*, op. cit., p. 675–706.

[48] O Relatório Justiça em Números do ano de 2013, relativo ao ano 2012, evidencia a inflação das demandas no Brasil, cujo número atingiu a cifra de noventa e dois milhões de processos. Trata-se de aproximadamente 50% da população brasileira. Disponível em: http://www.cnj.jus.br/programas-de-a-a-z/eficiencia-modernizacao-e-transparencia/pj-justica-em-numeros/relatorios. Acesso em 26 de fevereiro de 2014.

[49] SALDANHA, Jânia M. L. Diálogos jurisdicionais e acesso (universal?) à justiça: A possível construção de um fundamento processual para o cosmopolitismo. PIOVESAN, Flavia. SALDANHA, Jânia M. L. *Diálogos judiciais e direitos humanos.* No prelo

[50] SUDRE, Fréderic. MARGUÉNAUD, Jean-Pierre et.all. *Le grands arrêts de la Cour européenne des droits de l'Homme.* Paris: PUF, 2011, p. 292-319.

[51] BAPTISTA DA SILVA, Ovídio A. *Processo e ideologia.*, op. cit. p. 298.

a morosidade, tão sentida pela sociedade. Um País como o Brasil, sabidamente vinculado às agências de fomento internacionais, já há alguns anos, recebe instruções paranormativas[52] de instituições, como do Banco Mundial, para melhorar "os serviços" do Poder Judiciário. Dentre outras "recomendações", a previsibilidade das decisões (a) e a eficiência dos serviços (b), são as que encontraram eco nas referidas alterações legislativas. Claro que a previsibilidade está alinhada à jurisprudência sumulada que, desde 2004, pode ter efeito vinculante e a todos os mecanismos de padronização de decisões adotados no País – como a repercussão geral do recurso extraordinário, a noção de demandas repetitivas, a súmula impeditiva de recursos e a jurisprudência consolidada que atribui amplos poderes monocráticos aos relatores nos tribunais -.

A eficiência, por outro lado, para ser atingida de forma ótima, segundo as orientações das agências de fomento, deve adotar – e seguir – regiamente, os padrões de "gestão judiciária" alinhados, como se sabe, àqueles adotados pelas empresas privadas, das quais não passam de um reflexo, com a ressalva de que quem reflete é instituição enraizada e profundamente comprometida com os valores públicos e republicanos, como é o Poder Judiciário. Essa profunda alteração que impõe seja o juiz substituído pelo modelo juiz-gestor,[53] vinculado às decisões padronizadas que julgam teses e não causas e atrelado aos "modelos aplicativos",[54] é preciso que se diga, expressa apenas parte de um movimento mais profundo que alterou, segundo Foucault, o modo de governar o mundo e as instituições dentre elas o Poder Judiciário que, na razão neoliberal deve adotar atitude intervencionista praticada "como arbitragem das regras do jogo".[55] Assim, segundo Foucault antevia, já na década de setenta do Século XX, haverá a "necessidade de instâncias judiciárias ou, em todo o caso, instâncias de arbitragem cada vez mais numerosas".[56]

Quantificação, tabelamento e fluxo passaram a ser palavras-ônibus,[57] expressões mágicas das quais, passou-se a esperar, pudessem abrir as portas do processo acelerado. Mas cuidado: tais expressões mágicas, já tornadas reais nas práticas judiciárias, como confirmam o processo eletrônico e os relatórios mensais que obrigam os juízes a prestar contas de sua produtividade, sacramentam o modelo político-econômico neoliberal por meio do qual há "uma extensão do mercado a todos os setores da vida humana: às instituições, à justiça, ao governo".[58]

A Emenda Constitucional n° 45/2004 ao empreender reforma no Poder Judiciário brasileiro, além da súmula vinculante e da repercussão geral do

---

[52] SALDANHA, Jânia M. L. A paradoxal face "hipermoderna" do processo constitucional: Um olhar sobre o direito processual brasileiro. *In: Estudios Constitucionales*, op. cit., p. 675 – 706.

[53] Uma crítica ácida a essa nova *performance* dos juízes pode ser lida em STRECK, Lenio. Juiz não é gestor nem gerente. Ele deve julgar. E bem! Disponível em: http://www.conjur.com.br/2013-ago-08/senso-incomum-juiz-nao-gestor-nem-gerente-juiz-julgar-bem. Acesso em 25 de fevereiro de 2014.

[54] Idem, p. 2.

[55] FOUCAULT, Michel. *Nascimento da biopolítica*, op. cit., p. 240-241.

[56] Ibidem.

[57] Essa expressão é de WALLERSTEIN, Immanuel. *O fim do mundo como o concebemos*. Rio de Janeiro: Revan, 2002, p. 123.

[58] GARAPON, Antoine. *La raison du moindre État. Le néoliberalisme et la Justice.*, op. cit., p. 15-16.

recurso extraordinário, trouxe mais duas modificações que alteraram significativamente o cenário da prestação de justiça no Brasil. A primeira é de que a produtividade[59] (leia-se quantificação em menor tempo) tornou-se um critério de promoção dos julgadores, segundo consta no art. 93, XIV, da Constituição Federal. Não seria possível medir a produção de decisões e de atos processuais em escala, sem que fossem adotados critérios de armazenamento de dados e de controle de produtividade. A segunda, então, relaciona-se à criação do Conselho Nacional de Justiça que, nos últimos anos, tratou de estabelecer um conjunto de metas para resolver "os problemas da justiça"[60] as quais, entre outros resultados, têm efetivamente melhorado os índices de produtividade do Poder Judiciário e reduzido as taxas de represamento de demandas antigas.

Recomenda a prudência ser a hora de fazer um alerta ao leitor: com essas referências não se pretende adotar postura contrária a essas modificações e inovações. Apenas, ao modo de Ulrich Beck, é nosso dever pensar que toda ação envolve riscos e que ela tanto pode produzir efeito positivo e efeito negativo. Nenhum existe sem o outro. Como refere Bauman, em verdade, a própria noção de risco tem sido substituída pela figura dos "danos colaterais" ou das "baixas colaterais".[61] Assim, diz o sociólogo: "(...) e a ideia de 'colateralidade' sugere que os efeitos presumidamente positivos e os reconhecidamente negativos correm em paralelo; por essa razão, cada aplicação consciente, honesta, de qualquer tecnologia nova abre (ao menos em princípio) uma nova área de fatalidades antes não vivenciadas".[62]

O efeito colateral pode estar na sutil rendição dos indivíduos àquela razão de governar neoliberal que, segundo Michel Foessel,[63] antes de ser uma doutrina ou uma ideologia, consiste sim na "arte de dirigir indivíduos" fundada sobretudo em sua liberdade. No entanto, cada indivíduo responde por suas ações em função de tabelas que favorecem a normalização segundo os interesses neoliberais. No caso da prestação da jurisdição, é possível identificar que as modificações a que tem sido submetida, inserem-se na governabilidade neoliberal, para a qual, invariavelmente importa menos se as suas decisões são coerentes com o Direito e mais se sua atuação está conectada com "outros dispositivos que, ao lado da lei e para além dela, governam os indivíduos".[64]

---

[59] A produtividade dos juízes brasileiros está disponível em: http://www.cnj.jus.br/corregedoria/justica_aberta/?d=consulta&a=consulta&f=formPrincipalProdutividade. Acesso em 25 de fevereiro de 2014.

[60] A administração da justiça a partir de "metas" criadas pelo CNJ teve início no ano de 2009. Assim, nesse ano foram estabelecidas 10 metas; em 2010 o número foi também de 10. Ressalta-se aqui a meta 8 que previu a participação de, no mínimo 50% dos juízes brasileiros em cursos de administração da justiça; para o ano de 2011 foram previstas 8 metas mas em razão daquelas previstas nos anos anteriores e não cumpridas, resultaram 17 metas. Desse conjunto também destacam-se aquelas vinculadas a gerenciamento das práticas judiciárias; das 9 metas estabelecidas para o ano de 2012, as metas 7 e 8 previram a instituição de projetos-piloto de processo eletrônico e sua adoção em pelo menos cinco rotinas administrativas; no ano de 2013 foram definidas 13 metas e; para 2014 há 6 metas, ressaltando dentre elas a meta n° 2 que prevê percentuais elevados de julgamento para processos e recursos dos anos anteriores. Disponível em: http://www.cnj.jus.br/gestao-e-planejamento/metas. Acesso em 26 de fevereiro de 2014.

[61] BAUMAN, Zygmunt. *Danos colaterais. Desigualdades sociais numa era global.* Rio de Janeiro: Zaar, 2013, p 11.

[62] BAUMAN, Zygmunt. *Vigilância líquida.* Rio de Janeiro, 2013, p. 93.

[63] FOESSEL, Michel. *État de vigilance. Critique de la banalité securitaire.* Paris: Le bord de l'eau, 2010, p. 40-42.

[64] Id., p. 37.

E tais dispositivos são, como se vê das próprias metas traçadas pelo CNJ, os que reivindicam o tabelamento e os padrões gerenciais que imprescindem de pessoas dotadas de capacidades de concretizar as práticas gerenciais. Por isso inúmeras previsões de realização de cursos de capacitação em gestão ou administração judiciárias para juízes e servidores. Veja-se que dentre os "macrodesafios" para o Poder Judiciário brasileiro de 2015 a 2020, incluem-se "a profissionalização da gestão" e a intensificação das TICs.[65]

No fio desse pensamento é que se pretende inserir o fenômeno da virtualização do processo no Brasil, inaugurado com a Lei 11419/2006 a cujo propósito estão afinadas as metas nacionais para o Poder Judiciário. As despesas massivas feitas pelo Poder Judiciário em informatização e gestão, cujo crescimento do ano de 2011 ao de 2012 foi de 33,9% (trinta e três vírgula nove por cento),[66] superior, em muito, a todas as demais rubricas, não deixam dúvidas sobre a centralidade das mudanças funcionais, sobretudo com relação à celeridade, um dos objetivos centrais do planejamento estratégico daquele Poder. Como se vê TICs e celeridade, umbilicalmente articuladas, de meios tornam-se fins, obnubilando outros não menos importantes problemas que compõem o quadro de crise do Poder Judiciário, como o relativo à qualidade das decisões que está diretamente relacionada à formação dos juristas e à sua compreensão do que é o Direito. Mas não apenas isso. A exigência de adaptação que a adoção da tecnologia informacional impõe aos atores dos sistema de justiça é potencialmente geradora do chamado "stress comunicacional" na percepção de Boaventura de Sousa Santos.[67] Ocorre que se trata de um adaptação exigente na medida em que esses profissionais – juízes e servidores, sobretudo – devem adotar critérios "de relevância que lhe são estranhos e de terem de o fazer em linguagem profissionalmente incorreta".

A despeito das exigências cada vez mais acentuadas de investimentos em tecnologia de informação e comunicação, cujo montante pode ser aferido nos Relatórios do Conselho Nacional de Justiça, de contratação de profissionais de outras áreas do conhecimento que não o Direito e de qualificação dos atuais servidores em métodos de gestão e técnicas de informação e comunicação, há de ser reconhecida a melhoria na prestação da justiça no que diz com a quantificação, embora o número de processos julgados continue inferior ao número de processos novos.[68]

Desse conjunto, percebe-se uma mudança profunda apenas no "suporte" sobre o qual o processo existe: antes, material, hoje virtual. Arrisca-se a dizer

---

[65] Disponível em: http://www.cnj.jus.br/gestao-e-planejamento/gestao-e-planejamento-do-judiciario/planejamento-estrategico-do-poder-judiciario. Acesso em 26 de fevereiro de 2014.

[66] Diz o relatório Justiça em Números do ano de 2013 que: "Foram gastos com informatização R$ 2,6 bilhões, sendo que, apesar de esse valor equivaler a apenas 4,5% de todas as despesas da Justiça, ele tem, a cada ano, ocupado mais espaço no orçamento total, com crescimento de 33,9% no último ano. Os tribunais superiores são os que, proporcionalmente às suas despesas totais, mais investem em informática, sendo que essa rubrica abrange 25,6% do orçamento." Disponível em: http://www.cnj.jus.br/programas-de-a-a-z/eficiencia-modernizacao-e-transparencia/pj-justica-em-numeros/relatorios, g. 292. Acesso em 26 de fevereiro de 2014.

[67] Os tribunais e as novas tecnologias de informação e comunicação. *Sociologias*. Ano 7. Jan/jun, 2005, p. 86.

[68] Disponível em: http://www.cnj.jus.br/programas-de-a-a-z/eficiencia-modernizacao-e-transparencia/pj-justica-em-numeros/relatorios, p. 293.

que essa, de fato, seja a aposta do modelo econômico-político neoliberal, pois cabe perfeitamente nessa moldura a afirmação de Ovídio Baptista[69] de que o capitalismo "... com seus pressupostos éticos, políticos e econômicos, em que navegamos, seria ingênuo sonhar com alguma transformação real do direito processual".

Com efeito, se é possível constatar redução no tempo dos processos e aumento de produtividade, conforme indica o relatório do CNJ[70] relativo ao ano de 2012, há ser perquirido, como antes referido, sobre os possíveis "danos colaterais" que a adoção generalizada desse novo sistema pode provocar no que diz respeito ao conteúdo das decisões proferidas e, assim, ao próprio acesso à justiça, porquanto há um significativo vazio nas metas nacionais no que diz respeito à qualificação dos juízes e servidores para melhorarem a qualidade das decisões em sua substancialidade.

É que o discurso da virtualização *tout court*, como já alertado, pode contribuir significativamente não só para a manutenção do distanciamento do judiciário da sociedade, como já alertara Ovídio Baptista, quanto em nome do culto da urgência e da aceleração, o mais potente antídoto contra a morosidade, as garantias processuais, como a do devido processo legal, do contraditório, da ampla defesa e, sobretudo, a da fundamentação, podem estar sendo ofuscadas – e violadas. O processo, a garantia constitucional do cidadão contra qualquer tipo de violação de direitos, especialmente os direitos humanos, é transformado em instrumento apenas formal de acesso à justiça.

Em virtude disso, pretende-se, nesse momento, demonstrar a relação entre a concepção positivista e normativista do Direito e do processo com o regime temporal da urgência ou da aceleração. A finalidade é conduzir o leitor a pensar que o predomínio do individualismo, exacerbado pelas tecnologias de informação e comunicação, utilizadas para satisfazer a ânsia de produção quantitativa em menor tempo, pode facilitar – e fortalecer – a técnica da subsunção, tão combatida por Ovídio Baptista, bem como alimentar o sistema da univocidade decisória que elimina as singularidades e, do mesmo modo, ofende o caráter analógico do Direito cujo lugar deveria ser mantido no momento da decisão judicial.

Toma-se a seguinte passagem do pensamento ovidiano para traçar um caminho reflexivo sobre o impacto das novas tecnologias de informação e comunicação, sobretudo com o uso da internet, sobre a nova economia do sujeito e de instituições, como o Poder Judiciário. Diz Ovídio: "(...) Quando os positivistas imaginam que o ato de julgar pressupõe que o juiz se possa despir de seus valores, de sua imersão na comunidade cultural que o produziu, tornando-se um autômato, provavelmente preparado para a justiça cibernética, produzida

---

[69] *Processo e ideologia*, op. cit., p. 306.

[70] Embora em percentual menor que o do ano de 2011, o Poder Judiciário brasileiro gastou em 2012, 88, 7% de seu orçamento com pessoal. Houve aumento do número de magistrados e de servidores. Os gastos com informatização, no mesmo período foram de 4,5%, percentual esse que tem aumentado a cada ano, segundo o relatório. Disponível em: http://www.cnj.jus.br/programas-de-a-a-z/eficiencia-modernizacao-e-transparencia/pj-justica-em-numeros/relatorios, p. 293.

em série, cometem um grande equívoco e prestam homenagem ao racionalismo cartesiano".[71]

Percorrer os fios desse pensamento infelizmente inacabado, em face da morte de seu autor, é um antecedente necessário para tomar partido da crítica dirigida à adesão incondicional às barreiras de acesso à justiça. Na atualidade, tais barreiras, se apresentam nesse modelo de processo que se rende, inexoravelmente, ao mundo virtual para atender os postulados neoliberais ditados pela urgência, instantaneidade, produtividade e fluxo de dados. Afinal, se a mediação eletrônica facilita as relações humanas e a atuação das instituições, seguramente ela não é neutra e sua "direção moral" não é revelada apenas no tocante à finalidade para a qual é utilizada. Os pensadores da segunda tradição da sociologia, no início do Século XX, já se preocupavam com o "impacto da tecnologia e da ciência sobre a sociedade" porque naquela época as consideravam "forças estranhas", lembrou Giddens.[72] Como refere David Lyon,[73] "Todo desenvolvimento tecnológico certamente é produto de relações culturais, sociais e políticas." Por isso, toda a opção – então por um modelo de processo pautado na quantificação, no tabelamento e no fluxo, facilitados pela adesão ao modelo de processo eletrônico – e todos os "dispositivos e sistemas exibem tendências morais".[74]

Se assim é, para cumprir esse desafio, optou-se por analisar o surgimento da internet e o culto da aceleração ou da urgência como uma nova forma de totalitarismo que produz certo tipo de alienação que pode ser sentida nas respostas dadas pelo sistema de justiça, por meio do processo. Respostas estas que podem comprometer a exigência de aproximação, daquele que julga, ao caso julgado, em face de um distanciamento negativo produzido – e enormemente facilitado – pelo uso mecânico da tecnologia.

2.2. Segundo ato: a internet, um sexto continente

A cibernética é um produto da Segunda Guerra Mundial. Sem o desenvolvimento dessa tecnologia seguramente os Estados Unidos não teriam alcançado seu imenso poder econômico. Em 1941, o americano Norbert Wiener juntamente com seus colegas, no âmbito do denominado Projeto *AA Predictor,* desenvolve um dispositivo de tiro antiaéreo que terá "influência determinante ao nível da representação cibernética do humano",[75] porquanto o soldado – piloto, marinheiro ou combatente de artilharia – torna-se o ciborgue contemporâneo, na medida em que seu corpo não passa de parte do armamento.

Com efeito, se a invenção da imprensa por Gutemberg (a); a prevalência do racionalismo e o abandono do mundo sobrenatural (b); o antropocentrismo (c); o universalismo (d); o individualismo (e) e; o humanismo (f) foram algumas

---

[71] BAPTISTA DA SILVA, Ovídio A. *Epistemologia das ciências culturais,* op. cit., 94.

[72] GIDDENS, Anthony. *Política, sociologia e teoria social.* São Paulo: UNESP, 1998, p. 20.

[73] BAUMAN, Zygmunt. *Vigilância líquida,* op.cit., p. 91.

[74] Ibidem.

[75] Essas ideias são de autoria de LAFONTAINE, Céline, op. cit. p. 32.

das marcas fundamentais do Renascimento que floresceu na Europa entre os Séculos XV e XVI, tempo em que Gianbattista Vico lançava as bases de seu humanismo,[76] mostrando que o homem faz e sofre a história e que para conhecê-lo é preciso conhecer sua cultura, a cibernética surge no final da primeira metade do Século XX para ser, em seguida, associada a um novo Renascimento e também a uma "Ciência Nova", condição essa reivindicada por seu descobridor em 1961 ao reeditar sua obra *Cybernetics or control and comunnication in the animal na themachine*.[77] Assim, o "novo humanismo"[78] propalado a partir de sua invenção revelou-se, ao contrário, como um verdadeiro anti-humanismo que se verifica na atualidade, conforme será visto, numa teia de controles permanentes, públicos e privados e no uso desmesurado das TICs. Trata-se do uso da "técnica como ideologia".[79]

Assim, a alusão de Guillebaud[80] ao mundo cibernético como sendo o Sexto Continente ganha procedência porque é não só desterritorializado, quanto profundamente imediatizado. Não está em lugar algum, está em todo o lugar. Torna-se instrumento poderoso para solidificar a vigilância global que para além de ser um problema para os Estados-nação e para a democracia, que se veem desprovidos e desnudados por esse novo continente computacional, é também um problema geopolítico difícil de controlar na medida em que há de reconhecer-se que os ainda escassos marcos normativos nacionais e internacionais são impotentes para fazer frente à vigilância total.

A aproximação entre homem e máquina propalada pelos teóricos da cibernética nada mais fez do que, primeiro, alavancar o que se constituiu mais tarde de modo sútil e totalitário: a internet, mundo virtual que horizontaliza todas as relações, forma uma unidade múltipla e constrói um infinito de singularidades,[81] cuja consequência mais severa é a perda da estima de si já que o indivíduo é reduzido à sincronização da sua consciência com a dos outros.[82]

Em segundo lugar, o surgimento do "ser informacional" ou do "sujeito informacional"[83] ignora o quanto nisso está agregada uma alta dose de desconsideração com o que é essencialmente humano e desconsidera que a evolução da técnica deve estar sincronizada com os direitos humanos.

Não é certamente por acaso que Lafontaine refere-se a dois tipos de colonização[84] sobre o sujeito pois, afinal, não há de ser desprezado que, em geral, os impérios erigem-se à sombra das mais variadas colonizações. Do seu

---

[76] VICO, Giambattista. A ciência nova. Rio de Janeiro: recordo, 1999, especialmente páginas 461-488

[77] LAFONTAINE, Céline. *O império cibernético. Das máquinas de pensar ao pensamento máquina*, ibid., p. 23.

[78] Idem, p. 32.

[79] BAPTISTA DA SILVA, Ovídio A. *Processo e ideologia*, op. cit., p. 312.

[80] GUILLEBAUD, Jean-Claude. *O princípio de humanidade*, op. cit., p. 38.

[81] DUFOUR, Danny-Robert. *O divino mercado. A revolução cultural liberal*. Rio de Janeiro: Companhia de Freud, 2008, p. 90.

[82] Idem, p. 42.

[83] LAFONTAINE, Céline. *O império cibernético. Das máquinas de pensar ao pensamento máquina*. Lisboa: Piaget, p. 63.

[84] Uma advinda do estruturalismo e outra da teoria dos sistemas. LAFONTAINE, Céline. *O império cibernético. Das máquinas de pensar ao pensamento máquina*, op. cit., p. 79-130.

somatório tem-se que o mundo cibernético conformou um sujeito obcecado pela comunicação, reduziu sua subjetividade à informação e produziu-o como alguém que para existir, deve ser, primeiro, visto! Esta é a razão máxima de reconhecimento e de um novo cogito: "Je vois, je suis vu, donc je suis".[85]

Também é preciso dizer que a economia ocupou lugar central para o desenvolvimento do paradigma informacional produzido pelo mundo cibernético. Ora, o deixar fazer e deixar passar, os dois grandes signos do liberalismo econômico cuja metáfora mais representativa é a mão invisível do mercado, combinam muito bem com o esfacelamento da autonomia subjetiva que o ciberespaço produziu ao converter os indivíduos numa massa de juntos separados transformados, ao mesmo tempo, em promotores das mercadorias e nas próprias mercadorias que promovem,[86] isto é, em consumidores "comodificados".[87] Não é justamente essa mão invisível que permite transformar os interesses individuais em riqueza coletiva? Não seria ela, como refere Dufour, "a forma compreendida e consumada da Providência divina"?

Por outro lado, o evento mais considerável produzido pelo mundo cibernético pela via da internet, a ideia da livre circulação de informações, concorda plenamente com a livre movimentação dos fluxos de capitais, essência do neoliberalismo. Por isso, atualmente a livre e ampla circulação de informações é pressuposto para o sucesso. Com isso, para Lafontaine, a empresa "inteiramente digitalizada"[88] poderá participar do capitalismo livre e desoneradamente. Em tempo em que o futuro parece ser estabelecido e conformado pelas leis do mercado e pela exigência da plena adaptabilidade às TICs e à gestão informacional, seria ingênuo não reconhecer no paradigma cibernético as características de um império que foi construído para facilitar as comunicações humanas e que na atualidade tem na lógica da aceleração – totalitária e alienante – a condição de sua subsistência.

2.3. Terceiro ato: um novo totalitarismo e uma nova forma de alienação: o mundo – e o processo – regidos pelo paradigma da aceleração

Pode a cibernética ser compreendida à parte do paradigma da aceleração que também governa o mundo atual? É possível dizer que não. Talvez seja pertinente reconhecer que o mundo cibernético não teria evoluído aos patamares a que chegou no Século XXI se a aceleração não tivesse assumido a condição de um verdadeiro paradigma.

Nasce, desse modo, uma nova lógica: a da "aceleração social" que submete os sujeitos a um regime temporal em "grande parte invisível, despolitizado,

---

[85] "Eu vejo, eu sou visto, logo sou." AUBERT, Nicole. HAROCHE, Claudine. Être visible pour exister: une injonction à la visibilité. *In:* AUBERT, Nicole. HAROCHE, Claudine (Dir.). *Les tyrannies de la visibilité. Être visible pour exister?* Toulouse: Érès, 2011, p. 9.

[86] BAUMAN, Zigmunt. *Vida para o consumo. A transformação das pessoas em mercadoria.* Rio de Janeiro: Zahar, 2008, p. 13.

[87] Idem, p. 76.

[88] LAFONTAINE, Céline. *O império cibernético. Das máquinas de pensar ao pensamento máquina,* op. cit., p. 130

indiscutido, subteorizado e desarticulado".[89] Nicole Aubert[90] apresenta duas novas medidas de tempo: a) a urgência e; b) a instantaneidade. Essas duas medidas transformaram no curso do Século XX, a economia do homem moderno, cuja existência pautava-se pelo significado do passado, presente e futuro. Para ela, o homem "hipermoderno" não pergunta mais pela eternidade e sim pelo instantâneo. Trata-se, então da "tirania do tempo curto".[91]

Artmut Rosa[92] indica ser de três modalidades essa aceleração: a) técnica; b) da mudança social e; c) do ritmo de vida. Embora as três estejam articuladas, para os efeitos deste trabalho importa centrar a atenção sobre a primeira.

Os efeitos da aceleração técnica sobre a realidade social são profundamente significativos. Assim, a prioridade natural e antropológica do espaço sobre o tempo que acompanhou a evolução das percepções sensoriais do homem resta profundamente modificada pela nova economia da aceleração. A velocidade das trocas nos meios eletrônicos institui, como diz Virilio,[93] o "último vácuo" que não depende mais do intervalo entre os lugares e sim da "interface de uma transmissão instantânea de aparências distantes" que faz desaparecer todo volume e todo relevo.

Na era da globalização das relações, em que a rainha é a "atualidade", representada pela internet, o tempo constitui-se em elemento de "compressão" e, até mesmo, de "aniquilação" do espaço. E na modernidade tardia, o espaço perde sua importância e o mundo virtual estabelece o "não lugar". Importa, então, comunicar – *expressar-se* – e informar – *informar-se* –, a qualquer preço e a um ritmo veloz.

Essa lógica da aceleração, como é possível perceber do conteúdo das informações que circulam na internet, se de um lado, coloca a humanidade em linha com acontecimentos políticos e sociais de interesse não só local, mas também global e que repercutem na esfera da vida de significativa parcela da humanidade, provocam o seu contrário: em nome da aceleração, violam-se direitos individuais e coletivos.

Com efeito, a aceleração provocada pelas TICs institui-se como uma nova forma de totalitarismo, por um lado, e como produtora de uma profunda alienação,[94] por outro. Totalitarismo porque se constitui em um princípio abstrato que: a) exerce pressão sobre as vontades e ações dos sujeitos; b) dela não se pode escapar, ou seja, afeta a todos; c) é onipresente, porquanto se estende a todos os aspectos da vida social e; d) é difícil de criticar ou de combater.

Alienação que se expressa em cinco dimensões: a) em relação ao espaço; b) em relação às coisas; c) em relação às ações; d) em relação ao tempo e; e) em

---

[89] ROSA, Artmut. *Aliénation et accélération. Vers une théorie critique de la modernité tardive*. Paris: Le Découverte, 2010, p. 8.

[90] AUBERT, Nicole. *Le culte de l'urgence*. La societé malade du temps. Paris: Flammarion, 2003.

[91] A expressão é de Nicole Aubert. FOOR, Anne. "Sootés d'urgence". Prisoniers du temps. Entevista com Nicole Aubert. Disponível em: http://1libertaire.free.fr/Urgence01.html. Acesso em 22 de fevereiro de 2014.

[92] Idem, p. 18-33.

[93] VIRILIO, P. Op. cit., p. 114.

[94] As ponderações são de ROSA, A. Op. cit., p. 84-86 e 114-135.

relação aos outros. Esse conjunto leva à conclusão de que dificilmente os sujeitos podem escapar à alienação de si mesmos.[95]

A lógica da aceleração pode facilmente ser percebida como um elemento constitutivo da sociedade contemporânea e, é visível, que segue um ritmo de ampliação. Para o sistema capitalista neoliberal, a aceleração é um objetivo inevitável e está inscrita, como afirma Artmut Rosa,[96] como "uma estrutura material da sociedade" que reorienta a gestão social, reforça a lógica da produção pela produção e, o que persegue é a eficiência, o centro nevrálgico do modelo econômico neoliberal. Para isso, a reconfiguração do tempo foi uma exigência do processo de produção capitalista. Transformou-se em um bem raro, "numa grandeza abstrata, linear e sem qualidades próprias"[97] e, acima de tudo, reduzido à mercantilização.

O paradigma da aceleração cada vez mais crescente, então, tornou-se a condição necessária para que houvesse aumento de produtividade por unidade de tempo estimulando outro valor neoliberal: o da competitividade.[98] As avançadas tecnologias de produção e, em particular, as TICs muito bem serviram e servem de meios que favorecem enormemente a pressão em favor da aceleração dos processos de produção, das informações e das comunicações globais, muitas vezes com violação de direitos humanos, como já referido. É que as transmissões instantâneas trazem em si uma forte ilusão: a da eternidade na efemeridade. Daí serem as transmissões instantâneas uma revolução mais sofisticada do que aquela dos transportes. Trata-se sempre de uma chegada, sem partida, chegar esse que não se constitui em objetivo de viagem. O que conta é a informação, "o único relevo da realidade, seu único volume", como refere Paul Virilio.[99]

2.4. Último ato: efetividades quantitativas e obscurecimento da analogia

As TICs, é sabido, como nunca antes na história da humanidade, permitem ampla rede de comunicações humanas, cujos efeitos da desespacialização e a destemporalização somam-se àqueles da desmaterialização e descorporificação. Serem reveladoras ou perturbadoras são, pois, dois adjetivos[100] que podem ser atribuídos às TICs, no que diz respeito à sua aplicação concreta.

---

[95] ROSA, A. Op. cit., p. 134.

[96] ROSA, Artmut. *Accélération. Une critique social du temps.* Paris: La Découverte, 2010, p. 200.

[97] Idem, p. 201.

[98] Em 2009 foi divulgada notícia de que a digitalização total dos processos seria o primeiro passo para que ela fosse integral por todo o Brasil. Registra a notícia que, assim, os tribunais e as varas localizadas em locais distantes do País irão sentir a necessidade de se informatizar, pois perceberão que "não existe outro caminho." Pergunta-se se será mesmo possível atingir tal objetivo dadas as conhecidas desigualdades – e dificuldades – do Brasil? Se a não implementação desse objetivo, por motivos estruturais, não for possível, estará sacrificado o acesso à justiça, na medida em que se pressupõe que o melhor acesso somente poderá se dar pela via virtual? Disponível em: http://stj.jusbrasil.com.br/noticias/2044794/digitalizacao-do-stj-e-primeiro-passo-para-um-judiciario-totalmente-informatizado. Acesso em 10 de março de 2014.

[99] VIRILIO, Paul. *A arte do motor.* São Paulo: Estação Liberdade, 1996, p. 113.

[100] DUBUISSON, François. RORIVE, Isabele. La liberté d'expression à l'éprouve d'internet. *In: Entre ombres et lumières: Cinquante ans d'applicatio de la convention européenne des droits de l'homme en Belgique.* Bruxelas: Bruylant, 2008, p. 363.

Reveladoras porque facilitam a que questões já existentes manifestem-se de forma mais aguda e mais visível, como por exemplo a prática da pedofilia ou, por outro lado, como estão sendo conduzidos os assuntos públicos de responsabilidade dos Estados aos quais impõe-se o dever de *accountability*. A prestação de contas pelos governos em países de modernidade tardia, como o Brasil, é importante dado que os níveis de corrupção na política ainda são perturbadores, repercutem socialmente. E, ainda, são nefastos por comprometerem os investimentos públicos em demandas sociais prioritárias e por elevarem os índices de descrédito nas instituições públicas.[101] Perturbadoras porque inevitavelmente alteram a forma com que determinadas questões jurídicas são tradicionalmente tratadas, como por exemplo, aquelas ligadas aos direitos do comércio,[102] agora virtualizado e ao direito penal, em face dos crimes cibernéticos, quanto colocam sob interrogação categorias jurídicas já estabelecidas e que não são capazes de oferecer respostas aos problemas complexos que a rede mundial de computadores produz, de um lado, e desnuda, de outro. A virtualização do processo e os problemas que podem dele derivar coloca-se nessa condição perturbadora.

Desse modo, o mundo informacional instituiu-se como verdadeiro paradigma e constitui-se como uma representação global encontrando sua força em seu caráter vago, na flexibilidade e na elasticidade de seus conceitos, assumindo foros de um verdadeiro "segundo renascimento".[103]

Com a transformação do estatuto da subjetividade cria-se uma nova individualidade – forte –, isto é, coletivizada e dessubjetivada, centrada na adaptabilidade plena dos indivíduos às redes midiáticas e comerciais que rompe inexoravelmente com a herança humanista. Da sua negação decorre a rejeição da ideia de homem historicamente construído, frágil, sensível e que pode interferir, por suas ações, politicamente no mundo.[104]

O paradigma informacional acarreta mudanças epistemológicas profundas pois, como destaca Lafontaine,[105] "o projeto cibernético foi, primeiramente, político, na medida em que a universalidade de seus conceitos pressupunha uma redefinição do ser humano". Mas no que se constitui essa redefinição?

Assim, para responder o questionamento acima, é necessário precisar essas ideias do ponto de vista específico das mudanças ocorridas no estatuto do sujeito. Inúmeros caminhos podem ser tomados para cumprir essa tarefa. Ousar pensar que a internet provocou o aparecimento de novas formas de subjetividade, uma nova individualidade caracterizada pela dependência dos indivíduos em relação às redes virtuais, uma espécie de "budismo informa-

---

[101] LIMBERGER, Têmis. SALDANHA, Jânia Maria Lopes. Cibertransparencia em la administracion pública: La importância de la cultura presupuestaria para concretización de losderechos sociales. *In:* REYES, Patricia *(Coord.)*. *El gobierno de lainformación*. Santiago: Instituto Chileno de Derecho y Tecnologias/FIADI, 2011, p. 114.

[102] A OMC reconheceu que as TICs são importantes para as operações comerciais, mas essas requerem adequação e ambiente apropriado para se desenvolverem. Veja-se: GÓMEZ, Nayibe Chacón. Los princípios de las TIC'S aplicados a viejos conceptos. In: REYES, Patricia *(Coord.) El gobierno de lainformación*, op. cit., p. 31.

[103] Idem, p. 23.

[104] Idem, p. 20.

[105] LAFONTAINE, C. Op. cit., p. 25.

cional" que repousa na rejeição do sujeito e na dispersão do ego no múltiplo, então uma dessubjetivação que nega a herança humanista e que institui o "coletivismo do isolamento"[106] como a nova forma de narcisismo e do egoísmo--gregário um princípio que faz os indivíduos viverem em "rebanho" sob a falsa aparência de viverem em liberdade.[107]

Há que ser dito, assim, que a lógica da aceleração ao impor-se como totalitarismo contribuiu enormemente para a adoção e o alargamento de padrões de gestão das instituições públicas alinhadas com os padrões de gestão privados, do que o sistema de justiça não escapou incólume. Ao contrário, cada vez mais se informatiza e adota metas de gestão, para dar conta dos reclamos de fluxo, produtividade e rapidez. Hoje, os responsáveis pelo panóptico dependem apenas da instantaneidade de um "clic" para percorrer a "rede mundial de auto--estradas de informação a suas periferias mais distantes e empobrecidas", como acentua Bauman.[108]

A virtualização do processo deve poder ser vista – e analisada – na perspectiva do novo formato de justiça, a "justiça empresarial"[109] que se constitui por um novo tipo de vocabulário, como o "e-processo", "e-proc", etc. Desse conjunto de transformações percebe-se uma profunda mudança na fisionomia do processo que transforma a justiça em um serviço, cujo valor central é a eficiência. A assimilação da lei ao preço jurídico, como refere Garapon,[110] é tudo o que quer o modelo neoliberal. Ele espera um sentido claro de todas as regras – e das súmulas – e "faz pouco caso dos problemas de interpretação".[111]

Essa busca pela quantificação e pelo fluxo pode gerar – espera-se que ainda não tenha gerado – um efeito perverso que é justamente o de instaurar a concorrência entre as jurisdições no plano interno, reduzindo-as a meros objetos pertencentes a um "mercado artificial"[112] onde o que mais importa sejam as cifras para mostrar ao mundo a eficiência.

O sintoma mais poderoso dessa lógica, é a compressão do presente que traz como consequência importante a "destemporalização da justiça".[113] Destaque apresentado ao Projeto de novo CPC, já aprovado no Congresso Nacional, prevê a possibilidade de que as partes, por acordo, participem do processo e o adaptem às suas especificidades. Essa autorização legislativa confirma a alusão de Artmut Rosa de que a nova fisionomia do processo consiste numa "temporalização do tempo" no sentido de que "o ritmo, a duração, a seqüência e o momento preciso das ações e dos eventos se decidem enquanto ocorrem".[114] A novidade para o processo brasileiro é que, por essa ampliação do poder das

---

[106] LAFONTAINE, C. Op. cit., p. 169

[107] DUFOUR, Dany-Robert. *O divino mercado. A revolução cultural liberal.* Rio de Janeiro: Companhia de Freud, 2008, p. 23

[108] BAUMAN, Zigmunt. *Vida para o consumo.*,op. cit., p. 74.

[109] GARAPON, Antoine. *La Raison du moindre État...*, op. cit., p. 46

[110] Idem, p. 47.

[111] Ibidem.

[112] GARAPON, Antoine. *La Raison du moindre État...*, op. cit., p. 50.

[113] HARMUT ROSA, *Accélération. Une critique sociale du temps*, op. cit., p. 166.

[114] Idem, p. 132.

partes não será "possível se pronunciar sobre a duração, a seqüência, o ritmo das ações, os eventos, de encadeamentos que não no curso de seu cumprimento, em outras palavras, no seu próprio tempo".[115] Tal destemporalização da justiça, segundo Garapon,[116] pode representar o desaparecimento da própria ideia de justiça comprometida com a singularidade do caso concreto, com sua facticidade e temporalidade, como bem ensina a hermenêutica.

Seguramente esse *status quo* implica numa pobreza de experiências, fenômeno esse há muito antevisto por Walter Benjamin,[117] mas que assume a lógica que crê no progresso desenfreado, marca profunda da modernidade. Como se sabe, a confiança depositada em um desenvolvimento moral e, acima de tudo, tecnológico, engendrava uma ilusão: arrebatava as sociedades ocidentais à idealização de um porvir imaginado necessariamente superior ao presente. Walter Benjamin acreditava, com razão, que essas certezas haviam enlouquecido e envenenado a humanidade contra ela mesma. O ser humano, com isso, tornava-se escravo de suas próprias invenções, submetido à técnica e, com isso, afetado em sua esfera de "produzir mundo".[118]

Depois disso tudo, ousa-se dizer que a virtualização do processo não é, em si um mal. Porém, tomadas as razões econômicas e políticas que orientam as práticas aqui descritas, pode-se pensar que as tecnologias de informação e comunicação, travestidas de "processo eletrônico", foram utilizadas apenas para destemporalizar o processo antes de substancializá-lo, para responder aos anseios de produtividade, fluxo e concorrência, antes de aumentar o pouco lugar que ocupa a analogia para a interpretação/aplicação do direito nos casos concretos dos processos reais. Sem essa inadiável percepção o sistema de justiça será mantido afastado dos princípios do processo democrático previsto na Constituição e nas Convenções ratificadas pelo Brasil.

A assunção irrefletida com a distância que o mundo virtual pode provocar entre quem julga e os destinatários da decisão – as pessoas de carne e osso – impedirá que se construa "uma distância adequada", "correta" ou "socialmente apropriada" expressões utilizadas por David Lyon,[119] entre o processo, a jurisdição e a sociedade que clama por decisões "justas" e adequadas à Constituição e às Convenções. Para Lyon "a distância também é uma categoria moral". Por isso, antes da rendição ao canto da sereia do "processo eletrônico" e à desmesurada preocupação em atingir cifras para satisfazer a lógica da concorrência, a *alma mater* do neoliberalismo, é preciso reconhecer que a distância provocada pelas decisões pré-moldadas por súmulas e tantos outros filtros legais e jurisprudenciais é reduzida pela proximidade, pela presença e pelo tempo necessário para decidir e não pela "tecnologia". Sentencia Lyon: "essa

---

[115] HARMUT ROSA, *Accélération. Une critique sociale du temps*, op. cit., p. 286.

[116] GARAPON, Antoine. *La Raison du moindre État...*, op. cit., p. 53

[117] BENJAMIN, Walter. O narrador: Considerações sobre a obra de Nikolai Leskov. *In: Obras escolhidas*. São Paulo: Editora Brasiliense, 1985, p. 197-222.

[118] FOESSEL, Michaël. *Après la fin du monde. Critique de la raison apocalyptique*. Paris: Seuil, 2012, p. 15.

[119] BAUMAN, Zigmunt. *Vigilância líquida*, op. cit., p. 92. Trata-se de categorias utilizadas por Lyon na entrevista que fez com Bauman.

proximidade é o domínio da intimidade e da moral, enquanto a distância é o reino e o estranhamento da lei".[120]

De outro modo, se a aceleração também for mantida como a estrela-guia do processo e da jurisdição, não passará de uma prática totalitária responsável por um profunda alienação que, ao final, como foi dito no início deste ensaio, obscurecerá completamente a analogia que é o pressuposto para recolocar o Direito e o processo no leito da compreensão e da singularidade. E compreender, como se sabe, reivindica o tempo da espera, necessário e irrenunciável por ocasião do momento da decisão.

Oxalá a luminosa alusão do Prof. Ovídio sobre os riscos da "justiça cibernética" em prejuízo da justiça democrática, tenha sido apenas uma antecipação equivocada de um futuro que está nas mãos dos juristas evitar. Não sucumbir à virtualização e à estandardização como um "novo método", embora sua adoção pareça ser um caminho inexorável, para deixar que a analogia assuma seu verdadeiro lugar nas decisões, é um compromisso necessário para inverter a lógica de que "A troca da realidade pelo conceito conserva-se como uma das mais potentes e coercitivas heranças recebidas do direito romano-canônico europeu...",[121] como ensinou o Mestre.

---

[120] BAUMAN, Zigmunt. Op. cit., p. 92

[121] Epistemologia das ciências culturais, op. cit., p. 85.

— 10 —

Cortes de vértice:
o sentido unívoco e a (ins)estabilidade

RAFAEL CORTE MELLO[1]

SUMÁRIO: Introdução; 1. Identificação do problema; 2. Corte de vértice; 3. A crise do sistema judiciário brasileiro; 4. O direito comparado como elemento de contribuição para a concretização dos valores constitucionais brasileiros; 4.1. Argumentos sobre a autonomia do juiz; 4.2. Argumentos sobre a legitimidade da vinculação a precedentes; 5. Conclusão; Referências bibliográficas.

Introdução

O Direito, como conhecimento organizado, deve estar a serviço da sociedade. Partimos dessa premissa. Logo, parece ser impositivo ao desenvolvimento desse conhecimento procurar acompanhar a transformação dos obstáculos da sociedade a qual presta serviço.

Há cerca de treze anos, ouvimos um desabafo do jurista Ovídio Baptista. Ele comentava com um pequeno grupo de alunos que lembrava da época em que atendia um cliente no município de Bagé e podia prever qual a final solução a ser dada por um dos onze desembargadores do Tribunal do Rio Grande do Sul em Porto Alegre. Época em que não se lançava mão da rede mundial de computadores.

Ressentia-se, portanto, da perda crescente de estabilidade nas soluções advindas do Poder Judiciário.

O mais curioso é que essa situação de imprevisibilidade absoluta aflige também aos tribunais, cuja missão constitucional consiste em dar unidade ao ordenamento jurídico brasileiro. Tanto é que o referido jurista antes do desabafo já havia publicado, em 1999, na Revista Gênesis, um importante ensaio a respeito da função dos tribunais superiores.[2] Tratava-se de mais um enfoque para o alerta que foi a razão de sua obra: os malefícios da ausência de percepção do senso comum a respeito do paradigma racionalista vigente para o alcance dos anseios sociais. Mais especificamente, do problema da indevida manutenção de

---

[1] Mestre em Direito Público (UNISINOS-RS). Especialista em Direito Processual Civil. Professor Universitário. Advogado. Membro Efetivo do Grupo dos Onze.

[2] SILVA, Ovídio A. Baptista da. A função dos tribunais superiores. In: *Sentença e Coisa julgada: ensaios e pareceres*. 4ª ed., Rio de Janeiro: Forense, 2006, p. 285 a 305.

ferramentas processuais voltadas a busca pelo sentido unívoco apregoado pelo racionalismo.[3] Em Direito: a pretensão de alcançar o "sentido correto da lei".

Ele denunciou insistentemente a inadequação da manutenção dos valores da Revolução Francesa, com sua peculiar desconfiança para com o Poder Judiciário, diante da realidade de uma sociedade contemporânea.

Esses valores teriam influenciado a estruturação do ordenamento jurídico e a prática judicial brasileira de modo a induzir em erro a própria compreensão de qual seria a função de uma corte de vértice, no caso sob análise, o STJ e o STF.[4]

O tema, embora não seja novo, revigora-se na atualidade, pelos inúmeros ensaios e obras a respeito da questão publicados na década passada e, especialmente, pelas recentes publicações simultâneas de dois professores de universidades federais do sul do Brasil no segundo semestre de 2013.[5]

O problema posto é a recompreensão da função das cortes de vértice em um Estado Democrático de Direito contemporâneo, o compromisso social à base da previsibilidade, as alternativas existentes no direito comparado e sua compatibilidade com o ordenamento jurídico brasileiro.

Diante dessas circunstâncias, o presente ensaio procurará divulgar algumas importantes ponderações a respeito dessa temática com objetivo de fomentar o debate jurídico.

1. Identificação do problema

A denúncia a respeito dos efeitos da manutenção de valores incompatíveis com o cotidiano social não é recente. A ideia de que seria possível utilizar

---

[3] SILVA, Ovídio A. Baptista da. *Jurisdição e execução no direito romano-canônico*. 2ª ed. São Paulo: Revista dos Tribunais, 1997.

[4] A forma de denominar as cortes, vinculada a uma precompreensão sobre a questão, ganha espaço, diante do crescente interesse dos juristas sobre o tema. Até então, poderíamos simplesmente nos referir a "cortes superiores" para sabermos se tratam das que atuam na cúpula do Judiciário, sobre os tribunais de segunda instância. Para alguns juristas as cortes sob o sistema vigente, em que a jurisprudência serve como mero argumento de persuasão, visando à "correção das falhas" de inteptração sobre a lei por parte das cortes inferiores, deveria ser denominada de "corte superior", enquanto que as cortes ocupadas em definir a interpretação adequada do Direito, criando norma jurídica e vinculando aos demais magistrados, seriam "cortes supremas". Isso nada tem a ver com os nomes do STJ e do STF, nesse passo o "superior" e o "supremo" servem apenas como palavras que compõem os nomes próprios dessas cortes brasileiras. A expressão "corte de precedentes" também é uma opção para quem defende a estabilidade jurídica por meio do sistema de vinculação dos precedentes. Precedente vincularia aos membros do Poder Judiciário e a *ratio decidendi* também sinalizaria a norma jurídica para a sociedade poder pautar suas relações e negócios jurídicos com maior segurança. Saber-se-ia de antemão como o Judiciário decidiria determinada questão. A jurisprudência apenas serviria como argumento de convencimento, sem vincular. As opções adotadas pelos juristas que encampam essa bandeira dos precedentes são inteligentes e bem fundamentadas. Apenas ponderamos que a expressão "corte de vértice", sem vinculação ideológica prévia, prestaria um bom serviço para a difusão dos seus argumentos, evitando-se confusão com os nomes próprios adotados tradicionalmente pelas cortes de vértice brasileiras. *Amplamente*: MITIDIERO, Daniel Francisco. *Cortes superiores e cortes supremas: do controle à inteptração, da jurisprudência ao precedente*. São Paulo: Revista dos Tribunais, 2013 e MARINONI, Luiz Guilherme. *O STJ enquanto corte de precedentes: recompreensão do sistema processual da corte suprema*. São Paulo: Revista dos Tribunais, 2013.

[5] MITIDIERO, Daniel Francisco. *Cortes superiores e cortes supremas: do controle à inteptração, da jurisprudência ao precedente*. São Paulo: Revista dos Tribunais, 2013 e MARINONI, Luiz Guilherme. *O STJ enquanto corte de precedentes: recompreensão do sistema processual da corte suprema*. São Paulo: Revista dos Tribunais, 2013.

o texto como instrumento de limitação ou anulação do Poder Judiciário, bem como a utopia de que seria possível aprisionar em um enunciado o sentido desejado pelo legislador tem sido pauta de inúmeros debates.

A univocidade, enquanto ideologia para exercício de poder está, ou deveria estar, em vias de ser ultrapassada, à vista dos exemplos de desenvolvimento de outras ciências que não a jurídica.

Ao mesmo tempo é uma presença constante no imaginário comum a ideia de que existe, ou que deveria existir, uma forma para se alcançar a "verdade" e a "justiça", ou mesmo a crença mística de que um iluminado poderia desvendar o "erro" e solucionar a questão de forma "correta".

Essa forma de pensar induz a cogitarmos que diante de um texto legal é possível identificar o sentido "correto", o qual deveria prevalecer e ser respeitado.

Ao mesmo tempo, de forma paradoxal, não se admite o aprisionamento dos juízes a um sentido atribuído a partir do texto por uma corte de vértice, sob pena de perda de autonomia na prestação jurisdicional.

O único aprisionamento a um sentido admitido pelo senso comum é ao "correto sentido da lei".

Se um cidadão qualquer, alheio aos debates sobre interpretação e Direito, lesse essas breves linhas, concordaria com tal pensamento: *o juiz deve respeito à lei e não aos seus pares.* O que nos permite concluir que realmente a questão é, em princípio, cultural, ou seja, profunda e difícil de contornar.

No entanto, se aceitarmos que um texto não contém um sentido prévio e acabado e que para todo e qualquer texto é sempre necessário um intérprete, o qual irá atribuir sentido ao texto, iniciaremos a perceber que o sentido único – "correto" – é um resultado que não se deve perseguir, por ser *inalcançável.*

Então, se o texto não aprisiona ninguém, a quem deve respeito o juiz? Quem tem a incumbência de atribuir sentido ao texto legal e quais são os seus limites? Ou ainda: qual é a solução "correta" para uma questão jurídica?

Diante dessas questões: qual é o papel das cortes de vértice?

Ao lado desses dilemas, cresce a exigência social atual por eficiência, segurança e previsibilidade para o cidadão que tem de submeter sua pretensão ao Poder Judiciário.

Assim, parece realmente que o ambiente social está propício para repensarmos a respeito do papel das cortes de vértice no Brasil, dada a missão constitucional a elas atribuída.

2. Corte de vértice

A expressão corte de vértice quer significar a posição mais elevada em um sistema de impugnação, ou seja, simplesmente porque se *trova al vertice del sistema delle impugnazzioni.*[6]

---

[6] TARUFO, Michele. *Il Vertice Ambiguo: saggi sulla cassazione civile.* Bologna: Il Mulino, 1991, p. 11.

Para o processo civil brasileiro, identificamos duas cortes que estão nessa posição, uma vez que dão a última palavra para normas federais, quais sejam o Supremo Tribunal Federal, responsável pelas questões constitucionais e o Superior Tribunal de Justiça, cuja atribuição é dar a última palavra sobre normas infraconstitucionais federais: artigos 102 e 105 da Constituição Federal.

A questão é estarem essas duas cortes habituadas com suas práticas cotidianas voltadas ao conserto do passado, de modo quase que exclusivo. O conserto dos "erros" das cortes inferiores tem sido a tônica de sua atuação.

Essa postura é natural para quem parte das seguintes premissas: a) existe sentido unívoco no texto; b) o texto da lei é o limite da prestação jurisdicional; c) interpretar a lei de modo diverso desse sentido correto fere o princípio da separação entre os poderes; d) exclusivamente o Poder Legislativo pode criar Direito, logo ao Poder Judiciário incumbe aplicar a lei.

Se o sentido é prévio ao texto, não contribuindo o intérprete com qualquer criação, não há necessidade de atuação jurisdicional para o futuro. Apenas a atuação voltada ao passado – "conserto" de decisões "erradas" – é necessária.

Em outras palavras, as decisões das cortes de vértice do Poder Judiciário não necessitam vincular aos demais magistrados, pois eles estão vinculados à lei.

Com efeito, a questão das cortes de vértice a suas práticas voltam à tona a partir do momento em que reconhecemos que o texto é um ente apartado do seu sentido. E esse sentido é atribuído por um intérprete, no caso, um magistrado.

A partir desse momento, reconhecendo-se a possibilidade de uma multiplicidade de sentidos, parece que o questionamento sobre os efeitos para o futuro das interpretações (decisões) do Poder Judiciário, especialmente em se tratando de cortes de vértice, as quais possuem a missão de ser a última palavra, se coloca à baila.

3. A crise do sistema judiciário brasileiro

Em um ensaio marcante denominado *A Função dos Tribunais Superiores*, Ovídio Baptista destaca a anacrônica situação do STF e do STJ. O primeiro recebera cerca de 33.000 processos novos em 1997, enquanto o segundo, mais de 100.000. A quantidade era reputada astronômica, principalmente, considerando se tratar o STF de uma corte predominantemente constitucional, tendo dividido suas funções com o STJ após a Constituição de 1988.[7]

Podemos atualizar esses números. Em 2013, aportaram 292.003 processos novos no STJ.[8] No STF de 1989 até 02 de outubro de 2013 quase 1,7 milhões de

---

[7] SILVA, Ovídio A. Baptista da. A função dos tribunais superiores. In: *Sentença e Coisa julgada: ensaios e pareceres*. 4ª ed. Rio de Janeiro: Forense, 2006, pp. 286.

[8] http://www.stj.gov.br/portal_stj/publicacao/engine.wsp?tmp.area=398&tmp.texto=112812. Consultado em 29/01/2013.

processos aportaram na mais alta corte do país,[9] sendo que em 2013 foram realizados 72.071 novos protocolos.[10]

Como se percebe, a situação é gravíssima. A evolução tecnológica junto aos tribunais e as alterações legislativas no CPC revelam-se inócuas.

Por detrás desses números alarmantes, denunciava o jurista, estão os valores revolucionários da França do século XVIII, para quem o Poder Judiciário deveria se limitar a declarar a lei produzida pelo Poder Legislativo.

O fundamento ideológico e filosófico partia da premissa metafísica de que existe um "sentido correto" atribuível a um texto. Esse sentido seria prévio ao intérprete e, portanto, deveria ser respeitado. Essa forma de pensar vem sendo denunciada há muito tempo no campo da filosofia.[11]

Aliás, se existe um sentido prévio, não há motivo para cogitar em criação de direito pelo Poder Judiciário. O direito viria pronto e acabado pela criação da lei pelo Poder Legislativo.

Prosseguindo no mesmo raciocínio. Se anuirmos com a existência do sentido unívoco, nada mais lógico do que existir um sistema judiciário com inúmeras oportunidades recursais, finalizando em *corte de vértice*, responsável por dar a "solução correta": identificar e declarar a "vontade da lei".

Assim fica simples compreender os resultados práticos vivenciados atualmente consistentes em: processos de longa duração e cortes de vértice abarrotadas de recursos.

Essas ponderações não são surpreendentes nem inovadoras. A surpresa está continuarmos nos surpreendendo com os danosos resultados para o Direito processual dessa lógica da univocidade. Principalmente se considerarmos que a filosofia da linguagem está envelhecida, no que diz respeito à constatação de que um texto não traz em si um único sentido prévio e acabado que prescinda de intérprete. Lembre-se da velha dicotomia entre ser e ente, a qual não vem ao caso aprofundar.[12]

Enfim, em termos de desenvolvimento intelectual atual da humanidade está comprovado: a interpretação e o Direito, enquanto conhecimento que depende de interpretação de seres humanos, são incompatíveis com métodos e fórmulas próprias das ciências naturais.[13] Não está contido no texto da lei, portanto, *magicamente oculto* um *sentido sagrado*, próprio da produção legislativa.

---

[9] http://veja.abril.com.br/noticia/brasil/a-avalanche-de-processos-que-trava-o-tribunal-mais-importante-do-pais. Consultado em 26/01/2013.

[10] Segundo relatório denominado "Movimento Processual nos anos de 1940 a 2013", disponibilizado no sítio eletrônico do STF: www.stf.jus.br, consultado em 26/01/2013.

[11] STEIN, Ernildo. *Pensar é pensar a diferença: filosofia e conhecimento empírico*. Ijuí: Ed. Unijuí, 2002, p. 39 e ss.

[12] "O grande mérito de Heidegger foi o de ter desfeito a evidência com a qual os pensadores gregos utilizavam o conceito de ser. Mostrou especialmente, a maneira como o pensamento moderno, sob o domínio desse conceito de ser criou o nada claro conceito de consciência que representa o princípio da filosófica moderna. Em sua famosa conferência 'O que é metafísica?' afinal que a metafísica tradicional não se propôs precisamente a questão do ser, mas, ao contrário, manteve encoberta essa questão, ao construir sobre o conceito do ente o edifício da metafísica." (GADAMER, Hans-Georg. *A razão na época da ciência*. Rio de Janeiro: Tempo Brasileiro, 1983, p. 68)

[13] "A teoria hermenêutica do método, que tomou sob sua proteção o interesse romântico pela história, foi submetida a uma constante comparação com a metodologia das ciências naturais." (GADAMER, Hans-Georg. A razão na época da ciência. Rio de Janeiro: Tempo Brasileiro, 1983, p. 65 e 66)

Para os que defendem, portanto, que o respeito à lei é garantia democrática não custa relembrar que foram justamente os países onde a jurisprudência formal – com seu apego ao texto da lei – desenvolveu-se com extrema perfeição, aqueles em que a legalidade ofereceu menor resistência aos desafios das forças destruidoras dos regimes totalitários.[14]

Não obstante, é imperioso registrar que se a resistência persiste, em contraste com o que é aceito pela doutrina contemporânea, podemos afirmar que existe alguma razão econômica e política para tanto. Não é por acaso serem os atores do palco do poder (Executivo e Legislativo) os primeiros a negar acesso a mais um ator (magistratura) na cena do poder. Ademais, no Brasil, os litigantes mais contumazes são justamente a União, os estados, os municípios e demais entes a eles ligados.

Para manter a magistratura fora de cena, calha a máxima da divisão entre os três Poderes. Ao Judiciário cabe apenas julgar (declarar e aplicar a lei), jamais contribuir para criação do Direito. Contudo, contrariando as premissas revolucionárias francesas de que o legislativo seria o guardião da vontade do povo contra a elite desejosa de poder *a lei, ao invés de manter-se kantianamente apenas como norma delimitadora ... tornou-se, como demonstram os milhares de casos de nossa experiência quotidiana, frequentemente a nossa inimiga.(...) O* legislador, *nesse sentido, não é, portanto, o Povo e a sua 'vontade geral', mas uma entidade política dele diferenciada ou que com ele e aquela sua vontade se não pode confundir.*[15]

Essas ponderações são difíceis de serem refutadas diante de uma realidade em que cada vez mais as pessoas buscam pela tutela judicial diante das ilegalidades cometidas pelo próprio Estado, seja diretamente, seja por meio da edição de leis consideradas injustas pela população.

O exercício reflexivo até aqui promovido nos permite albergar duas considerações que reputamos relevantes. Uma é a de que não existe texto imune à ação do intérprete, logo tanto o sentido unívoco é inexistente, quanto o sentido "correto", inalcançável. A outra é que se o intérprete agrega sentido ao texto a partir de sua participação, ninguém pode negar que o Poder Judiciário cria Direito.

A primeira consideração abate de forma direta o sistema recursal. Uma vez que não existe sentido aprisionado e, por isso mesmo, "o sentido correto", são desnecessárias as múltiplas formas recursais existentes no Brasil. Elas apenas se justificariam acaso fosse mantida a compreensão de que existiria resposta correta. Inexistindo resposta correta, ou melhor, inexistindo fórmula que evite os riscos de falha humana, nada justifica o arcabouço recursal do sistema processual brasileiro.

Aprender a reconhecer a falibilidade humana e admiti-la como contingência é pressuposto para retomarmos as rédeas da situação em que a socieda-

---

[14] D'Entrèves, A. Passarin. Leçons d'historie de la philosofie du droit. Paris, 1957, p. 109 *apud* SILVA, Ovídio A. Baptista da. A função dos tribunais superiores. In: *Sentença e Coisa julgada*: ensaios e pareceres. 4ª ed. Rio de Janeiro: Forense, 2006, p. 290.

[15] SILVA, Ovídio A. Baptista da. A função dos tribunais superiores. In: *Sentença e Coisa julgada*: ensaios e pareceres. 4ª ed. Rio de Janeiro: Forense, 2006, p. 293/294.

de é a maior prejudicada. Lembremos que *a imperfeição é o pressuposto de nossa humanidade*.[16]

A segunda consideração contribui para estabelecer um papel de protagonista ao Judiciário na consolidação da democracia e do Estado Democrático de Direito ao lado do Executivo e do Legislativo. Superando a posição subalterna prevista anteriormente: "boca da lei". Ao se reconhecer que o Judiciário cria Direito, instiga-se a formulações teóricas capazes de organizar as normas jurídicas criadas pelo terceiro poder.

Mais do que isso, o ensaio impactante sobre a função dos tribunais superiores de Ovídio Baptista instiga a repensarmos a respeito do papel das cortes de vértice no Brasil.

4. O direito comparado como elemento de contribuição para a concretização dos valores constitucionais brasileiros

As ponderações, até então apresentadas, embora não sejam inéditas, rendem importante debate, especialmente a respeito do papel das cortes de vértice, no que pertine à contribuição a ser dada pelo Poder Judiciário para concretização dos valores constitucionais brasileiros.

A nosso sentir, o ambiente cultural está cada vez mais propício para esse debate. A sociedade reclama eficiência, transparência, igualdade de tratamento e coerência nas decisões judiciais.

Natural, portanto, apontarem-se holofotes para a cúpula do Poder Judiciário. Não é por acaso que o ano de 2013 foi marcado pelo especial esforço conjunto de dois juristas, lançando em sequência obras sobre cortes, conforme anunciamos na introdução.

Destacamos na argumentação de ambos a afirmação de que o sistema de precedentes utilizado no sistema da *common law* seria uma importante ferramenta e compatível com a norma constitucional brasileira.[17] Não apenas compatível, mas seria imprescindível o reconhecimento da vinculação dos precedentes para a conformação da atuação jurisdicional aos princípios constitucionais brasileiros.[18]

---

[16] SILVA, Ovídio A. Baptista da. A função dos tribunais superiores. In: *Sentença e Coisa julgada*: ensaios e pareceres. 4ª ed. Rio de Janeiro: Forense, 2006, p. 295.

[17] Segundo argumenta Luiz Guilherme Marinoni durante longo período a *common law* existiu sem o sistema de vinculação de precedentes. Logo, tal mecanismo não seria inato nem característico daquele sistema, podendo ser aplicado pelos países de *civil law*. Ele também afirma que a criação de leis é substancial na realidade estadunidense, demonstrando ser equívoca a suposição de o sistema de precedentes estar ligado a uma realidade de baixa produção legislativa. (*O STJ enquanto corte de precedentes: recompreensão do sistema processual da corte suprema*. São Paulo: Revista dos Tribunais, 2013, p. 60, 62). Para Daniel Francisco Mitidiero o precedente vinculante é necessário para a unidade do Direito perseguida pela adequada interpretação do texto constitucional e infraconstitucional (*Cortes superiores e cortes supremas: do controle à intepretação, da jurisprudência ao precedente*. São Paulo: Revista dos Tribunais, 2013, p. 96).

[18] MITIDIERO, Daniel Francisco. *Cortes superiores e cortes supremas: do controle à intepretação, da jurisprudência ao precedente*. São Paulo: Revista dos Tribunais, 2013 e MARINONI, Luiz Guilherme. *O STJ enquanto corte de precedentes: recompreensão do sistema processual da corte suprema*. São Paulo: Revista dos Tribunais, 2013.

Para enfrentar o estado das coisas, pelo menos dois argumentos aceitos pelo senso comum devem ser observados, uma vez que o sentido unívoco – argumento base da ideologia do sistema vigente – temos por fulminado hodiernamente.[19]

Um diz respeito à autonomia do juiz enquanto característica supostamente garantidora da democracia.[20] O outro, da possível incompatibilidade entre o ordenamento jurídico brasileiro com o sistema da vinculação dos precedentes, como se opera na *common law*.[21]

4.1. Argumentos sobre a autonomia do juiz

Em relação ao suposto ferimento da *autonomia judicial*, temos que reconhecer que o ordenamento jurídico brasileiro recentemente adotou de modo expresso duas ferramentas para vincular decisões judiciais das cortes de vértice, indicando ser essa uma tendência. Referimo-nos à "súmula vinculante", cuja vinculação é expressamente prescrita no art. 2º da Lei nº 11.417, de 19 de dezembro de 2006, a qual regulamenta o art. 103-A da Constituição Federal e aos "recursos repetitivos" da Lei nº 11.672, de 08 de maio de 2008.

Ademais, diante da crítica à utopia do sentido unívoco, temos por esclarecido ideologicamente a fonte desse argumento. Trata-se de mero exercício de lógica. Se o juiz está sujeito ao texto da lei, sujeitá-lo aos seus pares feriria a lei e, em última análise, a democracia.

Ocorre que se pensarmos a jurisdição como uma,[22] não haveremos de pensar nos juízos inferiores como subalternos, mas antes como titulares de competências previstas em lei, tanto quanto as cortes de vértice. Logo, sendo as cortes de vértice as responsáveis por atribuir sentido à norma federal, realmente a manutenção da aplicação da mesma norma federal para todo e qualquer brasileiro por todo e qualquer juiz parece mais justo, isonômico, seguro e democrático do que relegarmos o jurisdicionado à posição de sujeição a diversas opiniões.

Segundo Luiz Guilherme Marinoni, se no Brasil a autoridade da corte de vértice pode ser invocada dentro de um mesmo processo judicial para substituir a decisão dos juízos inferiores, tal autoridade haveria de poder ser invocada para outras demandas similares, a título de precedente.[23]

---

[19] Registramos, por imprescindível, que a utopia do sentido unívoco definitivamente não está superada pelo Direito. Ao contrário, ela influencia de modo marcante a atualidade e é a base do paradigma vigente. O que temos por fulminados são os argumentos que o justificaram e também por comprovados os prejuízos que a sua manutenção implica para a sociedade contemporânea.

[20] CALAMANDREI, Piero. La cassazione civile: disengo generale dell'istituto. In: Capelletti, Mauro (org.). *Opere giuridiche*. Napoli: Morano Editore, 1976. Vol. VII.

[21] A incompatibilidade seria extensiva aos institutos e ferramentas tais quais o *stare decisis, ratio decidendi, overruling, distinguishing e certiorari*.

[22] CORTE MELLO, Rafael. *Nulidade parcial sem redução de texto: um mecanismo constitucionalizante e seu modo de ser a partir da hermenêutica filosófica*. Dissertação publicada eletronicamente. São Leopoldo: PPGD da Unisinos, 2006. http://biblioteca.asav.org.br/vinculos/tede/nulidade%20parcial.pdf, consultado em 26/01/2013.

[23] MARINONI, Luiz Guilherme. *O STJ enquanto corte de precedentes: recompreensão do sistema processual da corte suprema*. São Paulo: Revista dos Tribunais, 2013, pp. 132/133.

Realmente, seja do ponto de vista da lei já vigente, em termos de inserções das vinculações de precedentes das cortes de vértice a outros juízos, seja do ponto de vista da isonomia no trato dos jurisdicionados, parece, desde que não usurpada a competência jurisdicional dos órgãos inferiores, que o respeito aos precedentes das cortes de vértice significa tão somente o respeito a sua competência e a concretização dos valores democráticos, sem que isso signifique atribuir posição subalterna aos juízos *a quo*.

4.2. Argumentos sobre a legitimidade da vinculação a precedentes

A segunda indagação proposta, relativa à identificação de onde estaria legitimado o sistema de precedentes em termos de ordenamento jurídico brasileiro, estimamos que tal proposição comporta inúmeras ponderações. A ideia é pontuar algumas das que mais nos chamam a atenção.

Do ponto de vista da norma constitucional processual a ideia de vinculação aos precedentes das cortes de vértice estaria na própria competência constitucional do STF e do STJ: artigos 102, *caput*, inciso III e 105, *caput*, III.

O objetivo de unidade da norma federal fica evidente em ambos os dispositivos.

Perceba-se que a ideia de unidade está presente tanto para ideologia da univocidade, quanto o é para a realidade contemporânea. Tanto que Michele Taruffo identificava desde a doutrina de Piero Calamandrei essa vocação das cortes de vértice:

> Calamandrei prospettava l'idea che la Corte di Cassazione, una volta unificata, diventasse quello che in termini moderni si chiama "corte del precedente", e quindi svolgesse le sue funzioni, ed in particolare quella di nomofilachia, attraverso decisioni capaci di orientare la giurisprudenza successiva. Egli anticipava invero quella che è oggi la funzione principale delle corti supreme in molti ordinamenti, di *common law* e di *civil law*, che è di assicurare il controlo di legittimità attraverso la fissazine di precedenti destinati a proiettarsi come punti di riferimento sulle decisioni degli altri giudici.[24]

De qualquer forma, uma vez estando as cortes de vértice brasileiras vocacionadas para a unidade da norma federal constitucional e infraconstitucional, o sistema de precedentes – essa ferramenta de trabalho – apresenta-se como uma alternativa natural para o ordenamento jurídico, não significando propriamente uma revolução doutrinária.

A nosso sentir o cuidado que se deve ter é que a ferramenta tanto pode ser utilizada para reforçar o paradigma atual – precedente enquanto resposta "correta" da lei –, quanto pode ser um elemento de readequação do caos jurídico vivenciado na atualidade.

Do ponto de vista da norma constitucional material, ainda podemos agregar legitimidade para o respeito ao precedente da corte de vértice ao invocar os princípios da igualdade e da segurança jurídica. Garantias constitucionais inafastáveis de qualquer sociedade minimamente organizada.

---

[24] TARUFFO, Michele. *Precedente e giurisprudenza*. Napoli: Editoriale Scientifica, 2007, p. 36/37.

Realmente é difícil, na condição de advogado, atender a um cidadão e adverti-lo das inúmeras possibilidades de resultado de uma determinada causa, por mais singela e recorrente que a mesma possa parecer. A ideia de injustiça fica patente diante da possibilidade de soluções jurídicas diversas para casos similares. Nem mesmo magistrados sentem-se confortáveis em audiência ao sugerir acordos, pois há constrangimento ao serem desafiados pelas partes de que o seu entendimento poderá ser alterado pelos órgãos judiciais superiores, a depender da Câmara ou Turma que receba futuro recurso.

A coerência na prestação jurisdicional não pode ser individualizada em cada magistrado, câmara ou turma. Ela deve ser uma característica do todo, uma vez que a *jurisdição é una*. Essa coerência garante um grau de previsibilidade[25] jurídica, a qual certamente proporcionará à sociedade brasileira um maior desenvolvimento.

Podemos afirmar que a segurança jurídica também é poder fazer escolhas por relações e negócios jurídicos, os quais previamente se saiba que deverão honrados, sob pena de tutela eficiente por parte do Poder Judiciário. A previsibilidade significa redução de riscos.

Por conta disso, estima-se que o Poder Judiciário não pode continuar a ser visto como inimigo do Poder Legislativo, mas sim como um coobrigado a cooperar com a concretização dos valores constitucionais. Superando-se a noção de separação absoluta entre poderes.[26]

A falta de proatividade do Poder Judiciário, inclusive, pode ser vista como uma falta, no que diz respeito à concretização da Constituição e ao dever de cooperação.

A afirmação não é inédita, ela somente poderia surpreender quem tem por função das cortes de vértice uma tarefa reativa de identificação "erros" e "acertos" nas decisões a elas submetidas – preocupação com o passado. A cooperação para com o legislativo, com efeito, importaria em transformar a ocupação com o passado pela preocupação também com o futuro, atarefando-se com a criação do Direito e, ato contínuo, a unidade do Direito.[27]

As decisões proativas, no sentido de se preocuparem com questões relevantes e que sirvam de norma dirigida ao futuro, poderiam servir de base mais segura aos cidadãos, proporcionando estabilidade em relação a julgamentos futuros, afastando as "surpresas injustas"[28] e a instabilidade que tem pautado

---

[25] Não no sentido absoluto e sim no sentido de "confiabilidade" e de "calculabilidade", conforme adverte Humberto Ávila (*Segurança jurídica: entre permanência, mudança e realização no Direito tributário*. 2ª ed. São Paulo: Malheiros, 2012, p. 257/258).

[26] CAPPELLETTI, *O controle judicial de constitucionalidade das leis no direito comparado*. Trad. Aroldo Plínio Gonçalves. 2ª ed. Porto Alegre: Sérgio Antônio Fabris Editor, 1989, p. 98 e MARINONI, Luiz Guilherme. *O STJ enquanto corte de precedentes: recompreensão do sistema processual da corte suprema*. São Paulo: Revista dos Tribunais, 2013, p. 128.

[27] MITIDIERO, Daniel Francisco. *Cortes superiores e cortes supremas: do controle à intepretação, da jurisprudência ao precedente*. São Paulo: Revista dos Tribunais, 2013, p. 94, 96 e ss.

[28] Para o sistema que parte da utopia do alcance do sentido unívoco, ou seja, que simplesmente aplica a lei ao caso sub judice, não existe o risco da "surpresa injusta". Ver em MARINONI, Luiz Guilherme. *O STJ enquanto corte de precedentes: recompreensão do sistema processual da corte suprema*. São Paulo: Revista dos Tribunais, 2013, p. 114.

as soluções judiciais. Sempre imprevisíveis e ao sabor das novas composições dos tribunais.

A transformação iniciaria com acrescentar ao olhar para o passado o pensar no futuro. Assumir a posição de protagonismo na criação do Direito, não temendo a posição de criador de normas jurídicas destinadas a regular situações futuras e não apenas julgar demandas individuais, procurando consertar erros do passado. O interesse público superaria o interesse privado.[29]

Nada obstante, como sempre advertiu Ovídio Baptista,[30] o paradigma racionalista não pode ser subestimado em sua posição de resistência. Por isso, não é improvável que esses esforços voltados à invocação da ferramenta dos precedentes, sejam utilizados para a manutenção do paradigma.

Veja-se o exemplo da própria "súmula vinculante", a qual não deve ser confundida com o sistema de precedentes, em que a vinculação se dá a um enunciado genérico e distante do caso e das motivações que o produziram.

A ponderação parece ser necessária, pois Luiz Guilherme Marinoni defende o caráter universalizante do precedente, para que seja capaz de servir à generalidade dos casos parecidos. Isso, claro, pensando na igualdade, na segurança jurídica, na imparcialidade, enfim, na coerência do direito.[31] Ocorre que essa argumentação não pode ser lida isoladamente, há que se atentar para a integralidade de seus argumentos.

A advertência decorre do fato de que a bandeira dos precedentes somente faz sentido, enquanto contribuição para enfrentamento da ideologia do sentido unívoco impregnado no sistema processual acaso se admita que ela se dá a partir da vinculação à *ratio decidendi*.

Isso significa que o fato avaliado e os fundamentos eleitos para resolução da causa devem superar em importância ao resultado do julgamento. O fato e a motivação devem deixar de ter papel meramente formal para protagonizar a invocação de um precedente. Ao contrário do que ocorre na invocação genérica das súmulas[32] como se faz com texto da lei.

Na invocação das súmulas, o resultado se desprende do caso, da motivação e os operadores do direito as aplicam para casos mais diversos possíveis.

Pensamos ser a norma jurídica produzida por um precedente o sentido atribuído pela corte de vértice. A corte cria o Direito a partir do caso em julgamento. Por conta disso, a norma jurídica e o caso devem ficar atrelados de modo permanente e coerente.

---

[29] Foi publicado no DJe em 19/06/2012 acórdão em que a Ministra Nacy Andrighi capitaneou voto no sentido de não aceitar a desistência recursal por entender que havia interesse público acima do interesse das partes na definição da questão federal ao STJ submetido (RESP. 1.308.830-RS).

[30] SILVA, Ovídio Araújo Baptista da Silva. *Processo e ideologia: o paradigma racionalista*. Rio de Janeiro: Forense, 2004.

[31] MARINONI, Luiz Guilherme. *O STJ enquanto corte de precedentes: recompreensão do sistema processual da corte suprema*. São Paulo: Revista dos Tribunais, 2013, p. 112.

[32] STRECK, L. L. *Súmulas do Direito Brasileiro – Eficácia, Poder e Função*. A ilegitimidade do efeito vinculante. 2ª. ed. Porto Alegre: Livraria do Advogado, 1998.

A motivação vinculada com as peculiaridades do caso é o que permite a aplicação das ferramentas[33] do precedente que o tornam fomentador da segurança jurídica, da igualdade, em suma, da coerência do Direito.

Nesse passo, Luiz Guilherme Marinoni complementa dever a decisão das cortes de vértice, além de conter justificação inerente a todas as decisões judiciais, também contar com estima pública, de modo que sua aceitabilidade decorra dos argumentos adequadamente eleitos e racionalmente expostos. Ao invés de tratar-se de "norma individual do caso concreto", guardará características de generalidade e de obrigatoriedade.[34]

Ademais a preocupação para com o futuro na elaboração do precedente deveria ser uma das tônicas da justificação. Com isso, se viabilizaria o cumprimento da importante missão das cortes de vértice de uniformização do Direito,[35] concretizando o dever de cooperação para com os demais Poderes.[36]

Infelizmente, o que se verifica atualmente é maior preocupação em reduzir o massivo aumento de demandas dirigidas às cortes de vértice brasileiras,[37] conforme números mencionados incialmente, do que propriamente a elaboração crítica de um sistema que restabeleça a importante função das cortes de vértice de tornar mais eficiente e segura a tutela jurisdicional prestada à sociedade.

5. Conclusão

A crise produzida pela manutenção do paradigma que norteia o sistema processual brasileiro, cuja base ideológica advém do iluminismo da época da Revolução Francesa, com sua crença no sentido unívoco da lei e sua desconfiança nos juízes,[38] fez com que chegássemos a um ponto de estrangulamento.

---

[33] *Stare decisis*, para manutenção da norma jurídica aplicada pelas cortes de vértice a todos, uniformizando o Direito oferecido a qualquer jurisdicionado, não importando o juiz a que for submetida sua causa. *Distinguishing*, para distinguir os casos aparentemente iguais, mas que em verdade são diferentes, evitando o julgamento massificado de situações diversas ("recorta e cola"). *Overruling*, para evitar o engessamento do Direito, viabilizando sua evolução mediante a revogação de precedente, cujas razoes não mais se sustentem. Ver em: TUCCI, José Rogério Cruz e (Org.). *Direito processual civil europeu contemporâneo*. São Paulo: Lex, 2010.

[34] MARINONI, Luiz Guilherme. *O STJ enquanto corte de precedentes: recompreensão do sistema processual da corte suprema*. São Paulo: Revista dos Tribunais, 2013, p. 207.

[35] Não há que se confundir em uniformizar a jurisprudência – tarefa de defender a lei contra as decisões judiciais ou tutela da legalidade, vinculada com a ideologia do sentido unívoco da lei – com a tarefa de uniformizar o Direito, no qual a tarefa da corte de vértice é tutelar o direito, assumindo sua responsabilidade de definir o significado mais adequado aos princípios, regras e postulados, dando a última palavra acerca da norma jurídica. Ver MITIDIERO, Daniel Francisco. *Cortes superiores e cortes supremas: do controle à intepretação, da jurisprudência ao precedente*. São Paulo: Revista dos Tribunais, 2013, p. 44 e 62.

[36] Nada obstante se fale em criação do Direito pelo Poder Judiciário, não há que se confundir legislação e jurisdição, uma vez que os enunciados legislativos são imotivados, enquanto que *o juiz só pode decidir reconstruindo sentidos normativos mediante justificação* (MITIDIERO, Daniel Francisco. *Cortes superiores e cortes supremas: do controle à intepretação, da jurisprudência ao precedente*. São Paulo: Revista dos Tribunais, 2013, p. 94 e ss.).

[37] "... como se sua tarefa fosse simplesmente reduzir a massa dos casos apresentados ao Judiciário. A definição judicial das questões federais tem importância muito maior." (MARINONI, Luiz Guilherme. *O STJ enquanto corte de precedentes: recompreensão do sistema processual da corte suprema*. São Paulo: Revista dos Tribunais, 2013, p. 153).

[38] A doutrina crítica do Direito afirma que não estão mais presentes em nossa sociedade as razões de desconfiança que geraram a estrutura de aprisionamento do juiz por meio do sentido unívoco da lei. Permitimo-nos

A admissão da multiplicidade de sentidos de um texto não garante a superação do paradigma atual. Tanto é que há muito tempo a filosofia superou essa posição e o Direito ainda enfrenta os mesmos entraves, pois, dizer teoricamente que a interpretação agrega sentido ao texto não significa que os instrumentos processuais criados para buscar pelo "sentido correto do texto" tenham deixado de existir.

Tampouco a forma de pensar o processo civil, buscando a resposta correta, deixará de existir da noite para o dia.

Sob essa perspectiva e considerando que é necessária a adoção de postura diferenciada, a teoria dos precedentes que historicamente prestou bom serviço à *common law*, parece uma alternativa para a saída da zona de conforto.

Não que essa ferramenta seja imune à ideologia racionalista que busca pelo sentido correto e unívoco.[39] Com efeito, ela simboliza um rompimento com a indesejável realidade da ditadura do "recorta e cola", restabelecendo a importância da motivação. O que por si só é uma significativa contribuição para a situação atual.

De qualquer sorte, pensamos estar na mudança cultural[40] do jurista e da sociedade a *verdadeira transformação*. Referimo-nos à importante contribuição de Ovídio Baptista quando afirmou sem meias palavras:

> (...) as Cortes Supremas não são infalíveis e cometem igualmente injustiças, como os homens e suas organizações políticas e sociais haverão de cometê-las sempre. E não é apenas bom, mas indispensável, que as Cortes Supremas cometam, vezes por outras, injustiça, ou que, aos olhos do sucumbente, sejam suas decisões eventualmente injustas. Nossa capacidade de pensar a justiça – esta é a condição humana – está e sempre haverá de estar presa, não apenas à ideia, mas à possibilidade concreta de injustiças![41]

A condição de ser humano nos remete à possibilidade de *sermos injustos* a todo momento. Essa condição deve ser respeitada doa a quem doer, para que sejamos justos para com o todo. Não é mais tolerável que para alguns jurisdicionados seja garantida a "decisão justa" e a outros não.

A injustiça e o erro serão sempre contingências humanas. É também injusto aquele que busca pela justiça. A transformação da sociedade passa por

---

discordar parcialmente, apenas para reforçar a necessidade de uma teoria dos precedentes que esteja hermeneuticamente atualizada e conforme com a sociedade contemporânea. A discordância é no sentido de que uma vez que estejamos diante de um sistema em que cada juiz pode lançar mão de suas convicções pessoas para julgar de modo diverso casos idênticos já julgados pelo Poder Judiciário, não temos porque confiar nos juízes modernos mais do que confiaram os revolucionários franceses. Ademais, diante da crise da democracia representativa em que o parlamento é fonte maior de desconfiança por parte dos cidadãos, o juiz que aplica tal lei de modo sistemático passa a ser visto com desconfiança, afastando-se do ideal de justiça que a tarefa de julgar normalmente provoca.

[39] Veja a teoria de Dwoking, mesmo submetido ao sistema da common law, espera uma "resposta correta" para os *easy* e os *hard cases*, conforme crítica de MacCormick (MACCORMICK, Neil. *Argumentação jurídica e teoria do direito*. São Paulo: Martins Fontes, 2006, p. 337 e ss).

[40] SILVA, Ovídio A. Baptista da. *Jurisdição e execução no direito romano-canônico*. 2ª ed. São Paulo: Revista dos Tribunais, 1997.

[41] SILVA, Ovídio A. Baptista da. A função dos tribunais superiores. In: *Sentença e Coisa julgada*: ensaios e pareceres. 4ª ed. Rio de Janeiro: Forense, 2006, p. 295.

abandonar o preconceito[42] e humildemente aceitar nossa condição de ser no mundo.

Sendo o Direito uma ciência humana, é natural que o ambiente jurídico, embora esteja aberto para o debate, encerre com decisão sobre a qual haja discordâncias. Contudo, não sendo ela teratológica, temos que admitir o fim do debate e a solução deverá ser respeitada e retransmitida à sociedade, reputemos ela justa ou injusta.

A norma jurídica produzida pela solução atribuída pelas cortes de vértice deve ser aplicada para o futuro e para todos os submetidos às mesmas circunstâncias fáticas e jurídicas que a ensejaram, enquanto as condições que justificaram a decisão não sejam alteradas, sob pena de, em nome do inalcançável – o "correto", o "justo", o "infalível" – aceitarmos um *sistema injusto para todos*. É o que ocorre em nossa atualidade de ações formalmente julgadas em massa e com enorme atraso, em nome das formais/infindáveis oportunidades recursais. Perseguidoras da resposta "correta".[43]

Se é característico do ser humano falhar, teremos que reaprender a respeitar a competência das cortes de vértice, também compostas por seres humanos, magistrados, os quais têm o encargo constitucional de serem "justos" ou "injustos" de modo igual com todo o cidadão. *As cortes de vértice têm a competência para errar sobre o sentido da norma federal.*

Refletindo-se assim, a autoridade do império do Direito atribui a esses homens e mulheres, no exercício da jurisdição, a autoridade para dar sentido ao texto normativo federal, criando norma federal – o sentido eleito –, o qual deve ser aplicado por seus pares não importando o grau de jurisdição ao qual se encontrem.

Por menos romântico, mais severo ou mesmo pessimista que possa parecer, ao legitimarmos os encarregados por errar – ou acertar –, provavelmente, de modo paradoxal, estaremos recuperando a confiança na magistratura, que passará a exercer sua função ciente de sua responsabilidade, não podendo se omitir diante do "mau" legislador.[44]

---

[42] "São os preconceitos não percebidos os que, com seu domínio, nos tornam surdos para a coisa de que nos fala a tradição. (...) É só o reconhecimento do caráter essencialmente preconceituoso de toda compreensão que pode levar o problema hermenêutico à sua real agudeza.". GADAMER, Hans-Georg. *Verdade e Método I*. Trad. Flávio Paulo Meurer. Petrópolis, RJ: Vozes, 1997, p. 274/359.

[43] Embora não seja possível abrimos o debate para além do tema proposto, registramos nosso ponto de vista pessoal no sentido de que todos os esforços de aprimoramento do julgamento, não passam de esforço inerente ao paradigma racionalista. A crítica é no sentido de que pouco se faz em prol da efetivação das decisões. O cumprimento das decisões tem merecido menos atenção das nossas autoridades, as quais seguem se voltando apenas para o dizer a lei (julgamento), enquanto que os instrumentos de execução das decisões no Brasil seguem relegados para o segundo plano e os descumprimentos às sentenças e ordens judiciais são recorrentes. A prova disso é que *existem estatísticas para volume de julgamentos, mas não temos estatística para cumprimento de decisões*. Os juristas questionam-se como julgar com justiça ou "corretamente", mas não se questionam na mesma intensidade como fazer cumprir a decisão (justa ou injusta).

[44] "Se as doutrinas filosóficas – na verdade mais políticas que filosóficas – tentaram criar uma lei isenta de valores; depois de transferirem para o legislador a responsabilidade pela determinação do que seja justo ou injusto, torna-se compreensível que tenhamos criado um juiz, além de irresponsável, inconfiável." (SILVA, Ovídio Araújo Baptista da Silva. *Processo e ideologia*: o paradigma racionalista. Rio de Janeiro: Forense, 2004, p. 267).

Referências bibliográficas

ÁVILA, Humberto. *Segurança jurídica*: entre permanência, mudança e realização no Direito tributário. 2ª ed. São Paulo: Malheiros, 2012

CALAMANDREI, Piero. La cassazione civile: disengo generale dell'istituto. In: Capelletti, Mauro (org.). *Opere giuridiche*. Napoli: Morano Editore, 1976. Vol. VII.

CAPPELLETTI. *O controle judicial de constitucionalidade das leis no direito comparado*. Trad. Aroldo Plínio Gonçalves. 2ª ed. Porto Alegre: Sergio Antônio Fabris Editor, 1989.

CORTE MELLO, Rafael. *Nulidade parcial sem redução de texto*: um mecanismo constitucionalizante e seu modo de ser a partir da hermenêutica filosófica. Dissertação publicada eletronicamente. São Leopoldo: PPGD da Unisinos, 2006. http://biblioteca.asav.org.br/vinculos/tede/nulidade%20parcial.pdf, consultado em 26/01/2013.

GADAMER, Hans-Georg. *A razão na época da ciência*. Rio de Janeiro: Tempo Brasileiro, 1983.

MARINONI, Luiz Guilherme. *Teoria Geral do Processo*. 3ª ed. São Paulo: editora Revista dos Tribunais, 2006.

———. *O STJ enquanto corte de precedentes*: recompreensão do sistema processual da corte suprema. São Paulo: Revista dos Tribunais, 2013

MITIDIERO, Daniel Francisco. *Cortes superiores e cortes supremas*: do controle à intepretação, da jurisprudência ao precedente. São Paulo: Revista dos Tribunais, 2013

SILVA, Ovídio A. Baptista da. *Jurisdição e execução no direito romano-canônico*. 2ª ed., São Paulo: Revista dos Tribunais, 1997.

———. *Jurisdição, Direito Material e Processo*. Rio de Janeiro: Forense, 2008.

———. A função dos tribunais superiores. In: *Sentença e Coisa julgada: ensaios e pareceres*. 4ª ed. Rio de Janeiro: Forense, 2006, pp. 285 a 305.

———. *Processo e ideologia*: o paradigma racionalista. Rio de Janeiro: Forense, 2004.

STEIN, Ernildo. Pensar é pensar a diferença: filosofia e conhecimento empírico. Ijuí: Ed. Unijuí, 2002.

STRECK, L. L. *Súmulas do Direito Brasileiro – Eficácia, Poder e Função*. A ilegitimidade do efeito vinculante. 2ª ed. Porto Alegre: Livraria do Advogado, 1998.

TARUFO, Michele. *Il Vertice Ambiguo*: saggi sulla cassazione civile. Bologna: Il Mulino, 1991.

———. *Precedente e giurisprudenza*. Napoli: Editoriale Scientifica, 2007.

TUCCI, José Rogério Cruz e (Org.). *Direito processual civil europeu contemporâneo*. São Paulo: Lex, 2010.

———. *Direito processual civil americano contemporâneo*. São Paulo: Lex, 2010.

— 11 —

Por que realmente os precedentes importam?

FÁBIO CARDOSO MACHADO[1]

SUMÁRIO: a) Introdução; b) O precedente na compreensão clássica do *common law*; c) A autoridade e a relevância do precedente; d) Conclusão.

a) Introdução

O precedente tornou-se um dos temas da moda no debate jurídico brasileiro. Dois recentes estudos, da autoria de Daniel Mitidiero[2] e de Luiz Guilherme Marinoni,[3] deverão despertar um interesse ainda maior pelo assunto e podem provocar relevantes transformações em nosso sistema recursal, pois os eminentes processualistas, além de se apropriarem da tradição de respeito aos precedentes característica do *common law*, exploram inúmeras implicações práticas desta apropriação para o modo de compreender e organizar as tarefas dos nossos tribunais superiores.

Em seus esforços para a difusão de uma cultura de respeito aos precedentes, Mitidiero e Marinoni assumem um pressuposto cuja veracidade dificilmente pode ser recusada: se as decisões judiciais contribuem para a conformação normativa de uma ordem jurídica e se, assim, os tribunais participam do desenvolvimento do direito, consagrando continuamente critérios jurídicos novos e reconfigurando casuisticamente os critérios existentes, o respeito aos precedentes é indispensável à estabilização dessas contribuições jurisprudenciais, pois só assim se obtém aquela porção de segurança e igualdade que uma ordem jurídica madura é capaz de proporcionar. Segurança e igualdade são dois valores que vão assim assumidos para justificar a promoção de uma cultura de respeito aos precedentes, e certamente não deixaremos de compartilhar a opinião de que são ambos valores fundamentais que acabarão por ser praticamente

---

[1] Doutorando em Ciências Jurídico-Filosóficas (Faculdade de Direito da Universidade de Coimbra). Mestre em Direito (UNISINOS-RS). Professor Universitário (PUC-RS). Advogado. Membro Efetivo do Grupo dos Onze.

[2] Daniel Mitidiero, *Cortes superiores e cortes supremas. Do controle à interpretação, da jurisprudência ao precedente*, São Paulo, RT, 2013.

[3] Luiz Guilherme Marinoni, *O STJ enquanto corte de precedentes. Recompreensão do sistema processual da corte suprema*, São Paulo, RT, 2013.

negligenciados sem um compromisso com a estabilização e a preservação das contribuições dos tribunais para o desenvolvimento do nosso direito.

Parece-nos, contudo, que existem ainda outras relevantes razões para a difusão entre nós de uma cultura de respeito aos precedentes, além da mera garantia da unidade do direito, com a porção de segurança e igualdade que essa unidade proporciona. Conforme asseverou John P. Dawson logo na introdução de seu importante estudo sobre o *case law* nas tradições jurídicas europeias, se a solução judicial de casos jurídicos é uma atividade criativa, meios devem ser encontrados para a preservação das contribuições da prática judiciária *que mereçam ser preservadas*. Segundo Dawson, a pronta aceitação dessa conclusão pelos juristas vinculados à tradição do *common law*, assim como a relutância que desperta no continente europeu, são devidas a atitudes herdadas cujas raízes devem ser procuradas em um passado distante.[4] O respeito ao precedente é uma consequência natural do reconhecimento, pela tradição do *common law*, de que as aquisições judicativas proporcionadas pela atividade judiciária têm valor prático-normativo e precisam ser preservadas, pois é assim que vai se conformando e enriquecendo aquela juridicidade autônoma que orienta e dá sentido à *praxis*. Em contraste com esse tradicional modo de compreender o fenômeno, tornou-se habitual a alegação de que a força dos precedentes é independente do seu valor prático.[5] Mas parece-nos que esse recente modo de ver o fenômeno desconsidera as raízes mais remotas do *stare decisis* e decorre de uma sobrevalorização da igualdade e da segurança, em detrimento de outros valores que a prática jurídica deve igualmente resguardar. O risco que isso traz consigo é o da consagração de uma transfigurada prática de obediência aos precedentes menos preocupada com a autonomia e o desenvolvimento do direito e com a estabilização histórica de uma ordem democrática livre do que com o fortalecimento de um sistema judiciário centralizado, burocrático e hierarquizado.

É a nossa preocupação com esse risco que motiva o presente estudo e a tentativa de identificar, nos estreitos limites de um modesto primeiro ensaio, algumas das atitudes e concepções que mais remotamente determinaram o surgimento, na tradição do *common law*, de uma cultura de respeito aos precedentes. Parece-nos que a prática judiciária brasileira só terá a ganhar se a atenção despertada para o tema do precedente vier acompanhada de uma recuperação daquelas atitudes e concepções, por sua capacidade de moderar o rigor do *stare decisis* sem prejudicar a aptidão dos precedentes para conciliar a estabilidade e a mobilidade do sistema. A antiga tradição do *common law* tem, de fato, muito mais a nos ensinar do que apenas a metodologia do precedente, pois oferece ao observador mais atento um exemplo a ser seguido para uma

---

[4] John P. Dawson, *The oracles of the law*, Ann Arbor, University of Michigan Law School, 1968, p. XIII.

[5] Mitidiero parece dar um exemplo dessa forma de compreender os precedentes quando afirma que "A *autoridade* do precedente, ao contrário do *acerto* da experiência, é o que efetivamente conta para justificar o dever de seguir precedentes" (*Cortes superiores e cortes supremas...*, op. cit., p. 108). Os pressupostos jurídico-filosóficos desse modo tipicamente moderno de compreender a obrigatoriedade dos precedentes podem ser encontrados em Hobbes e Bentham, a quem se deve, em última instância, a "concepção positivista do precedente" (Gerald Postema, "Some roots of our notion of precedent", *Precedent in law*, Oxford, Oxford University Press, 1991, p. 11-15).

adequada e equilibrada preservação tanto da segurança e da igualdade quanto da autonomia do direito e da jurisdição, com a sua invulgar vocação para o desenvolvimento da juridicidade em atenção às particulares exigências que surpreendem diariamente o jurista prático encarregado da justa solução de casos concretos.

b) O precedente na compreensão clássica do *common law*

Em seu conhecido ensaio acerca do precedente no direito inglês e no direito continental, Arthur L. Goodhart sustentou que a única razão que justifica suficientemente a doutrina inglesa do precedente obrigatório é a exigência de certeza do direito.[6] Essa conclusão nos parece substancialmente correta se partirmos, como partiu Goodhart, da moderna concepção da *absoluta obrigatoriedade* de uma única decisão precedente, à qual pode ser atribuída a transformação do juiz em "um escravo do passado e um déspota para o futuro".[7] Mas há outras e talvez mais importantes razões para a promoção de uma cultura de respeito aos precedentes. Se a exigência de certeza é a única verdadeiramente capaz de justificar uma rígida e absoluta vinculação às decisões antecedentes, isso não exclui que a relevância prático-normativa dos precedentes venha reconhecida em razão de outras exigências, com a vantagem de que a consideração dessas outras exigências confere aos precedentes uma importantíssima força persuasiva sem a transformação dos juízes em escravos do passado e déspotas para o futuro, e sem prejuízo para a segurança do direito. O respeito ao precedente que dessas outras exigências resulta é, segundo nos parece, muitíssimo mais equilibrado e mais adequado a uma prática jurídica preocupada em conciliá-las com a exigência de segurança.

Quando retroagimos ao tempo em que a compreensão clássica do *common law* foi pela primeira vez elaborada, num esforço inédito de justificação e defesa da prática dos tribunais ingleses que só se tornou necessário quando essa prática e as pressuposições que a orientavam foram objeto de um ataque generalizado inaugurado por Hobbes, encontramos uma concepção da juridicidade e do papel dos juízes que já impõe uma atitude de respeito aos precedentes antes e independentemente da moderna formulação do princípio do *stare decisis*, com a sua ênfase na certeza e na igualdade. Naquela concepção, as decisões precedentes gozam de uma forte presunção de razoabilidade e adequação, além de constituírem as específicas manifestações judicativas de uma qualificada prática deliberativa cuja continuidade merece ser preservada.

Antes do violento ataque iniciado por Hobbes, o mais próximo de uma articulação dessa concepção aparece em algumas formulações esparsas de Edward Coke. Em um conhecido comentário encontrado em suas *Instituições*, Coke assevera que o *common law* não é nada senão a razão: "reason is the life of

---

[6] "I still believe that Lord Halsbury was right when he emphasized that certainty was the essential characteristic of, and the basic reason for, the common law doctrine of precedent" (Arthur L. Goodhart, "Precedent in English and Continental law", *Law Quarterly Review* 50 [1934], p. 60).

[7] Goodhart, "Precedent in English and Continental law", op. cit., p. 61.

the law, nay the common law itselfe is nothing else but reason [...] This legall reason *est summa ratio*.[8] Esta razão que Coke vê incorporada ao *common law* é, contudo, uma razão de tipo prático-prudencial, derivada da experiência.[9] Segundo Coke, a razão por referência à qual o caráter do direito vai explicitado "is to be understood of an artificiall perfection of reason, gotten by long study, observation, and experience, and not of every man's naturall reason". O *common law* encerra uma sabedoria prática afinada e refinada por uma longa e contínua experiência, por obra dos homens mais excelentes, ao longo de várias gerações.[10] A sua racionalidade e a adequação prática de seus critérios teria sido provada e comprovada pela experiência ("proved and approved by continual Experience to be good and profitable for the Commonwealth").[11] Nessa concepção, a continuidade e a longevidade da experiência prática que forjou o *common law* operam como uma espécie de teste de justeza e veracidade ("trial of right and truth").[12] O direito aparece, aí, como uma ordem de validade que incorpora uma infinidade de aquisições acerca do justo e do injusto, acumuladas e aprimoradas ao longo de séculos por mérito e empenho de um grande número de "grave and learned men", mas que, justamente por concentrar aquelas aquisições, transcende os conhecimentos e a virtude de qualquer homem individualmente considerado: "if all the reason that is dispersed into so many severall heads were united into one, yet could he not make such a law as

---

[8] "And this is another strong argument in Law, *Nihil quod est contra rationem est licitum*; for reason is the life of the law, nay the common law itselfe is nothing else but reason; which is to be understood of an artificiall perfection of reason, gotten by long study, observation, and experience, and not of every man's naturall reason; for, *Nemo nascitur artifex*. This legall reason *est summa ratio*. And therefore if all the reason that is dispersed into so many severall heads were united into one, yet could he not make such a law as the law in *England* is; because by many successions of ages it hath beene fined and refined by an infinite number of grave and learned men, and by long experience growne to such a perfection, for the government of this realme, as the old rule may be justly verified of it, *Neminem oportet esse sapientiorem legibus*: no man, out of his own private reason, ought to be wiser than the law, which is the perfection of reason" (Edward Coke, *The First Part of the Institutes of the Laws of England*, v. 1, l. 2, cap. 6, seç. 138 [97b]).

[9] "The reason Coke appeals to is not a theoretical but a practical faculty. It is certainly not mere discretion, but neither is it logic devoid of experience. It is a trained way of thinking, not arbitrary but also not apodictic" (James R. Stoner Jr., *Common law and liberal theory: Coke, Hobbes, and the origins of american constitutionalism*, Lawrence, University Press of Kansas, 1992, p. 23).

[10] "*Hesterni enim sumus et ignoramus, et vita nostra sicut umbra super terram*: for we are but of yesterday, (and therefore had need of the wisdom of those that were before us) and had been ignorant (if we had not received light and knowledge from our forefathers) and our daies upon the earth are but as a shadow, in respect of the old ancient dayes and times past, wherein the Laws have been by the wisdom of the most excellent men, in many successions of ages, by long and continual experience (the trial of right and truth) fined and refined, which no one man (being of so short a time) albeit he had in his head the wisdom of all the men in the world, in any one age could ever have effected or attained unto. And therefore it is *optima regula, qua nulla est verior aut firmior in jure, Neminem oportet esse sapientiorem legibus*: no man ought to take upon him to be wiser than the laws" (Edward Coke, "Calvin's Case, or the Case of the Postnati", *The selected writings and speeches of Sir Edward Coke*, v. 1, Steve Sheppard (ed.), Indianapolis, Liberty Fund, 2003)

[11] "For any fundamental Point of the antient common Laws and Customs of the Realm, it is a Maxim in Policy, and a Trial by Experience, that the Alteration of any of them is most dangerous; for that which hath been refined and perfected by all the wisest Men in former Succession of Ages, and proved and approved by continual Experience to be good and profitable for the Commonwealth, cannot without great Hazard and Danger be altered or changed" (Edward Coke, *The Fourth Part of the Reports of Sir Edward Coke*, London, E. & R. Nutt & R. Gosling, 1727, "To the Reader").

[12] São neste sentido as conclusões de John Underwood Lewis: "For Coke [...] law is a work of reason in this sense, that it is the nature of the law to be reasonable; and the test of its reasonableness, he thinks, is its hability to withstand the test of time" ("Sir Edward Coke (1552-1633): his theory of 'artificial reason' as a context for modern basic legal theory", *Law Quarterly Review* 84 [1968], p. 339).

the law in *England* is; because by many successions of ages it hath beene fined and refined by an infinite number of grave and learned men, and by long experience growne to such a perfection, for the government of this realme, as the old rule may be justly verified of it, *Neminem oportet esse sapientiorem legibus*: no man, out of his own private reason, ought to be wiser than the law, which is the perfection of reason".[13]

O *common law*, nessa sua clássica compreensão, é o resultado de um contínuo, lento, cooperativo e qualificado processo deliberativo de densificação forense das particulares e sempre circunstancialmente variáveis exigências da razoabilidade e da justiça.[14] Esse direito é certamente forjado pelo empenho judicativo de uma razão prudencial que é aquela que qualifica os seus *experts*.[15] Mas como se trata de uma permanente construção que em seu lento e ininterrupto desenvolvimento preserva as aquisições acumuladas, o que afinal encontramos é um composto riquíssimo e extremamente complexo de soluções que incorporam mais saber prático do que aquele de que seria capaz o melhor e mais sábio dos juristas ou filósofos. E se a longevidade atesta a excelência do *common law* e a razoabilidade das suas soluções, transcendendo em seu conjunto o saber de qualquer indivíduo, os critérios incorporados a esse normativo repositório de saber prático devem ser apropriados e judicativamente empregados para a solução dos problemas atuais. Conforme notou John Underwood Lewis, os princípios e critérios incorporados ao *common law* devem ser observados, segundo pensa Coke, "primarily because what it directs... is reasonable and in that sense just".[16] Coke vai raramente admitir um desvio relativamente às soluções consagradas, não simplesmente por terem sido prescritas ou impostas por qualquer autoridade, mas porque resultaram de um qualificado e continuado processo deliberativo e gozam, em razão de sua antiguidade e comprovada adequação prática, de uma fortíssima presunção de razoabilidade e justeza – se tais soluções foram, com efeito, aperfeiçoadas por gerações de excelentes juristas, e se são comprovadamente boas, como atesta a experiência, devem ser preservadas, pois sua alteração não se faz sem grande perigo: "For any fundamental Point of the antient common Laws and Customs of the Realm, it is a Maxim in Policy, and a Trial by Experience, that the Alteration of any of them is most dangerous; for that which hath been refined and perfected by all the wisest Men in former Succession of Ages, and proved and approved by continual Experience to be good and profitable for the Commonwealth, cannot without great Hazard and Danger be altered or changed".[17]

É contra essa distintiva racionalidade do *common law*, e contra a autoridade que ela conferiria aos juízes ingleses e às suas decisões, que Hobbes se

---

[13] Coke, *The First Part of the Institutes of the Laws of England*, v. 1, l. 2, cap. 6, seç. 138 (97b).

[14] Conforme D. E. C. Yale, o direito é aqui compreendido como "a product of a reasoning process" ("Hobbes and Hale on law, legislation and the sovereign", *Cambridge Law Journal* 31 [1972], p. 126).

[15] Harold J. Berman, "The origins of historical jurisprudence: Coke, Selden, Hale", *Yale Law Journal* 103 (1993-1994), op. cit., pp. 1691/2; idem, *Law and revolution, II: The impact of the Protestant reformations on the western legal tradition*, Cambridge/London, Belknap Press, 2003, p. 243.

[16] John Underwood Lewis, "Sir Edward Coke...", op. cit., p. 333.

[17] Coke, *The Fourth Part of the Reports of Sir Edward Coke*, London, E. & R. Nutt & R. Gosling, 1727 ("To the Reader").

insurge. Nas variadas opiniões dos juízes, Hobbes só vê divergência, não um saber. E a autoridade arrogada para si pelos próprios juízes, em razão da suposta racionalidade do *common law* e de uma distintiva capacidade judicativa derivada da experiência judiciária, não passaria, segundo Hobbes, de um perigo a ser debelado. Um dos principais objetivos políticos da modernidade foi, precisamente, o banimento de toda e qualquer pretensão à autoridade com base na virtude ou no saber. Se alguém pudesse se insurgir contra as injunções do poder central com fundamento na verdade ou na justiça, a ordem política ficaria permanente sujeita à sedição, à instabilidade e à insegurança. E é por isso que Hobbes combate Coke e a sua tradicional compreensão do *common law*. O filósofo, inteiramente engajado naquele objetivo moderno, não podia negligenciar o perigo que vinha das "doutrinas sediciosas" de alguns juristas que pretendiam para a classe um certo *status* público como expositores do *common law*,[18] a pretexto da sua superior racionalidade, e tanto é assim que Hobbes escreveu um importante diálogo com o específico propósito de combater a noção de Coke de que o *common law* incorporaria ou seria a manifestação de uma razão artificial.[19] No diálogo, Hobbes assevera que qualquer homem poderia frustrar a lei, ao desobedecê-la sob o pretexto de ser contra a razão. Movido por esta preocupação, o filósofo rejeita a existência de uma razão artificial especificamente jurídica, e se insurge contra a alegação de que o *common law* incorporaria uma racionalidade superior, da qual derivaria a sua autoridade e a autoridade dos juízes. Afinal, proclama Hobbes, "It is not Wisdom, but Authority that makes a Law".[20] Contra Coke, Hobbes defende que apenas a razão publicamente declarada do rei constitui direito, "and not the Reason, Learning, or Wisdom of the Judges".[21]

John Selden e Matthew Hale reagiram em defesa daquela compreensão clássica esboçada por Coke,[22] numa elaboração que acentuava o crescimento ou gradual aperfeiçoamento de um direito que na *praxis* em que se realizava vinha sempre se transformando e enriquecendo, embora sob um mesmo e constante *basic framework* [23]. Em resposta ao diálogo de Hobbes,[24] Hale reivindica para a razão prática um estatuto próprio, centrado na razoabilidade e referido à prudência; distingue a racionalidade aplicada ao direito por sua capacidade de enfrentar a natural dificuldade que encontramos sempre que se trata da medida daquilo que é certo e errado "when it comes to particulars"; exalta a experiência e a racionalidade acumuladas num direito aperfeiçoado

---

[18] Alan Cromartie, "General introduction", op. cit., p. XXXII.

[19] Thomas Hobbes, *A dialogue between a philosopher and a student, of the common laws of England* (consultamos e doravante citamos a recente edição devida a Alan Cromartie, em *Writings on common law and hereditary right*, Alan Cromartie & Quentin Skinner [ed.], New York, Oxford University Press, 2005).

[20] Hobbes, *A dialogue...*, op. cit., p. 08/9.

[21] Hobbes, *A dialogue...*, op. cit., p. 19.

[22] D. E. C. Yale, "Hobbes and Hale on law, legislation and the sovereign", *Cambridge Law Journal* 31 [1972], p. 126.

[23] Neste sentido, v. Berman, "The origins of historical jurisprudence...", op. cit., pp. 1696 e ss. e 1709 e ss.; idem, *Law and revolution, II...*, op. cit., pp. 246-8 e 252 e ss; e Gerald J. Postema, "Classical Common Law Jurisprudence (Part I)", *Oxford University Commonwealth Law Journal*, v. 2, n. 2 (2003), p. 172 e ss.

[24] Matthew Hale, "Reflections by the Lrd. Cheife Justice Hale on Mr. Hobbes his Dialogue of the Lawe", *in* William Holdsworth, *A history of English law*, v. V, 2ª ed., London, Methuen & Co., 1909, p. 500-13.

ao longo dos séculos com a colaboração de muitos "wise and knowing men"; defende, como Coke, que o direito encerra uma excepcional sabedoria prática, forjada por longa e reiterada experiência, cuja razoabilidade nenhum homem poderia sozinho superar;[25] e contra Hobbes sustenta que, mesmo não sendo infalível, o juízo de um jurista douto e experiente "will be much better fitted for right Judgement" do que o de quem disponha apenas da sua razão natural e confie na orientação dos repertórios legais e dos *law books*. Não bastasse, Hale defende isto tudo em favor da certeza e para a prevenção da arbitrariedade, pois, segundo ele, o modo tradicional de compreender e lidar com o direito, aquele proceder analógico de caso para caso por um treinado e experiente *common lawyer* imerso em uma continuada prática deliberativa comum, é um meio mais seguro de coordenação da interação social do que a mera sujeição às regras gerais impostas por um distante legislador soberano.[26]

Uma das mais importantes e salientes características que acabam por distinguir um direito forjado casuisticamente num contexto prático-judicativo profissional, ao longo de séculos e sem solução de continuidade, é a sua autonomia relativamente ao poder político. Hobbes entrou em combate com Coke e Hale saiu em sua defesa porque a compreensão da juridicidade típica desses *common lawyers* era incompatível com a subordinação ou a funcionalização política da juridicidade. Segundo William Holdsworth, o *common law* era firmemente baseado na ideia medieval da supremacia do direito,[27] e a sua preservação foi largamente devida a Coke.[28] Mas essa ideia era então difundida, e, no contexto inglês do século XVII, assumiu uma peculiar configuração. No debate político da época, a antiguidade do *common law* – a sua referência, como era habitual dizer, a costumes imemoriais – encorajou a crença na existência de uma *ancient constitution*, de um autenticamente inglês *fundamental law* imune à prerrogativa real e cuja substância era dada pelos precedentes, princípios e máximas daquele mesmo *common law* forjado pela *praxis* judiciária ao longo dos séculos.[29] De fato, o *common law* regulava as relações entre governantes e governados, e isto a ponto de um eminente estudioso do tema poder afirmar, traduzindo a compreensão da época, que aquele direito "*constituted* the English polity".[30] Mas releva aqui novamente a prioridade do nexo entre um

---

[25] Hale não deixa dúvidas quanto à prioridade dos critérios de razoabilidade do *common law* sobre os costumes: "*First*, The Common Law does determine what of those Customs are good and reasonable, and what are unreasonable and void. *Secondly*, The Common Law gives to those Customs, that it adjudges reasonable, the Force and Efficacy of their Obligation. *Thirdly*, The Common Law determines what is that Continuance of Time that is sufficient to make such a Custom. *Furthly*, The Common Law does interpose and authoritatively decide the Exposition, Limits and Extension of such Customs" (Matthew Hale, *History of the Common Law of England*, Charles M. Gray (ed.), Chicago/London, University of Chicago Press, 1971, p. 18).

[26] Hale, "Reflections...", op. cit., p. 500-6.

[27] William Holdsworth, "The influence of Coke on the development of English law", *Essays in legal history*, Paul Vinogradoff (ed.), London, Oxford University Press, 1913, p. 297/8.

[28] "Coke preserved the medieval idea of the supremacy of the law, at a time when political speculation was tending to assert the necessity of the supremacy of a sovereign person or body, which was above the law" (William Holdsworth, *Some makers of English law*, Cambridge, Cambridge University Press, 1938, p. 126).

[29] J. G. A Pocock, *The ancient constitution and the feudal law – A study of English historical thought in the seventeenth century*, Cambridge, Cambridge University Press, 2004, p. 46.

[30] Glenn Burgess, *The politics of the Ancient Constitution – An introduction to English political thought, 1603-1642*, London, MacMillam, 1992, p. 04.

tal direito e a razão. Segundo Glenn Burgess, todos os "early Stuart common lawyers" tinham uma compreensão do direito que começava pela sua identificação com a razão. O costume era uma componente funcional desta concepção do *common law*.[31] O tempo, segundo se pensava, era um *trier of truth*, e o direito inglês uma razão historicamente testada (*tried reason*) quanto à sua razoabilidade e contingente adequação prática.[32] Mesmo um Parlamento porventura capaz de absorver e aproveitar todo o estoque de sabedoria da nação no presente ver-se-ia impossibilitado de constituir desde o princípio um direito superior em racionalidade. Só uma razão artificial, forjada e testada pelo tempo, num acúmulo de razoamento e sabedoria prática formado pelas contribuições de muitas gerações de "grave and learned men" – em suma, *reason plus time* – poderia resultar em algo assim tão perfeito.[33] A compreensão dominante era a de que a *polity* inglesa era governada pela superior racionalidade desse direito judiciário aperfeiçoado ao longo dos séculos, num processo de contínuo armazenamento e sedimentação das aquisições normativas precipitadas por uma *praxis* judicativa orientada à solução prudencial de problemas jurídicos concretos. Isso teria, evidentemente, importantes implicações políticas.

Se o que fala por meio do juiz é uma sabedoria prática que supera a de qualquer indivíduo, a autoridade daquele juiz será correspondentemente grande, e mesmo o rei terá de se submeter a ela: "what speaks through the judge is the distilled knowledge of many generations of men, each decision based on the experience of those before and tested by the experience of those after, and it is wiser than any individual – even James I – can possibly be".[34] É conhecido o episódio em que o Rei James alegou perante Coke que os juízes ingleses não eram senão seus delegados e pretendeu arrogar para si a competência para o julgamento das causas que bem entendesse, defendendo ademais que poderia decidi-las como quisesse. Ouviu em resposta que o rei não poderia pessoalmente julgar causa nenhuma, mas apenas os tribunais de justiça, e de acordo com o direito e o costume da Inglaterra. O monarca replicou que se o direito era fundado na razão, tanto ele quanto outros eram providos de uma tal razão e não apenas os juízes. Coke retorquiu com a sua compreensão do direito como razão artificial: "but his Majesty was not learned in the Lawes of his Realm of England, and causes which concern the life, or inheritance, or goods, or fortunes of his Subjects; they are not to be decided by naturall reason but by the artificiall reason and judgment of Law, which Law is an act which requires long study and experience, before that a man can attain to the cognizance of it". Por referência a uma juridicidade autônoma, de origem jurisprudencial, Coke defendeu a sujeição do rei ao *common law* e à autoridade judicial. Ao presidir como Chief Justice do Common Pleas o julgamento do chamado

---

[31] Burgess, *The politics of the Ancient Constitution...*, op. cit., p. 46.

[32] As expressões inglesas são de Thomas Hedley e vão citadas conforme se encontram em Burgess, *The politics of the Ancient Constitution...*, op. cit., p. 47.

[33] "Artificial reason was distinguished from natural reason by the fact that it was an accumulation of the reasoning and wisdom of many generations, for this reason even a Parliament, drawing on the wisdom of the entire nation in the present, could not build from scratch a law as wise as the common law. Only artificial reason, reason plus time, could do that" (Burgess, *The politics of the Ancient Constitution...*, op. cit., p. 47/8).

[34] Pocock, *The ancient constitution and the feudal law...*, op. cit., p. 35.

Dr. Bohnham's Case, foi a vez de Coke opor o *common law* ao Parlamento: "in many Cases, the Common Law doth controll Acts of Parliament, and sometimes shall adjudge them to be void: for when an Act of Parliament is against Common right and reason, or repugnant, or impossible to be performed, the Common Law will controll it, and adjudge such Act to be void".[35] Como se vê, aquela compreensão do *common law* como um acervo de saber prático testado pelo tempo e constitutivo da comunidade política inglesa levou Coke e outros *common lawyers* a defenderem a autonomia da juridicidade contra o risco de sua instrumentalização política,[36] resguardando a jurisdição contra qualquer arbitrária incursão do poder político na atividade dos juízes.[37]

É fundamental destacar, para uma adequada compreensão do lugar do precedente nesse contexto de ideias, que a autonomia e a presunção de razoabilidade do *common law* não era defendida por referência a quaisquer fundamentos transcendentes ou critérios superiores de justiça, nem sob a pressuposição de que era aos juízes que, por suas competências profissionais, caberia a tarefa de criar o direito. O *common law* é tradicionalmente compreendido como um direito que emerge de uma prática deliberativa cooperativa e continuada dedicada ao enfrentamento de problemas práticos.[38] A intenção imediata desta prática não é nem a aplicação nem a criação ou mesmo a explicitação de regras ou normas de conduta, mas a solução judicativa de problemas práticos. Mesmo quando o juiz não encontra na prática precedente e nas fontes disponíveis uma solução imediatamente aplicável ao caso, deve ele se valer de sua experiência e de todos os recursos que a vastidão do *common law* disponibiliza, para, mediante analogia e um esforço de extensão dos critérios que ele encontra, conceber uma solução justa e apropriada compatível com o *common law* como um todo.[39] É por isso que se pode dizer que os juízes ingleses não criam regras à maneira de uma instância legislativa, embora das soluções dadas por eles aos problemas emerjam critérios que vão acabar por orientar o enfrentamento de novos problemas. O precedente nada mais é, então, do que um caso que consagra uma solução assim obtida e que vai incorporada ao acervo de critérios considerados aptos a orientar o enfrentamento de casos análogos no futuro. Há aqui dois aspectos fundamentais do chamado precedente que merecem ser, desde logo, destacados: em primeiro lugar, não se trata de um critério de antemão estabelecido para a solução de um caso, mas daquele critério que *resulta da solução dada ao caso*; em segundo lugar, o critério que do precedente resulta não é um critério deliberadamente imposto ou estabelecido pela autoridade

---

[35] "Dr. Bonham's Case", *The selected writings and speeches of Sir Edward Coke*, v. 1, Steve Sheppard [ed.], Indianapolis, Liberty Fund, 2003.

[36] "El poder judicial y los jurisconsultos se erigían así en defensores de la autonomía de lo jurídico frente a los intentos instrumentalizadores del gobernante" (Andrés Ollero Tassara, "Hobbes y la interpretación del derecho", *Estudios de filosofía del derecho y ciencia jurídica*, v. II, AAVV., Madrid, Facultad de Derecho de la Universidad Complutense, Centro de Estudios Constitucionales, 1985, p. 99).

[37] Gerald J. Postema, "Classical Common Law Jurisprudence (Part II)", *Oxford University Commonwealth Law Journal*, v. 3, n. 1 (2003), p. 02/03.

[38] Postema, "Classical Common Law Jurisprudence (Part I)", op. cit., p. 166/7.

[39] Postema, "Classical Common Law Jurisprudence (Part I)", op. cit., p. 179; Carleton Kemp Allen, *Law in the making*, 6ª ed., Oxford, Oxford University Press, p. 293.

judiciária que decide o caso, e sim um critério que vai *posteriormente incorporado* à prática jurídica por sua aptidão para orientar a solução de casos análogos.[40]

Na lógica do *case-law*, a *ratio decidendi* não é, de fato, uma premissa de antemão estabelecida em termos gerais para a posterior dedução da solução a ser dada ao caso. Por isso, não se pode esperar encontrar a *ratio decidendi* numa declaração consignada na decisão com o deliberado propósito de predeterminar um critério de solução. As razões determinantes são em verdade a incógnita de uma reconstrução *a posteriori* tendente a explicitar por que afinal um determinado caso recebeu uma específica solução, e não outra.[41] Quando essa reconstrução revela um princípio ou critério capaz de adequadamente orientar a solução de casos análogos, o caso passa a operar como precedente e o princípio ou critério consagrado se incorpora ao sistema. Isso significa que a problemática de um caso que determina a invocação de precedentes exige do juiz um considerável esforço hermenêutico na tentativa de identificar os casos precedentes relevantes, reconstruir a *ratio decidendi* de cada um deles e testar os princípios e critérios assim obtidos no confronto analógico com o caso atual, para aferir a sua normativa adequação prática para a solução deste novo caso.[42] O problema da específica *ratio decidendi* de um caso é, portanto, um problema que se coloca ao juiz sucessivo e que precisa ser solucionada por ele mesmo.[43] A sua tarefa não é nada fácil, pois frequentemente a identificação da *ratio decidendi* dos casos precedentes é uma tarefa complexa, e o juiz precisa decidir por si próprio se um caso precedente consagra princípios ou critérios adequados à solução do caso atual e quais as implicações daqueles princípios ou critérios para este novo caso, dadas as particulares circunstâncias tanto do caso precedente quanto do caso atual.[44]

É essa prática que vai continuamente testando os princípios e critérios consagrados pelas decisões antecedentes que acaba por determinar quais são os precedentes relevantes e quais as soluções que serão incorporadas à ordem jurídica. Cada uma das decisões antecedentes será submetida a um prático escrutínio crítico pela prática subsequente. As razões determinantes da solução

---

[40] Segundo Postema, essa maneira de compreender a introdução de novos critérios no corpo do *common law* é devida principalmente a Hale ("Classical Common Law Jurisprudence [Part I]", op. cit., pp. 174/5).

[41] Aquilo que do precedente vincula – a sua *ratio decidendi* – está tanto quanto a lei sujeito à interpretação (*construction*), e tanto é assim que se exige, segundo a prática inglesa, que a particular *ratio* de uma específica decisão seja identificada e determinada, com a distinção do que é apenas *dicta*, por referência aos fatos considerados e à luz de outras decisões, do *case-law* existente, dependendo, a influência que terá o precedente sobre os casos posteriores, da maneira como a sua *ratio* é compreendida e apropriada quando da solução desses casos. Acerca das regras de interpretação da *ratio decidendi*, com ilustrativos exemplos de como o exato sentido e o âmbito de aplicabilidade de um precedente acabam por ser determinados apenas posteriormente, quando em busca da sua *ratio decidendi* a decisão anterior é considerada no confronto analógico do caso julgado com o caso *sub judice*, v. Rupert Cross e J. W. Harris, *Precedent in English law*, 4ª ed., Oxford, Oxford University Press, 2004, p. 43-7.

[42] "Common lawyers were not inclined to regard the process by which they found reasoned solutions to legal problems as proceeding in discrete stages, but rather as a continuous process of probing the resources of recorded experience until a solution was found that could be seen to be reasonable and fair" (Postema, "Classical Common Law Jurisprudence [Part I]", op. cit., p. 179).

[43] É nesse sentido que Michele Taruffo assevera que é o juiz do caso sucessivo que "cria" o precedente (*Precedente e giurisprudenza*, Editoriale Scientifica, 2007, p. 13).

[44] Allen, *Law in the making*, op. cit., p. 275/6.

de um caso provavelmente não serão incorporadas ao acervo jurídico do *common law* se forem "plainly unreasonable and inconvenient" ou se contrastarem com os princípios fundamentais que orientam e dão sentido à prática jurídica como um todo. O exemplo isolado que contrarie os princípios fundamentais do *common law* e milite fortemente contra a sua presunção de razoabilidade será negligenciado e rapidamente cairá por terra, perdendo toda a sua vitalidade mediante o recurso a sofisticados métodos de *distinguishing* ou *not following*, ou mesmo por puro desprezo da comunidade jurídica. Talvez um precedente assim tenha uma tormentosa existência e se mantenha por algum tempo, "but the collective displeasure of the profession will kill it in the end".[45] Na concepção clássica, o precedente não foge, portanto, à regra à qual está submetida a própria lei: "Only through continual use, exposition, and extension – through being taken up and appropriated by practitioners of the common law – was a novel rule or doctrine made part of the common law".[46] É essa sobrevivência do precedente ao escrutínio crítico em um complexo e contínuo processo "of reasoning and disputation" que sustenta a presunção de razoabilidade do *common law* como um todo.[47] Se qualquer decisão fosse imediatamente incorporada ao *common law* com base apenas na autoridade de quem decidiu, aquela presunção cederia e o substrato normativo em que se baseia a prática jurídica deixaria de exercer sobre quem decide a força persuasiva de um acervo de experiências e critérios testados e comprovados quanto à sua razoabilidade e adequação em uma prática deliberativa comum – em suma, a autoridade do *common law* daria lugar à autoridade de quem decide, pois os seus critérios já não seriam válidos por integrarem um repositório de conhecimentos práticos comprovados, mas apenas por terem sido impostos por quem detinha poder para decidir, com a vitória de Hobbes sobre os *common lawyers*.

c) A autoridade e a relevância do precedente

O precedente é uma singular manifestação de uma complexa e qualificada prática deliberativa judiciária que confere àquela manifestação uma presunção de razoabilidade e adequação prática. É o que liga as decisões umas às outras, o seu vínculo tradicional e a continuidade da prática, que confere a cada uma delas a sua peculiar autoridade. Vimos que na compreensão clássica do *common law*, a força e a autoridade dos seus princípios e critérios derivam da sua incorporação à prática jurídica da comunidade, com a presunção que daí decorre da sua razoabilidade e justeza. O precedente se beneficia dessa mesma presunção não por supostamente se conformar a ou derivar de quaisquer critérios normativos transcendentes, mas porque a sua recepção por uma prática deliberativa comum informada pelo *common law* leva a crer que a decisão precedente dá um bom exemplo da razoabilidade e adequação do *common law* como um todo. Digamos que a presunção de que goza o *common law* contagia o precedente que logra ser incorporado pela prática jurídica subsequente.

---

[45] Allen, *Law in the making*, op. cit., p. 279-83.

[46] Postema, "Classical Common Law Jurisprudence (Part II)", op. cit., p. 20.

[47] Idem, p. 3.

Mesmo antes dessa consolidada incorporação, a decisão proferida já desfruta de certa autoridade, pelo simples fato de que num tal contexto as decisões judiciais resultam de um "disciplined process of reasoning and reflection on common experience"[48] que liga a decisão atual ao contexto prático histórico do qual resulta aquela experiência comum. A continuidade do *common law*, a sua longa persistência histórica, dá um testemunho da razoabilidade e da adequação dos seus critérios e confere autoridade às decisões que se ligam à prática anterior. De todo modo, só podem ser considerados em continuidade com o passado, e só acabarão por serem verdadeiramente incorporados ao sistema, desfrutando de relevante autoridade, aqueles critérios e soluções que venham a ser considerados, pela prática subsequente, "reasonable projections from laws and arrangements of the past to problems and situations of the present".[49] A presunção que qualifica a decisão singular é igualmente fortalecida pela crença de que a experiência confere aos juízes uma especial *capacidade de julgar* quais são aquelas razoáveis projeções dos critérios e soluções do passado para os problemas e situações do presente, mas aquela distintiva capacidade intelectual que confere autoridade às decisões judiciais resulta da participação do juiz em um processo "of disciplined reasoning and judgement" orientado por um corpo de conhecimentos estabelecidos e compartilhados.[50] Se é assim, as imediatas fontes da autoridade do precedente são o contexto prático-judicativo do qual ele emerge e o próprio *common law* ao qual ele se incorpora.[51]

Nessa concepção, a autoridade do precedente não deriva, portanto, de uma decisão pura e simples.[52] É a sua consistente integração à ordem jurídica existente e a apropriação argumentativa das suas razões determinantes, pela comunidade jurídica, em um processo deliberativo subsequente, no enfrentamento de novos casos, que lhe confere relevância jurídica. Isso significa que a decisão judicial, até aí, é, em certo sentido, apenas uma candidata a prece-

---

[48] Postema, "Some roots of our notion of precedent", op. cit., p. 17.

[49] Idem, p. 18.

[50] Idem, p. 22.

[51] Na síntese de Gerald Postema, segundo a concepção tradicional do precedente as decisões anteriores obtêm autoridade não simplesmente por terem sido decididas ou estabelecidas, mas em virtude de terem sido recepcionadas pela prática subsequente, encontrando assim um lugar em um reconhecido corpo de experiência comum, sendo os produtos de um reconhecido processo de julgamento reflexivo exercido no interior desse corpo de experiência, que é em si mesmo autoritativo em razão dos seus históricos vínculos com um compartilhado senso de identidade na comunidade ("Some roots of our notion of precedent", op. cit., p. 22; "Classical Common Law Jurisprudence (Part II)", op. cit., p. 17).

[52] Parece-nos, portanto, absolutamente incompatível com a tradicional compreensão do *common law*, e com o sentido do precedente que daí resulta, qualquer redução da juridicidade vigente à decisão que institui o precedente, como aquela que parece sugerir Mitidiero, na mesma linha de Marinoni, quando assevera, em tom que parece consagrar o mais radical decisionismo, que "a *recusa à aplicação de precedente judicial* constitui *recusa de vinculação ao Direito*" (Mitidiero, *Cortes superiores e cortes supremas...*, op. cit., p. 103; Marinoni, *O STJ enquanto corte de precedentes...*, op. cit., pp. 113 e 160/1). A isso, a tradição responderia, segundo Postema, que o tribunal "is the mouthpiece of a law which transcends the judiciary" – a opinião judicial é a principal e mais autoritativa *evidência* de que um critério faz parte do *common law*; a sua autoridade é a de um *expert* reportando as suas descobertas, e não a autoridade final ou formal de um magistrado cuja palavra faz da regra uma regra; assim, é fundamental na compreensão tradicional do *common law* distinguir nitidamente entre o direito e as várias *formulações* das suas regras, como asseverou Blackstone ao ensinar que "*the law, and the opinion of the judge, are not always convertible terms, or one and the same thing; since it sometimes may happen that the judge may mistake the law*" (1 *Comm.* 71)" (Gerald J. Postema, *Bentham and the common law tradition*, Oxford, Orford University Press, 2004, p. 09/10).

dente. Não é qualquer decisão que se qualifica para servir de critério para a solução de casos subsequentes.[53] É bastante conhecida, a esse propósito, a lição de Carleton Kemp Allen: "If it is true that precedents are employed only to discover principles, so it is true that principles are employed only to discover justice".[54] A decisão antecedente só terá valor prático-normativo e só consolidará o seu *status* de precedente em sentido próprio se fornecer à prática um adequado critério para a justa solução de casos subsequentes. Por isso, na compreensão clássica do *common law* nenhuma formulação é conclusiva e dotada de autoridade independente; cada uma delas é em princípio vulnerável ao desafio e à revisão mediante um confronto argumentativo no contexto forense.[55] De Coke a Blackstone, prevalece a ideia de que o direito incorpora uma específica racionalidade que, de um lado, confere ao precedente uma forte presunção de justeza, mas, de outro, limita a autoridade das decisões judiciais e autoriza a superação de critérios considerados absurdos ou injustos.[56] E é possível que ainda hoje seja assim, se tiver razão Michele Taruffo quando sustenta que na prática judiciária inglesa e americana o precedente não é verdadeiramente "vinculante", no sentido em que habitualmente empregamos o termo.[57]

---

[53] Postema, "Classical Common Law Jurisprudence (Part II)", op. cit., p. 13.

[54] Allen, *Law in the making...*, op. cit., p. 238.

[55] Postema, "Classical Common Law Jurisprudence (Part II)", op. cit., p. 14.

[56] É essencial e especialmente ilustrativa, nesse sentido, a seguinte lição de Blackstone: "For it is an established rule to abide by former precedents, where the same points come again in litigation: as well to keep the scale of justice even and steady, and not liable to waver with every new judge's opinion; as also because the law in that case being solemnly declared and determined, what before was uncertain, and perhaps indifferent, is now become a permanent rule, which it is not in the breast of any subsequent judge to alter or vary from according to his private sentiments: he being sworn to determine, not according to his own private judgement, but according to the known laws and customs of the land; not delegated to pronounce a new law, but to maintain and expound the old one. Yet this rule admits of exception, where the former determination is most evidently contrary to reason; much more if it be clearly contrary to the divine law. But even in such cases the subsequent judges do not pretend to make a new law, but to vindicate the old one from misrepresentation. For if it be found that the former decision is manifestly absurd or unjust, it is declared, not that such a sentence was bad law, but that it was not law; that is, that it is not the established custom of the realm, as has been erroneously determined. And hence it is that our lawyers are with justice so copious in their encomiums on the reason of the common law; that they tell us, that the law is the perfection of reason, that it always intends to conform thereto, and that what is not reason is not law. Not that the particular reason of every rule in the law can at this distance of time be always precisely assigned; but it is sufficient that there be nothing in the rule flatly contradictory to reason, and then the law will presume it to be well founded. And it hath been an ancient observation in the laws of England, that whenever a standing rule of law of which the reason perhaps could not be remembered or discerned, hath been wantonly broken in upon by statutes or new resolutions, the wisdom of the rule hath in the end appeared from the inconveniences that have followed the innovation. The doctrine of the law then is this: that precedents and rules must be followed, unless flatly absurd or unjust; for though their reason be not obvious at first view, yet we owe such a deference to former times as not to suppose that they acted wholly without consideration" (Blackstone, *Commentaries on the laws of England*, v. 1, Book I, Introduction, Section III).

[57] "Da un lato, non è appropriato dire che il precedente di *common law* è vincolante, nel sendo che ne derivi un vero e proprio obbligo del secondo giudice di attenersi al precedente. È noto che anche nel sistema inglese, che pare essere quello in cui il precedente è dotato di maggiore efficacia, i giudici usano numerose e sofisticate tecniche argomentative, tra cui il *distinguishing* e l'*overruling*, al fine di non considerarsi vincolati dal precedente che non intendono seguire. Rimane dunque vero che in quell'ordinamento il precedente è dotato di notevole forza, in quanto ci si aspetta che in linea di massima il giudice successivo lo segua – come in effetti solitamente accade –, ma questa forza è sempre *defeasible*, poiché il secondo giudice può disattendere il precedente quando ritenga opportuno farlo al fine di formulare una soluzione più giusta del caso che deve decidere. Nel sistema americano, poi, la forza del precedente esiste, ma in grado minore: il giudici americani applicano i precedenti con grande discrezionalità, ossia – per così dire – quando non trovano ragioni sufficienti per non farlo. Lo *stare decisis* continua ad esistere, dunque, e quindi i giudici solitamen-

A índole da "vinculação" que nesse contexto prevalece não implica uma cega obediência aos precedentes e é, por via do *distinguishing* e do *overruling*, capaz de preservar aquele necessário equilíbrio entre a estabilidade e a continuidade, de um lado, e, de outro, a abertura e a liberdade jurisdicionais.[58]

Mas isso não significa que os precedentes não desfrutem de grande autoridade, pois há razões mais importantes para a consideração judicativa das decisões proferidas em casos antecedentes do que o simples fato de ter uma certa instância judiciária tomado alguma decisão, ou mesmo do que a mera necessidade de garantia da igualdade e da segurança.

O precedente surge não para consolidar a jurisprudência, para superar um problema hermenêutico ou para eliminar uma divergência jurisprudencial. Ao contrário, o precedente é aquele caso que dá solução a um novo problema ou consagra uma nova solução para um problema antigo. O caso que acaba por ser incorporado à ordem jurídica como um autêntico precedente, por sua relevância para a solução de casos sucessivos, é aquele que dá conta do novo, e assim densifica normativamente a juridicidade vigente, explicitando a solução apropriada a um problema até então não considerado, ou que de algum modo dá a um problema já considerado uma solução nova, reorientando dessa forma a *praxis* subsequente. O caso precedente só adquirirá importância normativa e só terá reflexo na prática posterior quando enriquecer significativamente o acervo de experiências e critérios judicativos. É esse o seu papel no desenvolvimento de um direito jurisprudencial. O que o precedente confere, assim, ao sistema, é mobilidade e abertura. Aquela visão do precedente como um meio de superação de controvérsias jurisprudenciais encobre o que ele realmente é. Ao propor algo novo, o efeito imediato do precedente é o de instaurar uma dúvida – será, afinal, que o critério assumido e que dá solução ao caso merece ser preservado e será incorporado pela prática, ou se trata de um desvio ou excentricidade fadado ao esquecimento ou à superação? Ao instaurar essa dúvida, o precedente pode, num primeiro momento, desestabilizar o sistema. Só depois, mediante a incorporação da novidade pela prática jurídica subsequente, é que se poderá dizer que o precedente superou um problema e, eventualmente, deixou para trás uma controvérsia jurisprudencial. A eficácia estabilizadora do precedente depende da sua recepção pela prática jurídica posterior e é, portanto, retrospectiva. Em si mesmo, e antes da sua incorporação definitiva ao acervo jurídico de uma comunidade profissional, o precedente não opera como um meio de superação de controvérsias ou de consolidação de critérios, mas como um mecanismo que permite que a ordem jurídica rejuvenesça, mediante a assimilação das contribuições dos tribunais para o progresso e o constante desenvolvimento do direito.[59] Só posteriormente, com a assimilação pela

---

te spiegano perchè non intendono seguire il precedente: pare tuttavia chiaro che il precedente há efficacia solo quando il secondo giudice lo condivide. In caso contrario, il precedente viene *overruled*" (*Precedente e giurisprudenza*, op. cit., pp. 22-4). Vide, a propósito, a crítica de Daniel Mitidiero em *Cortes superiores e cortes supremas...*, op. cit., p. 73-5.

[58] Castanheira Neves, *O instituto dos "assentos" e a função jurídica dos Supremos Tribunais*, Coimbra, Coimbra Editora, 1983, p. 669.

[59] Ovídio A. Baptista da Silva, *Processo e ideologia. O paradigma racionalista*, Rio de Janeiro, Forense, 2004, p. 259; idem, "A função dos tribunais superiores", *Sentença e coisa julgada*, 4ª ed. Rio de Janeiro, Forense, 2003, p. 301.

prática jurídica do critério consagrado pelo precedente, é que se poderá dizer que houve a superação de um problema jurídico ou de uma controvérsia jurisprudencial, com a consequente estabilização do sistema.

Em si mesmo, o precedente não é, então, meio de estabilização do sistema, e sim fator de abertura e mobilidade. O respeito ao precedente, com a sua incorporação à prática jurídica subsequente, é que se apresenta como condição para a estabilização do critério que no caso precedente deu conta do novo, do não previsto, do não pensado. A possibilidade do precedente, com aquilo que ele traz de novo, conjugada ao *stare decisis*, com a sua capacidade de preservar a novidade e estabilizar a ordem jurídica, explicita a lógica de um sistema móvel e aberto que se preocupa em conservar as aquisições normativas relevantes. Enquanto o precedente instabiliza, e o *stare decisis* estabiliza. Sem a possibilidade do precedente o sistema se enrijece, mas sem o *stare decisis* ele se desintegra. De todo modo, o respeito aos precedentes não se impõe como um simples remédio contra a desintegração do sistema, pois é indispensável para a preservação daquelas aquisições que a possibilidade de inovação vai proporcionando. Se o *stare decisis* perde essa dimensão, aquela lógica própria de um sistema que concilia abertura e mobilidade com a necessidade de preservação das aquisições relevantes se perde, e o passado passa a exercer um domínio despótico sobre a *praxis* futura. É verdade que, sem o respeito aos precedentes, o vínculo que dá continuidade à prática se rompe. Mas se o *stare decisis* não é cuidadosamente conciliado com a necessidade de manutenção da abertura e mobilidade do sistema, a continuidade dá lugar à estagnação, como se os problemas prático-judicativos pudessem ser todos superados de antemão e de uma vez por todas. O respeito aos precedentes é, portanto, indispensável, mas não simplesmente para a manutenção do decidido, pois talvez ainda mais importante é a conservação daquilo que a *praxis* antecedente tem de exemplar. O *stare decisis*, assim compreendido, não obscurece a problematicidade da prática atual, não subvaloriza a sua capacidade de contribuir ainda mais para o desenvolvimento do direito, e não impede que novas aquisições normativas continuem a ser progressivamente incorporadas ao acervo de experiências e soluções que dão substância à ordem jurídica. Melhor do que a cega obediência aos precedentes, do que a sua pura e simples obrigatoriedade, é uma cultura de valorização dos precedentes que cultive o *stare decisis* não apenas como meio de estabilização *do sistema*, mas antes e principalmente como meio de estabilização *no sistema* dos critérios e soluções capazes de irem relevantemente enriquecendo e densificando esse sistema. É essa, provavelmente, a primeira razão para o respeito ao precedente: "To us it seems obvious and beyond dispute that the application of law necessarily involves some new creation. From this we draw the conclusion that means must be found for preserving the new elements that judges create, after they have been found to be worth preserving".[60]

Além de permitir a conservação do acervo de experiências e aquisições normativas da *praxis*, uma cultura de respeito aos precedentes tem ainda a virtude de qualificar a jurisdição, pois uma adequada consideração do precedente,

---

[60] Dawson, *The oracles of the law*, op. cit., p. XIII.

no confronto analógico do caso atual com os casos antecedentes, favorece o discernimento do justo concreto e pode, assim, ter um relevante papel na identificação da melhor solução para o problema que o caso novo suscita. Naquela concepção tradicional que queremos recuperar, o direito jurisprudencial é o repositório da experiência e do saber prático da comunidade, e o precedente a memória daquela experiência.[61] Uma vez que o conjunto dessa experiência é o caminho mais seguro para o conhecimento do que é praticamente justo e razoável, e que o precedente é o testemunho de uma singular experiência do que é justo e razoável em um caso específico, com todo o seu contexto e com toda a sua problemática subjacentes, pode-se dizer que um acervo de precedentes confirmados pela prática judiciária constitui um repositório de experiências e soluções testadas pelo tempo e o caminho mais seguro para aquele saber prático incorporado à juridicidade vigente.[62] Ademais, os precedentes oferecem bons exemplos de uma adequada prática judicial deliberativa (*proper practical judicial reasoning*).[63] Por tudo isso, a contínua consideração problemática dos precedentes de uma dada ordem jurídica, no confronto com os problemas suscitados pelos novos casos, vai forjando no juiz uma capacidade de discernir quais as soluções que melhor se ajustam a esses casos. E como, normalmente, os critérios consagrados pelos precedentes são suficientes para o enfrentamento problemático e a adequada solução dos casos subsequentes, em regra o proceder analógico e o acesso que os precedentes dão aos princípios e regras consagrados pela experiência orientam a prática de forma satisfatória. De uma dinâmica como essa, assimilada em um qualificado contexto argumentativo, é de se esperar que resulte, normalmente, uma boa decisão. Digamos, então, que o precedente tem valor judicativo por ter também valor cognitivo, e isso conta muito em favor da disseminação de uma cultura de respeito aos precedentes.

Desse valor cognitivo das soluções consagradas pela prática antecedente, e da capacidade deliberativa forjada pelo confronto analógico dos casos, em busca de orientação para a adequada solução do caso atual, resulta um terceiro importante argumento em favor da assimilação de uma cultura de respeito aos precedentes. A aptidão judicativa do jurista – a sua "razão artificial" ou prudência jurídica – só se aperfeiçoa mediante uma intensa participação numa prática deliberativa comum, com os confrontos argumentativos que entretecem essa comunitária prática deliberativa. É assim que o juiz vai incorporando aquela *common reason* que dá a uma ordem jurídica testada pelo tempo a sua presunção de razoabilidade e justeza. A distintiva competência intelectual de um juiz é a de alguém que adquiriu a habilidade de raciocinar a partir de um agregado de experiências compartilhadas e qualificadas por sua singular

---

[61] "On this view, both the *meaning* or normative content and the *authority* of the precedential case rest on its being recognized as an integral part of the collective experience (or 'wisdom') of the community, of which the law is the repository. Legal precedent is simply the formal memory of the people" (Postema, "Some roots of our notion of precedent", op. cit., p. 16).

[62] O precedente e o exemplo, juntos, são, segundo Kemp Allen, o mais conveniente e confiável meio para descobrir os princípios de uma determinada ordem jurídica (*Law in the making*, op. cit., p. 287).

[63] Postema, "Classical Common Law Jurisprudence (Part II)", op. cit., p. 17; idem, "Some roots of our notion of precedent", op. cit., p. 23.

relevância normativa, para daí extrair soluções significativas para novos problemas práticos.[64] Um proceder analógico que confronta o problema do caso atual com um acervo de experiências e soluções consagradas por uma qualificada prática deliberativa comum, num contexto discursivo aberto ao escrutínio crítico de qualificados e experientes profissionais, é aquilo que faz de alguém um jurista. A discussão forense do caso por referência aos precedentes relevantes é, portanto, uma condição, e talvez a mais importante, para a formação de um bom juiz.

Isso tudo demonstra que a continuidade da prática tem o seu próprio valor. Se cada juiz começa a história outra vez, que é o que ocorre quando ele se sente vinculado apenas às gerais e abstratas formulações legais, as aquisições da prática antecedente são perdidas, a aptidão da experiência acumulada para orientar a solução dos casos novos é desprezada, o julgador não incorpora nada do saber prático que a experiência comum forjou e, por fim, a ordem jurídica se desintegra. Pode-se aproveitar, aqui, algo da sugestiva ideia de que a prática jurídica deve se desenvolver à maneira de um "romance em cadeia": cada juiz deve se considerar, ao decidir o novo caso que se apresenta, como um parceiro em um complexo empreendimento em cadeia do qual as inúmeras decisões, estruturas, convenções e práticas consagradas são a história; a sua tarefa é a de dar continuidade a esta história, avançando o empreendimento sob controle em vez de desviá-lo em alguma nova direção a seu critério.[65] O respeito aos precedentes tem, então, um papel decisivo, e é nesse sentido que, segundo a compreensão clássica do *common law*, eles são vinculantes: o complexo inteiro dos casos que dão significado a uma prática deliberativa comunitária oferece o contexto autoritativo de experiência dentro do qual tal prática deliberativa deve ocorrer e no qual qualquer particular decisão deve ser integrada.[66] Embora o juiz do caso subsequente não esteja vinculado à decisão do caso anterior como se este fosse suficiente para constituir individualmente uma regra autoritativa, os casos precedentes e a apreciação da relevância judicativa de cada um deles ilustram aquilo que se considera, no contexto daquela experiência comum, um adequado sopesamento de razões e um adequado processo deliberativo, orientando a solução do caso novo de forma a que esta se mostre, em geral, consistente com a prática anterior. Em vez de exigir que o juiz do caso novo identifique a "regra" consagrada pelo caso antecedente para aplicá-la *como uma regra*, uma autêntica cultura de respeito aos precedentes convida o juiz do caso sucessivo a participar da deliberação anterior acerca das questões suscitadas por aquele caso, a fim de estender esse esforço deliberativo ao caso atual, dando a este caso, se o confronto analógico o recomendar, a mesma solução.[67] Sem uma percepção das virtudes da continuidade, e sem que os juízes, em razão disso, relutem em reabrir problemas já adequadamente soluciona-

---

[64] Postema, "Classical Common Law Jurisprudence (Part II)", op. cit., p. 08/09.

[65] Ronald Dworkin, "Law as interpretation", *Philosophy of law and legal theory*, Dennis Patterson (ed.), Malden, Blackwell, 2003, p. 383.

[66] Postema, "Classical Common Law Jurisprudence (Part II)", op. cit., p. 17; idem, "Some roots of our notion of precedent", op. cit., p. 23.

[67] Postema, "Some roots of our notion of precedent", op. cit., p. 22/23; idem, "Classical Common Law Jurisprudence (Part II)", op. cit., p. 17.

dos, permitindo que as aquisições da prática anterior obtenham algum grau de força normativa, nem o *common law* nem qualquer outro direito de índole jurisprudencial poderia se desenvolver e estabilizar historicamente.[68] O respeito ao precedente não se exige, de fato, apenas para a manutenção de um critério empregado no caso antecedente, mas por causa da pressuposição de que um dado problema já foi suficientemente enfrentado e adequadamente resolvido. E não há nada de errado em assumir essa pressuposição, no contexto de uma prática deliberativa comum submetida ao rigoroso teste do tempo. Pelo contrário! Até que haja fortes razões para a superação de uma prática ou de um critério consagrados, o mais prudente e seguro é a sua manutenção. A continuidade, segundo Esser, é o mandamento supremo da judicatura.[69] Quem pretenda se desviar daquilo que a experiência comum consagrou deve ser submetido a um pesadíssimo ônus argumentativo, do qual não poderá se desonerar sem a demonstração de que o desvio proposto é a melhor maneira de *dar continuidade àquela prática*, em vez de começar uma nova. Essa continuidade da prática por meio da consideração problemático-argumentativa dos precedentes, em vez de uma cega obediência às decisões superiores, também permite que vários casos concorram para a formulação e o desenvolvimento de princípios e critérios que só retrospectivamente serão atribuídos a uma específica decisão, como se desde o princípio estivessem lá em sua *ratio decidendi*, embora tenham resultado de desenvolvimentos posteriores e de uma cadeia de decisões que de alguma forma foram densificando e aprimorando aqueles princípios e regras até o ponto de adquirirem um sentido que não era inteiramente o original, e um *status* normativo que de nenhum modo poderia resultar de uma única decisão.[70] Nada disso seria possível sem a continuidade que um equilibrado respeito aos

---

[68] Segundo Dawson, o *common law*, com a sua inclinação para se tornar um sistema de *case law*, "could not have developed as rapidly as it did if the judges had not sensed the virtues of continuity, had not felt reluctance to reopen problems already solved, and had not permitted the expectations aroused by their work to become in some degree normative for themselves as well" (*The oracles of the law*, op. cit., p. 50).

[69] Josef Esser, *Principio y norma en la elaboración jurisprudencial del derecho privado*, trad. Eduardo Valentí Fiol, Barcelona, Bosch, 1961, p. 104/5.

[70] "The 'interpretation' of a case frequently means no more than the ascertainment of its *ratio decidendi*, but it may mean a great deal more. It may involve first, the ascertainment of the *ratio decidendi* of the case, secondly, a consideration of that *ratio decidendi* in the light of the facts of the case, thirdly, a consideration of observations with regard to the case made by judges in later cases, fourthly, the ascertainment of the *rationes decidendi* of later cases, and finally the formulation of a rule of law based on a number of cases. It may then appear that the case which is being interpreted was decided consistently with that rule, although the *ratio decidendi* of the case has ceased to be the proposition of law for which it is authoritative" (Cross & Harris, *Precedent in English law*, op. cit., p. 73). A constatação de René David é nesse mesmo sentido: "o direito inglês representa um 'sistema aberto'; seus juristas reconhecem com franqueza que ele está sempre em via de elaboração, que é inacabado. No entanto, as distinções pelas quais pretende-se aperfeiçoá-lo muitas vezes têm como efeito modificá-lo: o princípio de que se partiu pode, depois de algum tempo, encontrar-se submerso sob a torrente de distinções que levam, no fim das contas, a consagrar o princípio inverso" (*O direito inglês*, São Paulo, Martins Fontes, 1997, pp. 14/5). Isso, de resto, confirma o que antes havíamos sustentado, ou seja, que o precedente, em si mesmo, é, frequentemente, apenas aquele caso que inaugura uma nova direção, pois o critério que o *case-law* consagra acaba por ser aquele que resulta da maneira como a sua *ratio decidendi* vai ser reconstruída, compreendida e apropriada pela prática subsequente. A lição de Esser vai, a propósito, nesse mesmo sentido: "Sólo la cadena de precedentes permite indagar el contenido inmediato de la norma, y este proceso de *shaping the rule* no tiene fin" (*Principio y norma en la elaboración jurisprudencial del derecho privado*, op. cit., p. 354).

precedentes confere à prática, e o inverso do compromisso com esse vínculo tradicional é a consagração do arbítrio.[71]

E por fim aquilo que mais nos importa e que mais frequentemente se negligencia quando a questão é o valor do precedente. Uma das grandes virtudes do *case-law*, e em geral de qualquer direito jurisprudencial, é precisamente a sua natural resistência ao planejamento social e à manipulação política.[72] Um direito casuístico de origem judiciária costuma ser relativamente imune à reforma global e às injunções políticas, dando certa resistência à juridicidade e estabilizando o sistema jurídico que traduz as exigências dessa juridicidade. Um dos motivos é que o *case-law* é irregular em seu modo de operar e, assim, mais difícil de manipular, pois depende "on the accidents of litigation".[73] Outro diz respeito à sua típica perspectiva do problema judicando: uma perspectiva microscópica que tem no caso o seu *prius* metodológico e em que o que importa é a adequada solução daquele problema por referência às suas particulares circunstâncias relevantes.[74] Um terceiro motivo que certamente importa está na peculiaridade de ser o direito jurisprudencial uma conquista comum de uma classe profissional que habitualmente adota uma linguagem própria, se move num contexto prático próprio e assimila uma validade fundamentante que nessa mesma prática ganha sentido e vai sendo densificada.[75] Outros motivos poderiam certamente ser apontados, mas o que queremos destacar é que aquele contínuo proceder de caso a caso em busca das experiências relevantes e dos critérios decisivos para a solução dos problemas novos, que é típico do *case-law* e de qualquer direito jurisprudencial, é incapaz de progredir consistentemente, com a contribuição que daí resulta para a formação e o desenvolvimento de uma ordem de direito, sem o respeito ao precedente, ou seja, sem assimilação pela prática de uma cautelosa resistência ao impulso de reabrir novamente e a todo instante os problemas para os quais a experiência já consagrou soluções apropriadas.

---

[71] "Nuestro pensamiento civilista, con sus hábitos axiomáticos, oscila entre la ilusión de una simple aplicación de la ley y la explotación puramente lógica de unas *rationes legis* que se suponen siempre a mano, y la ilusión no menos funesta de una 'creación' del derecho a partir de 'sus' principios por vía de la *libre recherche*. Sin las energías configuradoras de la conciencia social y de sus tradiciones, que se expressan en el sistema de una doctrina jurídica o en el método de series de sentencias basadas en precedentes y que avanzan por vía de argumentación, semejante 'creación' sólo puede conducir a arbitrarias expresiones de opiniones subjetivas" (*Principio y norma en la elaboración jurisprudencial del derecho privado*, op. cit., p. 107/8).

[72] Nesse sentido, v., novamente, a lição de Esser, *Principio y norma en la elaboración jurisprudencial del derecho privado*, op. cit., p. 370.

[73] Allen, *Law in the making*, op. cit., p. 348.

[74] Castanheira Neves, "Entre o «legislador», a «sociedade» e o «juiz» ou entre «sistema», «função» e «problema» – os modelos actualmente alternativos da realização jurisdicional do direito", *Boletim da Faculdade de Direito*, v. LXXIV, Coimbra: Universidade de Coimbra, 1998, p. 18; idem, *Metodologia jurídica. Problemas fundamentais*, Coimbra, Coimbra Editora, 1993, pp. 84, 115 e 142-4; idem, "O 'jurisprudencialismo' – proposta de uma reconstituição crítica do sentido do direito", *Revista de legislação e de jurisprudência* 3958 (2009), p. 10.

[75] São conhecidas as considerações de Radbruch acerca das razões da afirmação do *rule of law* no contexto inglês: "la vera base della autonomia del diritto in Inghilterra, dello Stato di diritto inglese, è la magistratura e, in senso largo, il ceto dei giuristi. Solo nel diritto dei giuristi, nel *Common Law*, la autonomia del diritto, la subordinazione del potere statuale al diritto, lo Stato di diritto insomma, sono efficacemente garantiti"; "Il *Common Law* potè divenire una tale forza autonoma al di sopra dello Stato soltanto attraverso l'autonomia corporativa del ceto (*Stand*), al quale compete la conservazione del diritto" (*Lo spirito del diritto inglese*, trad. Alessandro Baratta, Milano, Giuffrè, 1962, p. 25/6).

Apropriando-nos daquela que, a nosso ver, é a mais sofisticada e concludente formulação filosófica dos problemas fundamentais da juridicidade, podemos dizer, com Castanheira Neves e Fernando José Bronze, que se o direito em sentido próprio, e em sua distintiva autonomia, é uma ordem de validade axiológico-normativamente fundamentante que convoca para a sua realização um "problemático-concreto juízo jurídico",[76] se o seu é "um universo normativo problematicamente aberto que na sua realização continuamente se reconstitui",[77] e se essa sua contínua reconstituição exige uma "mediação judicativa" entre o sistema e o problema que só o juízo prático-prudencial da jurisdição tem condições de adequadamente realizar,[78] *então a conservação jurisprudencial das aquisições normativamente significativas que vão resultando dessa mediação são fundamentais para que naquela reconstituição o juízo jurídico realize e preserve aquela mesma ordem de validade*, em vez de afastar-se dela a ponto de, nele, ela já não se reconhecer e acabar por se desintegrar. O respeito ao precedente é, então, decisivo para a emergência, a estabilização e a preservação histórica daquela juridicidade autônoma que só uma significativa e qualificada prática judicativa continuada é capaz de forjar. Trata-se não apenas ou simplesmente de uma condição para a garantia da segurança e da igualdade, pois sem aquele vínculo tradicional que liga horizontalmente a prática jurídica e permite a conservação das aquisições dessa prática não se constitui nem sobrevive uma autêntica ordem de direito.

d) Conclusão

Goodhart provavelmente tem razão quando afirma que o *stare decisis* é o mecanismo de estabilização e de garantia da unidade e continuidade de um *judge-made law*. O respeito ao precedente tem, de fato, a virtude de remediar a natural fluidez e instabilidade de um direito casuístico, conferindo certa previsibilidade à prática judiciária.[79] Um antigo e rico acervo de precedentes é capaz, afinal, de determinar e ilustrar as particulares exigências do direito com uma densidade e pormenorização que a lei jamais poderá igualar, e quando isso acontece o *stare decisis* confere à *praxis* uma adequada dose de segurança, a despeito das incertezas que naturalmente se instalam quando descemos ao particular e ao contingente.[80] Mas parece-nos, como aliás o próprio Goodhart

---

[76] Castanheira Neves, "O 'jurisprudencialismo'...", op. cit., p. 10.

[77] Castanheira Neves, "A autonomia do direito hoje e o contributo do jurisprudencialismo", p. 20 (versão não publicada, gentilmente cedida pelo Autor).

[78] Castanheira Neves, "Entre o «legislador», a «sociedade» e o «juiz» ou entre «sistema», «função» e «problema»...", op. cit., pp. 36-40; idem, "Fontes do direito", *Digesta*, v. 2º, Coimbra, Coimbra Editora, 1995, pp. 29-32; idem, *Metodologia jurídica...*, op. cit., pp. 30-3, 78-9, 150-1, 155 e 157-9; idem, *O direito hoje e com que sentido? O problema actual da autonomia do direito*, Lisboa, Instituto Piaget, 2002, pp. 36/7; idem, "O actual problema metodológico da realização do direito", *Digesta*, v. 2º, Coimbra, Coimbra Editora, 1995, p. 272-6; Fernando José Bronze, "Breves considerações sobre o estado actual da questão metodonomológica", *Boletim da Faculdade de Direito*, v. LXIX, Coimbra, Universidade de Coimbra, 1993, p. 184/5 e 187/8.

[79] Goodhart, "Precedent in English and Continental law", op. cit., p. 61-3.

[80] Aliás, são essa densidade normativa de um complexo e valioso acervo de precedentes, o exemplo que por meio dos casos precedentes a prática comum histórica dá aos juízes do presente, e a orientação prático-normativa que os critérios consagrados pormenorizadamente oferecem, que permitem que o *stare decisis* confira

sugere,[81] que mesmo em um sistema de *case law* o princípio do *stare decisis* deve ter a sua rigidez moderada e a sua aplicação mitigada, pois o precedente é *também* o mecanismo pelo qual as aquisições de uma prática judicativa criativa se integram ao sistema, conferindo-lhe mobilidade e abertura. Não pode o respeito ao precedente se transformar em um mecanismo de fechamento, imobilização e controle burocrático e centralizado da jurisdição, que é o que acontece quando a previsibilidade e a igualdade são privilegiadas em detrimento de outras exigências igualmente relevantes, com a consequente anulação das demais virtudes de um direito de índole jurisprudencial. A abertura e a mobilidade que o precedente confere ao sistema não podem ser obliteradas pelo *stare decisis*, para que o respeito aos precedentes não degenere em mera obediência e não se transforme em um meio autoritário de imposição de diretrizes às instâncias judiciais ordinárias.

O que está, ademais, em jogo nesta recente e profícua discussão acerca dos precedentes, é muito mais do que apenas segurança e igualdade. Embora o nosso não seja um *case law* à maneira do *common law*, temos também uma tradição jurídica a preservar. Nossa jurisprudência, nossas sofisticadas elaborações doutrinárias e mesmo a legislação que foi incorporando tudo isso são também repositórios de um saber prático aperfeiçoado e desenvolvido ao longo de séculos, e o acervo de critérios que encontramos ao nos voltarmos para essa nossa tradição têm também um importantíssimo valor prático-normativo e uma enorme relevância judicativa, pois eles foram igualmente testados pelo tempo e confirmados pela experiência. A falta de uma estrita vinculação aos precedentes de nossos tribunais, de que nos ressentimos agora em razão da falta de segurança que mais recentemente se instalou entre nós, não se faria sentir tão gravemente se o nosso Judiciário tivesse o cuidado de preservar o acervo de critérios que dá sentido e conteúdo àquela nossa tradição. O problema da patológica insegurança que vivenciamos tão claramente no Brasil dos nossos dias decorre fundamentalmente da aceitação social que passaram a ter a ousadia judiciária e a inovação inconsequente. Em nosso pobre contexto intelectual, a propensão à repentina superação, à radical transformação, à apressada subversão das práticas consagradas e dos critérios testados pela experiência passou a ser elogiada como uma excelsa qualidade moral. O bom julgador, em nosso recente imaginário, já não é aquele senhor prudente que cuida para ir cautelosamente ajustando os critérios e soluções consagrados às circunstâncias dos novos casos e às necessidades que vão surgindo, mas o julgador imaturo e

---

estabilidade e previsibilidade à prática, e não, como parecem crer Mitidiero e Marinoni, a "fixação" ou a "definição" do sentido normativo da norma, a "reconstrução do sentido da lei" ou a "transformação do texto em norma", para uma sua predeterminação significativa e a garantia da unidade de sentido dos critérios normativos legais no momento da sua posterior aplicação a casos análogos (v., a esse respeito, o que sustentam os ilustres processualistas, respectivamente, em *Cortes superiores e cortes supremas...*, op. cit., p. 72 e 76, e *O STJ enquanto corte de precedentes...*, op. cit., pp. 115-6 e 164/5) – nem é esse, de resto, o sentido do precedente ou da sua *ratio decidendi* no contexto do *common law*, assim como não poderá ser esse o seu sentido num contexto em que a unidade do direito já não seja compreendida como uma unidade pressuposta ou *a priori*, e sim como uma "unidade dinâmica em contínua reconstituição e sempre aberta", capaz de "conjugar a estabilidade com a continuidade na unidade e como unidade (prático-nromativa), embora uma estabilidade que, como sabemos, não é nem deverá ser fixidez e uma continuidade que não é nem deverá ser imutabilidade" (Castanheira Neves, *O instituto dos "assentos" e a função jurídica dos Supremos Tribunais*, op. cit., p. 657/8).

[81] Goodhart, "Precedent in English and Continental law", op. cit., p. 65.

afoito que em sua arrogante pretensão reformadora despreza, até mesmo por ignorância, o saber acumulado por séculos de prática jurídica e sai por aí concebendo princípios vazios de qualquer conteúdo normativo para, a pretexto de aplicá-los e realizar certos novos "direitos fundamentais", conformar a realidade à semelhança das suas infantis projeções daquilo que seria um mundo melhor, de prefeita igualdade e justiça social. Nesse lamentável contexto em que tudo é sacrificado em nome de vagos ideais, deveria ser nossa a preocupação dos *common lawyers* que reagiram ao ataque moderno à sua antiga e valiosa tradição. Também nós deveríamos resistir à irresponsabilidade e à imoderação legislativa do nosso tempo, assim como à vocação de muitos de nossos juristas e juízes para a refundação do mundo e do nosso direito mediante a invenção imprudente e apressada das maiores bizarrices e, até mesmo, de interessantes novas tendências, sempre que isso não se faça no contexto da tradição e com a saudável preocupação de preservar tudo aquilo que merece ser preservado. Se conseguirmos incorporar em nossas atitudes algum apreço por nossa tradição e aquele cuidado que a nossa herança jurídica requer, talvez ainda consigamos preservar a autonomia do nosso direito e a sua capacidade de iluminar o nosso discernimento do justo e do injusto. Uma cultura de respeito aos precedentes, aliada à metodologia que é apropriada ao seu manuseio e à sensibilidade necessária à sofisticada técnica do *distinguishing*, pode ter grande valor e contribuir intensamente para isso, mas desde que o precedente vá por nós tratado como era na tradição do *common law*, ou seja, como um delicado mecanismo de desenvolvimento e preservação de uma juridicidade autônoma, e não como mero meio de definição do "sentido atribuível ao texto legal" para a prevenção de uma "variação frívola do que o Judiciário diz acerca de um texto legal",[82] e menos ainda como instrumento autoritário de imposição de obediência e subordinação às decisões de instâncias judiciárias superiores,[83] com o risco aí implicado de subordinação da juridicidade às injunções do poder, às quais estão, naturalmente, mais suscetíveis as instâncias superiores centrais, por sua maior exposição à cooptação política e à manipulação governamental.

Parece-nos, enfim, que uma cultura de respeito aos precedentes determinada por uma completa e adequada compreensão do sentido e da relevância desse mecanismo de desenvolvimento do direito é melhor e mais eficaz para a garantia da segurança jurídica e da igualdade do que uma cogente imposição de respeito aos precedentes sob o exclusivo pretexto de que a sua obrigatoriedade é necessária à garantia da segurança e da igualdade. Além de uma compreensão mais rica e completa de todas as razões que recomendam uma cuidadosa consideração judicativa do precedente aumentar as chances de difusão de uma *cultura* de respeito aos precedentes, isso poderá impedir a degeneração do *stare decisis* em meio de puro controle, e ainda colocá-lo a serviço da preservação, a essas alturas urgente, da nossa antiga e valiosa cultura jurídica. Alguém dirá que essa é uma preocupação conservadora, reacionária, retrógrada.

---

[82] Marinoni, *O STJ enquanto corte de precedentes...*, op. cit., p. 164/5 e 169/70.

[83] Uma vinculação em termos de estrita obediência e subordinação é o que parece propor Mitidiero, em absoluta coerência com a sugestão de Marinoni de que às cortes supremas caberia o "monopólio da definição do sentido do direito" (Mitidiero, *Cortes superiores e cortes supremas...*, op. cit., p. 96 e 107; Marinoni, *O STJ enquanto corte de precedentes...*, op. cit., p. 145).

Que é hora daquela nossa tradicional juridicidade historicamente custodiada pelos tribunais e pelos juristas dar lugar a um sistema jurídico reformado, para a superação do *status quo* e a definitiva construção de uma sociedade justa e solidária. Ao que responderemos que não temos nada contra a justiça e a solidariedade, mas que nessa nossa defesa de uma juridicidade casuística de índole judiciária vai, de fato, implícita uma convicção que nos coloca mais ao lado da tradição do que daquela intenção progressista: a nossa preferência é por uma ordem espontânea resultante das contribuições que vão sendo assimiladas pela experiência, e não por uma ordem planejada desde uma instância central para a realização deliberada de objetivos sociais ou políticos – e isto em razão, fundamentalmente, dos riscos do planejamento para a liberdade e a verdadeira justiça,[84] que acabam sempre por sucumbir, levando as esperanças de todo um povo, quando o reformador da sociedade toma para si o encargo de transformá-la, em vez de deixar que ela vá se transformando à sua maneira.

---

[84] A conexão entre a fidelidade da jurisdição a uma juridicidade autônoma e a prevalência de uma justiça autêntica sobre as "justiças sociais" que dão pretexto ao planejamento político da sociedade foi muito bem percebida por Esser: "Por encima de la multiplicidad de 'justicias sociales' que cambian con cada constitución política y cada victoria electoral de un partido, la jurisprudencia sienta la justicia pura y simple, la que no soporta atributos" (*Principio y norma en la elaboración jurisprudencial del derecho privado*, op. cit., p. 380).

— 12 —

Do controle da insuficiência de tutela normativa aos direitos fundamentais processuais

LUIZ GUILHERME MARINONI[1]

SUMÁRIO: 1. Primeiras considerações; 2. O poder de controlar a insuficiência de tutela normativa aos direitos fundamentais; 3. Situações em que a falta de lei é frequentemente suprida na prática; 4. A eficácia dos direitos fundamentais, o dever estatal de tutela e o juiz no controle da insuficiência da tutela normativa; 5. O limite judicial no suprimento da falta de lei necessária à tutela de direito fundamental; 6. Da insuficiência de tutela normativa a direito fundamental processual; 7. Legitimidade do raciocínio decisório no suprimento de técnica processual.

1. Primeiras considerações

Os primeiros passos do controle de constitucionalidade por ação já eram distantes no tempo quando se passou a falar em omissão inconstitucional. Os brotos da concepção de controle de inconstitucionalidade por omissão surgiram quando se percebeu que não bastava impedir o legislador de agredir a Constituição, sendo também necessário garantir a efetividade das normas constitucionais e a plena realização dos direitos fundamentais. De modo que a questão da omissão constitucional é corolário da compreensão de que a Constituição, para ser cumprida, necessita de prestações normativas ou da ação do legislador infraconstitucional.

Se esta percepção surgiu na doutrina de países em que o controle de constitucionalidade é entregue nas mãos de Cortes Constitucionais é natural que a questão tenha sido associada ao controle por via direta ou principal de constitucionalidade. Porém, tal associação não se mostra adequada à tradição brasileira, em que o controle de constitucionalidade, desde a última década do século XIX, é difuso e realizado na forma incidental.

Nos países em que o controle de constitucionalidade é incidental, ou é conjugado com o controle principal – como no Brasil –, o desenvolvimento do argumento da inconstitucionalidade por omissão não precisa nem deve se manter distante da noção de que todo e qualquer juiz tem o poder-dever de, incidentalmente, realizar o controle de constitucionalidade.

---

[1] Pós-Doutor (Università degli Studi di Milano). Visiting Scholar (Columbia University). Professor Titular (UFPR). Advogado.

É certo que o mandado de injunção permite o controle da omissão constitucional no caso concreto. Não obstante, não se cuida do problema do controle da omissão constitucional diante dos casos conflitivos concretos endereçados aos juízos e tribunais ordinários. É curioso, já que não se pode supor que a omissão constitucional não possa existir nestas situações.

Porém, a realidade forense mostra, cotidianamente, que os juízes de 1º grau, assim como os Tribunais de Justiça e Regionais Federais, realizam controle de constitucionalidade por omissão com grande frequência. A gravidade disso está na ausência de método para a feitura deste controle, para não dizer que, bem vistas as coisas, os juízes e tribunais ordinários sequer percebem que estão a suprir a "ausência de lei".

Portanto, mais do que detectar que a omissão inconstitucional está inserida no poder conferido a todo e qualquer juiz de controlar a constitucionalidade, é importante perceber que este poder vem sendo exercido de forma escamoteada e que, bem por isso, não existe qualquer metodologia para tanto e, muito menos, modo de controle do raciocínio judicial.

Note-se que se o juiz, sem dizer nem muito menos justificar, supre a ausência de lei, ele assume um poder que, ainda que possa ser dele, é exercido de modo completamente arbitrário e destituído de legitimação, a reclamar atenção da academia e dos tribunais.

2. O poder de controlar a insuficiência de tutela normativa aos direitos fundamentais

As Constituições, ao instituírem direitos dependentes de prestações normativas a cargo do legislador, evidenciaram que, para negar a sua força e autoridade, não era mais suficiente editar leis destoantes do Texto Constitucional. A autoridade e a força da Constituição também passaram a depender de normas infraconstitucionais.

Nesta perspectiva não se está aludindo, como é óbvio, apenas às normas constitucionais que expressamente impõem, mediante termos variados, o dever de legislar. O problema, aqui, diz respeito às normas de natureza impositiva ou negativa imprescindíveis à realização ou à proteção de direitos fundamentais.

Pois bem. Não existe razão para entender que o juiz tem poder para controlar a constitucionalidade da lei e não tem poder para controlar a falta de lei quando esta é imprescindível à tutela de um direito fundamental. A constitucionalidade da lei e da falta de lei, nesta dimensão, constituem duas faces de uma mesma moeda.

O controle da omissão inconstitucional, via modelo difuso, será possível quando da lei faltante depender a tutela do direito fundamental pertinente ao caso conflitivo concreto. Ou seja, o controle da omissão constitucional por qualquer juiz ou tribunal convive com a ação direta de inconstitucionalidade por omissão e mesmo com o mandado de injunção.

3. Situações em que a falta de lei é frequentemente suprida na prática

São frequentes as ações coletivas em que o legitimado, ao pedir a tutela de determinado direito de natureza difusa ou coletiva, deduz ausência de norma de proteção a direito fundamental. Também são comuns as ações individuais em que, sob o fundamento de direito fundamental não *protegido normativamente*, postula-se *prestação fática* que estaria a cargo do Estado.

Note-se que a proteção de direito fundamental pode depender de norma impositiva ou proibitiva. É possível que, para a tutela do direito ambiental, do direito do consumidor etc., seja necessária norma impondo conduta positiva ou negativa ao administrado. Assim, por exemplo, para obrigá-lo a instalar (norma positiva) tecnologia destinada a diminuir a efusão de gazes e poluentes ou a não comercializar (norma negativa) produto com determinada substância. Além disso, há caso em que a prestação estatal, embora de natureza fática, depende de norma. É o caso, por exemplo, dos medicamentos, em que o indivíduo, afirmando direito fundamental à saúde, postula, em face do Estado-Administração, determinado remédio não disciplinado na legislação.

Os juízes, não raramente, são chamados a suprir omissões normativas que impedem a tutela de direitos fundamentais, inclusive de natureza processual. Lembre-se, por exemplo, da determinação de ouvida do embargado nos embargos de declaração admitidos com efeitos modificativos. A extensão dos embargos de declaração, cujas regras de regência não permitirem a alteração da decisão judicial, e a consequente necessidade de abertura à participação da parte que pode ser afetada, apenas podem estar baseadas nos direitos fundamentais à tutela jurisdicional efetiva e ao contraditório.

O problema é que, quando se complementa a legislação em casos como os mencionados, não há qualquer percepção de que se está diante de controle de insuficiência de tutela normativa e, portanto, de que há necessidade de aplicação da regra da proporcionalidade e de um raciocínio judicial racionalmente adequado, com reflexo na devida justificativa da decisão.

4. A eficácia dos direitos fundamentais, o dever estatal de tutela e o juiz no controle da insuficiência da tutela normativa

Há discussão sobre a questão da eficácia horizontal dos direitos fundamentais, ou seja, sobre a eficácia dos direitos fundamentais sobre as relações entre os particulares[2] Fala-se em eficácia imediata e mediata destes direitos sobre os sujeitos privados. A eficácia mediata dependeria da mediação do Estado, ao contrário da eficácia imediata, que dispensaria tal intervenção. Como é

---

[2] Sarlet, Ingo Wolfgang. *A eficácia dos direitos fundamentais*, Porto Alegre: Livraria do Advogado, 2001, p. 157-172; Novais, Jorge Reis. *Direitos fundamentais: trunfos contra a maioria*, p. 69-116; Alexy, Robert. *Teoría de los derechos fundamentales*, Madrid: Centro de Estudios Políticos y Constitucionales, 2002, p. 520-543; Canaris, Claus-Wilhelm. *Direitos fundamentais e direito privado*, Coimbra: Almedina, 2003; Silva, Virgílio Afonso da. *A constitucionalização do direito*: os direitos fundamentais nas relações entre particulares, São Paulo: Malheiros, 2005.

intuitivo, a questão da eficácia dos direitos fundamentais sobre os particulares possui intima relação com o tema do controle da omissão inconstitucional.

Alude-se a eficácia mediata quando se diz que a força jurídica das normas constitucionais apenas pode se impor, em relação aos privados, por meio de normas infraconstitucionais[3] e dos princípios de direito privado. Tal eficácia também existiria quando as normas constitucionais são utilizadas, dentro das linhas básicas do direito privado, para a concretização de cláusulas gerais e conceitos jurídicos indeterminados.[4]

De acordo com os adeptos da teoria da eficácia imediata, ao inverso, os direitos fundamentais são aplicáveis diretamente sobre as relações entre particulares. Além de normas de valor, teriam importância como direitos subjetivos contra entidades privadas portadoras de poderes sociais ou mesmo contra indivíduos que tenham posição de supremacia em relação a outros particulares. Chegando-se mais longe, admite-se a sua incidência imediata também em relação a "pessoas comuns". Vale dizer: dispensa-se a intermediação do legislador – e assim as regras de direito privado – e se elimina a ideia de que os direitos fundamentais poderiam ser utilizados apenas para preencher as cláusulas abertas.[5]

De lado essa discussão, o fato é que os direitos fundamentais obrigam o Estado a uma prestação normativa de proteção e, assim, à edição de normas para proteger um particular contra o outro. Quando estas normas não são observadas, surge ao particular o direito de se voltar contra aquele que não a cumpriu. Aliás, o direito de ação – nessas hipóteses – poderá ser exercido mesmo no caso de ameaça de violação (ação inibitória). Nesse caso, há lei, abaixo da Constituição, regulando as relações entre os particulares. Na hipótese de lei restritiva de direito fundamental, além dos valores constitucionais que justificam a restrição, deverá ser enfocado o direito limitado, que deve ter o seu núcleo essencial protegido.[6] O legislador obviamente não pode negar o núcleo do direito fundamental limitado.[7] Porém, quando não existe lei, a regular a

---

[3]Segundo Canotilho, para a teoria da eficácia mediata "os direitos, liberdades e garantias teriam uma eficácia indireta nas relações privadas, pois a sua vinculatividade exercer-se-ia prima facie sobre o legislador, que seria obrigado a conformar as referidas relações obedecendo aos princípios materiais positivados nas normas de direito, liberdades e garantias" (*Direito constitucional,* Coimbra: Almedina, 1992, p. 593).

[4] ANDRADE, José Carlos Vieira de. *Os direitos fundamentais* (na Constituição Portuguesa de 1976), Coimbra: Almedina, 2001, p. 276-277.

[5] CANOTILHO, José Joaquim Gomes. *Direito constitucional,* cit., p. 593 e ss.

[6]"O legislador também está vinculado sem mediações aos direitos fundamentais no campo do Direito Privado. Por isso ele não pode restringi-los desmedidamente. Quando o faz, a regulamentação em espécie é inconstitucional" (Canaris, Claus-Wilhelm. A influência dos direitos fundamentais sobre o direito privado na Alemanha. In: Sarlet, Ingo (org). *Constituição, direitos fundamentais e direito privado,* Porto Alegre: Livraria do Advogado, 2003, p. 238-239).

[7] Nesse caso, portanto, o objeto da vinculação é a lei, o ato do Poder Legislativo, e não propriamente a relação entre os particulares. Como esclarece Virgílio Afonso da Silva, "quando se fala em efeitos dos direitos fundamentais para além da relação entre Estado e indivíduos, muitas vezes se costuma falar também em efeitos dos direitos fundamentais no direto privado ou em outros ramos do direito. Esses efeitos no direito privado – ou nos outros ramos do direito – podem ser, contudo, de duas ordens distintas: há os efeitos na produção legislativa e os efeitos nas relações jurídicas entre os indivíduos" (*A constitucionalização do direito: os direitos fundamentais nas relações entre particulares,* cit., p. 68).

situação de forma direta, não se pode pensar que os direitos fundamentais não podem ser tomados em consideração diretamente pelo juiz.

Se a lei que impede a realização dos direitos fundamentais constitui um obstáculo visível que deve ser suprimido, a omissão de lei, ao impedir a efetividade destes mesmos direitos, não pode deixar de ser considerada. A omissão se faz clara e concreta quando o juiz conclui que ela representa uma negação de proteção a um direito fundamental. Nesse caso, como também naquele em que atua mediante o preenchimento das cláusulas gerais, o juiz deve atentar para a necessidade de conciliação entre os direitos fundamentais, pois a tutela de um direito fundamental, com a supressão da omissão legal, poderá atingir outro direito fundamental.[8]

Canaris, ao abordar a questão da repercussão dos direitos fundamentais sobre os sujeitos privados, propõe a observância da distinção entre *eficácia* imediata e *vigência* imediata. Segundo Canaris, os direitos fundamentais têm *vigência imediata*, mas se dirigem apenas contra o legislador e o juiz.[9] A construção de Canaris é preocupada com o art. 1.°, n. 3, da Lei Fundamental alemã, que afirma que os direitos fundamentais vinculam, "como *direito imediatamente vigente*", o legislador e os órgãos jurisdicionais. Alega que os "destinatários das normas dos direitos fundamentais são, em princípio, *apenas o Estado e os seus órgãos, mas não os sujeitos de direito privado*".[10] Nessa linha, conclui que os objetos de controle "segundo os direitos fundamentais são, em princípio, apenas *regulações e atos estatais, isto é, sobretudo leis e decisões judiciais*, mas não também atos de sujeitos de direito privado, ou seja, e sobretudo, negócios jurídicos e atos ilícitos".[11]

Sendo o Estado o destinatário dos direitos fundamentais, não se pensa em eficácia *imediata* perante terceiros.[12] Ou melhor, nessa dimensão não se cogita de eficácia horizontal direta, mas apenas na intermediação da lei e da decisão judicial para a projeção dos direitos fundamentais. Porém, não há razão para negar que a decisão do juiz, como destinatário dos direitos fundamentais, produz efeitos sobre as relações entre os particulares, embora isso ocorra *mediatamente*.[13]

Mesmo que se aceite que apenas o legislador e o juiz são os destinatários dos direitos fundamentais, é certo que a decisão judicial incide sobre a esfera jurídica dos particulares. Como a doutrina de Canaris foi influenciada pela Lei

---

[8] É nos casos de aplicação direta que os problemas de harmonização se tornam mais agudos, pois é aí que os direitos fundamentais mais se chocam com a autonomia privada. "A principal questão a ser resolvida nesse ponto é a forma de combinar essa autonomia com direitos fundamentais que, aplicados diretamente à relação entre particulares, tendem a eliminá-la" (Silva, Virgílio Afonso da. *A constitucionalização do direito*: os direitos fundamentais nas relações entre particulares, cit., p. 148).

[9] CANARIS, Claus-Wilhelm. *Direitos fundamentais e direito privado*, cit.,

[10] Idem, p. 55.

[11] Idem, ibidem; Canaris, Claus-Wilhelm. A influência dos direitos fundamentais sobre o direito privado na Alemanha. In: Sarlet, Ingo (org). *Constituição, direitos fundamentais e direito privado*, cit., p. 236-237.

[12] CANARIS, Claus-Wilhelm. *Grundrechtswirkungen und Verhältnismässigkeitprinzip in der richterlichen Anwendung und Fortbildung des Privatsrechts*, JuS, München, Beck, 1989, p. 161 e ss.

[13] CANARIS, Claus-Wilhelm. A influência dos direitos fundamentais sobre o direito privado na Alemanha. In: Sarlet, Ingo (org). *Constituição, direitos fundamentais e direito privado*, cit., p. 236.

Fundamental alemã, a sua preocupação foi a de deixar claro que os direitos fundamentais vinculam o legislador e o juiz, embora podendo ser tomados em consideração para a definição dos litígios que envolvem os particulares.

Canaris adverte que os direitos fundamentais têm função de mandamento de tutela (ou de proteção), obrigando o legislador a proteger um cidadão diante do outro. No caso de inexistência ou insuficiência dessa tutela, o juiz deve tomar em conta essa circunstância, *projetando o direito fundamental sobre as relações entre os sujeitos privados e, assim, conferindo a proteção prometida pelo direito fundamental, mas esquecida pela lei.* Nessa linha, por exemplo, se o legislador não atuou de modo a proteger o empregado diante do empregador, quando tal era imperioso em face do direito fundamental, houve omissão de tutela ou violação do dever de proteção estatal.[14]

O raciocínio de Canaris está preso a uma premissa que o impede de ir além desse ponto. Na visão tradicional do direito constitucional alemão – compartilhada pelo autor –, cujo principal marco é a decisão do Tribunal Constitucional Federal no caso Lüth, os direitos fundamentais só caracterizam direitos subjetivos reclamáveis por seus titulares quando aparecem como *proibições de intervenção e direitos de defesa.* Isso não ocorre quando se trata de *mandamentos de tutela e deveres de proteção.* Nesse último caso, vislumbram-se, apenas e tão somente, deveres objetivos do poder público, aos quais não correspondem direitos subjetivos dos indivíduos. Não por acaso Canaris se utiliza, num caso, do termo *direito* (direitos de defesa) e, no outro, *dever* (deveres de proteção). Por trás dessa nomenclatura está a tese de que a Constituição garante aos indivíduos apenas direitos originários negativos, de abstenção estatal, e não direitos originários positivos, direitos de prestação por parte do Estado. Estes últimos a Constituição consagra unicamente por meio de princípios objetivos, que impõem deveres ao Estado, vinculando legisladores, administradores e juízes, sem, contudo, serem exigíveis por seus próprios beneficiários. Assim, a partir do momento em que a vinculação dos particulares aos direitos fundamentais se baseia nos mandamentos de tutela e deveres de proteção, automaticamente se exclui a possibilidade de os direitos fundamentais regularem diretamente as relações privadas.

Não obstante, não há motivo para não se admitir, no direito brasileiro, o dever de o juiz considerar o direito fundamental e, ao mesmo tempo, aplicá-lo de forma a não violar o direito fundamental que com ele se contrapõe. Note-se que, nessa dimensão, interessa apenas saber se o direito fundamental pode ser diretamente considerado pelo juiz no momento da solução do litígio.

---

[14] Canaris reconhece que "é evidentemente possível que a própria Constituição estabeleça a aplicação imediata de um direito fundamental nas relações entre particulares", e cita como exemplo, no caso alemão, o art. 9º, III, alínea 2, da Lei Fundamental, onde restou expressamente afirmada a nulidade de acordos para a restrição da liberdade de coalizão de empregados e empregadores (A influência dos direitos fundamentais sobre o direito privado na Alemanha. In: Sarlet, Ingo (org). Constituição, direitos fundamentais e direito privado, cit., p. 235). A Constituição brasileira de 1988, sobretudo no que tange à regulação das relações de emprego – mas não apenas nessa matéria –, é pródiga nessa espécie de dispositivo, como demonstram boa parte dos incisos dos arts. 7º e 8º e o art. 11.

5. O limite judicial no suprimento da falta de lei necessária à tutela de direito fundamental

Não há dúvida de que a teoria de que os direitos fundamentais têm função de mandamento de tutela (ou de proteção), obrigando o juiz a suprir a omissão ou a insuficiência da tutela (ou da proteção) outorgada pelo legislador, facilita a compreensão da possibilidade de o juiz poder controlar a omissão inconstitucional.

Quando se tem presente dever de proteção e, desta forma, que uma medida idônea deve ser instituída pelo legislador, a ausência de tutela normativa – ou a falta de lei – pode ser levada a qualquer juiz, a ele pedindo-se medida de proteção que supra a omissão inconstitucional. Aliás, quando da própria norma constitucional resulta que, para que o direito fundamental seja realizado, o particular deve observar determinada prestação, nada impede que dele se exija o imediato cumprimento,[15] ainda que a questão possa ser apresentada ao juiz, por qualquer das partes envolvidas, para a definição da legitimidade da providência.

Porém, as normas de direitos fundamentais não definem a forma, o modo e a intensidade com que um particular deve ser protegido diante do outro. Em outras palavras, os direitos fundamentais, ao gerarem dever de proteção por parte do Estado, não dizem "como" esta tutela deve se dar. Pensar em "como" o Estado protege os direitos fundamentais é o mesmo do que considerar as providências que o Estado deve necessariamente tomar para tutelá-los. A Constituição possui, quando muito, disposições fragmentárias sobre as medidas de tutela que devem ser utilizadas à tutela dos direitos fundamentais.

Frise-se que a decisão a respeito de como um dever de tutela deve ser cumprido é, antes de tudo, questão afeta ao parlamento.[16] Quando o legislador viola um direito fundamental na sua função de mandamento de tutela, cabe ao Judiciário assegurar o adequado grau de tutela do direito fundamental. Não obstante, o problema está na circunstância de que a ação do juiz, diante da falta de lei, não tem a mesma elasticidade ou a mesma latitude da ação do legislador. Para ser mais claro: o legislador tem ampla esfera de liberdade para a definição da providência ou do meio para a tutela do direito fundamental, enquanto o juiz, exatamente por não ter a mesma latitude de poder do legislador, deve atuar apenas para garantir que o dever de proteção *satisfaça as exigências mínimas na sua eficiência*. Assim, incumbe ao juiz atuar de modo a impor não mais do que o mínimo necessário à proteção do direito fundamental.[17]

---

[15] Assim, apenas para citar um exemplo, o art. 7º, XVI, da CF, estabelece que qualquer empregado, urbano ou rural, pode exigir do seu empregador a remuneração do trabalho extraordinário superior em no mínimo cinquenta por cento à do normal.

[16] HESSE, Konrad. *Elementos de direito constitucional da República Federal da Alemanha*, Porto Alegre: Fabris, 1998, p. 279.

[17] Canaris, em "Grundrechtswirkungen und Verhältnismässigkeitsprinzip in der richterlichen Anwendung und Fortbildung des Privatsrechts", adverte que no direito privado frequentemente defrontam-se interesses que podem ser garantidos como direitos fundamentais. Caso o legislador proteja titular de um direito fundamental, por conseguinte intervém, muitas vezes ao mesmo tempo, na posição de outro titular de direito fundamental. O exame constitucional, por consequência, orienta-se tipicamente em duas direções: por um lado a proteção não deve se reter atrás do mínimo constitucional exigido; por outro lado, não deve ser "excessiva", ou seja, excedente ao proporcional e ao necessário, intervindo nos direitos fundamentais

O legislador tem ampla margem de manobra entre as proibições de insuficiência e de excesso, mas esta margem, ou esta latitude de poder, não é a mesma que está liberada à intervenção do Judiciário. Mais do que responder a um dever de tutela, o Judiciário *garante o controle da insuficiência da tutela devida pelo legislador*. Na verdade, o controle da insuficiência tem, no raciocínio argumentativo judicial, o dever de proteção como antecedente lógico, no exato sentido de que o juiz, para controlar a insuficiência e impor o meio mínimo para a satisfação do dever de proteção, deve, antes de tudo, verificar se há dever de proteção a direito fundamental e, após, analisar como a legislação deve se manifestar para não descer abaixo do mínimo de proteção jurídico-constitucionalmente exigido.[18]

Nestes termos, o juiz, ao suprir a omissão de tutela a direito fundamental, não pode ir além do que é minimamente suficiente para garantir o dever de proteção. Ir além é adentrar em espaço proibido a quem tem incumbência de apenas controlar a insuficiência de tutela ou, em outros termos, dar ao juiz poder igual ao do legislador.

6. Da insuficiência de tutela normativa a direito fundamental processual

Os direitos fundamentais, porque geram dever de tutela ao Estado e, ao mesmo tempo, incidem sobre as relações dos privados, têm, respectivamente, eficácias vertical e horizontal.[19] Assim, o legislador e o juiz têm dever de tutelar os direitos fundamentais em razão de estes terem eficácia vertical. Enquanto isso, a lei ou a decisão judicial, regulando as relações entre os privados, incidem sobre estes horizontalmente. A eficácia dos direitos fundamentais, mediada pela lei ou pela decisão judicial, constitui eficácia mediata.

---

de outros sujeitos privados. No original: "Die verfassungsrechtlich Prüfung geht folglich typischerweise in zwei Richtungen". einerseits darf der Schutz nicht hinter dem verfassungsrechtliche gebotenen Minimum zurückbleiben, andererseits darf nicht 'übermäßig', d. h. mehr als erforderlich und verhältnismäßig, in die Grundrechte des anderen Privatrechtssubjekt eingreifen" (CANARIS, Claus-Wilhelm. *Grundrechtswirkungen und Verhältnismässig-keitsprinzip in der richterlichen Anwendung und Fortbildung des Privatsrechts*, JuS, 1989).

[18] MARINONI, Luiz Guilherme, *Curso de Direito Constitucional* (com Ingo Sarlet e Daniel Mitidiero), 2a. ed., São Paulo, Ed. Revista dos Tribunais, 2013, p. 823 e ss.

[19] Quando se fala nas eficácias vertical e horizontal, deseja-se aludir à distinção entre a eficácia dos direitos fundamentais sobre o Poder Público e a eficácia dos direitos fundamentais nas relações entre os particulares. Existe eficácia vertical na vinculação do legislador, do administrador e do juiz aos direitos fundamentais. Há eficácia horizontal – também chamada de "eficácia privada" ou de "eficácia em relação a terceiros" (Drittwirkung, na expressão alemã) – nas relações entre particulares, embora se sustente que, no caso de manifesta desigualdade entre dois particulares, também exista relação de natureza vertical. A necessidade de pensar na incidência dos direitos fundamentais sobre os particulares, em vez da sua simples incidência sobre o Poder Público, decorre da transformação da sociedade e do Estado. Como escreve Vieira de Andrade, "a regra formal da liberdade não é suficiente para garantir a felicidade dos indivíduos e a prosperidade das nações, antes serve para aumentar a agressividade e acirrar os antagonismos, agravar as formas de opressão e instalar as diferenças injustas. A paz social, o bem-estar coletivo, a justiça e a própria liberdade não podem realizar-se espontaneamente numa sociedade industrializada, complexa, dividida e conflitual". Por isso "é necessário que o Estado regule os mecanismos econômicos, proteja os fracos e desfavorecidos e promova as medidas necessárias à transformação da sociedade numa perspectiva comunitariamente assumida de bem público" (ANDRADE, José Carlos Vieira de. *Os direitos fundamentais* (na Constituição portuguesa de 1976), p. 273-274). O problema que se coloca diante da eficácia horizontal é o de que nas relações entre particulares há dois (ou mais) titulares de direitos fundamentais, e por isso nelas é impossível afirmar uma vinculação (eficácia) semelhante àquela que incide sobre o Poder Público.

Algo um pouco diferente ocorre quando se pensa nos direitos fundamentais de natureza processual, como o direito fundamental à efetividade da tutela jurisdicional (art. 5º, XXXV, da CF).[20] Este direito fundamental, é claro, incide sobre o Estado (Executivo, Legislativo e Judiciário). O legislador, também aí, tem dever de proteção. A omissão normativa, assim, igualmente pode ser suprida pelo juiz na medida da suficiência mínima à proteção do direito fundamental à tutela jurisdicional efetiva. O problema é que o direito fundamental à tutela jurisdicional efetiva incide sobre o juiz para permitir-lhe tutelar os direitos – quaisquer que sejam eles, fundamentais ou não – de forma efetiva, ou seja, para permitir-lhe desempenhar *função estatal de forma idônea*. Ou melhor, o dever de controle de insuficiência, neste caso imposto ao juiz, não lhe dá o poder de editar decisão que *regule situação substancial entre privados*.

A relação do juiz com os direitos fundamentais deve ser vista de maneira particular quando são considerados os direitos fundamentais processuais, especialmente o direito fundamental à tutela jurisdicional efetiva. Quando o juiz tutela um direito fundamental material, suprindo a omissão do legislador, o direito fundamental tem *eficácia horizontal mediada pela jurisdição*. Porém, o direito fundamental à tutela jurisdicional efetiva, ao incidir sobre a jurisdição, *objetiva conformar o seu próprio modo de atuação*.[21]

---

[20] A obrigação de compreender as normas processuais a partir do direito fundamental à tutela jurisdicional, e, assim, considerando as várias necessidades de direito substancial, dá ao juiz o poder-dever de encontrar a técnica processual idônea à proteção (ou à tutela) do direito material. No direito alemão, voltando-se especialmente à situação em que os juízos ordinários se deparam com questões processuais de dimensão constitucional, Kirchhof observou, antes da reforma processual de 2002, que "quando as posições jurídicas constitucionais reclamam unicamente a consideração de simples leis positivas, seja na concessão do direito a ser ouvido (art. 103, II, GG), na consideração do juiz natural (art. 101, I 2, GG), ou na garantia à proteção judicial (art. 19, IV, GG), é de se considerar se o legislador não deveria ceder este controle aos tribunais ordinários especializados mais próximos" (KIRCHHOF, Paul. *Die Aufgaben des Bundesverfassungsgerichts in Zeiten des Umbruchs*. NJW, p. 1497). Lembre-se que, em princípio, os juízos ordinários não fazem controle da constitucionalidade na Alemanha, o qual é feito com exclusividade pelo Tribunal Constitucional. Entretanto, como a análise da constitucionalidade de normas processuais pelo Tribunal Constitucional mitigava muito a efetividade do processo, diante da demora e do acúmulo de serviço trazido a esse Tribunal, parte da doutrina – aí incluído Kirchhof – passou a sustentar que o juiz ordinário poderia decidir sobre violação de direito fundamental processual por parte de norma processual. Tal discussão – frise-se – ocorreu antes da reforma processual de 2002. Nesse ano foi inserido no ZPO (CPC alemão) o § 321.a, que trata do remédio por violação ao direito de ser ouvido. Nessa nova hipótese, o juiz pode entender que a parte recorrente tem razão ou que ocorreu violação ao direito fundamental. Porém, se o juiz entender que não houve violação, o remédio não terá que ser necessariamente encaminhado ao Tribunal Constitucional. Isto somente ocorrerá se o juízo ordinário chegar à conclusão de que o tema tem importância e relevância e, por estes motivos, deve ser apreciado pelo Tribunal Constitucional (ver RAGONE, Alvaro Pérez. El nuevo proceso civil alemán: principios y modificaciones al sistema recursivo. *Revista de Direito Processual Civil*, vol. 32, p. 357 e ss.). Discute-se se o remédio deve se limitar ao direito de ser ouvido ou deve alcançar outros direitos fundamentais processuais (ver VOKUHLE, Andrea. *Bruch mit einem Dogma*: die Verfassung garantiert Rechtsschutz gegen den Richter. NJW, p. 2193-2264; MÜLLER, Friedrich. *Abhilfemöglichkeiten bei der Verletzung des Anspruchs auf rechtliches Gehör nach der ZPO-Reform*. NJW, p. 2747; KROPPENGER, Inge. *Zum Rechtsschutzbereich der Rüge gemää § 321 a ZPO*. ZZP, vol. 116, p. 421-445). Decisão plenária do Primeiro Senado do Tribunal Constitucional (BVerfG), de 30.04.2003, ordenou ao legislador a demarcação dos limites, pressupostos e detalhes do remédio do § 321.a. Afirmou-se que este parágrafo não consegue conciliar na prática a correta distribuição de tarefas entre a justiça constitucional e a ordinária e, assim, conferiu-se ao legislador prazo para corrigir o defeito ou a falha. Respondendo à ordem do Tribunal Constitucional (BVerfG), o Legislativo editou a *Gesetz über die Rechtsbehelfe bei Verletzung des Anspruchs auf rechtliches Gehör*.

[21] O direito à tutela jurisdicional deve ser visto como "um direito de protecção do particular através de tribunais do Estado no sentido de este o proteger perante a violação dos seus direitos por terceiros (dever de proteção do Estado e direito do particular de exigir essa protecção)" (CANOTILHO, José Joaquim Gomes. *Direito constitucional e teoria da constituição*, Coimbra: Almedina, 2002, p. 463).

A jurisdição toma em conta o direito fundamental material para que ele incida sobre os particulares, mas considera o direito fundamental à tutela jurisdicional efetiva porque a sua função deve ser cumprida de modo a propiciar o alcance da tutela dos direitos, sejam eles fundamentais ou não. O direito fundamental material incide sobre o juiz para que possa se projetar sobre os particulares, enquanto o direito fundamental à tutela jurisdicional incide sobre o juiz para regular a sua própria função.

A decisão jurisdicional faz a ponte entre o direito fundamental material e os particulares, ao passo que os direitos fundamentais instrumentais ou processuais são dirigidos a vincular o próprio procedimento estatal. No primeiro caso o direito fundamental incide mediatamente sobre os particulares, ao passo que, no último, não se pode pensar na sua incidência – nem mesmo mediata – sobre os particulares. Tal direito fundamental se destina unicamente a regular o modo do proceder estatal e, por isso, a sua única eficácia é sobre o Estado, evidentemente direta e imediata.

Perceba-se que, no caso de eficácia mediada pelo juiz, o *conteúdo* da decisão (a regra nela fixada) incide sobre os particulares. Nessa hipótese, o direito fundamental se projeta sobre os sujeitos privados. Trata-se, portanto, de eficácia sobre os particulares – e, assim, horizontal – mediada pelo juiz, e, por isso, dita mediata ou indireta. A eficácia vertical em relação ao juiz deriva do direito fundamental material, que lhe confere dever de proteção e acaba tendo repercussão horizontal quando se projeta, mediante a decisão, sobre os privados.

Porém, algo distinto acontece quando se pensa na incidência do direito fundamental em face dos órgãos estatais – que também é eficácia vertical –, para o efeito de vincular o seu modo *de proceder e atuar*. Nessa hipótese, o direito fundamental, ainda que tenha por objetivo vincular o modo de atuação do Estado perante o particular, não objetiva regular as relações entre os particulares e, por isso mesmo, não precisa ser mediado pelo juiz.

Na realidade, o direito fundamental à tutela jurisdicional, ao recair sobre a atividade do juiz, pode repercutir *lateralmente* sobre o particular, conforme o maior ou menor "grau de agressividade" da técnica processual empregada no caso concreto. Mas nunca horizontalmente, uma vez que esse direito não se destina a regular as relações entre os sujeitos privados.

Nessa perspectiva, para se evitar a confusão entre a eficácia do direito fundamental material objeto da decisão judicial e a eficácia do direito fundamental sobre a atividade do juiz, deve ser feita a distinção entre eficácia horizontal mediatizada pela decisão jurisdicional e eficácia vertical com repercussão lateral, essa última própria do direito fundamental à efetividade da tutela jurisdicional. Enquanto o direito fundamental material incide sobre os particulares por meio da decisão (eficácia horizontal mediatizada pelo juiz), o direito fundamental à tutela jurisdicional incide sobre a jurisdição e repercute, lateralmente, sobre as partes. No primeiro caso, o juiz atua porque tem o dever de proteger os direitos fundamentais materiais e, assim, de suprir a omissão de proteção do legislador; no segundo, porque tem o dever de dar tutela efetiva a qualquer tipo de direito, ainda que a lei não lhe ofereça técnicas adequadas.

Quando o juiz não encontra técnica processual idônea à tutela do direito, e assim se pode falar em omissão ou insuficiência de regra processual, ele deve suprir esta falta ou insuficiência com os olhos nas exigências do direito material que reclama proteção. Afinal, como esclarece Canotilho, o direito de acesso aos tribunais – também por ele reconhecido como direito a uma proteção jurisdicional adequada – é um direito fundamental formal que carece de densificação através de outros direitos fundamentais materiais.[22] O que o direito à tutela jurisdicional assegura a seu titular é um poder (*power*), cujo correlativo é uma situação de sujeição (*liability*),[23] ou seja, é o poder de exigir do Estado que ele o proteja perante a violação dos seus direitos. Não se trata de um direito a uma ação ou omissão determinada por parte do Estado ou a um bem específico, mas a um exercício de poder do Estado cujos contornos só serão definidos à luz do direito material do particular que reivindica proteção. Em rigor, trata-se do poder de uma pessoa de provocar um órgão público para que este ponha em marcha o poder estatal de intervir coercitivamente na esfera jurídica de um terceiro de maneira adequada a assegurar um direito.

Ora, se já está predeterminado qual é o direito a ser tutelado, condição que é pressuposta pelo direito à efetividade da tutela jurisdicional, e a discussão gira em torno apenas de qual o meio adequado para conferir efetividade a esse direito, *não há controvérsia ou dúvida sobre quem tem direito a quê, não há problema interpretativo a ser solucionado ou situação jurídica a ser esclarecida.* Não há necessidade de se justificar a intervenção coercitiva do Estado na esfera jurídica do particular. Isso já está feito. A questão que persiste diz respeito unicamente ao modo dessa intervenção, ao meio pelo qual o Estado deve agir para preservar o direito reclamado. Nesse contexto, *a dúvida apenas se coloca quando existe mais de um meio apto a satisfazer o direito tutelado.* Não há aqui debate sobre meios mais e menos eficazes, simplesmente porque um meio é plenamente eficaz e satisfaz o direito protegido ou não é plenamente eficaz e, então, não satisfaz o direito protegido. Sendo necessário escolher *entre diferentes meios aptos*, tendo-se em conta que nenhuma ação estatal pode ser arbitrária, ainda mais quando acarreta prejuízo, ônus ou encargo a um particular, é preciso haver critérios para tanto. O critério aqui só pode ser o da menor lesividade. Se existem duas formas possíveis pelas quais o Estado pode onerar um particular, alcançando mediante todas elas o mesmo benefício, obviamente a única forma não arbitrária de oneração, entre estas, é aquela que impõe o menor dano à esfera jurídica do particular.

Ou seja, não é necessário sopesar o direito à efetividade da tutela jurisdicional e o direito de defesa. Esses direitos não entram em colisão. Cada um deles incide num plano distinto, sem que se produza qualquer espécie de antinomia. O primeiro exige a seleção de um meio idôneo para a proteção do direito reivindicado; o segundo, a escolha – na hipótese de existirem diversos

---

[22] CANOTILHO, José Joaquim Gomes. *Direito constitucional e teoria da Constituição*, cit., p. 464.

[23] Adotando-se a terminologia de Wesley Newcomb Hohfeld, Fundamental legal conceptions as applied to judicial reasoning (originalmente publicado em 1919).

meios idôneos – daquele que se mostre como o menos lesivo à esfera jurídica do particular afetado.[24]

No caso da eficácia horizontal mediatizada pela decisão jurisdicional, a ponderação é feita para que o direito fundamental tenha eficácia sobre os particulares. Já no caso da eficácia vertical com repercussão lateral não há que se falar em ponderação ou em sopesamento, mas em um teste de adequação – pelo motivo de que o Estado se submete diretamente ao direito fundamental à tutela jurisdicional – e em um teste de necessidade ou lesividade mínima, vez que essa eficácia pode se refletir ou repercutir lateralmente sobre a parte.

As definições de eficácia horizontal mediatizada pela jurisdição e de eficácia vertical com repercussão lateral permitem que se compreenda a possibilidade de a jurisdição suprir a omissão do legislador em proteger um direito fundamental material e em dar ao juiz os instrumentos ou as técnicas processuais capazes de conferir efetividade à proteção jurisdicional dos direitos, sejam fundamentais ou não, sem que com isso se retire da parte atingida pela atuação jurisdicional o direito de fazer com que os seus direitos sejam considerados diante do caso concreto.

7. Legitimidade do raciocínio decisório no suprimento de técnica processual

Tratando-se de insuficiência de previsão processual ou de inexistência de técnica processual adequada ao caso concreto, não bastará ao juiz demonstrar a imprescindibilidade de determinada técnica processual não prevista em lei, mas também será necessário a ele argumentar que a técnica processual identificada como capaz de dar efetividade à tutela do direito é a que traz a menor restrição possível à esfera jurídica do réu.[25]

No caso de omissão inconstitucional, a identificação das necessidades dos casos concretos e o uso das técnicas processuais idôneas para lhes dar proteção obviamente devem ser precisamente justificados. Na verdade, o juiz deve estabelecer uma relação racional entre o significado da tutela jurisdicional no plano substancial (tutela inibitória, ressarcitória etc.), as necessidades do caso concreto e a técnica processual (técnica antecipatória, sentença executiva, multa coercitiva, busca e apreensão etc.). Em outros termos, deve demonstrar que determinada situação de direito material deve ser protegida por certo tipo de tutela jurisdicional, e que, para que essa modalidade de tutela jurisdicional possa ser implementada, deve ser utilizada uma precisa técnica processual.

Antes de partir para o encontro da técnica processual adequada, o juiz deve demonstrar as necessidades de direito material, indicando como as encontrou no caso concreto. De maneira que a argumentação relativa à técnica processual se desenvolve sobre um discurso de direito material já justificado. Nesse caso existem dois discursos: um primeiro sobre o direito material, e

---

[24] MARINONI, Luiz Guilherme. *Teoria Geral do Processo* (Curso de Processo Civil, v. 1), 7. ed., São Paulo: RT, 2013, p. 75 e ss.

[25] Idem, p. 125 e ss.

outro, incidente sobre o primeiro, a respeito do direito processual. O discurso de direito processual se apresenta como um sobrediscurso, ou um metadiscurso, no sentido de discurso que recai sobre um prévio discurso que lhe serve de base para o desenvolvimento.[26] O discurso jurídico processual é, portanto, um discurso que tem a sua base em um discurso de direito material. É certo que a idoneidade desses dois discursos se vale dos benefícios gerados pela realização e pela observância das regras do procedimento judicial. Mas, ainda assim, não se pode deixar de perceber a nítida distinção entre um discurso de direito material legitimado pela observância do procedimento judicial e um discurso de direito processual que, além de se beneficiar das regras do procedimento judicial, se sustenta sobre outro discurso (de direito material).

O discurso de direito processual ou, mais precisamente, o discurso que identifica a necessidade de uma técnica processual não prevista na lei, não representa qualquer ameaça à segurança jurídica, na medida em que se baseia num discurso que se apoia nos fatos e no direito material. O discurso processual objetiva atender a uma situação já demonstrada pelo discurso de direito material e não pode esquecer que a técnica processual eleita deve ser a mais suave, ou seja, a que, tutelando o direito, causa a menor restrição possível ao demandado.

---

[26] Esclareça-se que a terminologia "metadiscurso" ou "sobrediscurso" não significa que o discurso do direito processual seja um discurso acerca das regras do discurso que regem a interpretação e a aplicação do direito material. Este, em rigor, é um problema de metodologia do direito, ou da teoria do discurso jurídico. Aqui, a alusão a metadiscurso tem um objetivo menos ambicioso: ela pretende demarcar que o discurso do direito processual opera num plano diverso ao de direito material, sem que, contudo, seja dele independente.

— 13 —

Espécies de medidas de urgência[1]

ARAKEN DE ASSIS[2]

SUMÁRIO: Introdução; 1. Organização da atividade processual; 2. Critérios de classificação das medidas de urgência; 3. Medidas de urgência cautelares (segurança para execução); 3.1. Situação cautelanda; 3.2. Perigo de dano iminente e irreparável; 3.3. Temporariedade; 3.4. Verossimilhança; 3.5. Força mandamental da sentença cautelar; 4. Medidas de urgência satisfativas definitivas (execução para segurança); 5. Medidas de urgência satisfativas provisionais; Conclusão; Bibliografia.

Introdução

O advento do NCPC brasileiro, todavia ainda em tramitação, reclama análise prévia do direito vigente e das suas potencialidades. Talvez não haja outra área mais propícia que a das medidas de urgência. A esse respeito, o pensamento de Ovídio Araújo Baptista da Silva é marcante e decisivo. Esse estudo pretende revisitá-lo, apresentando seus fundamentos.

1. Organização da atividade processual

Em termos genéricos, a organização da atividade processual subordina-se a diversos fatores.

Às vezes, o direito material transformado em objeto litigioso (ou mérito) tem estrutura e função peculiares. Em tal caso, o objeto litigioso predetermina especialidade do procedimento e a força e os efeitos do provimento judicial. Frise-se bem: a classificação das ações e das sentenças por suas forças e efeitos descansa em critério material. Assim, na pretensão a consignar em pagamento, a estrutura e a função de direito material repercutem na ablação inicial da prestação, traduzida no ato de depósito (art. 891). Relativamente à pretensão a executar, a diversidade dos ritos imprimidos à obtenção de bens materialmente distintos (*corpus*, *genus* e *facere*) salta à vista, e, mais uma vez, as operações materiais predispostas na lei – o direito fundamental do devido processo não autoriza a privação patrimonial senão na forma prevista na lei – relaciona-se

---

[1] Estudo em memória do Professor Ovídio Araújo Baptista da Silva, mestre e amigo.

[2] Doutor em Direito (PUC-SP). Desembargador aposentado (TJ-RS). Professor Titular aposentado (PUC-RS). Advogado.

com o objeto da prestação. É o hipotético direito material alegado pelo autor que indica a força e os efeitos da resolução de mérito. Chamá-las espécies de "tutela" – declarativa, constitutiva, condenatória, executiva e mandamental –, e, não, forças da ação (material), indica mais pendores terminológicos que alterações na natureza das coisas.

Elementos ideológicos também predeterminam a especialidade do procedimento e a organização da atividade processual.[3] Casos há em que inexistem razões técnicas discerníveis para conferir tratamento especial à pretensão deduzida, como ocorre no caso da (*a*) apreensão da coisa alienada fiduciariamente, objeto do extravagante rito previsto no art. 3° do Dec.-lei 911/1969, e do (*b*) reconhecimento do domínio por usucapião (artigos 941 a 941). O rito especial destaca, no espírito do órgão judiciário, a relevância do interesse tutelado no procedimento, apartando a causa da vala comum. Facilmente se percebe que, sem embargo das funções instrumentais da jurisdição e das finalidades do processo, a ordenação dos atos processuais não é unicamente formal ou simplesmente lógica.[4]

É ideológica, ainda, a estruturação da atividade processual no procedimento paradigmático, designado de "comum" ou ordinário. Em tal rito, divisam-se fases ou etapas – a de postulação, a de saneamento, a de instrução e a de decisão – mais ou menos rígidas. Essas etapas dissipam e malbaratam abundantemente tempo para formular a regra jurídica concreta. Essa ordenação dos atos processuais funda-se em dois pressupostos ideológicos: de um lado, (*a*) "a suposta virtude atribuída ao processo de transformar as relações de direito material em relações obrigacionais", expressa na fórmula *obligatio + actio + litiscontestatio + condemnatio = actio iudicati*, que culminou na redação primitiva do art. 622, pretendendo uniformizar a realização material das pretensões reais e pessoais executivas e das pretensões obrigacionais, o que reclamou enérgica reação para impedir a aniquilação de ações com força executiva;[5] e, de outro, (*b*) a existência de uma só solução normativa correta para a composição da lei, que o provimento do órgão judiciário encarregar-se-ia de revelar na regra jurídica concreta.[6]

O esquema ordinário entrou em colapso no confronto com a urgência. A necessidade de realizar direitos instantaneamente constitui aspiração tão universal, quanto vã na generalidade dos casos. Como quer que seja, a urgência enerva as relações sociais. E a tensão mal contida de uma sociedade acostumada à informação instantânea desestruturou o procedimento ordinário. Ela cortou e reduziu a atividade cognitiva do órgão judiciário, generalizando a cognição sumária e comprimindo as fases tradicionais – proposição, instrução e decisão – que asseguram a atração do procedimento ordinário. A técnica prestou-se

---

[3] *Vide*, Sergio Chiarloni, *Introduzione allo studio del diritto processuale civile*, pp. 39-41; Carlos Alberto Álvaro de Oliveira, Procedimento e ideologia no direito brasileiro atual, pp. 80-85.

[4] Aroldo Plínio Gonçalves, *Técnica processual e teoria do processo*, n° 4.2.1, p. 66.

[5] *Vide*, Araken de Assis, *Manual da execução*, n° 168, p. 598. E 4ª T. do STJ, REsp. 290.848-RJ, 05.03.2002, Rel. Min. Nancy Andrighi, *DJU* 08.04.2002, p. 210, *in verbis*: "As disposições dos arts. 627 a 633, ambos do CPC, são inaplicáveis ao procedimento especial da ação de reintegração de posse".

[6] Ovídio A. Baptista da Silva, *Processo e ideologia*, p. 149.

para reduzir o custo do processo perante direitos evidentes, reduzir a defesa do réu, em alguns casos frívola e inútil, e evitar perigo de dano iminente e irreparável, por vezes decorrente do estado de insatisfação pelo tempo necessário ao desenvolvimento do processo de cognição plena e exauriente.[7] E, realmente, que a "duração do processo é dos seus defeitos humanos, o qual, aperfeiçoada que seja a disciplina processual, jamais será totalmente eliminado".[8]

Embora o consumo de tempo e de energia seja intrínseco ao processo, o desperdício de um e de outro devem ser contidos e reduzidos ao mínimo possível; na verdade, ao estritamente necessário. Talvez o mínimo suficiente, respeitando os direitos fundamentais, a imprimir face civilizada ao processo. O remédio contra o desperdício e desbaratamento do tempo consistiu em antecipar, com base em juízo de verossimilhança, os efeitos que resultariam da atividade processual que obedeceria aos padrões ordinários, atividade mais dilatada porque plenária. E, assim, o procedimento comum em crise desfigura-se a ponto de não ser reconhecido. O ordinário transforma-se em rito "diferenciado", tendendo a ser superado,[9] mas falta idealizar o substituto ideal. O objetivo do corte na cognição e do adiantamento dos resultados práticos da sentença definitiva, colocando o réu em posição assaz desconfortável, parece convincente: a efetividade da ordem jurídica.

Reconhecendo tratar-se de expressão altamente equívoca, chamou-se de tutela jurisdicional diferenciada à "predisposição de formas típicas de tutela sumária (cautelar ou sumária *tout court*)".[10] A terminologia venceu as águas mediterrâneas e atlânticas para fundear nos seguros, plácidos e descerrados portos nacionais. O percurso fez mal à expressão, perdendo o significado originário. Entende-se por "tutela diferenciada", na versão nacional, a adoção de uma dentre duas técnicas: ou proporcionar ao autor remédios alternativos ao procedimento ordinário e de cognição plenária; ou propiciar medidas que, no rito ordinário, habilitem o autor a alcançar tutela jurisdicional adequada.[11]

O mandado de segurança constitui autêntico meio de "tutela diferenciada" nessa linha de pensamento. Cabível que seja para proteger direito "líquido e certo", semelhante requisito evidencia o uso da técnica da cognição exauriente *secundum eventus probationis* (= prova pré-constituída dos fatos).[12] A dedução em juízo do direito material, mas dotado dessa espécie de prova, contra órgão público, dispõe de dois canais concorrentes: o procedimento do "mandado de segurança", quiçá muito atraente em virtude da competência originária de órgão judiciário de segundo grau para processá-lo e julgá-lo – o autor abstrai, destarte, os trâmites no primeiro grau –, no qual o autor pleiteia a antecipação dos efeitos do pedido jungido à prova documental pré-constituída; e o procedimento comum, no qual dispõe de irrestrito acesso a quaisquer meios de

---

[7] Andrea Proto Pisani, Sulla tutela giurisdizionale differenziata, n° 8, p. 575.

[8] Francesco Carnelutti, *Sistema di diritto processuale civile*, v. 1, n° 71, p. 205.

[9] Ovídio A. Baptista, *Curso de processo civil*, v. 1, pp. 93-115.

[10] Andrea Proto Pisani, Sulla tutela giurisdizionale differenziata, n° 1, p. 538.

[11] Rogério Aguiar Munhoz Soares, *Tutela jurisdicional diferenciada*, n° 8.2, p. 136.

[12] Luiz Guilherme Marinoni, *Tutela inibitória (individual e coletiva)*, n° 5.6, pp. 306-303.

prova, sem prejuízo da possibilidade de reclamar a antecipação dos efeitos do acolhimento do pedido, e que tramita por dois graus de jurisdição.[13]

A ambivalência da expressão "tutela diferenciada", abrangendo a especialização dos procedimentos, considerando a função inerente ao direito posto em causa, e a precipitação dos resultados práticos do processo, mediante o emprego generalizado de juízos de verossimilhança, recomenda extrema cautela no seu uso, senão discreto – evita-se, desse modo, os protestos e a resistência dos que elevam a doutrina italiana à condição de palavra sagrada – banimento. Na melhor das hipóteses, a "tutela diferenciada" é um gênero distante e amplo, do qual a antecipação é espécie,[14] porque forma de imprimir maior celeridade ao processo.

É preferível utilizar a expressão tutela antecipada para englobar as situações em que a urgência na asseguração (tutela cautelar) ou na obtenção do bem da vida (tutela de urgência satisfativa), nesse último caso de modo reversível (tutela de urgência provisional) ou não (tutela de urgência definitiva), e a evidência do objeto litigioso modelam o procedimento. Em tais casos, os direitos fundamentais processuais se harmonizam diversamente do que se verifica e constata no paradigma do procedimento ordinário. O fator tempo é redistribuído entre os litigantes, sacrificando o réu em proveito do autor.

Entende-se por antecipação a entrega (ou a simples possibilidade desse ato, pois há limites práticos intransponíveis ao objetivo) do bem da vida, do proveito, da utilidade ou da vantagem almejada pelo autor na abertura do processo, mediante provimento liminar, ou em fase anterior à que, segundo o rito comum, o autor chegaria a essa posição.[15] É a razão por que o problema da antecipação se relaciona intimamente com o efeito suspensivo atribuído ao meio de impugnação ou recurso. Entre nós, exibindo a apelação efeito suspensivo como regra (art. 520, *caput*), mas não o recurso especial e o recurso extraordinário (art. 542, § 2.°), os pronunciamentos judiciais baseados em juízo de certeza surtem efeitos após o julgamento da apelação em segundo grau, salvo quando tal decisão é tomada por maioria de votos e cabe embargos infringentes. A questão relativa ao momento em que se torna legítimo pleitear a antecipação, tratando-se de medida de urgência satisfativa, simplifica-se nessa linha de raciocínio: em qualquer momento anterior ao julgamento singular ou colegiado da apelação, conforme os respectivos pressupostos, o órgão judiciário antecipa a entrega do bem da vida.

Chegado a esse ponto, há três observações que se impõem desde logo: (*a*) nem todos os efeitos dos provimentos judiciais podem ser antecipados, principalmente o efeito do elemento declaratório, que é a certeza, mostrando-se incoerente atribuir tal aptidão a um provimento baseado em juízo de verossimilhança e reversível; (*b*) a jurisdição de urgência não é privativa do primeiro grau e, corriqueiramente, os tribunais são convidados a emitir medidas de urgência, a mais das vezes para inibir medidas análogas dos órgãos judiciários

---

[13] Rogério Aguiar Munhoz Soares, *Tutela jurisdicional diferenciada*, n° 8.2, p. 136.

[14] Angela Cristina Pelicioli, *A antecipação da tutela no direito brasileiro*, n° 3.4, p. 33.

[15] Nesse sentido, Cássio Scarpinella Bueno, *Tutela antecipada*, p. 29.

de hierarquia inferior; (c) as medidas de urgência cautelares destinaram-se, no regime originário do CPC de 1973, a produzir efeitos incontinenti. Esse último fenômeno decorreria de dois fatores: (ca) o agravo de instrumento, salvo hipóteses excepcionais, demorava a subir ao tribunal, preso aos trâmites de formação dos seus autos próprios, e ao relator, salvo casos excepcionais – nenhum, a rigor, relativo à cautelar, a saber: "prisão do depositário infiel" (hoje constitucionalmente vedada), "adjudicação, remição de bens ou levantamento de dinheiro sem prestação de caução idônea" – não cabia conferir-lhe efeito suspensivo; e (cb) não se tratando de liminar, mas de sentença de procedência, o juiz receberia a apelação somente no efeito devolutivo (art. 520, III). Em relação ao último aspecto, as modificações ulteriores da disciplina processual, generalizando a jurisdição de urgência no segundo grau, em nada contribuíram para a "efetividade" das medidas de urgência cautelares.

A quebra do paradigma ordinário importa tornar o processo civil inovador no plano do direito material, *à outrance*, mas lança suspeita de inconstitucionalidade, em particular perante o princípio da igualdade. Ora, as regras que alteram o modelo ordinário, indispensáveis para erradicar desequilíbrios sociais, culturais e econômicos das partes, relevam-se constitucionais, em tese, e por dois motivos: (a) o rito ordinário, marcado pela cognição plenária e a entrega do bem da vida a final para o autor, não é o único procedimento constitucional legítimo; e (b) a eliminação das desigualdades materiais constitui relevante programa constitucional.[16]

Não é menos verdade que, instituindo procedimento diferente do padrão, o legislador – segundo o ponto de vista aqui defendido, ao juiz não se concebe o poder de alterar as regras de procedimento ao seu talante, em casos concretos, porque a previsão antecipada da ordem dos atos integra o direito fundamental ao devido processo – há de considerar dados reais e objetivos atinentes ao objeto litigioso em abstrato. Em particular, o controle sobre o fator tempo não se compadece com expedientes sumários e tecnicamente sofríveis como a prioridade de tramitação do art. 1.211-A, no concernente aos processos em que figurem como partes pessoas idosas – maiores de sessenta anos –, regra objeto de crítica e perplexidade até por autor italiano.[17]

A razoabilidade do sacrifício do direito constitucional à defesa (ampla) e o do contraditório em determinadas causas constitui delicadíssima tarefa à jurisdição constitucional. A importância desse controle não pode ser negligenciada: o Dec.-lei 911/1969 sobreviveu viçosamente no terreno hostil da CF/1988. Só a recente proibição da prisão do depositário "infiel" logrou lhe cercear o efeito mais perverso.

Outro problema agudo consiste no êxito das técnicas de sumarização, haja ou não urgência, e de antecipação dos efeitos do pedido. A esta altura, generalizada a técnica antecipatória no art. 273 do CPC de 1973 – ideia original do homenageado e pranteado Ovídio Araújo Baptista da Silva –, uma coisa parece rigorosamente certa: a atividade processual em cada processo e a ativida-

---

[16] Luigi Paolo Comoglio, Tutela differenziata e pari effettività nella giustizia civile, n° 5, pp. 1.524-1.526.

[17] *Vide*, Giuseppe Tarzia, La durata del processo civile e la tutela dei deboli, n° 7, pp. 326-327.

de processual global das partes e dos órgãos judiciários de todos os graus, na jurisdição civil, aumentou consideravelmente. Em torno da liminar as partes travam cruenta e violenta batalha, o réu valendo-se de todas as armas de um arsenal imenso – os meios de impugnação ortodoxos e os sucedâneos recursais – para impedir a produção dos efeitos próprios do provimento. É batalha de movimento, pois do terreno inicial do primeiro grau chega-se, com alarmante frequência, aos tribunais de segundo grau, ao STJ e ao STF. E a batalha – releve-se a metáfora – é travada em terra, mar e ar, pois a parte transitoriamente vencida não hesita em reclamar contra o juiz administrativamente, no CNJ. É razão bastante para encarar a diferenciação do procedimento com atitude entre a moderada confiança e prudente ceticismo.[18]

2. Critérios de classificação das medidas de urgência

As medidas de urgência comportam classificação consoante muitos e diferentes critérios. Os pendores do classificador e os esquemas legislativos interferem decisivamente nesse assunto. As necessidades atendidas na jurisdição de urgência são universais. Varia a terapêutica legislativa. O primeiro passo consiste em separar o joio do trigo em matéria de antecipação dos efeitos do provimento final. Esse trabalho talvez pareça inútil num sistema que reduz a tipicidade das medidas de urgência a uma posição marginal e, a bem da simplicidade, eliminou quaisquer distinções formais. Não é menos certo, porém, que ao órgão judiciário, em virtude da marcante diversidade dos efeitos da medida porventura tomada no mundo real, interessa muito ter em conta o efetivo alcance da respectiva resolução.

Existem três subespécies de medidas de urgência: (*a*) a medida cautelar, dependente ou não; (*b*) a medida satisfativa definitiva; (*c*) a medida satisfativa provisional. As classes partem da análise do *ius positum*, mas representam elaboração doutrinal – e, outra vez, decisiva a participação de Ovídio Araújo Baptista da Silva. E real natureza da medida de urgência dependerá do teor da postulação da parte.[19] Em todas elas, há tutela sumária, mas o que prepondera é o elemento funcional.[20]

A possibilidade de o juiz prover *ex officio*, a esse respeito, não constitui classe à parte.

Literalmente, o art. 797 autoriza o órgão judiciário, e em caráter excepcional, nos casos determinados em lei, a conceder medidas "cautelares" sem "audiência das partes". Entretanto, a concessão de liminares *inaudita altera parte* já se encontra prevista, suficientemente, no art. 804. Por isso, evitando a redundância, entende-se que o art. 797 autoriza a concessão de providências cautelares *ex officio*. Emprega o texto a palavra "partes" no plural para essa finalidade.

---

[18] Sergio La China, Giusto processo, laboriosa utopia, n° 6, pp. 1.125-1.126.

[19] Wolfgang Lüke, *Zivilprozessrecht*, § 89, p. 619.

[20] Luiz Guilherme Marinoni, *Tutela cautelar e tutela antecipatória*, n° 4.7, p. 105.

A regra não excepciona a velha máxima da iniciativa da parte para formar a relação processual (art. 2.º c/c art. 262, primeira parte, do CPC). O artigo 797 dispensa somente o pedido expresso da parte para o juiz decretar a medida. Todavia, a providência há de ser tomada em algum processo de jurisdição contenciosa ou de jurisdição voluntária formado por iniciativa da parte. Os exemplos colecionados, nesta rubrica, confirmam a tese. Por exemplo: (a) o seguro para o navio penhorado continuar operando (art. 679); (b) o sequestro dos bens sob a guarda de inventariante, tutor, curador, depositário e, em geral, do administrador, que não pagar o saldo a que foi condenado (art. 919); (c) a suspensão da entrega do quinhão ao herdeiro cuja legitimidade recebeu contestação (art. 1.000, III, parágrafo único); a reserva de bens em poder do inventariante até que se decida a investigação de paternidade (art. 1.001); (d) o sequestro do bem sujeito à colação, não se provendo a respectiva conferência no prazo (art. 1.016, § 1.º); (e) a separação de dinheiro ou de bens suficientes para pagar os credores que se habilitaram no inventário (artigos 1.017, § 2.º; art. 1.018, parágrafo único; e art. 1.019); e assim por diante. Essas providências pressupõem a pendência do processo.

3. Medidas de urgência cautelares (segurança para execução)

À configuração da autêntica pretensão à segurança, que é uma modalidade de tutela de interesse da parte, ditada pela urgência, e, por esse relevante motivo, restrita à aparência do direito, impõe-se a reunião simultânea de cinco características: (a) situação cautelanda; (b) perigo de dano iminente e irreparável; (c) temporariedade; (d) verossimilhança; (c) força mandamental da pretensão.

3.1. Situação cautelanda – A medida cautelar protege o interesse da parte ameaçado por uma situação de perigo. Elaborada na doutrina pátria,[21] dá-se o nome de "situação cautelanda" a esse dado de fato: o interesse legítimo acossado por perigo de dano iminente e irreparável.

É incomum admitir medida cautelar para proteger interesses. No entanto, a proteção a interesses legítimos empresta latitude universal à tutela cautelar. Ela refuta a recorrente não que a medida cautelar assume função "instrumental", ou seja, atua como mecanismo de defesa da jurisdição, qual espécie de polícia judiciária.[22] Significativamente, a doutrina peninsular jamais conseguiu repelir a contento a tese de a tutela de urgência destinar-se "a tutelar, ou melhor, a preservar a efetividade (a utilidade, em última análise) da decisão de mérito",[23] porque a realização de um direito subjetivo pode ser impedida ou tornar-se difícil no seu tempo próprio por força de alguma circunstância verificada antes da sua declaração, isto é, da mudança do estado de fato atual.[24]

---

[21] Ovídio A. Baptista da Silva, *Curso de processo civil*, v. 3, § 6, pp. 27-30.

[22] Piero Calamandrei, *Introduzione allo studio sistemático dei provvedimenti cautelare*, n° 46, p. 144.

[23] Filippo Verde, *I provvedimenti di urgenza*, n° 1.2, p. 4.

[24] *Vide*, Giuseppe Chiovenda, *Principii di diritto processuale civile*, § 9°, 1, p. 225.

Por esse motivo, a Corte Constitucional da Itália limita os provimentos de urgência, previstos no célebre art. 700 do CPC italiano, à tutela de direitos subjetivos.[25]

Por outro lado, a par de ampliar o universo da tutela cautelar, a situação cautelanda também a diferencia de outras medidas de urgência. A remoção do interditando do lugar em que se encontra interna, "a fim de resguardá-lo da influência de parentes contrários à interdição",[26] hipótese apontada como típica defesa da atividade jurisdicional, porque não corresponde a nenhuma posição subjetiva tocante às partes no processo de interdição em si, na realidade não tem natureza cautelar. Falta-lhe a nota da situação cautelanda: o provimento do juiz, em tal caso, não protegerá direito subjetivo, a pretensão e sua ação, ou exceção substancial das partes no processo de interdição. É uma medida definitiva provisional.

O primeiro ônus do autor para obter medida cautelar consiste em identificar precisa e concisamente interesse jurídico que entende passível de proteção – a situação cautelanda. Para essa finalidade, o autor ministrará, na petição em que deduz a pretensão à segurança, os elementos de fato que identifiquem tal interesse. Por exemplo, cumpre ao autor narrar, na petição em que pleiteia o arresto, fatos que indiquem a possibilidade de subtração de bens do patrimônio do suposto obrigado, em prejuízo de quem se alega credor, seguindo-se que, consumado o ato, encontrar-se-á em dificuldades para realizar crédito que também indicará como plausível. Se o autor sofreu dano patrimonial, em razão de acidente de trânsito, e teme que o direito à reparação seja irrealizável na prática, quando declarado existente pelo juiz, incumbe-lhe narrar as circunstâncias do evento danoso.

A situação cautelanda não é, em si, instrumental. Instrumento é o processo, em relação ao direito material,[27] e é o suposto crédito que corre o risco de não se realizar no futuro.

3.2. Perigo de dano iminente e irreparável – O segundo elemento da pretensão à segurança avulta no perigo de dano iminente e irreparável. É o que determina a urgência da medida.

Em geral, utiliza-se a expressão *periculum in mora* para identificar esse receio de mal irreparável ao interesse legítimo da parte.[28] Ela não é incorreta ou impertinente; porém, o direito comum a empregava para explicar os casos de realização antecipada de créditos – execução provisória –, o que é motivo bastante para substituí-la nos domínios cautelares pelo perigo de dano iminente e irreparável. O *periculum in mora* exige a realização antecipada do direito, e, não, a simples segurança. O remédio para a demora é satisfativo.

O recurso à tutela cautelar tem cabimento, "porque o direito, carente de proteção imediata, poderia sofrer um dano irreparável se tivesse de subme-

---

[25] Filippo Verde, *I provvedimenti di urgenza*, n° 1.11.1, pp. 39-43.

[26] Galeno Lacerda, *Comentários ao código de processo civil*, v. 8, t. 1, n° 37, p. 150.

[27] Ovídio A. Baptista da Silva, *Curso de processo civil*, v. 3, § 6, p. 30.

[28] Giuseppe Chiovenda, *Instituições de direito processual civil*, v. 1, n° 83, p. 386.

ter-se às exigências do *procedimento ordinário*".[29] Em outras palavras, a situação de urgência se mostra incompatível com o tempo usual para o órgão judiciário perquirir a existência do direito, certificando-se da razão do litigante, e, nessa contingência, abrem-se dois termos de alternativas: ou o juiz protege a aparência, desde logo, ou o juiz somente realizará o direito – e, portanto, obra além da cautelar – após habilitar-se a proferir juízo de certeza. Nenhuma delas é isenta de desvantagens. O balanço dos interesses em jogo indica ser preferível adotar o primeiro caminho. Cuidando-se, por exemplo, de direito de crédito, protege-se o suposto credor, mediante constrição patrimonial que lhe ofereça garantia (arresto) para realizar o crédito no futuro, em detrimento do suposto devedor, que sofre os efeitos práticos dessa constrição até que o juiz decida se o crédito existe ou não. No caso de constrição sobre bens do patrimônio do suposto devedor, esses efeitos práticos consistem basicamente no seguinte: (*a*) na reorganização da posse do bem, à medida que, no mínimo, a posse mediata lhe é subtraída, passando a terceiro, ou alterado o respectivo título, deixando o próprio devedor de possuir em nome próprio, porque designado depositário; (*b*) na ineficácia relativa dos atos de disposição.

Dois aspectos necessitam de esclarecimento suplementar, nesse ponto, e sua explicação auxilia a configuração dessa característica intrínseca à tutela cautelar e pressuposto da liminar.

O perigo de dano iminente e irreparável não respeita aos eventuais embaraços que o juiz enfrentará na futura declaração da existência do crédito, resolvendo duvidosas questões de fato ou intrincadas questões de direito, proferindo sentença definitiva. Embora seja considerado esse perigo como ameaça latente antes que a parte obtenha o provimento definitivo,[30] na realidade ele não respeita à atividade cognitiva do órgão judiciário. Dificuldades que apareçam ao "trabalho de gabinete", geralmente desenvolvido no processo principal, cuidando-se de cautelar dependente, não tem maior relevo. O perigo não se passa em tal plano abstrato. Em contrapartida, a circunstância de o provimento assecuratório, *initio litis*, mais sugerir do que adiantar juízo favorável autor, revela-se por igual irrelevante. É perfeitamente concebível que, ao fim e ao cabo, o juiz conclua que inexista o interesse que o autor pretende assegurar na via cautelar.

O perigo de dano iminente e irreparável atinge, na verdade, a futura realização do crédito na realidade social, por intermédio do intercâmbio patrimonial.[31] É no domínio dos fatos, portanto, que o juiz avaliará a presença, ou não, do perigo.

E, por tal relevante razão, o perigo de dano iminente e irreparável precisa se traduzir em dados concretos da realidade. O receio de lesão a que alude o art. 801, IV, "deve ser objetivo, fundado em motivo sério, isto é, em fato que represente ameaça atual ou virtual. Não basta o simples temor subjetivo, desa-

---

[29] Ovídio A. Baptista da Silva, *Curso de processo civil*, v. 3, § 7, p. 30.

[30] Giovanni Arieta, *I provvedimenti d'urgenza*, n° 32, p. 123..

[31] Ovídio A. Baptista da Silva, *Curso de processo civil*, v. 3, § 7, p. 36-37.

companhado de razões concretas".[32] Não é preciso, porém, que a medida cautelar impeça o perigo iminente. Também pode impedir-lhe a continuidade e o agravamento (*v.g.*, o réu já alienou um dos bens do seu patrimônio, recaindo a constrição sobre os bens remanescentes).

É mundo comum, nas ações de improbidade, o Ministério Público pleitear automaticamente, sem qualquer elemento concreto que indique mudanças na situação patrimonial do réu, a medida de indisponibilidade prevista no art. 7°, e parágrafo único, da Lei 8.429/1992. Ora, como se verifica no caso da liminar do art. 11 da Lei 7.347/1985, conforme o teor da postulação igualmente cautelar, a omissão da regra no tocante à necessidade de explicitação do perigo de dano iminente e irreparável não significa que ele seja dispensado para a decretação da indisponibilidade patrimonial.[33] O simples fato de o Ministério Público, após investigar os fatos em inquérito, ou não, ajuizar pretensão fundada em ato de improbidade, e a verossimilhança dessa pretensão processual, não autoriza o juiz a decretar a indisponibilidade.[34] Essa decretação automática e fatal da medida de indisponibilidade, inexistente o perigo de dano, não se harmoniza com os direitos fundamentais processuais.[35]

3.3. Temporariedade – Nenhuma medida cautelar se mostra provisória. Intensamente divulgada,[36] a noção de provisoriedade assenta na errônea premissa de a tutela cautelar visar à defesa da atividade jurisdicional. A distinção entre o provisório e o temporário constitui encruzilhada fundamental nessa matéria. É necessário tomar o caminho que, sem pejo da heterogeneidade da litisregulação, fixa a finalidade precípua das providências cautelares como proteção ao direito da parte.[37] Essa diretriz tem consequência: a medida cautelar é e só pode ser, sob a pena de descaracterizar-se como tal, temporária.

Segundo o estudo que influenciou decisivamente o ponto,[38] a medida provisória não dura para sempre, mas pressupõe evento sucessivo que a torna desnecessária, que consistiria no provimento definitivo, formulando a regra jurídica concreta para os litigantes. Temporário é o que não dura sempre, sem que se pressuponha a ocorrência de outro evento subsequente que o substitua. Persuasiva metáfora explica a diferença: "Os andaimes da construção são temporários. Ficam apenas até que se acabe o trabalho no exterior do prédio. São, porém, definitivos, no sentido que nada virá substituí-los. Já, entretanto, a barraca onde o desbravador dos sertões acampa, até melhor habitação, não é apenas temporária, é provisória também. O provisório é sempre trocado por um definitivo".[39] Pois bem: a medida cautelar é temporária. E, porque provi-

---

[32] Galeno Lacerda, *Comentários ao código de processo civil*, v. 8, t. 1, n° 47, p. 218.

[33] Betina Rizzato Lara, *Liminares no processo civil*, n° 6.2, p. 193.

[34] 2.ª T. do STJ, REsp. 469.366-PR, 13.05.2003, Rel. Min. Eliana Calmon, *DJU* 02.06.1993, p. 285.

[35] 2.ª T. do STJ, REsp. 769.350-CE, 06.05.2008, Rel. Min. Humberto Martins, *DJU* 16.05.2008.

[36] Por exemplo, Ezequiel Osorio Acosta, *Las medidas cautelares en el proceso civil español*, p. 22.

[37] Ovídio A. Baptista da Silva, *Curso de processo civil*, v. 3, § 8, p. 37.

[38] Piero Calamandrei, *Introduzione allo studio sistemático dei provvedimenti cautelari*, n° 3, p. 10.

[39] Lopes da Costa, *Medidas preventivas*, n° 5, p. 16.

dência temporária, não comporta câmbio pelo provimento definitivo, ou seja, pela regra jurídica concreta. Ela é garantia da satisfação futura da parte.

Em razão disso, a temporariedade da tutela cautelar implica três relevantes consequências.

(A) A providência cautelar subsistirá enquanto perdurar a situação de perigo, como acontece com a hipótese de arresto: a emissão da sentença condenatória a favor do requerente do arresto não substitui, evidentemente, o arresto por penhora, e justifica-se com maiores razões no interregno entre essa sentença e o momento hábil para o vitorioso realizar a penhora (*v.g.*, no curso da liquidação por arbitramento ou por artigos).[40]

(B) A providência cautelar será distinta da providência satisfativa – esta é congruente com os efeitos do pedido –, consistindo algo aquém (*minus*) ou diferente (*aliud*).[41] Em muitas situações, surgirão dificuldades em identificar ou traçar essa diferença em termos nítidos. É o que acontece, outra vez, no caso do arresto, também ele uma constrição atrimonial.

(C) A providência cautelar jamais provocará fato consumado, ou seja, produzirá efeitos permanentes no mundo real, a favor ou contra uma das partes. A medida cautelar não se eterniza, mas vigora temporariamente; do contrário, causaria gravame tão intenso à parte que sofre seus efeitos que esta, de seu turno, buscaria análoga proteção.[42] Por isso, os efeitos dessa espécie de providência desaparecem perante provimento desfavorável no processo principal ou na própria sentença cautelar que reconheça a inexistência do direito acautelado.[43] É correta, portanto, a orientação da Súmula do STF n° 405: não pode subsistir a liminar do mandado de segurança, porque desaparecida a verossimilhança, no caso de sentença de mérito desfavorável ao impetrante.

O caráter temporário da medida cautelar não significa que ela seja antecipatória. Entenda-se bem: não antecipa os resultados práticos do processo civil, porque simples garantia; porém, antecipa os efeitos da própria sentença cautelar, eminentemente mandamental.

3.4. Verossimilhança – As medidas cautelares antecipadas ou finais pressupõem cognição sumária. O órgão judiciário se atém à aparência do direito, porque a urgência impede-o de investigar a existência do direito.

Essa característica também concorre nos provimentos antecipatórios satisfativos (*v.g.*, na entrega de medicamentos). É essencial apenas na autêntica tutela cautelar. Ao contrário do que sucede no processo em que a parte pleiteia medicamentos do Estado, cujo provimento final declarará o direito da parte à prestação positiva do Estado na área da saúde, ou repelirá semelhante pedido, porque inexistente esse direito, no processo cautelar a sentença jamais abandonará o plano da aparência. Outro exemplo clássico avulta na declaração da

---

[40] Ovídio A. Baptista da Silva, *Curso de processo civil*, v. 3, § 8, p. 42.
[41] Fritz Baur, *Studien zum einstweiligen Rechtsschutz*, § 3.°, IV, 1, d, p. 25.
[42] Frederico Marques, *Manual de direito processual civil*, v. 4, n° 1.061, p. 376.
[43] Sergio La China, Pregiudizio bilaterale e crisi del provvedimento d'urgenza, n° 2, pp. 222-227.

falsidade de documento. A pretensão a declarar o falso, incidentalmente deduzida, ou objeto de processo principal e antecedente, não assegura a produção da prova, mas realiza o direito substancial, estipulando se o documento é falso ou é autêntico.[44] Provimento desse teor não ostenta natureza cautelar.[45] Ele satisfaz o direito ao reconhecimento do falso, não importando, absolutamente, que exiba função preventiva e numa futura demanda a parte se valha do respectivo preceito.

Evidentemente, na petição inicial, o autor da pretensão à segurança alega, categoricamente, a titularidade do direito que pretende assegurar. Não poderia ser diferente, mas o dado não assume qualquer relevo particular. O provimento do juiz se limita à emissão de juízo de probabilidade, ou de verossimilhança, abstendo-se de investigar a existência desse alegado direito, e, portanto, não emite juízo de certeza a seu respeito. Conforme já se destacou, a cognição sumária antes implica limites do julgamento do que à discussão da causa. Não cabe ao juiz perquirir no plano da existência e, conseguintemente, alarga-se a esfera cautelar de proteção, alcançando direitos eventuais, cujos elementos de existência ainda não ocorreram integralmente.

Nem toda demanda de cognição sumária assume natureza cautelar. Por exemplo, a ação fundada em cambial movida pelo portador contra o endossatário necessariamente tem cognição sumária, pois não se admitem as exceções baseadas no negócio subjacente à emissão da cártula; todavia, como regra a pretensão do portador contra o endossatário tem força executiva (art. 585, I). É inadmissível a oposição do executado, ou embargos, examinar o negócio jurídico subjacente à emissão da cártula, pois o executado somente pode alegar "matéria que lhe seria lícito deduzir como defesa em processo de conhecimento" (art. 745, V).

O direito evidente não precisa ser acautelado Pode ser satisfeito, desde logo, por intermédio de cognição sumária.

3.5. Força mandamental da sentença cautelar – O provimento cautelar (antecipatório ou final) tem força mandamental. E, com efeito, somente essa classe de ações, em que há mais ordem (*imperium*) do que juízo (*notio*),[46] pois o órgão judiciário jamais chegará a declarar a existência do direito, cingindo-se à respectiva aparência, e que culmina com a emissão de sentença de mérito (definitiva quanto à aparência) e põe fecho à eventual relação processual autônoma instaurada através do exercício da pretensão à segurança, acomoda-se às medidas cautelares. É o que acontece na medida paradigmática, o arresto: o juiz ordena a constrição patrimonial, sem declarar a existência do crédito pecuniário.

---

[44] Ovídio A. Baptista da Silva, *Curso de processo civil*, v. 3, § 9, p. 45.

[45] Em sentido contrário, Piero Calamandrei, *Introduzione allo studio sistemático dei provvedimenti cautelari*, n° 12, pp. 32-33.

[46] Ovídio A. Baptista da Silva, *Curso de processo civil*, v. 3, § 10, p. 49.

4. Medidas de urgência satisfativas definitivas
(execução para segurança)

O aumento vertiginoso das medidas urgentes, porém satisfativas, posteriormente ao advento do CPC de 1973, deveu-se à acomodação das tutelas sumárias do procedimento comum. Pretensões inconciliáveis com o tempo normal do procedimento comum, então subdividido em ordinário e sumaríssimo (posteriormente, chamado de sumário) escoavam para cláusula geral do art. 798 do CPC de 1973.

Razão ponderável constituiu o desaguadouro. Não se mostra possível e razoável prever antecipadamente todos os eventos e todas as condutas capazes de provar o perigo de dano iminente e irreparável, a par de remédios específicos – medidas cautelares nominadas ou típicas. Assim, o artigo 798 atribui ao juiz o chamado poder geral de cautela, autorizando-o a assegurar, nas situações não regradas expressamente, os direitos litigiosos. Surgiu, no seio dessa regra e na falta de outro escoadouro, a extravagante figura da cautelar satisfativa.

Exemplo de medida impropriamente designada de "cautelar satisfativa" é a que prorroga contrato de seguro-saúde, objeto de denúncia imotivada seguradora, porque o segurado, anteriormente internado por afecção cardíaca grave, alcançara idade provecta, tornando previsível futuras e constantes internações. Em outras palavras, após anos de contribuição, justamente no momento da maior necessidade do segurado a lógica econômica cruel da seguradora identificou as desvantagens do negócio. Essa prática, outrora comum, mereceu o adequado reparo da agência governamental reguladora, impedindo a denúncia nessas condições. De seu turno art. 273, generalizando a antecipação de tutela, limpou a área coberta pelo artigo 798, tornando bem claro que se trata de regulação provisória, mas antecipação dos efeitos do pedido "principal", em que há prevenção e, não, cautelaridade. Outro exemplo típico de medida (de urgência) satisfativa definitiva, e de máxima importância na perspectiva dos valores – o direito constitucional à saúde é autoaplicável –,[47] reponta na pretensão de receber medicamentos da pessoa jurídica de direito público, havendo necessidade (impossibilidade financeira e doença grave), ou de realizar cirurgia de risco em determinados centros médicos. Também é dessa espécie medida que autorize a transfusão de sangue indispensável a manter paciente confessional com vida.

O que empresta o caráter "definitivo" a essas medidas de urgência é a irreversibilidade dos efeitos no plano da realidade material. Pouco adiantará o juiz chegar à conclusão, posteriormente, que o autor tem possibilidades financeiras para adquirir o medicamento, ou realizar a cirurgia, ou que inexiste a alegada doença ou, ainda, que o remédio reclamado não tem qualquer propriedade terapêutica: o autor consumiu o medicamento ou já realizou a cirurgia e tais efeitos se mostram irreversíveis. Por essa razão, a pretensão a receber alimentos provisionais – todavia, remédio processual típico no CPC de 1973

---

[47] Germano A. Schwartz e Ricardo Jacobsen Gloeckner, *A tutela antecipada no direito à saúde*, n° 3.3, pp. 112-125.

– entra nessa classe. É medida urgente e satisfativa, pois os alimentos se ostentam fática e *ope legis* irrepetíveis. É inegável que providências desse teor são extremamente gravosas para o réu, pois a reparação pecuniária é difícil, senão impossível.[48] Em compensação, deixar o doente sem tratamento é uma escolha terrível, raramente adotada.

Um dos mais graves problemas na identificação da natureza dessas medidas de urgência reponta no entendimento de "satisfação". Também aqui há uma encruzilhada que deve ser superada com o rumo correto. Em geral, diz-se que a satisfação se verifica "quando o juiz declara o direito da parte com foros de definitividade".[49] Não é a perspectiva aqui adotada. Entende-se por satisfação a realização prática do direito da parte, a entrega do bem da vida, proveito, vantagem ou utilidade almejada, e, não, resolução judicial dando razão a uma das partes.

5. Medidas de urgência satisfativas provisionais

À diferença da classe anterior, há medidas que satisfazem o direito litigioso, no plano da realidade material, mas seus efeitos são provisórios. Exemplo dessa classe de medidas de urgência se localiza na antecipação (liminar) possessória. O órgão judiciário, baseado em verossimilhança, antecipa os efeitos próprios do provimento final – no caso, fundamentalmente a força executiva dessa ação –, e realiza, de fato, o alegado direito, pois o autor passará a usufruir a coisa.

A medida de urgência satisfaz o alegado direito. Porém, é reversível. Chegando o juiz à conclusão que a posse compete ao réu, ordenará a restituição da coisa à respectiva esfera patrimonial.

Conclusão

A enumeração das espécies das medidas de urgência revela a imensa contribuição de Ovídio Araújo Baptista da Silva nesse tema espinhoso. Impõe-se resgatá-la do esquecimento e – mal insidioso – das deturpações.

Bibliografia

ARIETA, Giovanni. *I provvedimenti d'urgenza*. 2. ed. Pádua: Cedam 1985.

ARRUDA ALVIM, Eduardo. *Antecipação de tutela*. Curitiba: Juruá, 2007.

ASSIS, Araken de. *Manual da execução*. 16. ed. São Paulo: RT, 2014.

BAPTISTA DA SILVA, Ovídio Araújo. *Processo e ideologia – o paradigma racionalista*. Rio de Janeiro: Forense: 2004.

———. *Curso de processo civil*. V. 3. Porto Alegre: Fabris, 1993.

BAUR, Fritz. *Studien zum einstweiligen Rechtsschutz*. Tübingen: J. C. B. Mohr (Paul Siebeck), 1967.

BUENO, Cássio Scarpinella. *Tutela antecipada*. São Paulo: Saraiva, 2004.

---

[48] Wolfgang Lüke, *Zivilprozessrecht*, § 89, III, n° 724, p. 620.

[49] Eduardo Arruda Alvim, *Antecipação de tutela*, n° 3.1, p. 163.

CALAMANDREI, Piero. Introduzione allo studio sistematico dei del provvedimenti cautelare. Pádua: Cedam, 1936.

CARNELUTTI, Francesco. *Sistema de diritto processuale civile*. Pádua: Cedam, 1936.

CHIARLONI, Sergio. Introduzione allo studio del diritto processuale civile. Turim: Giappichelli, 1975.

CHIOVENDA, Giuseppe. *Principii di diritto processuale civile*. 4. ed. Nápoles: Jovene, 1928.

———. *Instituições de direito processual civil*. Trad. J. Guimarães Menegale. São Paulo: Saraiva, 1942.

COMOGLIO, Luigi Paolo. Tutela differenziata e pari effettività nella giustizia civile. *Rivista di Diritto Processuale*. V. 63. Pádua: Cedam, 2008.

GONÇALVES, Aroldo Plínio. *Técnica processual e teoria do processo*. Rio de Janeiro: Aide, 1992.

LA CHINA, Sergio. Giusto processo, laboriosa utopia. *Rivista di Diritto Processuale*. V. 60. Pádua: Cedam, 2005.

———. Pregiudizio bilaterale e crise del provvedimenti d'urgenza. *Rivista di Diritto Processuale*. V. 35. Pádua: Cedam, 1980.

LACERDA, Galeno. *Comentários ao código de processo civil*. V. 8. T. 1. 9. ed. Rio de Janeiro: Forense, 2006.

LARA, Betina Rizzato. *Liminares no processo civil*. São Paulo: RT, 1993.

LOPES DA COSTA, Alfredo Araújo. *Medidas preventivas*. 2. ed. Belo Horizonte: Bernardo Álvares, 1958.

LÜKE, Wolfgang. *Zivilprozessrecht*. 9. ed. Munique: C. H. Beck, 2006.

MARINONI, Luiz Guilherme. *Tutela inibitória (individual e coletiva)*. 3. ed. São Paulo: RT, 2003.

———. *Tutela cautelar e tutela antecipatória*. São Paulo: RT, 1992.

MARQUES, José Frederico. *Manual de direito processual civil*. 5. ed. São Paulo: Saraiva, 1977.

OLIVEIRA, Carlos Alberto Alvaro de. Procedimento e ideologia no direito brasileiro atual. *Revista da Ajuris*. V. 33. Porto Alegre: s/e. 1985.

OSORIO ACOSTA, Ezequiel. *Las medidas cautelares en el proceso civil español*. Curitiba: Juruá, 2013.

PELICIOLI, Ana Cristina. *A antecipação da tutela no direito brasileiro*. São Paulo: LTr, 1999.

PROTO PISANI, Andrea. Sulla tutela giurisdizionale differenziata. *Rivista di Diritto Processuale*. V. 34. Pádua: Cedam, 1980.

SCHWARTZ, Germano A.; GLOECKNER, Ricardo Jacobsen. *A tutela antecipada no direito à saúde*. Porto Alegre: Fabris, 2003.

SOARES, Rogério Aguiar Munhoz. *Tutela jurisdicional diferenciada* (tutelas de urgência e medidas liminares em geral). São Paulo: Malheiros, 2001.

TARZIA, Giuseppe. La durata del processo civile e la tutela dei deboli. *Rivista di Diritto Processuale*. V. 60. Pádua: Cedam, 2005.

VERDE, Filippo. *I provvedimenti d'urgenza*. Pádua: Cedam, 2005.

— 14 —

A plenitude de defesa na cognição sumária
(limites na fase de cumprimento de sentença)

SÉRGIO GILBERTO PORTO[1]

SUMÁRIO: 1. Sobre a cognição sumária; 2. Bosquejo sobre a execução no sistema processual; 3. Sobre garantias constitucional-processuais na ordem jurídica processual; 4. A plenitude de defesa na cognição sumária.

1. Sobre a cognição sumária

A doutrina desde muito destaca e identifica hipóteses de sumarização da cognição e bem assim a técnica utilizada através de cortes no conhecimento que podem ser impostos às demandas. Nesta linha, é possível a demanda ser tida por sumária em razão da limitação que sofre a matéria objeto de debate ou em razão da superficialidade investigatória aceita para efeitos de apreciação de pretensão.

Será a demanda sumária em razão da matéria quando sofrer um corte na extensão do objeto do debate, como, por exemplo, nas ações possessórias, nas quais apenas é permitido que a discussão seja apenas em torno da posse, afastando-se, por decorrência, desde antes, toda e qualquer outra questão do litígio. Nesta hipótese, a técnica de sumarização ocorre através de um corte vertical,[2] vez que limitada sua extensão, sendo, por isto, também denominada de cognição parcial, haja vista que certas questões ficam reservadas para outras demandas.

Será, outrossim, a demanda igualmente sumária quando não for necessário o aprofundamento da matéria posta em debate, limitando-se o conhecimento do juízo à superficialidade, pois não há exigência da presença de cognição exauriente, ou seja, plenária. Neste caso, a técnica de sumarização empregada se concretiza através de um corte horizontal no conhecimento, como ocorre, por exemplo, nas ações cautelares, quando apenas o provável já é suficiente

---

[1] Doutor em Direito. Mestre e Especialista em Direito Processual Civil. Professor Titular (PUC-RS). Procurador de Justiça aposentado (RS). Advogado e Consultor.

[2] Cumpre destacar que a referência é ao corte, e não à cognição, portanto da técnica, e não da sumarização propriamente dita.

para a tutela pretendida, vez que a decisão se legitima com base na simples verossimilhança das afirmações deduzidas.

A propósito do tema, ensina JOSÉ GUILHERME MARINONI[3] que: "A técnica da cognição permite a construção de procedimentos ajustados às reais necessidades de tutela. A cognição pode ser analisada em duas direções: no sentido horizontal, quando a cognição pode ser plena ou parcial; e no sentido vertical, em que a cognição pode ser exauriente, sumária e superficial".[4]

Elucidativa, por igual, a lição de OVÍDIO ARAÚJO BAPTISTA DA SILVA[5] ao aduzir que: A técnica de sumarização de uma demanda qualquer pode utilizar-se de um dos seguintes expedientes; a) permite-se que o juiz decida com base em cognição apenas *superficial* sobre todas as questões da lide, como acontece com as decisões (sentenças) liminares; b) permite-se que o juiz decida com base em *cognição exauriente* das questões próprias daquela lide, mas veda-se que ele investigue e decida fundado em determinadas questões controvertidas, previamente excluídas da área litigiosa a ela pertencente. É isto que ocorre com as ações cambiárias e possessórias, para mencionar apenas os exemplos mais notórios; c) sumariza-se, também, impedindo que o juiz se valha de certa espécie de prova, como acontece nos chamados *processos documentais*, de que, aliás, o cambiário foi o exemplo mais eminente, mas que encontram na ação de mandado de segurança uma espécie típica do direito moderno; finalmente d) pode dar-se sumarização, ao estilo dos antigos processos sumários, com verdadeira 'reserva de exceções', por exemplo, em certas ações de despejo (*convalida di sfratto*) do direito italiano e nos processos *d'ingiunzione* também existentes no direito peninsular, nos quais a sentença liminar torna-se desde logo executiva se o demandado não oferecer prova escrita contrária, reservando-se para uma fase subsequente da própria ação o exame das questões que exijam prova demorada e complexa".

Por igual, profícua, a exposição de KAZUO WATANABE em torno da matéria: "Numa sistematização mais ampla, a cognição pode ser vista em dois planos distintos: horizontal (extensão, amplitude) e vertical (profundidade)".[6]

Tudo, passa, pois, pelos princípios da extensão e profundidade da cognição. No plano horizontal, a cognição pode ser plena ou limitada (parcial), segundo a extensão permitida. No plano vertical, de sua parte, a cognição poderá ser exauriente (completa) ou sumária (incompleta).

Não há, outrossim, que confundir a extensão e a profundidade da cognição com a técnica dos cortes para sumarização. Com efeito, enquanto – de um lado – em nível de cognição, a extensão diz respeito ao plano horizontal e a profundidade ao plano vertical; de outro, em nível de cortes (ou seja a limitação a ser concretamente imposta), operam-se exatamente em sentido inverso,

---

[3] *Efetividade do processo e tutela de urgência.* Porto Alegre, Sérgio Antônio Fabris Editor, 1994, p. 15.

[4] Note-se que, nesta passagem, o autor fala no sentido da cognição e não no sentido dos cortes a serem aplicados como técnica de sumarização. Oportuna a observação, haja vista que os cortes se operam em sentido exatamente inverso.

[5] In *Procedimentos especiais (Exegese)* Rio de Janeiro, Aide, 1989, p. 46/7.

[6] In *A cognição no processo civil.* São Paulo: RT, 1987, p. 83.

pois, para que haja limitação na extensão, é necessário que se opere um corte vertical no conhecimento, e para que haja limitação na profundidade impõe-se traçar um corte horizontal neste. A partir deste procedimento, pelo qual separa-se a sumarização propriamente dita dos respectivos cortes para implementação desta, torna-se compreensível a proposta e sua técnica de aplicação.

Assim, com a atenção voltada à dicotomia existente entre a sumarização e sua implementação técnica, através da figura dos cortes, mais uma vez, apropriada a ponderação de KAZUO WATANABE: "De sorte que, segundo a nossa visão, se a cognição se estabelece sobre todas as questões, ela é horizontalmente *ilimitada*, mas se a cognição dessas questões é superficial, ela é sumária quanto à profundidade. Seria, então, cognição *ampla* em extensão, mas *sumária* em profundidade. Porém, se a cognição é eliminada 'de uma área toda de questões' seria *limitada* quanto à extensão, mas se quanto ao objeto cognoscível a perquirição do juiz não sofre limitação, ela é exauriente quanto à profundidade. Ter-se-ia, na hipótese, cognição *limitada* em extensão e *exauriente* em profundidade".[7]

Como se vê, o domínio do tema da sumarização da cognição é matéria de larga repercussão na fixação dos limites do debate judicial, pois estabelece balizas para a matéria objeto de discussão, como também no nível de exigência para a formação da convicção do juízo.

2. Bosquejo sobre a execução no sistema processual

O processo judicial, como sabido, é teleológico, na medida em que busca um fim determinado. Assim, nossa estrutura processual, contempla, grosso modo, o processo capaz de reconhecer o direito afirmado, definido como processo de conhecimento. Abriga, por igual, o processo cautelar que tem por fito assegurar o direito e, por derradeiro, o processo de execução que tem por propósito realizar o direito.

Cada qual deles têm procedimento próprio, representado pela ordenação dos atos internos na busca do fim.

A execução (*rectius* realização do direito!) através do processo judicial, hoje, desfruta de caminhos distintos!

Um ainda fiel a concepção instituída pelo CPC de 1973 em sua proposta original, a qual decorre da ideia de cindir execução de conhecimento, quando foi abandonada a chamada "Ação Executiva"[8] que vigorava sob a égide do CPC de 1939, na qual, embora a presença de título hábil desde antes, era necessário o desenvolvimento de processo com o fito de ratificar o título extrajudicial pré-existente e, somente após, realizar o direito.

---

[7] Ob. cit., p.84.

[8] A exposição de motivos do CPC de 1973, em seu item 21, afirma que "O direito luso-brasileiro conhece dois meios de realizar a função executiva: a) pela *parata executio;* b) pela ação executiva. Esta se funda em título extrajudicial; aquela, em sentença condenatória." (...) . Segue aduzindo que constitui vantangem unificar a execução dos títulos judiciais e extrajudiciais, daí a razão pela qual suprime a ação executiva que era uma espécie de da execução geral. Ao suprimir a ação executiva unifica a execução, através do Livro II.

A reconhecida ineficiência do sistema de então fez nascer à proposta do Código de Processo Civil de 1973, onde um dos primados foi o de uniformizar a execução, seja esta lastreada em título judicial ou extrajudicial. Afastou-se nessa nova proposta a ideia da ratificação do direito durante a execução, vez que este já se encontrava definido quer pelo título extrajudicial, quer por decisão judicial e desde logo se busca a realização do direito, através do chamado processo de execução unitário.

Almejou, portanto, o Código de 1973 dar efetividade imediata à realização do direito, prestigiando os títulos judiciais e extrajudiciais!

A necessidade de dar efetividade à realização do direito e o desejo de afastar uma espécie de *bis in idem* presente na velha ação executiva, fez florescer o sistema de 1973, onde execução e conhecimento não deveriam conviver na mesma relação jurídica processual.

Frente a essa realidade a concretização do direito passou a ser veiculada por relação jurídica processual autônoma e somente dedicada à realização da função executiva.

Essa circunstância remeteu, contudo, os Embargos à condição de *ação autônoma*, onde muitas matérias podem ser debatidas, com o propósito de obstaculizar a pretensão executória deduzida.

Surgiu também, fruto do debate intenso travado pela doutrina e jurisprudência, a chamada objeção de executividade, igualmente conhecida como exceção de pré-executividade, em que, de modo geral, se busca apontar a inidoneidade executória do título.[9]

Isto tudo, sob o enfoque do primeiro viés executivo!

Sobre o outro meio executório existente foi introduzido no direito processual brasileiro o instituto do cumprimento de sentença (Lei 11.232/2005), o qual tem por fito realizar o direito consagrado em título judicial e, em certa medida, ressuscita em alguma medida ideias vencidas com a reforma de 1973, pois é retomada a diversidade de meios, abandonando a unidade do processo de execução, vez que estabelecida novamente distinção entre títulos judiciais e extrajudiciais.

Entretanto, segundo voz uníssona na processualística contemporânea, não configura esta disciplina novo processo, mas apenas nova fase do mesmo processo. Caracteriza, portanto, o propósito executivo convivendo com o conhecimento em relação jurídica processual única, daí, para alguns, persistir a ideia da unidade de execução.

Esta nova realidade, face à duplicidade de conteúdo teleológico que contempla, tem sido chamada por muitos de *processo sincrético*, justamente por fundir elementos distintos, ou seja: conhecimento e execução numa única relação jurídica processual.

---

[9] Na exceção de pré-executividade podem ser alegadas matérias vinculadas a objeções processuais (como invalidade do título) ou defesas materiais que o juiz possa conhecer de ofício como prescrição e decadência.

Com tal compreensão ideológica se divorcia da concepção originária do CPC de 1973 de separar execução de conhecimento, pois, como dito, aglutina estes propósitos em relação jurídica processual unívoca.

Entretanto, o segundo momento, ainda que compreendido como nova fase da mesma demanda, verdadeiramente é exercício de função executiva, vez que teleologicamente pretende realizar o direito reconhecido por decisão jurisdicional anterior.

Com essa proposta, poupou-se, pois, o vencedor do processo de conhecimento do ônus de uma nova demanda para o exercício da função realizativa ou do processo de execução, tal qual como concebido originalmente pelo Código de 1973.

Essa nova fase, entretanto, possui procedimento próprio e distinto da anterior, onde há, inclusive, possibilidade de impugnação da pretensão de realizar o direito, consoante atesta o disposto pelo artigo 475 do CPC, o qual fixa a possibilidade de alegação da falta ou nulidade de citação, nas hipóteses de revelia na fase de conhecimento; a alegação da inexigibilidade do título; penhora incorreta ou avaliação errônea; ilegitimidade das partes; excesso de execução e qualquer causa impeditiva, modificativa ou extintiva da obrigação, tais como pagamento, novação, compensação, transação ou prescrição, desde que superveniente à sentença.

Define, pois, o conteúdo possível da impugnação, tornando a defesa do executado quanto à cognição sumária naquilo que diz repeito a extensão desta, vez que estabelece corte vertical no alcance dos temas aptos ao debate, pois limitada a defesa às hipóteses previstas, ainda que possa parecer aberta a cláusula constante do inciso VI do art. 475 CPC, ao usar a expressão *qualquer causa*.

Assim, hoje desfrutamos de duplicidade de meios executórios para exercício da função executiva: a) a originária consagrada pela proposta do CPC de 1973 no Livro II, com o Processo de Execução que se amolda aos títulos extrajudiciais e b) o cumprimento de sentença, própria dos títulos judiciais.

3. Sobre garantias constitucional-processuais na ordem jurídica processual

Inicialmente, deve ser observado que, no Brasil, aquele que vai a juízo não comparece desamparado, haja vista que o ordenamento constitucional lhe outorga certas garantias jungidas à jurisdição, mais conhecidas como garantias constitucional-processuais, ou seja, garantias oferecidas pela Constituição Federal ao cidadão, para serem exercidas no curso ou em razão de processo judicial.

Efetivamente, bem examinada a Constituição Federal, fonte originária de direito no sistema brasileiro, verificar-se-á que toda e qualquer demanda deve estar a esta adequada, pena de, se assim não for, padecer de vício superlativo. A Constituição Federal, como sabido, dada sua hierarquia, tem a virtude de permear todo o ordenamento jurídico, a ponto de, na medida em que encontre regras que tolham sua aplicação, derrogá-las, sob o princípio da não recepção frente à ordem constitucional. Tal circunstância está hoje, mais do que ontem, representada pelo fenômeno da constitucionalização do direito, e é debatida na doutrina contemporânea da maioria dos ordenamentos democráticos modernos.[10]

A existência de diversos comandos jurídicos, representados por regras e princípios, não pode comprometer a unidade do sistema. Para tanto, busca-se, através da criação de uma ordem jurídica hierarquizada, bem determinar qual comando deva prevalecer na hipótese de conflito. Vale dizer, "há normas superiores e normas inferiores. As inferiores dependem das superiores. Subindo das normas inferiores àquelas que se encontram mais acima, chega-se a uma norma suprema, que não depende de nenhuma outra norma superior, e sobre a qual repousa a unidade do ordenamento. Essa norma suprema é a norma fundamental. Cada ordenamento tem uma norma fundamental. É essa norma fundamental que dá unidade a todas as outras normas, isto é, faz das normas espalhadas e de várias proveniências um conjunto unitário que pode ser chamado 'ordenamento'. A norma fundamental é o termo unificador das normas que compõem um ordenamento jurídico. Sem uma norma fundamental, as normas de que falamos até agora constituiriam um amontoado, não um ordenamento".[11]

Nessa medida, a Constituição da República, que é, no Brasil, a ordem jurídica unificadora, assegurou às partes determinados direitos a serem exercidos em razão do processo judicial ou no curso deste, ou seja, intraprocessualmente, tais como: a publicidade dos atos processuais (5°, LIII, e 93, IX), a isonomia no trato das partes (5°, *caput*), a motivação das decisões judiciais (93, IX), o contraditório judicial (5°, LV e LIV), a inafastabilidade de lesão ou ameaça de direito da apreciação do Poder Judiciário (5°, XXXV), o acesso, que a todos deve ser assegurado, à Justiça (5°, XXXV), proibição da obtenção de prova por meio ilícito (5°, LVI), a segurança decorrente da coisa julgada (5°, XXXVI), a atuação do juiz e do promotor natural (5°, LIII) e a duração do processo por tempo razoável (5°, LXXVIII),[12] dentre outras cláusulas expressas e implícitas, face à abertura material de nossa Constituição Federal, segundo atesta o § 2° de seu artigo 5°.

Representam comandos inerentes ao processo contemporâneo que são observados, em maior ou menor escala, em vários ordenamentos das civilizações democráticas, como se pode perceber da obra de MAURO CAPPELLETTI e DENIS TALLON.[13] A obediência a tais comandos, em última análise, visa precipuamente a garantir um processo democrático, livre do arbítrio e capaz de alcançar os fins colimados pelo Estado de Direito e pela sociedade, via jurisdição.

---

[10] Como exemplo da afirmação ver, dentre vários, CANARIS, Claus-Wilhelm. *A influência dos direitos fundamentais sobre o direito privado na Alemanha*. Revista Jurídica 312/7-22, 2003, Porto Alegre.

[11] BOBBIO, Norberto. *Teoria do Ordenamento Jurídico*. 6. ed. Brasília: Ed. UnB, 1982, p.49.

[12] Enunciação meramente exemplificativa, eis que existem outras garantias expressas e outras implícitas.

[13] *Fundamental guarantees of the parties in civil litigation*. Milano: Giuffrè, 1973.

Portanto, na medida em que se asseguram às partes, no conflito jurisdicional, um conjunto de garantias, vislumbra-se a ideia de que o conceito de cidadania plasmado na Constituição Federal estende-se, evidentemente, também para o momento da lide, daí, pois, a compreensão da circunstância de o Estado assegurar direitos marcadamente constitucionais, para exercício em razão do processo judicial, enseja a ideia de *cidadania processual*, ou seja, assegura-se ao cidadão o exercício de direitos de índole fundamental imaginados para o processo judicial e efetivados durante o processo judicial. Endoprocessuais, portanto! Vale dizer: o Brasil, embora socialmente injusto, é um país que possui uma ordem jurídica absolutamente civilizada e compatível com seu tempo, pois garante ao cidadão o exercício de direitos constitucional-processuais, que são da essência do Estado Democrático de Direito.

Assim, o propósito das garantias, como e enquanto direitos fundamentais, é de assegurar o pleno exercício da cidadania no processo judicial.

4. A plenitude de defesa na cognição sumária

Como visto, num primeiro momento, a execução – hoje – opera de duas formas distintas: a) através Processo de Execução clássico ou b) via fase de cumprimento de sentença.

Em ambos, entretanto, goza o executado de direito de defesa que, grosso modo, se configura pelas vias de variados embargos (à execução, à adjudicação, à alienação, à arrematação), bem como através da objeção de executividade e, ainda, impugnação ao cumprimento de sentença.

Também visto que o Estado de direito oferece ao cidadão garantias quando este comparece em juízo, desfrutando, pois, de verdadeira cidadania processual.

Ainda que na execução não se deva controverter, grosso modo, em torno da existência do direito, vez que este já se encontra consagrado no título preexistente, seja judicial ou extra, o fato é que não há razão para que não se assegure ao executado o gozo da garantia do *devido processo constitucional*.

O *devido processo constitucional*, chamado equivocadamente pela Constituição Federal de *devido processo legal* representa a grande cláusula essencial ao Estado democrático de direito no processo judiciário e é composta pelo conjunto de garantias expressas ou implícitas na ordem jurídica constitucional.

O devido processo constitucional é prerrogativa do cidadão e este desfruta do direito de exercê-la em qualquer espécie de processo judicial, seja este de conhecimento, cautelar ou de execução.

Quando no exercício da função executiva, na atividade de cumprimento de sentença, são limitadas as possibilidades de defesa, em realidade, se está sumarizando a cognição, em razão da limitação de matérias, mas jamais mitigando garantias, face à natureza da função executiva. Não há que se confundir, pois, cognição sumaria com restrição de defesa.

As garantias constitucional-processuais não sofrem menoscabo em razão dos limites temáticos do debate judicial, pois respeitados estes devem ser exercidas com toda intensidade e, por decorrência, não se deve confundir – como por vezes se percebe aqui ou ali – que existe mitigação de defesa na fase de cumprimento de sentença. O que, em realidade há, é sumarização de cognição horizontal e não restrição de defesa, pois também o executado, ainda que com direito contra si posto, goza da condição de cidadão e em razão desta desfruta da plenitude de defesa, nos limites previamente definidos através da sumarização de conteúdo e esta hipótese não é privativa da execução aqui examinada pontualmente, mas estende-se a todas as demandas sumárias, seja quanto à extensão seja quanto à profundidade.

Quer isso dizer que dentre os temas admitidos para o debate, poderá a defesa do executado, fazer valer a plenitude das garantias constitucional-processuais oferecidas pelo Estado de direito ao cidadão, exigindo-se, pois, que o Poder Judiciário assegure a este na fase de cumprimento de sentença a motivação das decisões, que sejam repelidas as provas obtidas por meios ilícitos, seja assegurado contraditório e ampla defesa, dentre tantas outras hipóteses. Pois é isto que a Constituição Federal impõe e espera do Poder Judiciário, num país livre e numa sociedade democrática, como a brasileira!